书山有路勤为径，优质资源伴你行
注册世纪波学院会员，享精品图书增值服务

·项目管理核心资源库

［美］哈罗德·科兹纳　著
（Harold Kerzner）

李聃　周琴　孙爽　张晨　译

项目绩效管理
项目考核与监控指标的设计和量化
（第4版）

Project Management Metrics, KPIs, and Dashboards
A Guide to Measuring and Monitoring Project Performance, Fourth Edition

电子工业出版社
Publishing House of Electronics Industry
北京·BEIJING

Project Management Metrics, KPIs, and Dashboards: A Guide to Measuring and Monitoring Project Performance, Fourth Edition by Harold Kerzner
ISBN: 9781119851554
Copyright © 2023 by John Wiley & Sons, Inc.
All Rights Reserved. This translation published under license with the original publisher John Wiley & Sons, Inc. Copies of this book sold without a Wiley sticker on the cover are unauthorized and illegal.
Simplified Chinese translation edition copyrights © 2024 by Publishing House of Electronics Industry Co., Ltd.

本书中文简体字版经由 John Wiley & Sons, Inc. 授权电子工业出版社独家出版发行。未经书面许可，不得以任何方式抄袭、复制或节录本书中的任何内容。若此书出售时封面没有 Wiley 的标签，则此书是未经授权且非法的。

版权贸易合同登记号　图字：01-2023-1151

图书在版编目（CIP）数据

项目绩效管理：项目考核与监控指标的设计和量化：第 4 版 /（美）哈罗德·科兹纳（Harold Kerzner）著；李聃等译. -- 北京：电子工业出版社，2024. 8.
（项目管理核心资源库）. -- ISBN 978-7-121-48054-6
Ⅰ. F272
中国国家版本馆 CIP 数据核字第 20246CF458 号

责任编辑：卢小雷　　文字编辑：刘淑敏
印　　刷：三河市龙林印务有限公司
装　　订：三河市龙林印务有限公司
出版发行：电子工业出版社
　　　　　北京市海淀区万寿路 173 信箱　邮编：100036
开　　本：720×1 000　1/16　印张：23.25　字数：417 千字
版　　次：2020 年 3 月第 1 版（原著第 3 版）
　　　　　2024 年 8 月第 2 版（原著第 4 版）
印　　次：2024 年 8 月第 1 次印刷
定　　价：108.00 元

凡所购买电子工业出版社图书有缺损问题，请向购买书店调换。若书店售缺，请与本社发行部联系，联系及邮购电话：(010) 88254888，88258888。
质量投诉请发邮件至 zlts@phei.com.cn，盗版侵权举报请发邮件至 dbqq@phei.com.cn。
本书咨询联系方式：(010) 88254199，sjb@phei.com.cn。

译 者 序

《项目绩效管理》（第4版）是哈罗德·科兹纳博士2023年的新著作，是一本关于评估项目绩效的不同工具和方法的教科书。本书旨在帮助读者了解度量指标和关键绩效指标，以便可以与其他干系人进行良好的沟通。科兹纳博士是在全球项目管理领域最知名的思想领袖和开拓者，他在项目管理领域具有很大的影响力。很荣幸，受电子工业出版社编辑的邀约，我与另外三位志同道合的伙伴孙爽、张晨、周琴一起参与了本书的翻译工作。

在过去的很多年里，我一直工作在企业项目管理的一线，作为公司 PMO 负责人、咨询顾问管理公司项目，帮助组织搭建项目管理体系等。在我过去的工作经历中，各类企业的管理层都迫切希望获得一套完整的度量体系。当今，随着企业采用更多基于项目的战略，项目经理了解并学习项目绩效管理方法变得至关重要，我们需要通过所有可用的重要数据衡量项目情况。在项目管理工作中，经常会遇到如何对项目管理工作进行评估和考核的难题，以及如何用最直接、最简洁和最容易理解的方式与其他干系人沟通的挑战。项目经理将从定期向干系人提供状态报告并与干系人协作中获得巨大的收益。负责度量和监控项目绩效的项目团队成员也将从仪表盘和其他可视化信息系统的讨论中受益。本书适用于企业管理层及所有项目管理人员，无论是初出茅庐的新手，还是经验丰富的大师。

行为经济学与心理学家丹·艾瑞里写道："人们会根据衡量他的指标调整他的行为。不管你衡量什么，都会促使人们在这个度量指标上优化他的得分。你衡量什么，你就会得到什么。就是这样。"换句话说，我们很容易偏听偏信——给我们一个衡量标准，我们就认为它重要。因此，错误的度量指标，就会得到错误的结果。企业在项目绩效管理的度量指标选择上就需要特别关注，项目绩效管理对企业的运营也尤为重要。

翻译本书的过程充满了挑战和乐趣。本书是一本专业书籍，会有一些理解的难点。这些难点主要是：书中涉及的项目管理专业知识较多，包括很多术语和专有翻译方式。所以，为了使读者在森林中找到一条通达胜利之路，我们在翻译中严格遵循项目管理工作者的工作规矩，对于所有术语的处理全部都基于 PMBOK 中的相关术语。同时，我们也根据中国读者熟悉的项目场景，依据能够引导中文读者理解的思路加以翻译，我们觉得，这样才能使读者在阅读中获得默契式的场景投入感。

作为阅读本书的早期读者，我们深深地喜欢这本书。本书结构清晰，是一本使用度量指标和监控项目绩效的指南。作者给出了丰富示例，有助于读者深入理解；提供了大量模板和工具，以便于直接应用；提供了设计和优化项目度量指标的方法，以直观展示关键指标；配有翔实的案例分析，以及来自真实项目的经验教训，可获得身临其境般的指导。

在此，我谨代表我和另外三位译者孙爽、张晨、周琴由衷地感谢我们家人的支持、电子工业出版社的卢小雷编辑对我们的信任和支持，没有你们的默默贡献，我们不可能在短短数月时间里完成本书的翻译工作。

最后，希望各位读者朋友能够与我们有同样的阅读体验，从阅读本书中获得项目绩效管理方面的最佳实践！谢谢大家！

于 2023 年
李聃

编者注：为方便读者阅读，我们用二维码形式提供了英文原版图形，读者可扫描以下二维码下载。

序　言

　　项目绩效管理通过度量指标和仪表盘展示，其最终目的不是产生更多的信息，而是在一个阶段以成本效益的方式向干系人提供准确的度量结果，也就是以具有成本效益为基础，在正确的时间，使用正确的媒体，向正确的人，提供正确的信息。这当然是一个挑战。随着计算机技术的发展，生成信息并将信息呈现给管理层和干系人的难度也越来越大。今天，每个人似乎都担心信息泛滥。遗憾的是，真正的问题并非信息泛滥。换句话说，有太多的不易阅读的无用报告，给读者提供了过多信息，其中很多可能没有相关性。这些信息只是分散了我们对真实问题和准确绩效报告的注意力。此外，度量测量技术的发展鼓励我们在绩效报告中衡量一切，无论其价值如何。

　　状态报告的目的是向我们展示查看者必须考虑的行动。度量指标不足或无效，使我们无法理解真正需要做出哪些决策。在传统的项目审查会议上，重点是详细的进度分析和对成本基准与实际支出的长时间审查。由此产生的对差异的讨论和解释往往纯粹是猜测的。那些对高级管理层的提问感到不安的经理们会做出调整，这些调整并不能解决问题，但会延后他们在下次审查会议上接受高级管理层质询的时间。然后，他们最终采取的行动可能会对项目的及时完成产生反作用，他们会隐藏真正的问题。

　　人们无法纠正或改进那些不能被有效识别和衡量的东西。如果没有有效的衡量标准，管理者将无法正确应对情况，甚至强化项目团队的不良行为。如果没有有效的指标识别和衡量，就很难让项目团队朝着正确的方向前进。

　　从各方面看来，我们想知道为什么有像《混乱报告》(*Chaos Report*)研究中所展示的结果，在20年的时间里，只有大约30%的IT项目成功完成。然后，我们确定了项目失败的数百个原因，但忽略了现在被认为可能是最重要的原因，这个原因就是度量指标管理的失败。

　　度量指标管理在《PMBOK®指南》的所有知识领域中都被涉及，特别是沟通管理领域。我们正在努力寻找更好的项目沟通管理方式。随着公司在全球市场上的竞争，这一点将变得越来越重要。当今，我们的重点是信息接收者的独特需要。需要做出更快、更好的决策，这就需要提供更有效的信息。人类可以通过多种方式获取信息。在选择度量指标和设计传达这些信息的仪表盘时，我们必须解决所有获取信息的问题。仪表盘和数据可视化技术现在已经成为信息仓库和商业智能系统的一部分。

干系人管理中最重要的一个表述是"做出明智的决定"。这个表述通常是有效的干系人关系管理的目的。遗憾的是，如果没有一个有效的信息系统，这个目的是无法实现的。这个信息系统承载着基于有意义和丰富信息的指标集，包括度量指标和关键绩效指标（Key Performance Indicator，KPI）。

很多时候，我们购买项目管理软件，通过报告生成器和图表来提供必要的信息。哪怕我们意识到这些信息要么不够充分，要么价值有限，我们也不得不依靠这些信息。甚至那些善于创建自己的项目管理方法论的公司，也忽视了有效的干系人关系管理所需的度量指标和关键绩效指标。明智的决策需要有效的信息，我们似乎都理解这一点，但直到最近几年，我们才尝试对此做点什么。

几十年来，我们认为唯一需要传递给客户和干系人的信息是与时间和成本相关的信息。今天，我们意识到，真正的项目状态不能仅由时间和成本来确定。每个项目都可能需要独特的度量指标和 KPI。项目管理的未来很可能是度量指标驱动的项目管理。

信息设计方法终于走向成熟。有效的沟通是信息设计的本质。今天，有许多专门从事商业信息设计的小公司。大公司可能会拥有自己的专业团队，并将这些人称为平面设计师、信息架构师或交互设计师。这些人在明智决策所需的定量和定性信息的可视化方面拥有专业知识。

传统的沟通和信息流一直是基于表格、图表和索引的，而设计师希望这些表格、图表和索引能够得到合理的组织。今天的信息或数据图形是结合了点、线、图表、符号、图像、文字、数字、阴影和色彩的"交响曲"，这些都是轻松传达正确消息所必需的。我们可以肯定的是，仪表盘和度量指标本身从来都不是终点，它们不断改进并不断更新。在项目管理环境中，每个信息接收者可能有不同的需求，并可能在项目生命周期中请求不同的信息。

考虑到这些信息，本书的结构如下：

第 1 章和第 2 章确定了项目管理在过去几年中发生了怎样的变化，以及组织在有效的度量指标管理方面面临着怎样的压力。

第3章提供了对什么是度量指标，以及如何使用度量指标的理解。

第4章讨论了关键绩效指标，并解释了度量指标和关键绩效指标之间的区别。

第5章重点介绍了价值驱动的度量指标和价值驱动的关键绩效指标。干系人要求获得更多与项目最终价值相关的度量指标。价值驱动的度量指标的识别和测量可能很困难。

第6章介绍了如何使用仪表盘向干系人展示度量指标和关键绩效指标。仪表盘的示例与仪表盘设计的一些规则也包括其中。

第7章识别了公司正在使用的仪表盘。

第8章提供了项目组合管理中PMO目前使用的各种与业务相关的度量指标，以确保业务的项目组合能够交付预期的业务价值。

哈罗德·科兹纳 博士
国际学习集团　项目管理高级执行总监

目 录

第1章 项目管理的变化趋势 ·· 1
  1.0 介绍 ··· 2
  1.1 高管对项目管理的观点 ······································· 2
  1.2 复杂项目 ··· 5
  1.3 全球项目管理 ··· 12
  1.4 项目管理方法论和框架 ······································· 14
  1.5 有效治理的必要性 ··· 19
  1.6 约定项目管理 ··· 19
  1.7 客户关系管理 ··· 21
  1.8 项目管理的其他发展 ··· 22
  1.9 从一个新的视角来定义项目成功 ······························· 23
  1.10 无纸化项目管理的发展 ······································ 28
  1.11 项目管理成熟度和度量指标 ·································· 29
  1.12 项目管理标杆对照和度量指标 ································ 33
  1.13 结论 ·· 38

第2章 度量指标改善的驱动力 ······································ 39
  2.0 介绍 ··· 39
  2.1 干系人关系管理 ··· 40
  2.2 项目审计和PMO ·· 50
  2.3 对范围蔓延的介绍 ··· 51
  2.4 项目健康检查 ··· 57
  2.5 管理不良项目 ··· 62

第3章 度量指标 ·· 75
  3.0 介绍 ··· 75
  3.1 项目管理度量指标：早期 ····································· 76

3.2 项目管理度量指标：当前视角 ·········· 78
3.3 对度量指标管理的误解 ·········· 79
3.4 向企业高管推销度量指标管理 ·········· 80
3.5 理解度量指标 ·········· 81
3.6 度量指标管理缺乏支持的原因 ·········· 86
3.7 在员工绩效评估中使用度量指标 ·········· 87
3.8 度量指标的特征 ·········· 87
3.9 度量指标类别和类型 ·········· 89
3.10 选择度量指标 ·········· 92
3.11 选择度量指标/KPI 所有者 ·········· 95
3.12 度量指标和信息系统 ·········· 95
3.13 关键成功因素 ·········· 96
3.14 度量指标和 PMO ·········· 98
3.15 度量指标和项目监督/治理 ·········· 101
3.16 度量指标的陷阱 ·········· 101
3.17 推广度量指标 ·········· 102
3.18 丘吉尔唐斯公司的项目绩效评估方法 ·········· 102

第 4 章 关键绩效指标 ·········· 107

4.0 介绍 ·········· 108
4.1 KPI 的需要 ·········· 108
4.2 KPI 的使用 ·········· 112
4.3 KPI 的分解 ·········· 113
4.4 KPI 的特征 ·········· 115
4.5 KPI 的类别 ·········· 119
4.6 KPI 的选择 ·········· 120
4.7 KPI 测量 ·········· 125
4.8 KPI 的相互依赖关系 ·········· 127
4.9 KPI 和培训 ·········· 129
4.10 KPI 目标 ·········· 130
4.11 理解挑战目标 ·········· 132
4.12 KPI 失败 ·········· 133
4.13 KPI 和智力资本 ·········· 134

4.14　KPI 的坏习惯 ·· 136
4.15　仪表盘设计：关键绩效指标和度量指标 ··· 141

第 5 章　基于价值的项目管理度量指标 ··· 149

5.0　介绍 ·· 149
5.1　近年来的价值研究 ··· 151
5.2　价值与领导力 ··· 152
5.3　整合成功和价值 ·· 154
5.4　认识价值度量指标的必要性 ··· 157
5.5　有效测量技术的必要性 ··· 160
5.6　客户/干系人对价值度量指标的影响 ··· 164
5.7　客户价值管理 ··· 166
5.8　项目管理与价值的关系 ··· 170
5.9　度量指标的背景 ·· 173
5.10　选择正确的度量指标 ·· 179
5.11　传统度量指标和 KPI 的失败 ··· 182
5.12　对价值度量指标的需求 ··· 183
5.13　创建价值度量指标 ··· 183
5.14　在仪表盘中展示价值度量指标 ·· 190
5.15　价值度量指标的行业示例 ·· 190
5.16　对超出范围的价值属性使用危机仪表盘 ·· 196
5.17　建立度量指标管理计划 ··· 197
5.18　使用价值度量指标进行预测 ··· 198
5.19　度量指标和工作描述 ·· 200
5.20　度量指标的图形化展示 ··· 201
5.21　创建项目价值基准 ··· 210

第 6 章　仪表盘 ·· 217

6.0　介绍 ·· 217
6.1　仪表盘到底是什么 ··· 221
6.2　我们如何处理仪表盘信息 ·· 225
6.3　仪表盘核心属性 ·· 225
6.4　信息的含义 ··· 226

6.5	交通灯仪表盘报表	227
6.6	仪表盘和计分卡	228
6.7	创建仪表盘的方法	231
6.8	仪表盘的收益	234
6.9	商业智能工具是否足够灵活	234
6.10	实现成功的商业智能解决方案的四步指南	237
6.11	仪表盘的规则	242
6.12	仪表盘设计的七宗罪及避免	242
6.13	亮点咨询：高管仪表盘的设计	245
6.14	闪光的未必都是金子	252
6.15	使用表情符号	270
6.16	具有误导性的信息	271
6.17	敏捷和 Scrum 的度量指标	273
6.18	数据仓库	292
6.19	仪表盘设计技巧	295
6.20	TeamQuest 公司最佳实践	297
6.21	一个简单模板	314
6.22	仪表盘设计需求的总结	316
6.23	仪表盘的局限性	321
6.24	仪表盘的试运行	323
6.25	评估仪表盘供应商	323
6.26	新的仪表盘应用程序	325

第 7 章　仪表盘的应用 326

7.0	介绍	326
7.1	使用中的仪表盘：Dundas 数据可视化公司	327
7.2	使用中的仪表盘：Pie	333
7.3	Pie 解决方案概述	333
7.4	使用中的仪表盘：国际学习集团	342

第 8 章　项目组合管理 PMO 及度量指标 344

8.0	介绍	344
8.1	关键问题	345

8.2 价值类别 ·· 345
8.3 项目组合度量指标 ··· 347
8.4 度量技术与度量指标 ·· 349
8.5 项目度量指标的增长 ·· 350
8.6 衡量无形资产的度量指标 ··· 352
8.7 战略指标的必要性 ··· 354
8.8 危机仪表盘 ·· 357

第1章

项目管理的变化趋势

本章概述

项目经理们过去管理项目的方式不足以应对现在正在管理的或是未来即将管理的很多项目。这些项目的复杂性将会为组织更好地理解如何识别、选择、度量和报告度量指标带来压力,特别是这些度量指标用来显示价值创造时。未来的项目管理很可能成为度量指标驱动型的项目管理。此外,项目管理领域出现的新方法,如敏捷和Scrum,已经带来了新的度量体系。

本章目标

- 理解项目管理的变化趋势。
- 理解项目管理度量指标的需要。
- 理解更好的、更复杂的项目管理度量指标的需要。

关键词

- 认证委员会[①]。
- 复杂项目。
- 约定项目管理[②]。
- 框架。
- 治理。
- 项目管理方法论。
- 项目成功。

---

① 认证委员会:Certification Boards
② 约定项目管理:Engagement Project Management

1.0 介绍

50多年来，人们一直在使用项目管理，但可能不是在全世界范围内使用。以往，人们会通过公司是否使用项目管理来区别它们，而不是它们如何使用项目管理。今天，几乎每家公司都在使用项目管理，区别在于它们仅仅是把项目管理用好，还是在项目管理方面变得更加卓越。能用项目管理和能把项目管理用得好之间的差异相对较小，大多数公司可以在相对较短的时间内把项目管理用好，特别是当它们有高管层支持的时候。一个管理有序的项目管理办公室（Project Management Office，PMO）也可以加快项目管理成熟的过程。然而，在项目管理方面用得好和达到卓越之间的差异是相当大的。关键的区别之一是，在持续的基础上，优秀的项目管理需要更多的度量指标，而不仅仅是时间和成本。一个项目的成功不能仅仅由时间和成本指标来决定，但是许多公司仍然坚信这是可以的。

随着项目管理不断应用于非传统项目，如涉及战略问题、创新和长期商业投资机会的项目，迫使公司重新思考如何更好地运用项目管理。许多公司已经意识到，它们必须擅长项目管理，而不仅局限于此。这需要使用灵活的方法而不是一刀切的方法，全新的工具、专业的度量指标、信息管理系统的创建、全新的数据可视化程序，并将所有这些都打包到商业智能系统中。

IBM、微软、西门子、惠普和德勤等公司已经意识到，它们必须在项目管理方面出类拔萃。这样做需要额外的工具和度量指标来支持项目管理。IBM拥有30多万名员工，超过70%的员工在美国之外，其中包括大约3万名项目经理。惠普拥有8 000多名项目经理和3 500名PMP®持证者。惠普的目标是，拥有8 000名项目经理和8 000名PMP®持证者。随着惠普收购了电子数据系统公司（Electronic Data Systems，EDS），这些数字现在可能更大。

1.1 高管对项目管理的观点

如今的公司为项目管理开展战略规划，并且非常关注未来。本章将讨论这些公司正在做的一些事情，首先从高管对未来的展望开始。多年前，高管对项目管理只是嘴上说说，勉强支持项目管理来安抚客户。今天，高管似乎已经认识到有效地使用项目管理的价值，并对项目管理有了不同的观点，如表1-1所示。

表 1-1 高管对项目管理的观点

旧的观点	新的观点
项目管理是一条职业路径	项目管理是公司成长和生存所必需的战略或核心能力
我们需要我们的员工获得项目管理专业认证	我们需要我们的员工通过多种认证,至少要在项目管理和企业业务流程方面获得认证
项目经理只用于执行项目	项目经理将参与战略规划、项目组合的项目选择,以及产能规划活动
商业战略和项目执行是各自独立的活动	项目经理的部分工作是架起战略与执行之间的桥梁
项目经理只做基于项目的决策	项目经理同时做出项目和商业决策

项目管理不再被认为是一项兼职工作,甚至不再是一个职业路径上的职位。它现在被视为企业生存所必需的战略能力。卓越的项目管理能力可以决定合同的成败。

在超过 30 年的时间里,成为 PMP® 持证者被视为隧道尽头的曙光。如今,这种情况已经发生了改变。成为 PMP® 持证者是通往隧道入口的一束灯光。隧道尽头的灯光可能需要多项认证。例如,成为 PMP® 持证者后,项目经理可能希望在如下领域获得认证。

- 商业分析技能或商业管理。
- 项目集管理。
- 业务流程。
- 管理复杂项目。
- 六西格玛。
- 风险管理。
- 敏捷项目管理。

有些公司的认证委员会频繁地开会,来讨论哪些认证项目对他们的项目经理有价值;对公司的内部流程或公司的知识产权有特定了解的认证项目可以由公司内部开发并由公司员工讲授。

高管已经意识到对项目管理的教育投资是有回报的。因此,高管现在大量投资于定制化的项目管理培训,特别是有关行为的课程。例如,一位高管表示,他认为对项目经理来说,演示技巧培训是最重要的。如果项目经理在客户面前做了一个非常完美的演示,客户就会认为项目正在以同样的方式得到管理。如果项目经理的表现不佳,那么客户可能认为项目管理的方式一样糟糕。其他高管认为对未来有益的培训项目包括:

- 制定度量指标和关键绩效指标。
- 仪表盘设计。
- 管理复杂项目。
- 如何进行可行性研究和成本收益分析。
- 商业分析。
- 商业论证开发。
- 如何验证和重新验证项目假设。
- 如何建立有效的项目治理。
- 如何管理多个干系人,其中许多可能来自跨国公司。
- 如何设计和实施"液态柔性"或适应型的企业项目管理(Enterprise Project Management,EPM)方法。
- 如何培养应对技能和压力管理技能。

如今,项目经理应在项目启动阶段的一开始就参与项目,而不是在项目启动阶段结束时才参与项目。要了解其原因,请考虑以下情况:

 情景

为了给公司开发新产品,项目在启动阶段结束时组建了项目团队。项目经理拿到了商业论证文档及假设和约束条件的列表。最终,项目完成了,但是有点延迟且明显超出预算。当被市场营销部门和销售部门问及为什么这个项目的成本如此之高时,项目经理回答说:"根据我的团队对需求和商业论证的解读,我们必须添加比我们最初认为的更多的功能特性。"

然后市场营销人员反馈说:"增加的功能特性超出了我们的客户实际所需要的。由于额外开发导致了制造成本远高于预期,这将迫使我们提高售价,致使我们在我们所瞄准的细分市场可能再也没有竞争力了。"

"那不是我们的问题,"项目经理回答说,"我们对项目成功的定义是产品最终商业化。寻找客户是你们的问题,而不是我们的问题。"

不必说,我们可以争论这个项目造成这些问题的真正问题是什么。就本书的目的而言,有三个突出的问题。首先,也是最重要的,今天的项目经理不仅要做项目决策,还要做商业决策。只做项目类型的决策可能导致开发的产品要么成本过高,要么定价过高(针对当前市场)。其次,过去几十年,项目经理使用的传统度量指标是为项目设计的，而不是为商业决策设计的。项目经理必须认识到，随着制定商业决策职责的增加，可能需要将一组新的度量指标包含到自己的职责中。同样，我们可以辩解，市场营销工作有很多不到位的地方，在整个项目中没有建立和跟踪与商业相关的度量指标，只是等到项目完成后才看到结果。最后，随着公司必须执行的项目数量的增加，在不牺牲一些必要的日常职责的情况下，高管们没有时间作为所有项目的发起人积极参与项目。数据可视化系统和仪表盘将减轻了解项目何时需要引起高管立即关注的痛苦。指标度量技术和仪表盘设计的发展将使高管们能够定制自定义指标并实时更新，以便可以根据事实和证据而不是猜测来做出决策。

1.2 复杂项目

40 年来，人们一直在使用项目管理来支持传统项目。传统项目在很大程度上基于线性思维，存在结构良好的生命周期阶段及每个阶段的模板、表单、指南和检查清单。只要可以合理地定义范围，传统项目管理效果就会很好。

遗憾的是，在一个公司的所有项目中，只有一小部分属于这一类。大多数非传统的或复杂的项目凭直觉管理，因为它们主要基于那些成果和期望每天都在改变的业务场景。这些更加业务导向的复杂项目既不需要也不使用项目管理技术。同时，这些复杂项目与不断更新的 5 年或 10 年战略计划保持一致。

提示：今天的项目经理把自己看作管理业务的一部分，而不仅仅是管理一个项目。因此，他们可能需要额外的度量指标来进行明智的决策。

项目经理最终意识到，项目管理可以用于这些复杂的项目，但是传统的流程可能不合适，或者必须修改。这包括从不同的角度看待项目管理度量指标和 KPI。复杂项目的领导风格可能与传统项目不同。对于复杂的项目，风险管理要困难得多，需要更多的干系人参与。

现在很多公司已经很擅长传统项目了，我们要将注意力集中在非传统或复杂项目上。遗憾的是，对于复杂项目没有明确的定义。笔者认为，传统项目与非传统项目或复杂项目的一些主要区别，如表 1-2 所示。

表 1-2 传统项目和非传统项目

传统项目	非传统项目
持续时间为 6~18 个月	持续时间可以是几年
假设不会随着项目的持续时间而改变	假设会随着项目的持续时间而变化
技术是已知的,不会随着项目的持续时间而改变	技术肯定会改变
开始这个项目的人将一直持续到完成(团队和项目发起人)	到项目结束时,批准该项目及部分参与治理的人可能早已提前离开了
工作说明书的定义相当好	工作说明书定义不明确,并因许多范围变化而变更
目标是静止的	目标可能在移动
关系人很少	干系人众多且多样化
只有很少的度量指标和关键绩效指标	许多的度量指标和关键绩效指标

对比传统项目和非传统项目

大多数人管理的传统项目通常持续不到 18 个月。在一些公司,传统的项目可能仅持续 6 个月甚至更短。项目的长度通常取决于行业。例如,在汽车行业,一个传统项目可能持续三年。

对于持续时间为 18 个月或更短的项目,假定已知的技术具有某种程度的保证,并且在项目的整个生命周期中技术可能很少发生变化。同样的道理也适用于项目假设。项目经理倾向于相信,除非发生危机,否则在项目开始时所做的假设在整个项目期间都是不变的。

被分配到项目中的人很可能从头到尾都参与到项目中。这些人可能是全职的,也可能是兼职的,包括项目发起人及团队成员。

由于项目持续时间为 18 个月或更短,因此工作说明书通常可以被定义得相当好,项目计划基于相当好的理解和可证实的估计制订。成本超支和进度延误可能发生,但不会达到在复杂的项目中的程度。项目的目标及关键的里程碑或交付日期都是相当稳定的,除非发生危机,否则不会更改。

在过去,非传统项目的复杂性似乎是由时间和成本驱动的。有些人认为,只有这两个度量指标需要持续进行跟踪。复杂的项目可能运行长达 10 年甚至更长时间。由于持续时间长,在项目开始时所做的假设在项目结束时很可能不再有效。

因此，必须在贯穿整个项目的过程中持续地重新验证这些假设。可以采用的度量指标有很多，但是这些度量指标会随着项目的时间推移而变化。同样，预期技术在整个项目中也会发生变化。技术上的变更可能产生重大且代价高昂的范围变更，导致最终可交付物与最初计划的可交付物不同。

治理委员会和担任决策角色的人员很可能是资深人员，并可能接近退休。根据项目的实际长度，如果项目持续时间为 10 年或更长，则可以预期治理结构将在整个项目中发生变化。

由于范围变更，工作说明书可能在项目的生命周期中经历多次修订。新的治理团队和新的干系人可以有自己的隐秘意图，并要求更改范围，他们甚至可能取消对该项目的财政支持。最后，只要遇到一个长期复杂的项目，都可以预计到其范围会不断地变化，最终的目标可能会发生改变。换句话说，必须制订可以达到移动目标的项目计划。

 情景

> 项目经理参与了一个项目，并获得了一份项目章程，其中包含在项目选择和授权时所做的所有假设。在项目进行到一半时，一些商业假设发生了变化。项目经理假定项目发起人将监控事业环境因素，以了解商业假设中的变化，但这并没有发生。结果，这个项目最终完成了，然而这个产品没有真正的市场。

假设项目经理现在更积极地参与项目的商业方面，那么必须像跟踪预算和进度表一样跟踪商业假设。如果假设是错误的，或者不再有效，那么工作说明书就可能需要更改，或者项目可能需要被取消。项目经理还必须跟踪项目结束时所期望的价值，因为对最终价值造成不可接受的改变可能是导致项目取消的另一个原因。

在一个项目的持续过程内，特别是在一个长期项目中，可能发生变化的假设包括：

- 项目贷款融资成本保持不变。
- 采购成本不会增加。
- 如期实现技术突破。
- 必要时将获得具备必要技能的资源。
- 市场会欣然接受该产品。
- 客户群对公司忠诚。
- 竞争对手赶不上公司。
- 风险低，容易被缓解。
- 所在国的政治环境不会改变。

错误假设的问题在于，它们可能导致糟糕的结果和不满意的客户。对不良假设的最佳防御是在项目启动时做好准备，包括开发风险缓解策略和跟踪关键假设的度量指标。然而，建立跟踪所有假设的度量指标是不大可能的。

大多数公司已经或正在开发企业项目管理系统。EPM系统通常是围绕策略和过程设计的严格流程，当项目的工作说明书被很好地定义时，它们可以高效运作。当一些诸如敏捷项目管理之类的技术被可适用的新型项目开始采用时，那些僵化和不灵活的流程可能造成障碍，那么在一些小型项目应用，会导致成本高昂。

为了满足商业需求，EPM系统必须变得更加灵活。优秀系统的标准将倾向于表单、指南、模板和检查清单，而不是策略和过程。项目经理将获得更大的灵活性，以便做出必要的决定，以满足项目的商业需要。如果所有活跃的干系人希望使用他们自己的方法，

> 提示：必须为那些会对项目的成功和失败产生直接影响的关键活动建立度量指标和KPI，也包括对项目假设和创造的商业价值的跟踪。

情况会变得更加复杂，而且在同一个项目上同时存在多种方法从来都不是一个好主意。某些项目所在国的人可能在项目管理方面很懂，而另一些国家的人可能只有粗浅的认知。

在接下来的10年里，坚信最初的计划是正确的可能是一个糟糕的假设。当项目的业务需求发生变化时，更改计划的需求将是显而易见的。此外，完全基于三重约束的决策，

> 提示：方法包含的灵活性越大，对额外度量指标和KPI的需求就越大。

很少考虑项目的最终价值，可能导致一个糟糕的决定。简单地讲，今天的项目管理观点与过去的观点有很大的不同，部分是因为相比20年前项目管理的收益已经可以获得更多的认可了。

表1-3总结了管理传统项目和管理非传统项目之间的一些差异。也许主要的区别在于项目经理每天必须与谁打交道。对于管理传统项目，项目经理与发起人和客户进行对接，这两者都可能对项目产生影响。对于管理非传统项目，治理由委员会负责并有多个干系人，而且需要解决他们关心的问题。

第1章 项目管理的变化趋势

表1-3 管理传统项目和管理非传统项目的区别汇总

管理传统项目	管理非传统项目
发起方为一个人	委员会治理
很可能是单一的干系人	多个干系人
项目决策	项目决策和商业决策
不灵活的项目管理方法	灵活的或"流动"项目管理方法
定期的状态报告	实时汇报
成功由三重约束定义	成功由竞争性约束、价值和其他因素定义
度量标准和KPI来源于挣值度量系统	度量标准和KPI对于特定的项目可能是独有的，甚至对于特定的干系人而言也是如此

定义的复杂性

造成复杂项目与传统项目产生区别的原因有很多，包括：

- 规模。
- 货币价值。
- 不确定的需求。
- 不确定的范围。
- 不确定的交付成果。
- 复杂的交互。
- 不确定的劳动力来源。
- 异地分布且跨多个时区。
- 使用大规模虚拟团队。
- 其他差异。

基于前面两个或多个要素的交互作用，"复杂"项目有多种定义。根据定义，即使为期两个月的小型基础设施项目也可以被认为是复杂的。在选择和使用度量指标时，项目复杂性可能造成混乱。项目经理在自己公司内管理的项目，如果范围很大并且工作说明书仅完成了一部分，也可以认为是复杂的项目。有些人认为研发（Research and Development，R&D）项目总是很复杂，如果研发计划能够被列出的话，那么这就可能不是研发。当项目经理不能100%确定公司的发展方向的时候，不知道成本将花费多少，也不知道公司是否以及何时能达到目标。

复杂性可以根据在工作执行过程中所必须发生的交互次数来定义。必须交互的职能单位越多，执行集成工作就越困难。如果职能单位分散在全球各地，并且存在文化差异将使整合变得困难，那么情况就会变得更加困难。复杂度也可以根据规模和周期来定义。项目的范围和成本越大，时间范围越大，发生范围变更的可能性就越大，从而显著影响预算和进度。大型、复杂的项目往往有较大的成本超支和进度延误。丹佛国际机场、英法之间的海峡隧道，以及波士顿城市改造工程"Big Dig"都是很好的例子。

权衡

无论是传统项目还是复杂项目，项目管理都是一种尝试，通过让工作在组织中多方位流动，来提高资源使用的效率和有效性。最初，这个流程似乎很容易完成，但通常会对项目施加一些约束。最常见的约束是时间、成本和性能（也称为范围或质量），这些约束被称为三重约束。

从历史观点上说，站在高管的视角来看，项目管理的目标是满足时间、成本和性能的三重约束，同时保持良好的客户关系。遗憾的是，由于大多数项目都有一些独有的特征，因此不可能进行高度准确的时间和成本估算，而且需要在三重约束之间进行必要的权衡。正如稍后将讨论的，今天我们将重点放在相互竞争的约束条件上，一个项目可能有明显多于三个的约束条件，而且可能必须建立度量指标来跟踪每个约束条件，可能有多达 10 个或更多的竞争约束。度量指标为明智的权衡决策提供了依据。高级管理层、职能管理层和关键干系人必须参与几乎所有的权衡讨论，以确保最终决策符合项目、公司和干系人的最佳利益。如果涉及多个干系人，对于复杂的项目，获得所有干系人的同意可能是必需的。项目经理可能拥有足够的知识来进行某些技术决策，但可能没有足够的商业或技术知识来充分确定最佳的行动方案，以处理母公司及个别项目干系人的利益。

> 提示：由于工作元素之间的复杂交互，一些简单的度量指标可能无法提供项目状态的清晰画面。为了根据证据和事实做出明智的决策，可能需要结合几个度量指标进行。

技能集

所有的项目经理都有技能，但并不是所有的项目经理都有适合特定工作的技能。对于公司内部的项目，可能需要开发特定于公司的技能集或特定于公司的知识体系，可以建立特定的培训课程来支持基于公司的知识需求。

对于有众多干系人的复杂项目，人员来自不同的国家，有着不同的文化背景，寻找完美的项目经理可能是一项不可能完成的任务。如今，对复杂项目及其相关度量指标的理解还处于初期阶段，并且很难确定管理复杂项目的理想技能集。请记住，在撰写第一部《项目管理知识体系指南》(《PMBOK®指南》) 之前，项目管理已经存在了几十年，即使现在已经有了第 7 版，它仍然被称为"指南"。

然而，我们可以得出结论，管理复杂的项目需要某些技能。其中一些技能是：

- 知道如何管理虚拟团队。
- 了解文化差异。
- 管理多个干系人的能力，每个干系人可能有不同的意图。
- 了解政治对项目管理的影响。
- 如何选择和度量项目指标。

治理

对于复杂项目来说，用户的全程参与是必不可少的。遗憾的是，由于政治和项目周期的关系，用户的参与可能发生改变。项目从始至终都隶属于相同的用户社群是不可能的。晋升、因选举而导致的权力和职权的变动以及退休可能会导致用户参与度发生变化。

治理是决策的过程。对于大型复杂项目，治理将掌握在多数人而不是少数人的手中。每个干系人都可能期望或要求成为项目所有关键决策的一部分，必须通过度量指标来提供有意义的信息对治理进行支持。治理的渠道必须在项目开始时明确定义，可能是在指派项目经理之前。治理方面的变更，会在很大程度上引起项目的时间变长，可能对项目的管理方式及使用的度量指标产生严重的影响。

决策

复杂的项目有复杂的问题。所有的问题通常都有解决方案，但并不是所有的解决方案都是好的，甚至是实用的。好的度量指标可以使决策制定更容易。此外，一些问题的解决方案可能比其他解决方案更昂贵。识别问题通常很容易。确定替代解决方案可能需要许多干系人的参与，并且每个干系人对实际问题和可能的替代方案有不同的看法。对于复杂的问题，一些国家的人在问题识别和最佳方案的选择上的决策周期非常长。每个干系人都可能选择一个符合其特定干系人的最佳利益的方案，而不是对项目最佳的方案。

获得批准也可能需要很长时间，特别是如果解决方案需要筹集额外的资金，而且政

提示：如果项目完成时没有出现可感知的干系人价值，那么在三重约束下完成项目并不一定是成功的。

治作用比较明显的时候。在一些新兴国家，每个复杂的项目都可能需要大多数的部长和高级政府领导人的签字。决策也可能基于政治和宗教制定。

流动方法

对于复杂的项目，项目经理需要一种流动或灵活的项目方法论才能够应对多个干系人的交互。相比项目管理流程，这种方法更需要与业务流程保持一致，因为项目经理可能需要同时做出商业决策和项目决策。复杂的项目似乎更容易被商业决策引导，而不是单纯的项目决策。

> 提示：项目越复杂，选择度量指标、执行度量和用适合的度量指标组合进行报告所需的时间就越长。

复杂的项目更多地由项目的最终商业价值驱动，而不是由三重约束或相互竞争的约束驱动。复杂的项目往往比预期的时间更长，成本也比最初的预算要高，因为需要确保最终的结果将包含客户和干系人所期望的商业价值。简单地说，复杂的项目往往是由价值驱动的，而不是由三重或相互竞争的约束驱动的。

> 提示：项目时间越长，对于在项目的整个生命周期中允许使用不同的度量指标所需的灵活性就越大。

鉴于项目复杂性在未来将继续增加这一事实，我们现在可以确定对项目度量指标的影响：

- 与传统项目相比，复杂项目需要更多的度量指标。
- 商业、战略和无形指标将是必不可少的。
- 指标可以在每个项目生命周期阶段或事业环境因素的变化中改变。
- 必须尽可能地为每个查看者定制自定义的仪表盘。

1.3 全球项目管理

世界上的每家公司都有一些复杂的项目，它们本想承担这些项目，但由于如下的种种限制而无法完成，例如：

- 缺少项目组合管理功能，无法对项目进行评估。
- 对容量规划了解不足。
- 对项目优先级了解不足。

第1章 项目管理的变化趋势

- 缺少确定项目商业价值的工具。
- 缺少项目管理工具和软件。
- 缺少足够的资源。
- 缺少合格的资源。
- 缺少对项目管理教育的支持。
- 缺少项目管理方法论。
- 缺乏处理复杂问题的知识。
- 害怕失败。
- 缺乏对跟踪项目所需的度量指标的理解。

因为不是每个公司都有能力管理复杂的项目，所以公司必须从外部寻找项目管理服务的供应商。在全球范围内提供这些服务的公司将自己视为业务解决方案的提供者，并根据表1-4中的元素将自己与本地化公司区分开来。

表1-4　非全球化和全球化公司能力对比

因　　素	非全球化	全球化
核心业务	销售产品和服务	销售业务解决方案
项目管理满意度水平	必须擅长项目管理	必须在项目管理上做到卓越
项目管理方法论	刚性的/僵化的	灵活性和流动性
度量指标/KPI	最小的	广泛的
支持工具	最小的	广泛的
持续改进	跟随领导者	捕获最佳实践和吸取经验教训
商业知识	知道自己公司的业务	理解客户的商业模型也理解自己公司的商业模型
团队类型	同地协作	虚拟的

那些花费时间和精力开发灵活的项目管理方法并成为解决方案提供者的公司正在全球市场上竞争。尽管这些公司可能将提供产品和服务作为其核心业务的一部分，但它们也可能把成为管理复杂项目的全球解决方案分包商视为自己的未来。

提示：全球竞争与本地竞争需要不同的思维方式。基于项目特定度量指标的有效的项目管理信息系统可能是必不可少的。

对于这些公司来说，仅仅把项目管理做好是不够的，它们必须在项目管理方面做到卓越。它们必须在过程中创新，使所有的流程和方法都具有高度的流动性，并且容易适应特定的客户。它们有工具库来支持它们的项目管理流程。大多数工具都是在内部创建的，基于吸取的经验教训和在捕获最佳实践时发现的一些想法。

1.4 项目管理方法论和框架

今天，大多数公司似乎都认识到需要一种或多种项目管理方法论，但要么创建了错误的方法论，要么滥用了已经创建的方法论。很多时候，公司会在完全不理解需求的情况下就匆忙地开发或购买一种方法论，只是因为它们的竞争对手已经有了这种方法论。正如杰森·查瓦特（Jason Charvat）所说：

使用项目管理方法论是一种商业策略，允许公司最大化项目带给组织的价值。方法论必须不断发展，并进行"调整"，以适应公司不断变化的重点或方向。这几乎是一种思维模式，一种重塑整个组织流程的方式：销售和营销、产品设计、规划、部署、招聘、财务和运营支持。对许多组织来说，这是一种根本性的文化转变。随着行业和公司的改变，它们的方法论也必须改变。否则，它们就会失去重点。

设计和实施一种良好的、灵活的方法论有显著的优势：

- 更短的项目进度。
- 更好地控制成本。
- 更少或没有不必要的范围变更。
- 能够规划更好的执行过程。
- 预测结果更加准确。
- 在项目执行过程中改善客户关系。
- 项目可在执行过程中进行调整，以适应不断变化的客户需求。
- 高层管理人员可以更好地看到状态。
- 执行过程标准化。
- 可以获取最佳实践。

一些方法论是通过一组可以应用到特定项目或情形的表单、指南、模板和检查清单构建的，而不是政策和程序。建立一种单一的企业级方法论并能应用到每个项目上是特别困难的。一些公司已经成功地做到了这一点，但是多数公司成功地维护了不止一种方法论。除非项目经理能够根据他们的需要定制 EPM 方法论，否则可能需要多个方法论。

第1章 项目管理的变化趋势

有几个原因可以解释为什么良好的意图经常误入歧途。在高管层，方法论可能失败，如果高管们不太了解方法论是什么并认为方法论是：

- 速成法。
- 一个银弹。
- 临时解决方案。
- 项目成功的秘诀。

在工作层，如果方法论出现以下情况，它们也可能会失败：

- 抽象的并且高层次的。
- 缺乏足够的说明来支持这些方法论。
- 不具功能性或没有解决关键领域……
- 忽视行业标准和最佳实践。
- 看起来很吸引人但是很难真正融入业务。
- 使用非标准的项目惯例和术语。
- 在没有解决问题的情况下竞争相似的资源。
- 没有任何绩效指标。
- 因官僚和行政管理的原因，花费了过长的时间。

方法论也可能失败，由于方法论：

- 即使假设和环境输入的因素发生了变化，也必须严格遵守。
- 注重线性思维。
- 不允许有创新思维。
- 不允许在原有需求之外的增值变更。
- 不适合项目类型。
- 太抽象（急于设计）。
- 开发团队忽略了瓶颈和用户社群的关注。
- 过于详细。
- 要花过长时间来使用。
- 对于市场、客户和干系人来说过于复杂，无法理解。
- 没有足够或正确的度量指标。

决定采用哪种方法论不是一件容易的事。有很多因素需要考虑，例如：

- 公司整体战略——作为一个公司，我们的竞争力如何？
- 项目团队规模和/或管理范围。
- 项目的优先级。
- 项目对公司的重要性。

- 方法论及其组成部分的灵活性。

还有许多其他因素可能影响方法论的设计。这些因素包括：

- 企业战略。
- 项目组合中的项目复杂性和规模。
- 高管对项目管理的信心。
- 开发预算。
- 生命周期的阶段数量。
- 技术需求。
- 客户需求。
- 培训需求和成本。
- 支持工具和软件成本。

项目管理方法论是围绕企业的项目管理成熟度水平和企业文化创建的。如果公司在项目管理方面相当成熟，并且拥有一种促进合作、有效沟通、团队合作和信任的文化，那么就可以根据指南、表单、检查清单和模板创建高度灵活的方法论。如前所述，在方法论中增加的灵活性越大，对一系列度量指标和 KPI 的需求就越大。项目经理可以根据特定的客户为其选择方法论和度量指标中适合的部分。不具备这两种特征中的任何一种的组织在很大程度上依赖用严格的策略和程序所构建的方法论，从而产生了大量的文书工作需求，并伴随着成本的增加，继而去除了项目经理所需要的灵活性，以使方法论适应特定客户的需求。这些严格的方法论通常依赖时间和成本作为唯一的度量指标，并且几乎不可能确定项目的真实状态。

查瓦特将这两种类型描述为轻量级方法论和重量级方法论。

轻量级方法论

不断增加的技术复杂性、项目延迟和不断变化的客户需求给开发方法论领域带来了一场小小的革命。这时一种全新的方法论，也就是敏捷的，是适应性强的，并且在整个过程的每一个环节都涉及客户。许多重量级方法论学家反对引入这些"轻量级"或"敏捷"方法论。这些方法论使用一种非正式的沟通方式。与重量级方法论不同，轻量级项目只有一些规则、实践和文档。项目是在面对面的讨论、会议和向客户传递信息的基础上设计和构建的。采用轻量级方法论的直接区别在于，它们很少以文档为导向，通常会强调较少的项目文档数量。

重量级方法论

传统的项目管理方法论［即系统开发生命周期（Systems Development Life Cycle，SDLC）方法］在本质上被认为是官僚主义或预测性的，并导致了许多不成功的项目。这些方法论越来越不受欢迎。这些方法论是如此耗时费力，以至于整个设计、开发和部署的步伐都变慢了，直到什么也干不成。项目经理倾向于预测每个里程碑，因为他们想要预测每个技术细节（例如，软件代码或工程细节）。这导致管理人员开始要求许多类型的规范、计划、报告、检查点和时间表。重量级方法论试图在很长一段时间内对项目的大部分进行详细的计划。在事情开始发生变化之前，这种方法一直有效，并导致项目经理本能地去抵制改变。

框架

今天，越来越多的公司，特别是那些希望作为业务解决方案分包商在全球市场上竞争的公司，正在使用框架而不是方法论。

- 框架：完成一个项目所需流程的各个部分、原则、片段或组件。其可以包括表单、指南、检查清单和模板。
- 方法论：对部分或框架元素进行有序结构化或分组。其可以作为策略、过程或指南出现。

框架关注必须在所有项目上完成的一系列流程。每个流程都由一系列可应用于特定客户业务需求的表单、指南、模板、检查清单和度量指标支持。度量指标由项目经理、客户和干系人共同确定。

如前所述，方法论是作为一个特定学科（例如，项目管理）的一部分的一系列流程、活动和工具，旨在实现特定的目标。当产品、服务或客户有类似的需求，并且不需要大量定制时，公司开发方法论以便在项目管理的方式上提供某种程度的一致性。在使用这些方法论时，一旦建立了度量指标，通常就会对每个项目保持一致。

随着公司在项目管理方面变得相当成熟，策略和过程被表单、指南、模板和检查清单所取代。这些工具为项目经理提供了更大的灵活性，帮助他们应用方法来满足特定客户的需求。这种灵活性导致在项目管理方法论上的更多非正式应用，而且现在更加需要度量指标了。

今天，这种非正式的项目管理方法已经进行了一些修改，并被称为框架。框架是一种基本的概念结构，用于解决问题，例如一个项目。它包括一组假设、特定于项目的度量指标、概念、价值和流程，为项目经理提供了查看满足客户需求所需内容的方式。框架是构建项目可交付物的骨骼支撑结构。在敏捷和 Scrum 中大量地应用框架的概念。

只要项目的需求不给项目经理带来很大的压力，框架就可以很好地工作。遗憾的是，在当今混乱的环境中，这种压力似乎在增加，因为：

- 客户正在需求小批量、高品质并在一定程度上定制化的产品。
- 项目生命周期和新产品开发时间被压缩。
- 事业环境因素对项目执行的影响越来越大。
- 客户和干系人希望更积极地参与项目的执行。
- 公司正在与供应商建立战略伙伴关系，每个供应商的项目管理成熟度可能不同。
- 全球竞争迫使企业接受来自不同项目管理成熟度水平的客户的项目。

当干系人希望加速决策过程时，这些压力往往会减缓决策过程。放缓的原因是：

- 项目经理被期望在其有限的知识领域内做出决策。
- 项目经理不愿承担项目的全部责任和所有权。
- 项目管理组织的管理层级过多。
- 风险管理被提升到更高的组织层级。
- 项目经理的领导能力受到质疑。

方法论和框架都是一种机制，通过这种机制，我们可以获得在使用度量指标和 KPI 时获得的最佳实践和经验教训。图 1-1 说明了方法论或框架的一般用法。一旦确定了客户和干系人，就可以输入需求、商业论证和伴随的假设。该方法论作为一种指南贯穿《PMBOK®指南》的过程组即启动（Initiation，I）、规划（Planning，P）、执行（Execution，E）、监控（Monitoring and Controlling，M）和收尾（Closure，C）。该方法论还为我们提供了针对特定客户来识别度量指标、KPI 和仪表盘报告技术的指南。

有些人认为，一旦交付物被提供给客户并且项目进行了收尾，那么项目就完成了。但事实并非如此。今天，越来越多的公司在方法论的生命周期阶段的末尾增加了另一个生命周期阶段，名为"客户满意度管理"。增加这个阶段的目的是与客户和干系人会面并讨论从项目中学到了什么，包括有关最佳实践、经验教训、度量指标和 KPI 的知识。这样做的目的是了解在未来的项目中哪些地方可以让该客户做得更好。今天，公司维护度量指标和 KPI 库的方式与维护最佳实践和经验教训库的方式已经一样了。

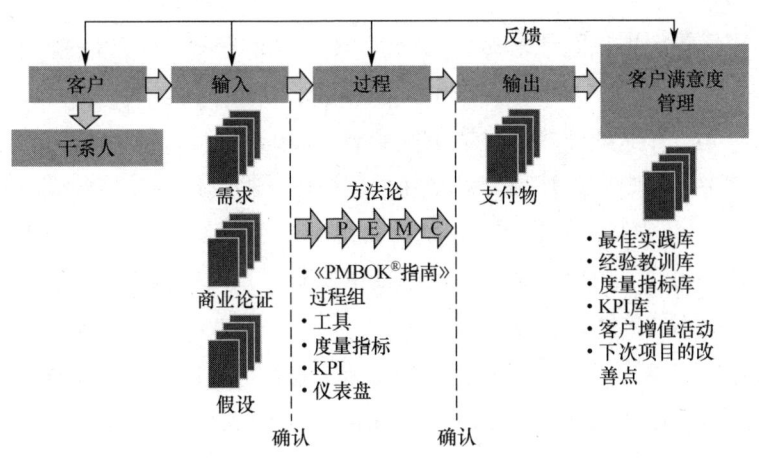

图 1-1　方法论或框架的一般用法

1.5　有效治理的必要性

上面描述的问题可以通过使用有效的项目治理来解决。项目治理实际上是制定决策的一个框架。治理与定义期望、责任、义务、权力授予或验证绩效的决策相关。治理还涉及在某一特定职责领域的一致性管理，有凝聚力的政策、流程和决策权，以支持有效率和有效果的决策制定。

每个项目都可以有不同的治理，即使每个项目使用相同的 EPM 方法论。治理职能可以作为一个单独的流程运行，也可以作为项目管理领导力的一部分。治理的目的不是取代项目决策，而是防止做出预期之外的决策。有效的治理需要信息和数据。几十年来，我们专注于使用项目管理信息系统（Project Management Information Systems，PMIS），该系统几乎完全包含来自挣值度量系统（Earned Value Measurement System，EVMS）的信息。遗憾的是，EVMS 并未包含有效问题分析和决策制定所需的所有信息。如今，治理人员依赖数据可视化和商业智能系统，这些系统可以为治理委员会的每个成员定制。

从历史上看，治理是由项目发起人一个人来承担的。今天，治理是由一个委员会来承担的。委员会成员可以因项目和行业而异。成员资格还可以根据干系人的数量及项目是针对内部客户还是外部客户而有所不同。

1.6　约定项目管理

现在，随着项目管理被视为一种战略能力，希望在全球市场上竞争的公司自然会强烈相信约定项目管理（Engagement Project Management）或约定销售。几年前，销售人员将产品或服务卖给客户，然后继续寻找其他客户。今天，重点是与客户待在一起，并从相同的客户那里寻找额外的工作。

在婚姻中，订婚可以被视为终身伴侣关系的开始。约定项目管理也是如此。

像IBM和惠普这样的公司不再认为自己是在销售产品或服务。相反，它们将自己视为客户的业务解决方案分包商，如果没有卓越的项目管理能力，业务解决方案分包商就不能继续留在业务中。

作为约定项目管理的一部分，公司必须说服客户相信它有项目管理能力，能够重复地为他们的业务需求提供解决方案。作为交换，企业希望客户将它视为战略合作伙伴，而不仅仅是另一个承包商，如图1-2所示。

图1-2　约定项目管理

以前，有人指出，那些希望在全球环境中竞争的公司必须具备卓越的项目管理能力。这种能力必须体现在承包商对客户发出的招标书的响应中。今天，客户要求公司提供以下提案：

- 公司持有PMP®认证的人数，以及如果公司通过竞标获胜，由谁来管理合同。
- 具有多次成功经验的EPM方法论或框架。
- 愿意根据客户的环境定制框架或方法论。
- 公司项目管理成熟度水平，以及采用何种项目管理成熟度模型进行评估。
- 一个项目管理的最佳实践库，愿意与客户分享这些知识，以及在项目过程中发现的最佳实践。

几十年前，销售人员（和市场营销人员）对项目管理知之甚少。销售人员的角色是取得合同，而不考虑必须做出什么样的让步。然后，项目经理"接过"了一个预算不足、进度计划不可能完成的项目。如今，销售和市场营销人员必须理解项目管理，并能够将其作为约定销售的一部分销售给客户。销售团队必须销售公司的项目管理方法论或框架及相应的最佳实践。销售和市场营销人员现在参与项目管理。

约定项目管理对买方和卖方都有好处，如表 1-5 所示。

表 1-5 约定项目管理实施之前和之后的对比

约定项目管理实施之前	约定项目管理实施之后
连续的竞争性招标	唯一来源或单一来源的合约（与较少的供应商打交道）
关注可交付产品的近期价值	关注可交付产品的终身价值
承包商为客户提供最低限度的终身支持	承包商为客户价值分析和客户价值度量提供终身支持
利用单一的不灵活系统	可以访问承包商的诸多系统
有限的度量指标	使用承包商的度量指标库

约定项目管理的好处很明显：

- 买卖双方无须通过正式的招标程序就能签订唯一来源或单一来源合同，从而节省大量采购成本。
- 由于潜在的长期战略伙伴关系，卖方感兴趣的是业务解决方案的终身价值，而不仅仅是项目结束时的价值。
- 公司可以为客户提供终身支持，因为后者试图与自己的客户发展价值驱动型关系。
- 买方将获得卖方使用的许多项目管理工具。这个推论也是正确的。

如果聘请顾问管理项目时，他们带来了自己的方法论和伴随而来的度量指标，而这些方法论和度量指标与业务需求或雇用他们的人的需求不一致，那么就有风险。业务解决方案提供者必须证明：

- 他们的方法论是为客户的商业模式和战略而设计的。
- 他们带来的指标符合客户的商业模型和战略。
- 客户理解他们提出的度量指标。
- 如果有必要，他们愿意创建额外的度量指标来满足客户的需求。

1.7 客户关系管理

约定项目管理迫使项目经理成为客户关系管理（Customer Relations Management，CRM）活动的积极参与者。CRM 活动聚焦：

- 识别正确的客户。

- 与客户建立正确的关系。
- 维护客户忠诚度。

CRM 活动不能完全由项目经理完成。有些公司同时拥有约定经理（Engagement Manager）和项目经理。这两个人必须共同努力以保持客户满意度。表 1-6 显示了每个人的部分责任。

表 1-6　约定经理和项目经理的对比

客户价值管理	约定经理	项目经理
阶段 1：认识正确的客户	• 战略营销 • 提案准备 • 互动销售	• 协助提案的准备 • 可能向约定经理汇报
阶段 2：建立正确的关系	• 定义验收标准（度量指标/KPI） • 风险缓解计划 • 客户简报 • 客户发票 • 征求满意度反馈和客户关系管理	• 支持 CRM • 建立绩效度量指标 • 度量客户价值和满意度 • 提升客户满意度管理
阶段 3：维护忠诚度	• 召开客户满意度管理会议 • 更新客户度量指标和 KPI	• 参加客户满意度管理会议 • 寻找未来需要改进的地方

1.8　项目管理的其他发展

为了使公司能够成功地在重复性的基础上管理复杂的项目，并发挥解决方案分包商的作用，项目管理方法论和随附的工具必须是流动性的或适应性的。这意味着，考虑到每个干系人可能有不同的需求和期望，而且大多数复杂的项目都有很长的时间跨度，当与每个干系人打交道时，公司可能需要开发不同的项目管理方法。图 1-3 说明了项目管理的一些新发展，这些发展同时适用于传统项目和非传统项目。

如果处理得当，图中的五大模块就可以组合在一起。

图 1-3　项目管理领域的新发展

第 1 章　项目管理的变化趋势

（1）新的成功标准：在项目启动时，项目经理将与客户和干系人会面，就项目成功的要素与干系人达成共识。最初，许多干系人可能对成功有自己的定义，如果可能的话，项目经理必须促成共识。

（2）关键绩效指标：一旦成功标准达成一致，项目经理和项目团队将与干系人一起定义每个干系人希望跟踪的度量指标和KPI。每个干系人可能有不同的KPI需求。

（3）度量：在度量指标和KPI达成共识并被放到仪表盘上之前，项目经理必须确保所有的团队成员都知道如何执行度量。这是最困难的部分，因为并非所有团队成员或战略合作伙伴都有能力或技能来度量所有KPI。

（4）仪表盘设计：一旦确定了KPI和度量技术，项目经理和适当的项目团队成员将为每个干系人设计仪表盘。仪表盘中的一些KPI将定期更新，而其他KPI可能实时更新。

（5）治理：一旦度量完成，关键的决策可能必须由治理委员会进行监督。治理委员会可以包括关键干系人，也可以包括作为观察员身份的干系人。

1.9　从一个新的视角来定义项目成功

项目管理的最终目的是创建一个连续的项目成功流。如果在每个项目上都对"成功"有一个很好的定义，那么就可以做到这一点。

> **情景**
>
> 许多年前，作为一名年轻的项目经理，我问公司的一位副总裁："在我的项目中，成功的定义是什么？"他回答说："这家公司唯一的定义就是达到合同规定的利润率目标。"然后我问他："我们的客户也对成功有相同的定义吗？"我们的谈话就此结束了。

多年来，客户和承包商对成功的定义各不相同。承包商把利润视为唯一的成功因素，而客户更关心交付物的质量。随着项目管理的发展，这一切都开始改变。

成功是通过三重约束来衡量的

三重约束可以定义为一个三角形，其中三条边表示时间、成本和性能（可能包括质量、范围和技术性能）。这是在项目管理诞生时定义成功的基础。这个定义是由客户提供的，其中成本的意思是"在合同成本之内"。承包商对成本的解释是利润。

历史上，只有三重约束用于定义项目成功。遗憾的是，即使所有的可交付物都按时并在成本之内完成，项目仍可能是失败的，如果：

- 所创造的产品或服务没有市场需求。
- 产品和服务没有满足客户的需求。
- 产品和服务似乎满足了客户的需求，但客户对交付物的性能不满意。
- 没有实现商业论证中定义的收益。
- 由此带来的预期财务价值明显低于所预期的。

很明显，除了跟踪三重约束，定义项目成功还需要其他度量指标。

客户满意度也必须考虑

在三重约束下管理项目是一个好想法，但是客户必须对最终结果感到满意。承包商可以在三重约束下完成一个项目，但发现客户仍然对最终结果不满意。因此，我们现在在三重约束的周围画了一个圈，名为"客户满意度"。一家航空航天公司的总裁表示："在我们的业务中，成功的唯一定义就是客户满意。"这让客户和承包商走得更近了一点。在使用项目管理技术的最初几年，航空航天和国防承包商面临着巨大的成本超支，几乎不可能根据三重约束来定义成功。客户和承包商发起了许多范围变更。由于大量的范围变更，项目中仅使用两个与时间和成本有关的度量指标。然而，衡量成功的标准是后续业务，这是客户满意的一种产出。

还必须考虑的其他（或次要）的因素

> **情景**
>
> 几年前，我遇到一个承包商，他把一个客户的一份工作的报价报低了近40%。当我问为什么公司愿意在合同上赔钱的时候，那个人回答说："我们对这个项目成功的定义是能够把客户的名字放在我们的销售册子中作为一个标杆。"

根据项目的不同，次要的成功因素可能比主要因素更重要。这些次要因素包括使用客户的名字作为标杆，提高企业声誉和形象，体现遵守政府法规、战略一致性、技术优势、道德行为等，诸如此类的因素。次要因素最终可能比三重约束的主要因素更重要。

成功必须包含商业组件

到 20 世纪和 21 世纪之交，公司开始建立 PMO。PMO 的主要活动之一是确保每个项目都与战略业务目标保持一致。因此，成功的定义包括商业组件和技术组件。例如，考虑一下瑞士橘子公司（Orange Switzerland）的一名发言人对成功的定义中包括的以下内容：

- 产品在时间、成本和质量特性范围内交付。
- 成功管理项目生命周期中的变更。
- 管理项目团队。
- 相对于项目启动阶段时的标准和目标（如采用率、ROI 等），产品的成功是否符合。

作为另一个例子，考虑以下由 Convergent Computing 公司的项目经理/合伙人科林·斯彭斯（Colin Spence）提供的内容。成功项目的一般指标如下：

- 按时、按预算、按范围完成客户的技术和商业目标。
- 为成功获取资源或建立团队，让所有参与者都有最大的成功机会，并在这个过程中获得积极的体验。
- 在能力、团队合作和专业水平上超越客户的期望，并创造最高水平的客户满意度。
- 赢得客户的额外业务，并能够使用他们作为标杆客户或让他们同意成为案例。
- 创建或微调可与组织共享的流程、文档和可交付物，并在其他业务中加以利用。

项目经理角色的定义也发生了变化。项目经理管理的是商业的一部分，而不仅仅是一个项目，他们被期望做出合理的商业决策和项目决策。每个项目都必须有一个商业目标。当项目完成时，每个项目都被期望为公司贡献商业价值。

对成功的制约因素进行优先级排序是必要的

并不是所有的项目约束都是平等的。在一个项目接一个项目的基础上，按顺序执行约束的优先级排序。发起人对这个过程的参与是至关重要的。次要因素也被认为是制约因素，而且可能比主要制约因素更为重要。例如，多年前，在迪士尼乐园和迪士尼世界，项目经理在设计和建造主题公园的景点时有以下六个限制：

（1）时间。
（2）成本。
（3）范围。
（4）安全性。
（5）审美价值。
（6）质量。

在迪士尼，最后三个约束，即安全性、审美价值和质量，被认为是固定的约束，在权衡过程中无法改变。所有的权衡都是在时间、成本和范围上做出的。

在项目的整个生命周期中，成功要素的重要性可能发生变化。例如，在项目的启动阶段，范围可能是成功的关键因素，所有的权衡都是基于时间和成本的。在项目的执行阶段，时间和成本可能变得更加重要，然后根据范围进行权衡。

> **情景**
>
> 在某一时间点上，从定义成功的要素的重要性的角度也能看出决策是如何做出的。例如，项目发起人询问项目经理项目的进度基准什么时候可以准备好。项目经理回答说："只要你一告诉我，时间、成本或风险这三个要素中哪个对你来说是最重要的，我就会准备好进度表。我可以根据最少的时间、最小的成本或最少的风险创建一个进度表。在我准备进度表的时候，只能满足你三个要素中的一个。"项目发起人有点生气，因为他想三个全要。然而，项目经理更明白，并坚持了自己的意见。他告诉发起人，他只能准备一个进度表，而不是三个。项目发起人最后很不情愿地说："按时间最少来安排进度表。"

如前所述，项目成功的定义有一个商业组件。不论是客户还是承包商对成功的定义也都如此。此外，每个项目可以有不同的成功定义。在项目启动时，甚至在客户和承包商之间的第一次会议上，就必须对在项目结束时或项目期间什么是成功达成共识。换句话说，对于成功的定义必须有一个共同的理解，尤其是在出于项目工作上的商业原因时。

成功的定义必须包含一个"价值"组件

在前文中提到过，在一个项目上工作必须有一个商业目的。然而，现在的理解是，要想取得真正的成功，必须在项目完成时实现价值。在时间和成本的限制下完成一个项目并不能保证商业价值在项目结束时仍然存在。用世界上最成功的投资者之一的伯克希尔哈撒韦（Berkshire Hathaway）公司董事长兼首席执行官沃伦·巴菲特（Warren Buffett）的话来说："价格是你付出的代价，而价值是你所得到的。"

过了这么久才在成功的定义中包含价值组件的原因之一，是因为直到最近几年，我们才能够开发出度量指标的模型来衡量项目的价值。这些相同的模型现在被 PMO 用于选择项目组合以最大化公司将获得的价值。此外，作为绩效报告的一部分，我们现在报告的度量指标包括完成时的时间、完成时的成本、完成时的价值和实现价值的时间。

在项目完成时确定成功的价值组件可能是困难的，尤其是那些只有在项目完成很久之后才能确定项目的真正价值的情况。因此，一些用来评估确定真实价值所需的时间的标准可能需要被建立。

> 提示：成功的定义必须在客户和承包商之间达成共识。

■ 成功的多个组件

今天，项目经理已经认识到一个项目有多重约束。在开展中的更多的复杂项目上，传统的三重约束的成功因素正在不断变化。例如，在图 1-4 中，对于传统项目，时间、成本和范围可能比三角形内的约束具有更高的优先级。然而，对于更复杂的项目，三角形内的约束可能更重要。

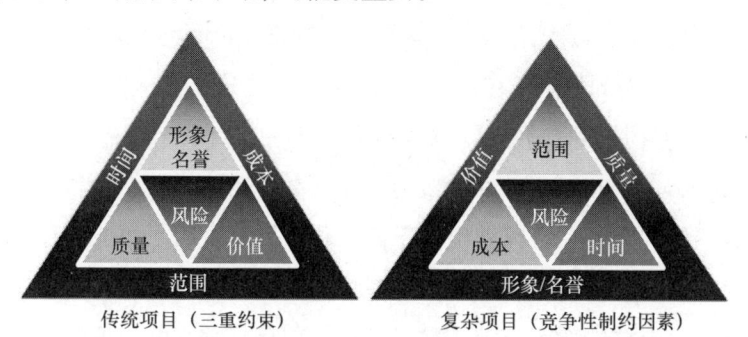

图 1-4 从三重约束到竞争性制约因素

从《PMBOK®指南》第 4 版开始，不再使用"三重约束"这个术语。因为也许有三个以上的制约因素，所以现在使用"竞争性制约因素"一词，以重新认识成功约束的确切数目，以及它们之间的相对重要性可以随着项目的不同而改变。重要的是必须为项目上的每个约束建立度量指标。然而，并不是所有约束的度量指标都将被用作 KPI。

未来

那么，未来会是什么样子呢？以下是目前正在发生的一些变化的代表：
- 项目经理将在项目开始时与客户会面，就项目成功的制约因素达成一致。
- 项目经理将与其他干系人会面，了解他们对成功的定义。对于每个项目，可以并且将有多个成功的定义。
- 项目经理、客户和干系人将就他们希望跟踪哪些度量指标达成一致，以验证将获得的成功。有些度量指标将被视为 KPI。
- 项目经理在 PMO 的协助下，为每个干系人准备仪表盘。仪表盘将实时跟踪被要求的每个成功度量指标，而不是依赖定期报告。
- 在项目完成时，PMO 将维护一个可用于未来项目的衡量项目成功的度量指标库。

未来，PMO 有望成为所有项目管理知识产权的守护者。PMO 将创建模板来帮助项目经理定义成功和建立成功的度量指标。

1.10 无纸化项目管理的发展

做出明智的决定需要信息。在早期，项目管理严重依赖遗留系统（Legacy System）来获取所需的信息。在过去的几十年中，出现了其他信息系统，如图 1-5 所示。PMIS 的发展仅为手头的项目提供信息。后来，出现了企业资源规划（Enterprise Resource Planning，ERP）系统和 CRM 系统，它们为项目管理提供了足够的信息，使它们现在可以做出基于商业和项目的决策。今天，一个公司能够产生的信息量是巨大的，所有这些信息都将存储在数据或信息仓库中。使用跟踪商业度量指标的纯粹的遗留系统，信息汇报大部分是垂直的，依赖组织垂直化的科层结构。今天，基于项目的信息可以在任何地方报告，包括公司外部的组织。

拥有更多的信息是有代价的：更昂贵的报告、更大量的报告和更频繁的报告，如图 1-6 所示。随着文书工作的成本增加，公司开始研究无纸化项目管理的可能性。这需要识别关键信息，并使用仪表盘显示信息。

最初，报告是在每个生命周期阶段结束时完成的。遗憾的是，这意味着一些客户直到阶段结束的关卡评审会议才会看到项目状态。为了解决这个问题，制定了政策和程序手册，规定了报告的方式和时间。另外，这个系统对项目经理施加了限制，最终指南取代了政策和程序。今天，关注点是仪表盘。

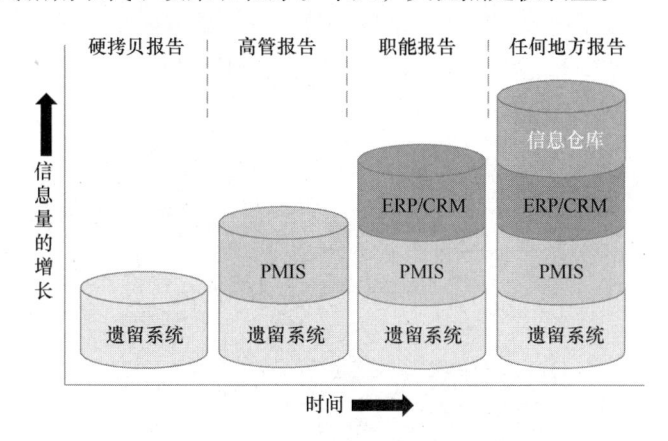

图 1-5　用于支持项目管理的信息系统的发展

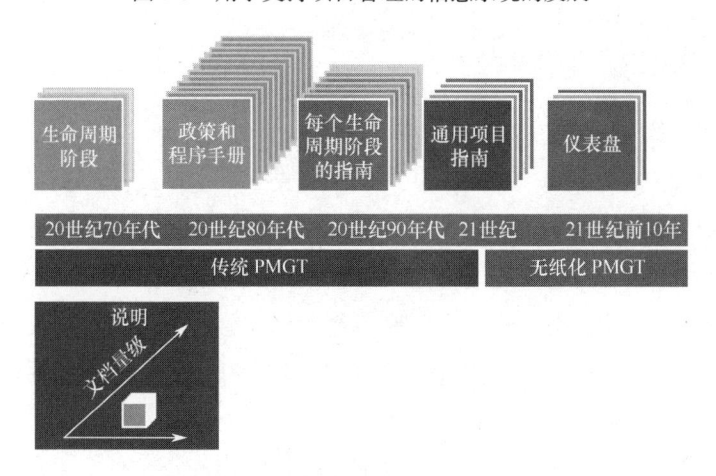

图 1-6　用于支持项目管理的信息系统的发展（有代价的）

1.11　项目管理成熟度和度量指标

公司都希望在项目管理方面成熟和卓越。遗憾的是，并不是所有的公司都认识到，通过执行项目管理成熟度和卓越的战略规划可以缩短时间范围。简单地使用项目管理，即使很长一段时间，也不会带来卓越。相反，它会导致重复的错误，更糟的是，从自己的错误中吸取教训，而不是从别人的错误中吸取教训。

项目管理的战略规划不同于其他形式的战略规划，因为它通常在管理的中下层执行。高管仍然参与其中，主要扮演支持者角色，确保员工可以解放时间来参与并提供资金。

有一些模型可以用来帮助实现卓越。其中一个模型是项目管理成熟度模型，如图1-7所示。这五个层级代表了项目管理的不同成熟度。

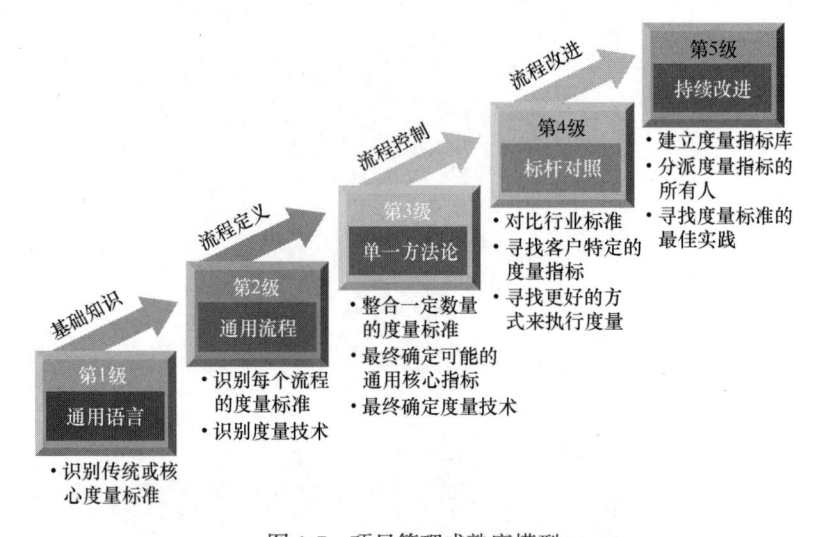

图 1-7　项目管理成熟度模型

第 1 级——通用语言：在这个级别，组织认识到项目管理的重要性，需要对项目管理的基本知识及相关的语言和术语有很好的理解。

第 2 级——通用流程：在这个级别，组织认识到需要定义和开发通用流程，以便在一个项目上的成功可以在其他项目上重复。在这一层级还包括认识到项目管理可以应用和支持公司采用的其他方法论。

第 3 级——单一方法论：在这个级别，组织认识到将所有公司方法论和流程组合到一个单一方法论中发挥协同效应，该方法论的核心是项目管理。协同效应使用单一方法论比使用多种方法论更容易进行流程控制。

第 4 级——标杆对照：此级别要认识到流程改进对于保持竞争优势是必需的。标杆对照应持续进行。公司必须决定以谁为标杆，标杆对照的内容是什么。

第 5 级——持续改进：在这个级别中，组织通过评估来自标杆对照获得的信息，决定这些信息是否会增强单一方法论。

尽管这五个级别通常是通过表单、指南、模板和检查清单来完成的，但是度

第 1 章　项目管理的变化趋势

量管理的成长进一步增强了模型，这是通过确定在每个级别包含度量指标的必要性来实现的，如图 1-7 所示。度量指标可以作为组织成熟度的标志。无纸化项目管理的需求使更多的关注点放在度量管理作为项目管理成熟度流程的一部分上。

项目管理的成熟度允许公司认识到项目管理是一种战略能力，如图 1-8 所示。

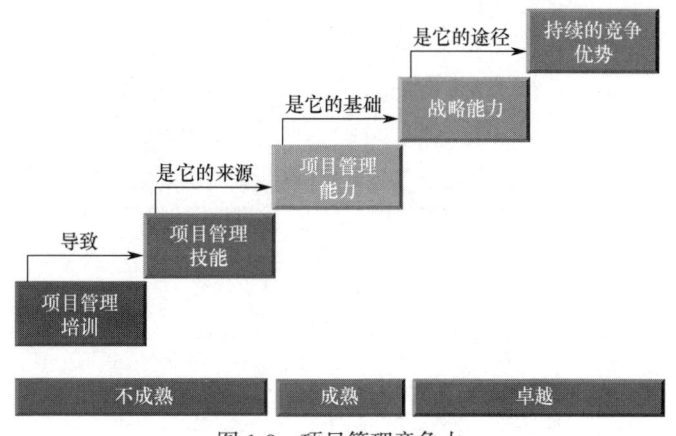

图 1-8　项目管理竞争力

对于那些向外部客户推广项目管理能力的公司来说，项目管理能力被视为一种持续的竞争优势。然而，无效的度量管理会增加维护持续竞争优势的风险，如图 1-9 所示。这些风险将在后面的章节中详细讨论。

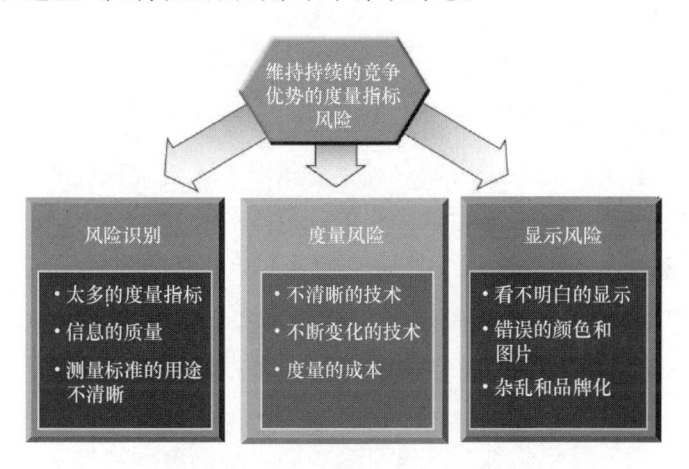

图 1-9　维持持续的竞争优势的度量指标风险

如图 1-8 所示，当项目管理被视为一种战略能力，并且公司认识到其项目管理能力已成为一种竞争优势时，项目管理才能达到卓越。遗憾的是，竞争优势并不是可持续的，如图 1-10 所示。当一个公司利用其竞争优势时，竞争对手会反击以减少或消除这种优势。因此，如图 1-11 所示，企业要想将竞争优势发展为持续的竞争优势，就必须不断改进。

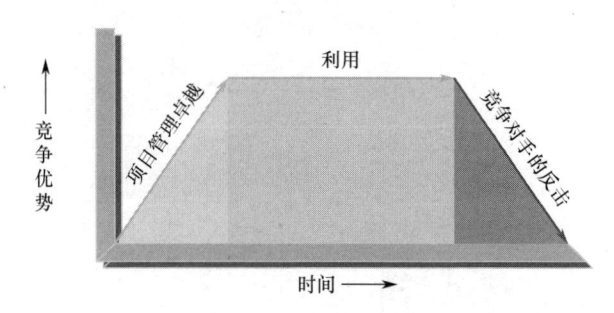

图 1-10　不可持续的竞争优势

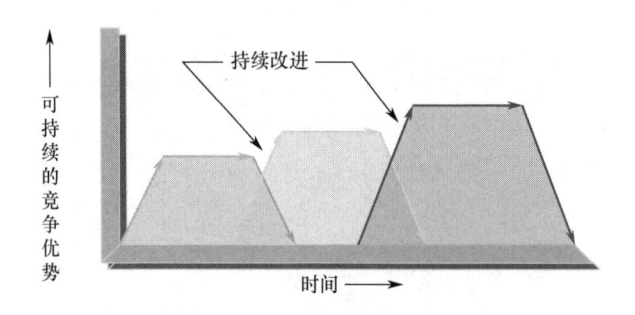

图 1-11　可持续的竞争优势

在项目管理方面拥有可持续的竞争优势不仅仅来自每个项目结束时的准时性和预算符合度。相反，为客户提供竞争对手无法提供的服务也可能有所帮助。在项目管理中，当努力与客户的价值观念直接挂钩时，才会产生真正的竞争优势。无论公司用什么方法来证明这一点，例如使用反映价值的指标，都会给公司带来可持续的竞争优势。关于反映价值的度量指标，会在第 5 章讨论，展示如何创建价值。如果这些度量指标持续改进，那么使用者就可能为客户增加价值。

除非客户理解度量指标并且可以感知到正在创造的价值，否则在价值度量指标上浪费资源是没有意义的。因此，客户的输入对价值度量指标的属性选择非常重要。表 1-7 显示了一些典型的反映价值的度量指标及相关的战略竞争优势。

表 1-7 能反映价值的度量指标所带来的竞争优势

带有价值属性的度量指标	可能的竞争优势
产生的可交付物	效率
产品功能	创新
产品功能	产品差异化
支持响应时间	服务差异化
员工和雇员的薪酬等级	人员差异化
质量	质量差异化
系统中的操作项及所需时间	解决问题和决策的速度
周期时间	上市速度
失败率	品质差异化和创新

1.12 项目管理标杆对照和度量指标

在项目管理中达到成熟和卓越的最快方法之一是采用标杆对照。标杆是可以进行对比的度量方法或标准。标杆对照是将业务流程和绩效度量指标与本行业最佳实践或其他行业最佳实践进行对比的过程。通常，度量的维度是质量、时间和成本。在标杆对照过程中，高管识别出其所在行业或存在类似流程的其他行业中最好的公司，并将研究对象（"目标"）的多项结果和流程与自己公司的这些结果和流程进行比较。通过这种方式，高管可以了解目标的执行效果，更重要的是，能够了解那些可以解释这些公司成功的原因的业务流程。

最佳实践与行之有效的实践

在项目管理中，术语"最佳实践标杆对照"或"流程标杆对照"指的是组织如何评估自己与最佳实践公司在相关流程的各个方面的差别，通常以对比为目的在已经定义的双方同等的群体之间进行。此评估过程允许组织开发关于如何改进或适应特定最佳实践的计划，通常的目的是提高项目管理绩效的某个方面。标杆对照常被视为一个持续的过程，在这个过程中，组织不断地谋求对自身实践的改进。

十多年来，企业一直对"最佳实践"这个术语着迷。最佳实践通常是那些已经被证明能够产生卓越结果的实践。但是现在，在使用了十年或更久之后，这个词正在被仔细地研究，人们认识到可能存在更好的表达方式。当一家公司说，它有一个最佳实践，确实意味着有一种技术、流程、度量指标、方法或活动，可以比其他方式更有效地交付成果，在为公司提供期望成果的过程中遇到更少的问题和不可预见的复杂情况。因此，公司最终会基于一个可重复的流程，以最高效和有效的方式完成任务，这个流程在过去一段时间内已经被大量的人和/或项目所证实。

关于为什么不应该使用"最佳实践"一词，存在几种争论。第一种观点是，确定的最佳实践可能导致一些人认为他们在过去错误地执行了一些活动，而事实可能并非如此。所谓的最佳实践可能只是实现可交付物的更有效的方法。第二种观点是，一些人认为最佳实践意味着只有一种方法可以完成任务。这也可能是一种错误的解释。第三种观点是，或许也是最重要的一点是，最佳实践是执行活动的"最佳"方式，而且由于它是最佳的，因此不可能有进一步的改进机会。

一旦确定并证实最佳实践是有效的，它就会被集成到项目管理流程中，从而成为一种标准的业务执行方式。因此，在接受并证明使用该想法之后，更好的表达可能是"行之有效的实践"，而不是最佳实践。这就为进一步的改进敞开了大门。

这只是一些关于为什么"最佳实践"可能只是一个流行词并且应该被取代的争论，这也许将在未来发生。然而，在本文的其余部分中，仍然使用了"最佳实践"一词，但需要注意的是，其他术语可能更合适。

标杆对照方法论

目前还没有一个标杆对照的流程能被普遍采用。标杆对照的广泛提倡和接受导致了各种标杆对照方法论的出现。然而，就项目管理而言，由于《PMBOK®指南》和PMO的存在，标杆对照活动通常更容易实施和接受。《PMBOK®指南》有助于确定哪些领域的标杆对照是有好处的，并且人们知道PMO是负责项目管理持续改进的。

以下是一个典型的标杆对照方法论的例子。

- 识别问题领域：因为标杆对照可以应用到任何业务流程或功能，就可能需要一系列的研究技术。它们包括与客户、员工或供应商的非正式对话；探索性研究技术，例如焦点小组；还有深度的市场调研、定量研究、调研、问卷调查、再造分析、流程映射、质量控制差异报告、财务比率分析，或者简单地审核周期时间或其他绩效指标。
- 识别具有类似流程的其他公司：由于项目管理几乎存在于每个行业，所以标杆对照人员不应错误地只关注自己所在的行业。
- 识别在某些领域处于领先地位的组织：在任何行业、任何国家寻找最好的组织。咨询客户、供应商、金融分析师、行业协会和杂志，以确定哪些公司值得研究。由项目管理协会主办的研讨会和会议提供了听取那些做得特别好的公司报告的很好的机会。即使处于财务困境的公司，在项目管理的某些领域也可能出类拔萃。
- 访问"最佳实践"公司，以识别前沿实践：公司通常同意标杆对照小组相互交换对各方都有益的信息，并在小组内共享结果。
- 实施新的和改进的业务实践：采纳前沿实践并制订实施计划，包括确定具体的机会、为项目提供资金、为了从改进中获得论证的价值向组织推销想法。

标杆对照的成本

标杆对照的三种主要成本是：
- 访问成本：包括酒店房费、差旅费、餐费、象征性礼物和损失的劳动时间。
- 时间成本：标杆对照团队的成员将投入时间研究问题，寻找优秀的公司进行研究、访问和实施。这将使他们从日常工作中抽出一部分时间，因此可能需要额外的工作人员。
- 标杆对照的数据库成本：将标杆对照制度化到日常工作程序中的组织发现，创建和维护数据库或最佳实践库非常有用。

利用互联网资源可以大幅度降低标杆对照的成本。这些资源旨在从组织、业务部门和国家获取基准与最佳实践，从而使标杆对照过程更快、更便宜。

标杆对照的类型

标杆对照有多种类型：
- 流程标杆对照：发起公司主要对项目管理和业务流程进行观察和调查，目标是在一个或多个标杆对照公司中识别和观察最佳实践。如果目标是在执行项目管理方法论的部分流程中成本和效率进行标杆对照，那么就需要进行活动分析。这是项目管理中最常见的标杆对照形式。如果使用者不能完全弄明白自己的流程，那么流程标杆对照就不可能成功。

- 度量指标标杆对照：对比组织用于持续改进的不同度量指标的流程。时间、成本和质量只是正在使用的三个度量指标。创建其他的度量指标时，需要根据度量的需要，而不是根据什么最容易度量进行。其目的是识别项目管理所需的核心度量指标。基于度量指标的标杆对照的最大挑战之一是公司之间或部门之间使用的各种度量指标的定义是不同的。由于领导力和优先级的变化，同一组织内的定义也可能随着时间而变化。最有用的标杆对照是在对比双方的度量指标定义是通用的并且没有改变的情况下进行的，这样改进的结果才可以被验证。
- 财务标杆对照：进行财务分析并比较结果，以评估整体竞争力和生产率。
- 从投资者的角度进行标杆对照：将标杆对照的范围扩展，可以站在投资者的视角与同行公司对比，考虑不同的投资机会。
- 绩效标杆对照：通过与目标公司的产品和服务进行对比，使发起标杆对照的公司能够评估其竞争地位。
- 产品标杆对照：把新产品设计或现有产品升级的流程与当前的流程做对比。这一流程有时可能涉及逆向工程，即拆解竞争对手的产品，找出优势和劣势。
- 战略标杆对照：包括观察其他公司如何竞争。这种类型的标杆对照通常不是特定于行业的，意味着最好看看其他行业。
- 职能标杆对照：公司将标杆对照聚焦在某一职能，以提升特定职能的运行。人力资源、财务和会计及信息和通信技术等复杂的职能在成本和效率方面不太可能直接进行对比，可能需要将其分解为流程，以便进行有效的比较。
- 业内一流标杆对照：包括研究领先的竞争对手或在某一特定职能上做得最好的公司。
- 内部标杆对照：将业务流程与组织内部的相似流程进行对比。这是对内部最佳实践的探求。
- 竞争性标杆对照：这是在产品、服务、流程或方法上直接与竞争对手进行对比。
- 一般性标杆对照：这种方法广泛地把不相关业务流程或职能概念化，无论这些业务流程或职能来自何种行业，它们都可以按相同或类似的方式进行实践。

标杆对照的行为准则

标杆对照过程中可能出现许多问题。有些问题是由于误解造成的，而另一些问题可能涉及法律问题。国际标杆管理交流中心[①]的行为守则是一个非常好的起点。

- 合法性：避免任何可能被你或你的标杆对照伙伴解读为非法的讨论。
- 交换：准备好回答与你提出的问题相同的问题。让标杆对照伙伴预先看一看问题会很有帮助。
- 保密：所有信息均应视为私有信息。你可以考虑让每个人都签署一份保密协议。
- 信息的使用：必须就如何使用信息达成协议，最好是书面协议。
- 对接方式：遵循你可以交流的标杆对照伙伴的协议和惯例。
- 准备：为与合作伙伴的对接和信息交流做好充分准备。
- 完成：避免做出无法兑现的许诺或承诺。

标杆对照的错误做法

标杆对照的错误做法可能导致标杆对照失败。这些错误做法包括：

- 将标杆对照活动限制在公司所在行业。
- 只针对行业领导者；行业追随者可以提供和行业领导者一样多的信息。
- 没有认识到并非所有结果都适用，特别是在组织和文化存在差异的情况下。
- 没有一个标杆对照计划，也不知道要寻找什么。

需记住的要点

在开展标杆对照工作时，必须记住以下几点：

- 为了充分理解数字的含义和用途，有必要了解数字背后的文化和环境。"如何"和"多少"同样重要。
- 在项目管理中，变更可以很快发生。为标杆对照研究设置频率是很重要的，

[①] 国际标杆管理交流中心（International Benchmarking Clearinghouse，IBC）由总部位于美国休斯敦的非营利团体美国生产力及质量中心于1992年2月成立。

每个研究过程可能需要不同的频率。
- 标杆对照流程越严格，结果越好。
- 无论一家公司认为自己的项目管理体系有多好，总有改进的空间。
- 那些不相信持续改进的人很快就会成为行业的跟随者，而不是领导者。
- 不熟悉或不支持标杆对照的高管总是采用"不要在这儿想当然"的论点，或者"我们一直都是这么做的"。
- 成功的标杆对照是"做"，而不是"知道"。
- 标杆对照使得使用者可以从他人的错误中学习，而不是从自己的错误中学习。
- 基于在项目管理领域发生变化的频率，作为标杆对照的目标不太可能成为项目管理所有领域的领导者。
- 标杆对照可以防止意外。
- 人们必须认识到变革的必要性。这必须通过标杆对照的证据来实现，而不仅仅是主张或观点。
- 当需要改变或做出改变的人参与了标杆对照研究时，变化会很快发生。
- 实施变革需要一个倡导者。建立 PMO 的想法是正确的。

1.13 结论

项目管理的未来很可能掌握在解决方案分包商手中。这些分包商将为每个客户也可能是每个干系人定制项目管理框架和方法论。他们必须能够开发远远超出当前《PMBOK®指南》的度量指标，并显示出制定商业决策和项目决策的意愿。项目管理的未来看起来很好，但它将是一个挑战。

第 2 章
度量指标改善的驱动力

本章概述

当今，比以前任何时候，更大量的项目正在陷入困境甚至可能失败。诸如项目审计和健康检查等技术的应用，促使度量指标的管理体系更加正规化。有效的决策不可能在缺少有意义的度量指标的情况下做出。干系人管理使有意义的度量指标更加广泛地被应用。

本章目标

- 理解在与干系人打交道时度量指标的重要性。
- 理解在执行项目审计时度量指标的重要性。
- 理解在执行健康检查时度量指标的重要性。
- 理解度量指标在尝试挽救一个陷入困境的项目时可以带来的改变。

关键词

- 边界。
- 陷入困境的项目。
- 项目审计。
- 项目健康检查。
- 范围蔓延。
- 干系人关系管理[①]。

2.0 介绍

公司并不能简单地根据自己的选择添加更多的度量指标或关键绩效指标。在通

---

① 干系人关系管理：Stakeholder Relations Management，SRM

常情况下，这类指标带来的驱动力表明需要这样的改变。当事情进展顺利或按计划进行时，公司会产生自满情绪。然而，当项目经理开始承接更复杂的项目时，就像在第 1 章中讨论的那样，事情往往会变得很糟糕，并且需要额外的度量指标。

通过执行审计和健康检查，项目经理可以防止项目陷入困境，前提是及早发现问题的原因，并且存在纠正措施的选项。遗憾的是，所采用的度量指标可能不能作为早期预警系统。当用于分析潜在失败项目的新度量指标被建立时，损失可能已经出现并且可能无法恢复。

如果干系人关系管理失效且未来的业务无法实现的话，最终的结果可能是毁灭性的。这种情况可能是由于对度量指标和 KPI 进行了不正确的识别、选择、实施和度量造成的。

2.1　干系人关系管理

干系人是在某种程度上受项目的结果或项目管理的方式影响的个人、公司或组织。干系人可能直接或间接地参与整个项目，也可能只是作为观察者参与。干系人可以从被动角色转变为团队中的积极成员，并参与做出关键决策。

> **情景**
>
> 为了给干系人留下深刻印象，项目经理同意建立超出需要的度量指标。一旦项目开始，干系人开始检查度量指标的度量结果，项目经理意识到一些干系人正在积极地参与到项目中，试图事无巨细地进行管理。

> **情景**
>
> 随着项目的进展，一些干系人开始要求额外的度量指标，而这些度量指标并不是原始计划的一部分。项目管理方法不为这些度量指标提供数据，而且此时实施变更方法，变更成本是令人难以接受的。

> **情景**
>
> 项目经理试图通过提供比实际需要更多的信息来打动干系人。结果是他们可能无法确定他们实际上需要什么信息，并且不信任这些数据，以至于不能将其用于决策目的。

第 2 章 度量指标改善的驱动力

对于小型或传统的项目，无论是内部的还是外部的，项目经理通常只与作为主要干系人的项目发起人打交道，发起人通常由资助项目的组织指派。然而，项目越大，项目经理必须接触的干系人就越多，项目经理现在可能不得不处理委员会的治理问题。如果干系人数量众多、地域分散，而且在各自的层次结构中处于不同的管理级别，每个人都有不同的权限级别，以及语言和文化差异，那么就会变得更加容易出现潜在治理问题。定期与所有这些人打交道并做出决策，尤其是在大型、复杂的项目上，是非常耗时的。

干系人关系管理的复杂性之一是如何在不牺牲公司长期使命或愿景的情况下满足所有人。此外，公司可能在这个项目中制定长期的目标，这些目标不一定与项目的目标或每个干系人的目标一致。让所有的干系人同意所有的决定，与其说是现实，不如说是一厢情愿。项目经理可能发现不可能让所有的干系人都同意，并且只能期望可以在任何给定的时间内尽可能地安抚他们。

如果没有所有干系人的承诺，干系人关系管理就不能有效地进行。如果干系人在项目完成时不能看到他们从中得到什么好处，即干系人期望的价值或其他个人利益，那么获得干系人承诺就会很困难。问题是，一个干系人所认可的价值，另一个干系人可能有完全不同的看法，或者干系人可能想要一种不同形式的价值。例如，第一个干系人可以把项目的成功看作声望、权威、权力或晋升的机会的象征。第二个干系人可以简单地将价值理解为保持员工就业。第三个干系人可以从项目的最终可交付物及其内在质量中看到价值。第四个干系人可以将项目视为未来与特定合作伙伴合作的机会。

> 提示：由于有潜在的大量的干系人，项目经理不应该试图建立能够一直满足所有干系人的度量指标。

另一种形式的共识涉及让干系人就他们之间的互动方式达成共识。某些干系人可能需要通过共享资源、及时提供财政支持和共享知识产权来相互交流和支持。这种干系人支持可能需要度量指标存在一些共识。尽管所有的干系人都能认识到这些共识的必要性，但是他们可能受到政治、经济条件和其他事业环境因素的影响，这些因素可能超出项目经理的控制范围。由于文化、宗教、人权等因素，一些国家的项目组织可能不愿与其他国家的项目组织合作。

> 提示：当情况需要时，被动的干系人会成为主动的干系人。项目经理还必须考虑为被动的干系人提供的度量指标，但可能不会为主动的干系人提供相同数量的度量指标。

对于项目经理来说，在项目开始时就获得这些共识是至关重要的。一些项目经理很幸运能够做到这一点，另一些则不然。某些政府或任何组织层级的领导层变动，都可能使在复杂的项目上推动达成这些共识变得困难。领导层的变动会导致项目方向的改变。

每一个在项目中有利害关系的人都愿意就他们所相信的关键成功要素去进行交流是非常重要的。当达成广泛的共识时，成功更容易被定义和达成。对于一系列核心的度量指标和 KPI，却不一定能确保在项目经理、客户和干系人之间达成共识。项目经理必须准备创建不同的仪表盘，很可能是为每位不同的观看者。但是有一个风险，如果建立了过多的度量指标，就需要太多的数据，项目团队可能发现获取所有的所需信息是困难的。度量指标的选择既要匹配项目的需求，也要匹配干系人的个人需求。此外，度量指标的选择还必须确保在选择和度量这些指标上所花费的时间和成本是值得的。

> 提示：不是所有的干系人都认同对度量指标的解读，并且对于需要采取什么行动（如果有的话）有相同的结论。

> 提示：度量指标系统无论有多好，都不一定能在干系人之间建立起互动。度量指标不应该被看成有效项目沟通的替代，而应被看作服务型的支持工具。

> 提示：不论项目已经进展到了什么程度，干系人的改变都可能迫使新的度量指标被创造出来。

一些简单的步骤如下：

- 项目团队必须集思广益，找出适合该项目的度量指标。如果存在用于度量指标选择和以推荐为目的的度量指标库，那么这将很容易做到。这种头脑风暴可以在干系人参与之前完成。
- 然后，团队必须评估这些度量指标，以确保它们是必要的，并在适当的情况下寻找组合这些度量指标的方法。
- 团队必须确保以每个观看者都能理解的方式呈现度量指标（例如，部分或不完全的交付物的含义是什么？不可接受的交付物是什么？）。
- 团队必须决定向干系人推荐哪些度量指标。

有时候，度量的数量是根据干系人和项目团队的个人想法选择的，然后才发现度量和报告所有的度量指标的成本有多高。所选择的度量指标的数量应该基于项目的大小、复杂性、治理委员会必须做出的决策及伴随的风险决定。每个度量指标都必须有信息价值。否则，可能造成信息过载及大量的无用信息。

第 2 章 度量指标改善的驱动力

对于小型项目，没有足够的时间或资金来处理大量的度量指标。一个小项目的成功可能很简单，比如客户接受可交付物，或者客户没有抱怨。但是对于更大、更复杂的项目，成功可能无法通过单一度量指标来确定。核心度量指标可能是必要的。

对于项目经理来说，充分理解每个干系人所面临的问题和挑战，特别是他们的信息需求，是非常重要的。尽管这看起来不现实，但是一些干系人可能对项目的时间需求有不同的观点。在一些发展中国家，在人口密集地区建设新医院可能推动对该项目的承诺，尽管可能推迟一年或更长时间。人们只是想知道医院最终会建成。

在某些文化中，工人不能被解雇。因为工人们相信他们有工作保障，所以让他们更快更好地工作是不可能的。在一些国家，员工可能有多达 50 天的带薪假期，这可能影响项目经理的日程安排。

不是每个国家的工人都有相同的技能水平，即使他们有相同的头衔。例如，一个新兴国家的高级工程师可能拥有与另一个国家的低级工程师相同的技能。在一些可能存在劳动力短缺的地区，工人被分配的任务基于可用性而不是能力。拥有足够数量的员工并不能保证工作能及时完成，也不能保证质量水平。

在一些国家，权力和权威，以及隶属于某个政党，是威望的象征。这些职位上的人可能并不认为项目经理与他们是平等的，他们可能将所有的沟通都指向项目发起人。在这种情况下，薪水可能没有相关的权力和权威重要。

重要的是要认识到并不是所有的干系人都希望项目成功。如果干系人认为，在项目完成时，他们可能失去公司的权力、权威、层级职位，或者在最坏的情况下，甚至失去工作，那么就会发生这种情况。有时，这些干系人要么保持沉默，要么成为项目的支持者，直到项目结束日期的到来。如果项目被认为是不成功的，这些干系人可能这样回答："我早就告诉过你了。"如果项目看起来可能成功，这些干系人可能突然从支持者或沉默者转变为对手，并鼓励失败。

要识别有幕后动机的干系人是非常困难的。这些人可能隐藏了自己的真实感受，不愿意分享信息。通常，没有迹象表明他们对项目有信心。然而，如果干系人不愿意批准范围变更、提供额外的投资或分配高质量的资源，这就可能表明他们对项目失去了信心。

提示：项目经理可能发现有必要为他的个人使用而建立有国家/地区特色的度量指标。

并不是所有的干系人都了解项目管理。并不是所有的干系人都理解项目发起人的角色或者他们作为项目治理的一部分的角色。并不是所有的干系人都了解如何与项目或项目经理沟通,即使他们可能很乐意接受和支持项目及其任务。简单地说,大多数干系人经常没有接受过如何作为干系人或项目治理委员会成员开展工作的培训。遗憾的是,这种缺乏培训的情况不能在早期发现,但随着项目的进展可能变得明显。

一些干系人可能认为他们只是观察者,不需要参与范围变更的决策制定或授权。他们的新角色可能让他们猛然醒悟。有些人会接受,而另一些人不会。那些不接受新角色的人通常担心,参与一个最终被证明是错误的决定可能终结他们的职业生涯。

一些干系人可能认为他们应该是事无巨细的微观管理者,他们应该什么都管,经常未经授权做出决策,篡夺项目经理的权力。试图微观管理的干系人对项目的危害要远远大于仍然作为观察者的干系人。

对于项目经理来说,准备一份干系人的期望清单可能是一个好主意。即使干系人明显支持项目的存在,这也是至关重要的。应该尽早为干系人完成角色澄清,就像项目经理在最初的项目启动会议上为团队成员提供角色澄清一样。

表 2-1 中对干系人管理的当前观点来自对"约定项目管理"实践的实施。在过去,不论销售给了客户什么,销售人员都会继续去寻找新的客户。销售人员认为自己是产品和/或服务的提供者。

表 2-1 对于干系人关系管理的观点的变化

过去的观点	现在的观点
管理现有的关系	为未来建立关系,即参与项目管理
将项目与短期业务目标保持一致	将项目与长期战略业务目标保持一致
在合适的时候提供道德领导	在整个项目中提供道德领导
项目与利润挂钩	项目符合干系人对价值的期望
识别有利可图的范围变更	识别增值的范围变更
为干系人提供最少数量的度量指标和 KPI	为干系人提供足够的度量指标和 KPI,使他们能够做出明智的决策

如今,销售人员认为自己是业务解决方案的提供者。换句话说,销售人员现在告诉客户:"我们可以为你提供一个解决所有业务需求的方案,作为交换,我们

第 2 章 度量指标改善的驱动力

希望被视为战略业务伙伴。"如前所述，这对买卖双方都有利。

因此，作为一个解决方案提供者，项目经理非常关注未来，并与客户和干系人建立长期的合作协议。这种关注的重点是价值，而不是短期盈利能力。

在微观层面，干系人关系管理可以使用图 2-1 所示的 6 个流程来定义。

（1）识别干系人：此步骤可能需要项目发起人、销售人员和执行管理团队的支持。即便如此，也不能保证所有的干系人都能得到识别。

（2）干系人分析：这种分析需要了解哪些干系人是关键干系人——那些有影响力、有能力、有权力做出决策并且能够决定项目成败的人。该分析还包括基于分析结果开发干系人关系管理策略。

> 提示：提供太多的度量指标和 KPI 可能变成一种让干系人对项目微观管理的邀请。另一种可能性是，干系人可能不信任这些数据，因此不会将这些数据用于决策。

图 2-1 干系人关系管理

（3）执行干系人参与：在此步骤中，项目经理和项目团队了解干系人。

（4）干系人信息流：这一步是识别信息流网络，并为每个干系人准备必要的报告。

（5）遵守协议：这一步强制执行干系人在项目启动和规划阶段达成的协议。

（6）干系人简报：此步骤发生在契约或生命周期阶段结束之后，用于获取经验教训和最佳实践，以改进涉及这些干系人在下一个项目或下一个生命周期阶段的关系。

干系人管理从干系人识别开始。这说起来容易做起来难，尤其当项目是跨国的时候。干系人可以存在于任何管理级别。企业干系人往往比政治或政府干系人更容易被识别。每个干系人都是项目拼图中必不可少的一块。

干系人必须一起工作，并且通常通过治理过程与项目互动。因此，了解哪些干系人将参与治理，哪些不参与治理是非常重要的。

作为干系人识别的一部分，项目经理必须知道他是否具有权力或感知到的状态来与干系人进行互动。一些干系人认为自己的地位比项目经理高。在这种情况下，项目发起人可能是维持互动的人。

干系人可以通过几种方式确定，在项目中可以使用不止一种方法。

- 群体：包括金融机构、债权人、监管机构等。
- 个人：可以通过姓名或头衔来确定，比如首席信息官、首席运营官、首席执行官，或者仅仅是股东所在组织中联系人的姓名。
- 贡献：包括财务贡献、资源贡献或技术贡献。
- 其他因素：这可能包括决策权或其他此类因素。

重要的是要理解并不是所有干系人对项目都有相同的期望。一些干系人可能不惜任何代价希望项目成功，而其他干系人可能更愿意看到项目失败，即使他们公开表示支持。一些干系人将项目的完成视为成功，而不考虑成本超支；另一些干系人可能只从财务角度定义成功。一些干系人非常关注他们希望在项目中看到的价值，这是他们对成功的唯一定义。真正的价值可能要到项目完成几个月后才能看到。一些干系人可能把项目看成他们获得公众的注意和提高地位的机会，因此，想要积极参与。其他人可能更愿意被动参与。

对于涉及大量干系人的大型复杂项目，项目经理不可能满足所有干系人的需求。因此，项目经理必须知道谁是最有影响力的干系人，谁可以为项目提供最大的支持。典型的问题包括：

- 谁有权力，谁没有权力？
- 谁已经或要求直接或间接地参与？
- 谁有权力终止这个项目？
- 可交付物的紧迫性是什么？
- 谁可能比其他人需要更多或更少的信息？

并不是所有的干系人在影响力、权力或及时做出决策的权力上都是平等的。对于项目经理来说，知道谁拥有这些能力是最重要且是非常必要的。

最后，对于项目经理来说，重要的是要记住，干系人可以在项目的整个生命周期中发生变化，特别是在长期项目中。此外，某些干系人的重要性可能随着项目的生命周期和每个生命周期阶段而改变。因此，干系人列表是一个根据变化而随时调整的文档。

干系人分析最常显示在网格中，干系人的权力和他们的兴趣级别，如图 2-2 所示。

这四个单元格可以定义为：

第 2 章 度量指标改善的驱动力

（1）密切管理：这些人权力大、兴趣浓厚（权力等级高、兴趣等级高），他们可以成就一个项目，也可以毁掉一个项目。项目经理必须付出最大的努力来满足他们，并意识到有一些因素可以导致快速地改变他们所在的象限。

（2）保持满意：这些人权力大，兴趣不高（权力等级高、兴趣等级低），他们也能成就或毁掉一个项目。项目经理必须做出一些努力来满足他们，但不要过多的细节，否则会导致无聊和完全不感兴趣。他们可能直到项目接近尾声时才参与进来。

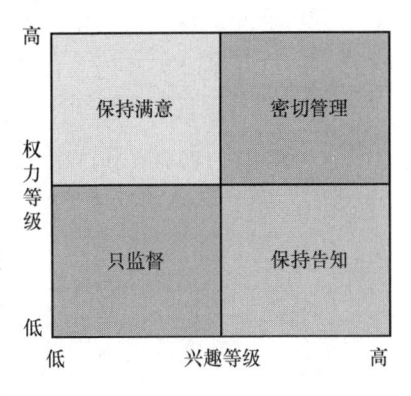

图 2-2　干系人分析矩阵

（3）保持告知：这些人权力有限，但对项目非常感兴趣（权力等级低、兴趣等级高）。他们可以作为处理问题的早期预警系统，并且可能在技术上很精明，能够协助处理一些技术问题。这些干系人常常提供隐藏的机会。

（4）只监督：这些人权力有限，除非发生灾难，否则他们可能对项目不感兴趣（权力等级低、兴趣等级低）。项目经理应该向他们提供一些信息，但不要提供太多的细节，以免他们失去兴趣或感到无聊。

项目越大，就越有必要知道，谁是、谁不是有影响力的或关键干系人。尽管项目经理必须赢得所有干系人的支持，或者至少尝试这样做，但是关键干系人是第一位的。关键干系人可以帮助项目经理识别可能对项目产生影响的事业环境因素。这些因素可以包括对所在国的政治和经济状况的预测、确定额外资金的可能来源及其他此类问题。在某些情况下，干系人可以通过软件工具对项目经理可用到的组织过程资产进行补充。

提示：干系人在矩阵中的位置可以决定他们想要或将要提供的度量指标的数量。随着干系人在矩阵中的位置发生变化，他们接收到的度量指标的数量也可能发生变化。

到目前为止，我们已经讨论了赢得关键或有影响力的干系人的重要性。还有一个有效的理由来说服那些被认为是不重要的干系人。尽管一些干系人可能看起来不重要，但这一点可以迅速改变。例如，一个不重要的干系人可能突然发现一次范围变更即将被批准，并且这次范围变更可能严重影响他，也许是政治上的。在这种情况下，以前不重要的干系人（最初被认为是明显缺乏对项目关注的人）变成了关键干系人。

另一个例子发生在长期项目上，在长期项目上，干系人可能随着时间的推移而改变，可能是因为政治、晋升、退休或重新安排工作。一个新的干系人可能突然想成为一个重要的干系人，而他的前任更多的是一个观察者。最后，干系人可能在一个生命周期阶段由于有限的参与而相对安静，但是在另一个生命周期阶段，当他们必须参与时，他们会变得更加活跃。对于早期生命周期阶段的关键干系人和后期阶段的观察者来说，情况可能也是如此。项目团队必须知道干系人是谁。团队还必须能够在特定的时间点确定哪些干系人是关键干系人。干系人的临界性决定了什么样的度量指标将出现在他的仪表盘上。

干系人参与是指项目经理与干系人进行实际接触，并确定他们的需求和期望。作为其中的一部分，项目经理必须：

- 了解他们，了解他们的期望，了解他们的需求。
- 重视他们的意见。
- 不断地想办法赢得他们的支持。
- 尽早发现任何可能影响项目的干系人问题。

尽管干系人参与遵循干系人识别，但通常是通过干系人参与确定哪些干系人是支持者、拥护者、中立者或反对者。这种识别也可以看作在项目经理和干系人之间建立信任关系的第一步。

作为干系人参与的一部分，项目经理有必要了解每个干系人的兴趣。实现此目的的方法之一是询问干系人（通常是关键干系人）希望在绩效报告中看到哪些信息。这些信息将对识别服务该干系人所需的 KPI 有所帮助。每个干系人可能有各自感兴趣的一组 KPI。对于项目经理来说，维护多个 KPI 跟踪和报告流是一项代价高昂的工作，但是对于成功的 SRM 来说，这是必要的。让所有干系人就一组统一的 KPI 报告和仪表盘达成一致几乎是不可能的。

项目经理必须就每个干系人需要什么信息、何时需要信息及信息将以何种格式呈现达成一致。一些干系人可能需要每日或每周的信息流，而另一些干系人可能对每月的数据感到满意。在大多数情况下，信息将通过互联网提供。

提示：特别是在长周期的项目上，有很大的可能性会碰到干系人变更的状况。这并不意味着也要马上改变度量指标。与那些干系人的沟通非常重要，看看他们所需的信息是否需要改变。

项目经理应该采用沟通矩阵的方式把计划中的干系人沟通进行罗列。矩阵中的信息包括沟通的定义或标题（例如，状态

第 2 章　度量指标改善的驱动力

报告、风险登记册）、发起人、计划接收人、准备采用的媒介、存取信息的规则及发布或更新的频率。

之前，我们讨论过为每个干系人确定度量指标的复杂性。如下问题需要注意：

- 与客户和干系人就度量指标达成一致时，存在的潜在困难。
- 确定度量数据是否在系统中或是需要收集。
- 确定获取数据的成本、复杂性和时间安排。
- 考虑信息系统变更和/或过时的风险，这些风险可能在项目的整个生命周期内影响度量数据的收集。

度量指标必须是可度量的，但是一些度量信息可能很难量化。例如，客户满意度、友好度和声誉可能对某些干系人很重要，但它们很难量化。一些度量数据可能需要用定性术语而不是定量术语来度量。

有效的干系人沟通的必要性是显而易见的：

- 定期与干系人沟通是必要的。
- 了解干系人可以让项目经理预测他们的行动。
- 有效的干系人沟通能建立信任。
- 虚拟团队依赖有效的干系人沟通。
- 尽管干系人按团体或组织分类，但人与人之间仍然存在沟通。
- 干系人沟通不力会导致支持者成为阻碍者。

干系人参与过程的一部分包括在各个干系人和项目经理之间及其他干系人之间建立协议。这些协议必须在整个项目中执行。项目经理必须确定：

- 干系人之间存在的任何和所有的协议（例如，资金限制、信息共享、变更批准周期等）。
- 政治如何改变干系人协议。
- 在项目期间，哪些干系人可能被替换（例如，退休、晋升、调职、政治等）。

项目经理必须准备好面对并非所有协议都会得到遵守的事实。

成功的干系人关系管理必须考虑另三个关键因素：

（1）有效的干系人关系管理需要时间。项目经理可能有必要与发起人、管理层和项目团队成员共享此职责。

（2）基于干系人的数量，不太可能面对面地解决他们的关注点。项目经理必须最大化自己基于互联网沟通的能力。这在管理虚拟团队时也很重要。

（3）无论干系人的数量如何，与干系人的工作关系的相关文档都必须归档。

这对于未来项目的成功至关重要。

有效的干系人管理可能是杰出的成功和可怕的失败之间的区别。成功的干系人管理可以产生有约束力的协议。其结果可能是：

- 更好的决策和更及时的方式。
- 更好地控制范围变更，防止不必要的变更。
- 跟进来自干系人的后续工作。
- 终端用户的满意度和忠诚度。
- 最小化政治对项目的影响。

有时候，不管项目经理多么努力，他们在干系人关系管理上都会失败。典型的原因包括：

- 过早地邀请干系人参与，因而激发了范围变更和代价高昂的延迟。
- 过晚地邀请干系人参与，这样的话，考虑他们的观点就不能不付出高昂的代价。
- 邀请错误的干系人参与了关键决策，从而导致关键干系人的不必要变更和受到批评。
- 关键干系人对项目不感兴趣。
- 关键干系人由于缺少进展信息而失去耐心。
- 让关键干系人认为贡献是没有意义的。
- 以不道德的领导风格管理项目，或以不道德的方式与干系人进行沟通。

2.2 项目审计和 PMO

对业务的各个部分也包括项目进行结构化审计扮演了更加重要的角色。这在一定程度上可以归因于《萨班斯–奥克斯利法案》（Sarbanes-Oxley Act）的合规要求。这些审计现在是项目管理办公室的职责的一部分。

这些独立的审计聚焦于发现或决策，它们还可以侧重于检查项目的健康状况。审计可以是计划的或随机的，可以由内部人员或外部审查员执行。

> **情景**
>
> 项目经理已被 PMO 通知，她的部分新职责是定期审计项目。为了做到这一点，PMO 已经要求所有项目跟踪 PMO 感兴趣的特定指标。其中一些项目的跟踪费用很高，然而在确定最初的成本基准时并没有把它们包括在内。

审计的一些常见类型包括：
- 绩效审计：这些审计用于评估给定项目的进度和绩效。项目经理、项目发起人或高管委员会可以进行此审计。
- 合规审计：这些审计通常由 PMO 执行，以验证项目是否正确使用了项目管理方法。通常，PMO 有权执行审计，但可能无权强制别人遵从合规性要求。
- 质量审计：这些审计确保计划的项目质量得到满足，所有法律法规得到遵守。质量保证组执行此审计。
- 退出审计：这些审计通常针对陷入困境、可能需要终止的项目。由项目外部的人员，如退出的倡导者或是高管委员会，来进行审计。
- 最佳实践审计：这些审计可以在每个生命周期阶段的末尾或项目的收尾阶段进行。一些公司发现，项目经理可能不是执行此类审计的最佳人选。在这些情况下，公司可能培训专业的引导者进行最佳实践审计。
- 度量指标和 KPI 审计：这些审计类似于最佳实践审计，用于建立度量指标库。它们还用于验证和/或更新度量指标是否仍然对报告的目的有价值，度量指标的度量技术是否正确，以及在仪表盘上的度量指标的展示是否使用了合适的图形。

2.3 对范围蔓延的介绍

有三件事是大多数项目经理确定会发生的：死亡、税收和范围蔓延。范围蔓延是随着项目可交付物的开发，项目需求的不断增强而产生的。范围蔓延被视为项目范围的增长。

尽管范围蔓延可以发生在任何行业的任何项目中，但它最常与信息系统开发项目相关联。范围变更可以发生在任何项目生命周期阶段。范围变更的发生是因为在项目开始时不能完整地描述项目或项目的计划。在大型、复杂的项目中更是如此。结果，随着项目的进展，我们获得了更多的知识，这导致范围蔓延和范围变更。

对项目经理来说范围蔓延是一种自然现象。我们必须接受这一事实。有些人相信有魔法咒语、魔药和仪式可以防止范围蔓延。这当然不是真的。也许我们能做的最好的事情就是建立流程，例如配置管理系统或者变更控制委员会，以获得对范围蔓延的一些控制。然而，这些流程不是为了防止范围蔓延，而是为了防止不该发生的范围变更。

因此，可以认为范围蔓延不仅仅是允许范围发生更改的能力指标，而且是我们可以把范围变更为有效管理的指标。如果所有各方都同意需要范围变更，那么也许可以认为范围只是变更了，而不是蔓延了。有些人认为范围蔓延是指那些没有得到发起人或变更控制委员会批准的范围变更。

范围蔓延通常被认为对项目成功是有害的，因为它增加了成本并延长了进度。虽然这是真的，但范围蔓延也可以产生良好的结果，例如可以赋予产品带来竞争优势的附加组件。如果范围变更被看作为最终交付物提供额外价值，那么范围蔓延也可以取悦客户。

定义范围蔓延

项目启动阶段最关键的步骤可能是定义项目范围。定义范围的第一次尝试可能早在方案或竞争性投标阶段就开始了。那时，可能没有足够的时间和精力来准确地确定或理解范围和客户需求。更糟的是，所有这些都可以在项目经理上任之前就完成了。

一旦项目经理上任开始工作，如果已经准备好了，他就必须变得熟悉和确认范围需求，或者通过面谈不同的干系人来收集必要的信息以清晰地理解范围。

> 提示：可以为跟踪范围蔓延建立度量指标。然而，由于范围蔓延有多种成因，这些度量指标的有用性是有待商榷的。

在此过程中，项目经理准备了一份清单，其中列出了他对需求的理解中包含和排除的内容。然而，无论项目经理如何小心翼翼地这样做，范围永远不会百分之百清楚。这也是在项目的整个生命周期中需要更改度量指标的主要原因之一。

项目经理的目标是确立范围的边界。要做到这一点，项目经理与每个干系人对项目愿景必须保持一致；还必须与企业的商业目标保持一致，因为必须有一个有效的商业理由来承担项目。如果不一致，那么项目的边界将成为动态的或不断变化的，而不是保持不变。同样的道理也适用于选择度量指标。图 2-3 显示了项目的边界。项目的总体边界

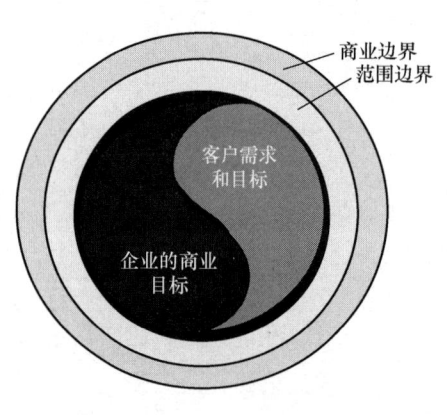

图 2-3 项目的边界

被设计为同时满足项目经理所在公司制定的商业目标和客户制定的技术/范围目标（假设客户是外部客户）。项目经理和不同的干系人，包括客户，可以对范围边界和业务边界有不同的解释。此外，项目经理可能重点关注客户需要的技术，而不是项目经理所在公司希望的商业价值。简单地说，项目经理可能寻求超越规格标准，而干系人和项目经理的公司希望在最短的时间内达到最低水平的规格标准。

当范围蔓延发生并且需要变更范围时，范围边界可以移动。但是，如果范围边界的变更影响了商业边界和企业预期，则范围边界可能无法移动。例如，如果一个对产品增值的范围变更延长了产品的发布日期，则可能不会获得批准。

重要的是要理解项目的范围不是客户要求的，而是我们同意交付的。我们同意的内容可以包含和排除客户要求的东西。

我们现在知道一些事实：

- 范围边界是项目经理承诺交付的内容。
- 在项目开始时，边界通常未明确界定。
- 有些时候，在我们完全进入项目之前，边界可能都不会明确。
- 可能必须使用渐进式或滚动式规划（随着项目进展而变得更加详细的规划）来清晰地阐明范围。
- 有些时候，在交付物完成并被测试之前，范围并不完全清晰。
- 最后，即使干系人接受了可交付物，对范围边界的解释仍然存在争议。

范围边界在项目的实现过程中可能漂移，因为随着深入项目并获得更多的知识，我们会识别出未计划的可添加的范围。这种范围蔓延现象会伴随成本的增加和进度的延长。但是范围蔓延真的是邪恶的吗？也许不是。作为项目经理，我们必须与之共存。有些项目可能幸运地避免了范围蔓延。一般来说，项目越大，范围蔓延发生的可能性就越大。

> 提示：项目经理必须建立度量指标来跟踪商业边界和范围边界的一致性。然而，并不是所有这些度量指标都是用来向干系人报告的 KPI。这些度量指标中的大多数只供项目经理使用。

项目的长度也会影响范围蔓延。如果商业环境是高度动态和不断变化的，就必须开发产品和服务来满足市场需求。因此，在长期项目中，范围蔓延可能被视为满足客户需求的必要条件，并且可能需要项目范围的额外增加来获得客户的认可。

一些用于度量范围蔓延、聚焦寻找趋势的典型度量指标包括：

- 不规律的周期，诸如采用敏捷方法的项目。
- 缺少进展。
- 习惯性的范围蔓延。
- 范围蔓延发生的速度快于团队吸收新增工作的速度。

范围蔓延的相互依赖性

通常，在没有提前对范围变更对尚未启动的工作包可能造成的下游影响进行评估的情况下，就批准了范围变更。例如，在项目的早期，如果长周期的原材料已经被订购和支付，那么变更一个组件的设计可能导致显著的成本超支，因为不再需要那些已订购的原材料了。此外，假设最初的设计已经定稿，可能还有其他承包商已经在开始从事他们的项目，那么，一个承包商的小范围变更可能对其他下游承包商产生严重影响。当批准范围变更时，必须考虑依赖关系，因为逆转之前的决策的成本可能对项目产生严重的财务影响。

范围蔓延的原因

为了防止范围蔓延的发生，项目经理必须从理解范围蔓延的原因开始。原因是多方面的，相信所有这些原因都可以预防是一厢情愿的想法。很多原因都远远超出了项目经理的控制，即使对于其中的一些，我们可以建立起作为早期预警信号的度量指标。一些原因与业务范围蔓延有关，另一些原因是技术范围蔓延的一部分。

- 缺乏对需求的理解：当一个项目在没有完全理解必须做什么的情况下被接受或匆忙投入时，就会出现这种情况。
- 定义不清的需求：有时候，需求的定义非常不清晰，需要做很多假设，当项目经理进入项目的后期阶段时，会发现一些假设不再有效。
- 复杂性：项目越复杂，范围蔓延的影响越大。野心太大并且相信项目经理在一个复杂的项目上可以交付比他们能够提供的更多的东西，可能是灾难性的。
- 未能"深入挖掘"：当一个项目仅仅是基于高阶的需求就启动时，那么当项目经理参与工作分解结构中的详细活动时，范围蔓延将是可以预见的。
- 沟通不畅：项目经理与干系人沟通不畅，可能导致定义不清的需求和对范围的误解。
- 误解期望：无论如何定义范围，干系人和客户都对项目的结果抱有期望。

第 2 章 度量指标改善的驱动力

如果不能预先理解这些预期，可能导致代价高昂的后续更改。
- **功能主义者**：也被称为镀金项目，当项目团队添加了他们自己的，大多数时候并不必要的华而不实的特性和功能时，就会出现这种情况。
- **完美主义**：当项目团队启动范围变更，超越规格和需求，而不仅仅是满足它们时，就会出现这种情况。项目团队可能将此视为获得荣誉的机会。
- **职业发展**：范围蔓延可能需要额外的资源，可能让项目经理在高管眼中更有能力。范围蔓延也可以拉长项目的周期并在这个临时的家庭里延长团队成员的任期，如果他们并不确定他们接下来的任务的话。
- **投放市场的时间压力**：许多项目一开始都抱有很高的乐观预期。如果对项目经理施加压力，要求他承诺一个不切实际的产品发布日期，那么他可能需要减少功能。这可能成本更低，或者更昂贵，取决于去除了范围的哪部分。
- **政府法规**：遵从法规和监管的变化可能导致成本高昂的范围蔓延。
- **欺骗**：有时候项目经理事先就知道客户的工作报告有"漏洞"。项目经理没有告知客户将需要额外的工作，而是基于原始的范围对工作进行低报价，并在合同授予之后推动有利可图的范围变更。
- **处罚条款**：有些合同对逾期交货有处罚条款。通过推进（可能是不必要的）范围变更来延长进度，项目经理可能能够避免惩罚。
- **安抚客户**：有些客户会在合同开始后，要求对现有的产品范围做一些必要的调整。尽管安抚客户似乎很好，但总是说"是"并不能保证后续的工作。
- **变更控制差**：变更控制过程的目的是防止不必要的变更。如果变更控制过程只是批准项目经理所有请求的橡皮图章，那么将会发生持续的范围蔓延。

商业知识的需求

范围变更必须在批准和实施之前有适当的目标，这是最薄弱的环节，因为它既需要商业知识，也需要技术知识。例如，范围变更不应以承担产品责任诉讼或安全问题的风险为代价。同样，如果只为了提升个人形象或声誉而改变工作范围，可能导致客户不满意，也应该避免。此外，如果为了弥补范围变更所带来的恢复成本而大幅度延长了产品的投资回收期，则不应该进行范围变更。

范围变更应该基于坚实的商业基础。例如，开发一个高质量的产品在当时可能看起来很好，但必须有客户愿意支付更高的价格。否则，结果可能是开发出一个没人想要或买不起的产品。

范围变更必须存在有效的商业目的。这一目的至少包括评估下列因素：
- 客户需求和范围变更所带来的增值。
- 市场需求，包括变更范围所需的时间、投资回收期、投资回报率，以及最终产品的售价对市场来说是否过高。
- 对项目周期和产品生命周期的影响。
- 竞争对手模仿范围变更的能力。
- 与范围变更有关联的产品责任及对公司形象的影响。

商业中的范围蔓延

在客户眼中，范围蔓延被认为是对成功的一种损害，除非它提供附加利益或附加价值。然而，对于承包商来说，范围蔓延长期以来一直被视为项目额外盈利的一个来源。多年前，一些国防部合同在竞标过程中，为了确保合同中标，往往会压低原合同的报价，从而推动大量利润丰厚的范围变更。这种范围蔓延是计划好的。

客户很少被告知他们的工作声明中可能存在范围蔓延的空间。即使工作说明书写得很清楚，他们也经常有意或无意地曲解工作说明，以便寻求有益的范围变化，不论这些变化是否确实需要。对一些公司来说，范围变更是公司盈利的主要来源，比最初的合同更重要。在竞标过程中，高管在投标前会向投标团队提出两个关键问题：①我们承诺的工作成本是多少？②一旦合同授予我们，我们能从范围变更中得到多少钱？通常，第二个问题的答案决定了初始出价的大小。换句话说，承包商可能在项目开始之前就已经计划好了重大的范围变更。

最小化范围蔓延的方法

有些人认为，应该不惜一切代价防止范围蔓延。然而，不允许发生必要的范围蔓延可能是危险的，并且可能对商业目标有害。此外，不太可能防止范围蔓延。也许最好的方法是通过最小化范围蔓延的数量和范围来控制范围蔓延。一些可能有帮助的活动包括：
- 认识到范围蔓延会发生：范围蔓延是不可能预防的。因而，应该尝试控制范围蔓延。
- 了解需求：项目经理必须全面了解项目的需求，必须与干系人进行沟通，确保双方都有相同的理解。
- 了解客户的期望：客户和干系人的期望可能与项目经理对范围需求的解读不一致。项目经理必须理解期望，持续的沟通是必不可少的。
- 消除客户永远正确的观念：为了安抚客户，不断地说"是"，可能导致大量的范围蔓延，让一个好的项目变成一个糟糕的项目。一些变更可能可以整合在一起，以后作为一个优化项目来完成。
- 扮演魔鬼代言人：项目经理不应想当然地认为所有变更请求都是必要的，即使变更请求是由项目团队内部生成的。要质疑改变的必要性，确保有足够的理由进行变更。
- 确定变更的影响：范围蔓延将影响进度、成本、范围/需求和资源。查看是否可以移动一些里程碑日期。有些日期很难改，有些则很容易。查看是否需要额外的资源来执行范围变更，以及这些资源是否可用。
- 尽早让用户参与：早期的用户参与可能防止一些范围蔓延，或者至少能够尽早识别范围变更，从而将变更的影响降到最低。
- 增加灵活性：如果预期会出现大量范围蔓延，可以在预算和进度中增加一些灵活性。这可以采用管理/应急资金储备的形式来处理成本问题，也可以采用储备活动的形式纳入项目进度来处理时间问题。
- 知道谁有权签署：并不是范围变更控制委员会的所有成员都有权批准范围变更。项目经理必须知道谁拥有这个权限。

一般来说，请求范围变更的人这样做并不是为了让项目经理的生活更痛苦。他们这样做是为了取悦客户，通过对完美的追求，增加功能，或者增加客户眼中的价值。一些范围的改变是必要的，是出于商业原因，如增加竞争力后的附加利益。范围蔓延是必要的，不能消除，但它是可以控制的。

> 提示：不是不可能，但仅使用当前常用的传统三重约束的度量指标来确定项目的实际健康状况是非常困难的。

2.4 项目健康检查

项目似乎进展很快，直到项目进展到 60%~70%的时候。在项目过去的时间里，大家都为工作按计划进行而鼓掌欢呼。然后，可能在没有警示的情况下，项目情况突然真相大白，项目经理发现项目遇到了大麻烦。发生这种情况的原因是：

- 不相信运用项目度量指标的价值。
- 选择了错误的度量指标。
- 担心项目健康检查可能暴露什么。

一些项目经理对项目度量指标和数字有着难以置信的痴迷,他们相信度量指标是确定状态的必杀技。大多数项目似乎只关注两个指标:时间和成本。这些是所有挣值度量系统中的主要度量指标。尽管这两个度量指标可以为项目经理合理地展示项目当前所处位置,但是使用这两个度量指标来提供对未来的预测会产生灰色区域和可能不会表明未来的问题区域,这些区域可能会妨碍项目的成功和及时完成。在另一个极端,有些管理者对度量指标没有信心,因此他们专注于愿景、战略、领导力和祈祷。

相比只依赖度量指标,最简单的解决方案可能是对项目执行定期的健康检查。为此,必须处理三个关键问题:

- 谁来做健康检查?
- 受访者的回答是否诚实?
- 高管和干系人会对真相反应过度吗?

以前未知或隐藏的问题的出现可能导致失业、降级或项目取消。然而,项目健康检查为尽早采取纠正措施来挽救可能失败的项目提供了最大的机会。健康检查也能发现未来的机会。使用正确的度量指标是极其重要的。

理解项目健康检查

人们倾向于将"审计"和"健康检查"作为同义词使用。两者都是为了确保成功且可重复项目结果而设计的,并且都必须在那些看起来要走向成功结果的项目和那些注定要失败的项目上执行。从成功和失败中都可以学到经验教训和获得最佳实践。此外,对目前看来成功的项目进行详细分析可能暴露出一些表面问题,这些问题表明项目确实遇到了麻烦。

表 2-2 显示了审计和健康检查之间的一些差异。即使有些差异可能是不明显的,我们也要聚焦在健康检查上。

> **情景**
>
> 在一次团队会议上,项目经理问团队:"工作进展得如何?"回答是:"我们做得相当好。我们只是有点超出预算,也有点落后于进度计划,但我们认

> 为我们已经找到了解决办法，我们可以通过在下个月使用低薪资源并让他们加班来解决这两个问题。根据我们的企业级项目管理方法论，我们不佳的成本和进度偏差仍在阈值范围内，所以还没有必要为高管提供例外报告。到目前为止，客户应该对我们的结果感到满意。"

表 2-2 审计和健康检查

可变因素	审 计	健康检查
关注点	现在	未来
意图	合规	执行有效性和交付物
时间的选择	通常是计划性的和非经常性的	通常是非计划性的，并在需要的时候开展
要搜索的内容	最佳实践	隐藏的，可能具有破坏性的问题和可能的补救措施
审查者	通常是内部人员	外部顾问
如何进行审查	与整个团队一起	一对一的会议
时间安排	短周期	长周期
分析的深度	总结	法务审查
度量指标	使用现有的或标准的项目度量指标	可能需要特定的健康检查度量指标

这些说辞是没有承认项目真实状态的项目团队的典型代表，因为他们过多地参与了项目的日常活动。忙于自己日常活动的项目经理、发起人和高管很容易盲目地接受这样的评论，从而看不到全局。如果进行了审计，那么结论可能是相同的，即项目成功地遵循了企业级项目管理方法论，并且时间和成本指标都在可接受的范围内。然而，一次问案式的项目健康检查可能揭示问题的严重性。

仅仅因为一个项目按时完成和/或仍处在分配的预算之内并不能保证项目成功。最终的结果可能是交付的产品质量很差，以至于客户无法接受。除了时间和成本，项目健康检查还关注质量、资源、收益和需求等因素，这里只列举几个因素，还包括很多特定的其他因素。显然需要比现在使用更多的度量指标。衡量项目未来成功的真正标准是客户在项目完成时看到的价值。因此，健康检查必须以价值为中心。相反，审计通常不关注价值。

健康检查可以作为一个持续的手段，在需要时随机执行，或者在生命周期的各个阶段定期执行。然而，一些特定情况的出现表明，应该迅速完成健康检查。这些情况包括：

- 发生显著的范围蔓延。
- 成本不断上升伴随着价值和收益不断下降。
- 进度不能有效保障且无法纠正。
- 错过最后期限。
- 士气低落伴随项目关键人员变动。
- 度量指标的实际度量值低于阈值水平。

如果正确地执行并使用良好的度量指标，定期的健康检查可以消除模糊性，从而可以确定项目的真实状态。健康检查的好处包括：

- 检测项目的当前状态。
- 尽早发现问题，以便有足够的时间采取纠正措施。
- 识别支持成功结果的关键成功因素，或阻止成功交付的关键问题。
- 识别可用于未来项目的经验教训、最佳实践和关键成功因素。
- 评估企业级项目管理方法论的遵守情况和改进内容。
- 验证项目的度量指标是否正确，并提供有意义的数据。
- 识别哪些活动可能需要或受益于额外资源。
- 识别当前和未来的风险以及可能的风险减轻策略。
- 确定项目完成时是否有收益和价值。
- 决定是否需要采取"安乐死"来结束项目的"痛苦"。
- 制定或推荐解决方案。

接下来将描述关于项目健康检查的一些误解。

- 做健康检查的人不了解项目或企业文化，因此在浪费时间。
- 相对于执行健康检查所获得的价值，健康检查的成本过高。
- 健康检查的访谈会占用关键资源。
- 当我们从健康检查中得到结果时，要么为时已晚，要么项目的性质已经改变。

谁来执行健康检查

公司面临的挑战之一是，健康检查是由内部人员进行，还是由外部顾问进行。使用内部人员的风险在于他们可能与项目团队中的人员有忠诚度或关系，因此在确定项目的真实状态或确定谁有错误时可能并不完全诚实。

第 2 章　度量指标改善的驱动力

使用外部顾问或引导者通常是更好的选择。外部引导者可以把下列事项带到谈判桌上：
- 在其他公司和类似项目中使用的大量表单、指南、模板和检查清单。
- 公正和保密的承诺。
- 只关注事实，希望不涉及政治。
- 一个人们可以畅所欲言、宣泄个人情感的环境。
- 一个相对没有其他日常问题的环境。
- 关于项目度量指标的新想法。

生命周期阶段

项目健康检查的三个生命周期阶段包括：
（1）回顾商业论证和项目的历史。
（2）研究和发现事实。
（3）准备健康检查报告。

回顾商业论证和项目的历史可能需要健康检查的负责人参阅专有知识和财务信息。这个人必须签署保密协议和竞业禁止条款才能被允许开展健康检查。

在研究和发现阶段，健康检查负责人准备了一份需要回答的问题清单。该清单可以按《PMBOK®指南》的主体框架或知识领域来准备。问题还可以来自顾问公司的知识库和商业论证中的分析模板、指南、检查清单或表格。问题可能因项目而异，因行业而异。

下面列出了必须调查的一些关键区域：
- 绩效与基准的对比。
- 满足预测的能力。
- 收益和价值分析。
- 治理。
- 干系人参与。
- 风险减轻。
- 应急计划。

如果健康检查需要一对一的面谈，健康检查的负责人必须能够从对项目状态有不同解释或结论的受访者中提取出真相。有些人会说真话，而另一些人要么会说他们认为审查者想听的话，要么会歪曲事实作为自我保护的手段。

最后一个阶段是编写报告。报告应包括：
- 问题清单。
- 根本原因分析，可能包括找出造成问题的个人。
- 差距分析。
- 纠正措施的机会。
- 康复或修复计划。

项目健康检查不是"老大哥在看着你"的活动。相反，这些活动是项目监督的一部分。如果没有这些健康检查，项目失败的概率将显著增加。项目健康检查还为我们提供了如何控制风险的洞察力。进行健康检查并尽早采取纠正措施当然比管理一个陷入困境的项目要好。

2.5 管理不良项目

职业运动队把每个新赛季都当作一个项目来对待。对一些球队来说，成功的唯一定义就是赢得冠军，而对另一些球队来说，成功只是一个获胜的赛季。并不是所有的球队都能赢得冠军，但是拥有一个成功的赛季是指日可待的。

在赛季结束，也许有一半的球队赢的比输的多。然而，对于另一半丢分的球队来说，这个赛季（如项目）就是一次失败。当职业体育项目失败时，经理和教练会被解雇，高管会发生重组，一些球员会被交易，或出售给其他球队，新的球员会加入。在工业环境中，同样的策略也可以用来挽救失败或陷入困境的项目。

下面列出一些关于问题项目的一般事实：
- 不管如何努力地挽救，有些项目注定会失败。
- 任何给定的项目失败的机会都可能大于成功的机会。
- 故障可发生在任何生命周期阶段；成功发生在项目的结束时。
- 陷入困境的项目不会在一夜之间从"绿色"变成"红色"[①]。
- 有早期预警信号，但往往被忽视或误解。
- 大多数公司对如何管理问题项目了解不足。
- 并非所有的项目经理都具备管理问题项目的技能。

---

① 红色、黄色、绿色常用来表示项目状态情况，绿色表示正常状态；黄色表示存在风险，但可控或已有应对措施；红色表示风险极高。

第 2 章 度量指标改善的驱动力

并不是所有的项目都会成功。项目成功概率很高的公司可能没有做足够多的项目，当然也没有承担太多风险。这些类型的公司最终会成为追随者，而不是领先者。对于渴望成为领先者的公司来说，了解如何扭转失败或困难的项目是至关重要的。

项目不会在一夜之间陷入麻烦。早期预警信号已经出现，但大多数公司似乎忽视或误解了它们。一些公司干脆无视这些蛛丝马迹，继续前进，希望出现奇迹。如果未能及早发现这些迹象，在后期纠正时将付出高昂的代价。此外，公司等待纠正的时间越长，付出的代价就越大。有些公司定期进行项目健康检查。当将这些健康检查应用于看似健康的项目时，可能发现该项目已经遇到麻烦了，即使它表面上看起来很健康。通常，聘请外部顾问来执行健康检查是为了获得公正的评价。一旦健康检查完成，顾问很少会接手项目，但可能已经提出了进行恢复的建议。

当一个项目偏离轨道时，恢复的成本是巨大的，可能需要大量甚至新的资源来进行纠正。恢复的最终目标不再是按时完成，而是为客户和干系人带来合理的收益和价值。项目的需求在恢复期间可能发生变化，以满足新的目标，如果这些目标已经发生了变化。然而，无论采取什么措施，并不是所有的问题项目都可以被恢复。

失败的根本原因

导致项目失败的原因有很多。有些原因在特定的行业很常见，如信息技术，而其他原因可能出现在所有行业中。以下是常见的故障原因。

- 作为最终用户的干系人在贯穿整个项目的过程中都没有参与。
- 很少或没有干系人的支持，缺乏所有权。
- 不善于商业分析。
- 较低的组织层级无法理解企业的目标。
- 计划要求在太少的时间内完成太多的事情。
- 不准确的估计和预测，尤其是财务方面的。
- 不清晰的干系人需求。
- 交接后，作为用户的干系人很消极。
- 不清晰的期望。
- 不切实际的假设（如果它们存在的话）。
- 在数据不足的情况下制订计划。

- 规划过程没有系统化。
- 由规划小组执行规划。
- 资源匮乏。
- 分配的资源缺乏经验。
- 人员配备要求不完全清楚。
- 不断变化的资源。
- 整体项目规划较差。
- 事业环境因素发生变化，导致范围的定义过时。
- 超出最终期限而且没有挽救计划。
- 预算超支和预算失控。
- 缺乏定期的重新规划。
- 缺乏对项目人力和组织方面的关注。
- 没有基于历史或标准所进行的对项目最理想状态的估算。
- 没有足够的时间进行适当的估算。
- 在报告时忽视了主要里程碑的准确日期或截止日期。
- 团队成员在需求冲突的状况下工作。
- 人们在项目中进进出出，很少考虑项目进度。
- 成本控制不力或碎片化地控制成本。
- 干系人使用不同的组织过程资产，可能与项目合作伙伴的资产不兼容。
- 项目和干系人沟通较差。
- 风险评估不佳（如果这样做的话会有风险）。
- 合同类型错误。
- 项目管理不善，团队成员，特别是虚拟团队成员，对项目管理的理解较差。
- 技术目标比商业目标更重要。

这些导致项目失败的原因可以分为三类：

（1）管理失误：这些是干系人管理失败导致的结果，可能是允许了太多不必要的范围变更，未能提供适当的治理，拒绝及时做出决策，以及忽略了项目经理的帮助请求。这些错误也可能是想给项目镀金的结果，这就是不执行项目健康检查的结果。

（2）计划错误：这些都是项目管理不善的结果，可能没有遵循《PMBOK®指南》中所述的原则，没有在计划中设置适时的紧急关闭按钮，没有计划项目审计

第 2 章　度量指标改善的驱动力

或健康检查，没有选择适当的项目跟踪度量指标。

（3）外部影响：这些通常是在未能正确评估环境输入因素情况下的失败。环境输入因素包括获得第三方批准和授权的时间，以及对所在国的文化和政治的了解不足。

失败的定义

历史上，项目成功的定义被认为是在三重约束下完成工作并获得客户的认可。如今，三重约束仍然很重要，但它们已被成功的商业和价值因素所取代。在今天的定义中，成功是当计划的商业价值在强加的约束和假设内实现时，客户获得了期望的价值。

虽然大多数公司似乎对项目的成功有相当好的理解，但是同样的公司似乎对项目的失败理解得很差。项目经理和干系人对于项目的失败可以使用不同的定义。项目经理的定义可能只是没有满足相互竞争的约束条件。与之相反，一旦项目真正开始，干系人可能对商业价值比竞争约束更感兴趣。以下是一些干系人对失败的看法：

- 就预期的收益或价值而言，该项目已经变得过于昂贵。
- 这个项目完成得太迟了。
- 这个项目无法实现目标收益或价值。
- 这个项目不再满足干系人的需要。

出现问题的早期预警信号

项目不会在一夜之间陷入困境。它们通常从"绿色"变为"黄色"再变为"红色"，并且在此过程中，还会出现早期预警信号或度量指标，指示可能即将发生的故障，或者可能需要立即进行更改。

典型的早期预警信号包括：

- 商业论证恶化。
- 对项目目的和目标有不同意见。
- 不开心的/冷漠的干系人或项目决策委员会成员。
- 干系人持续不断地提出批评。
- 在没有任何警示的情况下干系人发生变更。

- 某个需求与可交付物或产品无关。
- 不可见的赞助。
- 延迟决策导致错过最后期限。
- 与团队和干系人召开高度紧张的会议。
- 相互指责，踢皮球，责任心不强。
- 缺少组织过程资产。
- 未能正确结束生命周期阶段。
- 员工流动率高，尤其是关键员工。
- 不切实际的预期。
- 进度报告中的失败。
- 出现技术故障。
- 工作时间过长，工作量过大。
- 里程碑和其他要求不明确。
- 士气低落。
- 一切都是危机。
- 团队会议出席率低。
- 意外、问题识别速度缓慢和不断返工。
- 变更控制过程不佳。

预警信号发现得越早，恢复的机会就越多。当出现警示信号时，就应该进行项目健康检查。

通过对早期预警信号的成功识别和评价可以看到不良项目：

- 可以按照原要求成功，但需要做一些小改动。
- 可以修复，但可能需要进行重大更改。
- 无法成功，应该终止。

当管理一个有问题的项目时有三种可能的结果：

（1）项目必须完成，也就是说，项目的完成是法律所要求的。
（2）项目可以完成，但是需要对需求进行重大的成本变更。
（3）项目应在下列情况下取消：

- 成本与收益不再保持一致。
- 曾经是个好想法，现在已经没有价值了。

有些项目是法律规定不能取消的。这些项目包括为遵守有关环境问题、健康、安全、污染等方面的政府法律所必需的项目。对于这些项目，失败不是一个可选项。最困难的决定显然是按下中止键并取消该项目。对项目管理有良好把握的公司会建立流程，以便轻松终止无法挽救的项目。终止一个项目往往会遇到很大的政治和文化阻力。干系人管理和项目治理是项目终止难易程度的重要影响因素。

选择恢复项目经理

公司经常聘请外部顾问进行项目健康检查。如果健康检查报告表明应该尝试恢复有问题的项目，那么可能应该引入具有项目恢复技能的新项目经理。外部顾问通常不会接手有问题的项目，因为他们可能对公司的文化、业务和项目管理流程、政治和员工工作关系没有很好的了解。并不是所有的项目经理都拥有有效的恢复项目经理（Recovery Project Managers，RPM）的技能。除具备项目管理知识外，恢复项目经理还需要具备以下技能：

- 具有较强的政治勇气和政治悟性。
- 在评价和报告关键问题时，愿意完全诚实。
- 即使需要变更资源，也要有获得成功的毅力。
- 理解有效的恢复是基于信息，而不是个人情绪。
- 有能力处理个人和团队的压力。

恢复一个失败的项目就像赢得世界扑克大赛一样。除了要拥有正确的扑克技巧，还需要一定程度的运气。

接手一个有问题的项目和开始一个新项目是不一样的。恢复项目经理必须很好地理解他们将要继承什么，包括高强度的压力。他们会继承的包括：

- 一支精疲力竭的团队。
- 一支情绪低落的团队。
- 团队士气低落。
- 优秀团队成员流失，他们在其他地方总是供不应求。
- 一个可能对恢复过程缺乏信心的团队。
- 愤怒的客户。
- 紧张的管理。
- 不可见的赞助和治理。
- 不可见的或高度活跃的干系人。

如果项目经理不了解问题项目的恢复过程中涉及什么,那么他们就会希望出现奇迹,并让恶性循环继续发展到无法恢复的程度,从而使事情变得更糟。项目经理使项目变得更糟的行为如下:

- 强迫员工进行不必要的超时工作。
- 创建不必要的工作。
- 在不合适的时间更换团队成员。
- 在不了解后果的情况下增加团队紧张感和压力。
- 寻找新的"奇迹"工具来解决一些问题。
- 聘请那些不能提供帮助或因花太多时间去理解问题而让事情变得更糟的顾问。

恢复生命周期阶段

公司现有的企业级项目管理方法论可能无法帮助它恢复失败的项目。毕竟,公司的标准企业级项目管理方法论可能不适合这个项目,这可能是导致项目失败的一个因素。认为任何方法论都是灵丹妙药是错误的。项目是"人的管理",而不是工具或方法论。要想成功地恢复项目,可能需要另一种方法。

图 2-4 显示了恢复项目的典型生命周期阶段。这些阶段与公司的标准方法论——生命周期阶段有明显的不同。图中的前四个阶段用于问题评估和评价,并希望证实项目能够得到挽救。最后两个阶段是实际进行恢复的阶段。

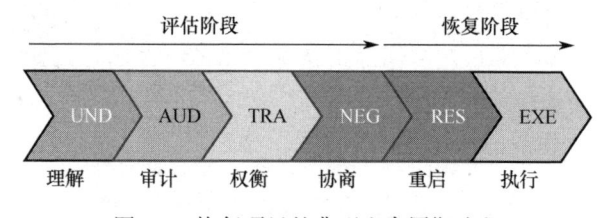

图 2-4 恢复项目的典型生命周期阶段

(1)理解阶段。

理解阶段的目的是让新分配的恢复项目经理审查项目及其历史。要做到这一点,恢复项目经理需要某种形式的授权或项目章程,这些授权和项目章程可能不同于前任恢复项目经理所持有的内容。必须尽快提供这项授权,因为时间是一种约束条件,时间有限而不是奢侈品。在授权中提及的典型问题包括:

第 2 章 度量指标改善的驱动力

- 恢复项目经理有什么样的授权来访问专有或机密信息？这包括恢复项目经理的前任可能没有的信息，比如合同协议和实际工资。
- 发起人和干系人将给予恢复项目经理什么样的支持？是否有迹象表明发起人和干系人将接受不太理想的绩效和对原始需求的描述？
- 是否允许恢复项目经理私下访谈团队成员？
- 干系人是否会对残酷无情的调查结果做出过度反应，即使结果表明问题是由干系人和治理团队引起的？

这一阶段包括：

- 了解项目历史。
- 审查商业论证、预期收益和目标值。
- 审查项目的目标。
- 审查项目的假设。
- 熟悉干系人及他们的需求和敏感度。
- 事业环境因素和组织过程资产是否仍然有效。

（2）审计阶段。

既然已经了解了项目的历史，审计阶段就开始了，这是对项目现有状态的关键评估。以下是审计阶段的部分内容：

- 评估到目前为止的实际绩效。
- 识别缺陷。
- 进行根本原因分析。
- 寻找表面（或容易识别）的问题点。
- 寻找隐藏的问题点。
- 确定哪些是"必须有""最好有""可以等""不需要"的活动或交付物。
- 查看问题日志，看看这些问题是不是人的问题。如果存在人员问题，是否可以让一些人离开或替换一些人员？

审计阶段还包括确认：

- 目标仍然是正确的。
- 收益和价值可以得到满足，但可能的达成程度较低。
- 所分配的资源具备相应的技能。
- 角色和职责分配给了正确的团队成员。
- 项目的优先级是正确的，并且将支持恢复工作。

- 高管支持到位。

失败项目的恢复工作不能独自完成。它需要恢复团队和强大的支持/赞助。高管对于恢复工作支持的时间和质量通常取决于对项目价值的认识。下面列出了在测定价值时需要考虑的五个重要的问题。

① 该项目对客户来说仍然有价值吗？
② 该项目是否仍然符合公司的企业目标和战略？
③ 公司还在致力于该项目吗？
④ 干系人是否仍然遵守承诺？
⑤ 对于挽救工作是否有整体动机？

由于恢复不能单独完成，因此在审计阶段对团队成员进行访谈非常重要。这可以在审计阶段开始时很好地完成，以回答前面的问题。团队成员可能对哪里出了问题有强烈的意见，也可能对快速和成功地恢复有很好的想法。如果恢复要想成功，恢复项目经理必须获得团队的支持。这种支持包括：

- 分析文化。
- 涉及整个团队的数据收集和评估。
- 让团队更容易地讨论问题，而无须相互指责或推卸责任。
- 重新建立工作与生活的平衡。
- 如果可能的话，重新建立激励机制。

要访谈人们，了解他们认为我们在哪里、出了什么问题以及如何纠正这些问题的看法可能很困难的，特别是当人们有隐秘的意图时。假设恢复项目经理有一个好朋友与该项目相关，如果这个朋友被发现是问题的一部分，恢复项目经理会有什么反应？这被称为情感成本。

另外，当一些事情出问题的时候，人们可能想要隐藏那些可以用来确定问题的关键信息。他们可能认为真相会影响他们的职业发展机会。恢复项目经理可能需要一个综合的问题清单来提取正确的信息。

当一个项目陷入困境时，人们往往会玩推卸责任的游戏，试图让人觉得是别人的错。这可能是为了混淆视听，让审查者在真正的问题上分心。这是出于自我保护意识。很难判断谁在说真话，谁在编造信息。

恢复项目经理可能得出这样的结论：如果有机会恢复，就必须从项目中剔除某些人员。不管他们做了什么，都应该允许他们体面地离开这个项目。恢复项目经理可以说："Annie 被重新分配到另一个需要她技能的项目中。我们感谢她为这个项目做出的宝贵贡献。"

也许最糟糕的情况是当恢复项目经理发现项目的治理存在真正的问题时。干系人和治理团队可能不会很好地接收到他们是问题的一部分的信息。作者总是倾向于诚实地定义问题，即使这会造成伤害。这种响应必须以机智的和外交的手段来处理。

恢复项目经理还必须评估团队的士气。这包括：

- 首先看到好的一面来鼓舞士气。
- 确定最初的计划是否过于雄心勃勃。
- 确定是否存在导致团队主动或被动抵抗的政治问题。
- 确定工作时间和工作量是否令人泄气。

（3）权衡阶段。

希望到目前为止，恢复项目经理已经有了决策所需的必要信息，并得到了团队对恢复的支持。如果不进行一些认真思考的权衡，最初的需求很可能无法得到满足。恢复项目经理现在必须与团队合作，并确定恢复项目经理将向干系人提供的权衡选项。

当项目刚开始时，三重约束很可能与图 1-4 中所示类似。时间、成本和范围是主要的限制因素，在质量、风险、价值和形象/声誉等次要限制因素上进行权衡。当项目陷入困境时，干系人知道原来的预算和进度可能不再有效。这个项目可能花费更长的时间，而且可能比最初设想的花费多得多。因此，干系人关于是否进一步支持项目的主要关注点可能更改为价值、质量和形象/声誉，如图 1-4 的右侧所示。团队向客户和干系人展示的将是时间、成本、范围和可能的风险上的权衡。

查看权衡的一种方法是回顾详细的工作分解结构，并确定所有剩余的要完成的活动。然后将活动放置在图 2-5 的网格中。"必须有"和"最好有"的工作包或可交付物通常是最昂贵的，也是最难用于权衡的。如果供应商被要求提供工作包支持，那么我们也必须进行供应商权衡，包括：

- 评估供应商合同协议。
- 确定供应商是否能够解决问题。
- 确定供应商是否可能做出让步和权衡。
- 制定新的供应商进度和定价。

一旦所有的元素都放在图 2-5 所示的网格中，团队将通过回答以下问题来协助恢复项目经理进行权衡：

- 在哪里进行权衡？
- 预计的损失有多大？
- 能做什么，不能做什么？
- 首先必须解决什么问题？
- 我们能止住"血"吗？
- 竞争约束的优先级是否发生了变化？
- 功能有变化吗？
- 风险有哪些？

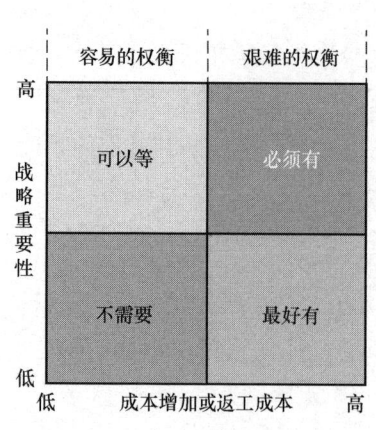

图 2-5 相关重要性的改变

（图中：纵轴"战略重要性"高到低；横轴"成本增加或返工成本"低到高；四象限分别为"容易的权衡/可以等"、"艰难的权衡/必须有"、"不需要"、"最好有"）

一旦发现了权衡，恢复项目经理和团队必须为干系人准备演示文稿。恢复项目经理需要与干系人讨论两个主要问题：

① 这个项目值得挽救吗？如果项目不值得挽救，那么恢复项目经理必须有勇气讲出来。除非存在继续项目的有效的商业原因，否则恢复项目经理必须建议取消。

② 如果项目值得挽救，那么干系人是否可以期望完全或部分恢复，以及何时恢复？

必须提及的、很可能是干系人关注点的因素包括：

- 政治环境。
- 事业环境因素。
- 组织过程资产。
- 商业论证。
- 假设。
- 预期收益和最终价值。

已有的或潜在的诉讼也必须予以考虑。

（4）协商阶段。

此时，恢复项目经理已经准备好与干系人进行协商。作为干系人协商的一部分，必须提及的几点包括：

- 对干系人重要的事情（如时间、成本和价值等）。
- 权衡内容的优先次序。
- 恢复项目经理对于恢复的信念是真诚的。

> 提示：当事情变得糟糕，项目经理试图恢复一个潜在的失败项目时，可能必须做出让步，允许在项目中引入额外的度量指标和 KPI。这可能是挽救项目的唯一方法。

第 2 章　度量指标改善的驱动力

- 不给干系人不切实际的期望。
- 获得干系人的认可。
- 为了所需的项目赞助和干系人支持进行协商。

> **情景**
>
> 　　一位项目经理被派去负责一个陷入困境的项目。她已经正确地做了前期准备工作，并准备与干系人和客户进行谈判。干系人和客户通知项目经理，他们现在希望更积极地参与到项目中来，希望包含其他的度量指标，特别是与项目成功和/或失败直接相关的度量指标。插入这些度量指标可能成本高昂，而且没有作为原始成本基准的一部分用于定价。

（5）重启阶段。

假设干系人已经同意了一个恢复过程，恢复项目经理就可以重新启动项目。这包括：

- 向团队简述与干系人协商的结果。
- 确保团队从过去的错误中吸取教训。
- 向团队介绍与干系人达成一致共识的恢复计划，包括达成一致共识的里程碑。
- 识别对项目管理方式的任何改变。
- 充分调动项目发起人和主要干系人的支持。
- 识别对团队成员角色和职责的任何改变。
- 让团队对在协商阶段提出的任何新的度量指标的应用进行支持。

三个重启的选项包括：

① 完全麻醉：停止所有工作，直到恢复计划最终确定。
② 局部麻醉：暂停部分工作，直到范围稳定。
③ 范围修改：继续工作，但根据需要进行修改。

阿尔伯特·爱因斯坦曾经说过："我们不能用创造问题时的思维来解决问题。"也许有必要让有新想法的人加入进来。然而，也存在风险。恢复项目经理可能需要这些人全职参与项目，但是要留住那些在其他地方有高需求的高素质员工可能是困难的。由于这个项目很可能失败，团队中的一些成员可能期望加入其他即将开始的项目。然而，恢复项目经理可能幸运地拥有强大的高管支持并留住这些人。这可以使恢复项目经理使用位于同一地点的团队组织。

（6）执行阶段。

在执行阶段，恢复项目经理必须关注特定的恢复工作的实现因素，包括：

- 从过去的错误中吸取教训。
- 稳定范围。
- 严格执行范围变更控制流程。
- 定期进行重要的健康检查，并使用挣值度量方式报告。
- 提供有效且必不可少的沟通。
- 保持积极的士气。
- 适应积极主动的干系人关系管理。
- 不依赖或不期望公司的企业级项目管理方法论来拯救恢复项目经理。
- 不允许不必要的干系人进行干预，这会增加压力。
- 谨慎管理干系人的期望。
- 把团队与政治隔离开。

恢复项目管理并不容易，而且不能保证项目经理能够或将会成功。恢复项目经理将受到密切监督，并受到上级和干系人的详细审查。他甚至可能被要求解释所有的行为，但是将一个潜在的问题项目从灾难中拯救出来肯定是值得付出额外努力的。

第 3 章

度量指标

本章概述

本章描述了度量指标的特征。并不是所有的度量指标都是一样的。人们需要充分理解它的价值,才能正确地使用并为合理决策提供必要的信息。

本章目标

- 理解确定项目状态的复杂性。
- 理解度量指标的含义和使用。
- 理解使用度量指标的好处。
- 理解度量指标的组成和类型。
- 理解使用度量指标的阻力。

关键词

- 信息系统。
- 度量。
- 度量指标。

3.0 介绍

度量指标帮助干系人了解项目的状态。干系人需要确信项目使用了正确的度量指标,并且这些度量指标能清晰和真实地反映项目的状态。度量指标可以帮助确定某个项目的可行性,或者在项目中采取某些措施的必要性。另外,度量指标也可以用来跟踪项目管理和创新过程中的组织成熟度。

项目经理和干系人必须就使用哪些度量指标及如何进行度量达成一致,还必须就哪些度量指标将成为仪表盘报告系统的一部分及如何解释度量结果达成一致。项目度量指标的管理正变得越来越重要,因此,项目管理办公室需要这个领域内的专家。

3.1 项目管理度量指标：早期

在项目管理的早期，美国政府发现承包商的项目管理人员更多的是作为项目监察员，而不是作为项目管理人员进行工作。监察员只是简单地记录信息并将其传递给更高级别的管理人员以供其考虑。项目经理不愿意对获取的负面信息采取任何行动，因为他们要么缺乏足够的权力来实现变更，要么不知道采取什么行动。结果往往是，客户对项目进行事无巨细的管理。遗憾的是，由于项目变得更大、更复杂，政府开展事无巨细的管理也变得极其困难。

确定真正的项目状态变得很困难，如图 3-1 所示。在一些较大的项目中，很难确定是哪方在控制成本，如图 3-2 所示。解决办法是让承包商学习和实施项目管理，而不是进行项目监视。在这种情况下，项目经理被期望可以：

- 设定绩效的边界、基准和目标。
- 度量绩效。
- 确定绩效对基准或目标的偏差。
- 制订应急计划减少或者消除不利的偏差。
- 获得应急计划的批准。
- 实施应急计划。
- 度量新的偏差。
- 必要时重复上述过程。

图 3-1 确定项目状态

图 3-2 谁在控制成本

项目经理要完成以上这些工作，就需要使用度量指标。于是，美国政府创建了成本/进度控制系统，后来又创建了挣值度量系统（Earned Value Measurement

System，EVMS）。作为这些系统的一部分，度量指标可以让项目经理至少以自己的想法来确定项目的状态。例子如下分述。

某项目

- 预算 120 万美元。
- 持续时间为 12 个月。
- 生产需求为 10 个可交付物。

时间线

- 已运行时间为 6 个月。
- 至今已支出 70 万美元。
- 交付成果：完成 4 项，部分完成 2 项。

使用 EVMS 度量指标，项目经理能够合理地确定项目状态。这些度量指标帮助他们确定当前状态和对未来的预测，尽管这些预测常常是有问题的。这些度量指标构成了一个早期预警系统，帮助项目经理有足够的时间以较小的增量进行过程修正。度量指标强调通过早期识别和解决问题来预防而不是治疗。度量指标也可以作为风险触发器，使后续风险的影响最小化。

使用这些度量指标的好处变得非常明显：

- 准确地显示项目状态。
- 尽早地准确识别趋势。
- 尽早地准确发现问题。
- 合理确定项目的健康状况。
- 控制项目的关键信息来源。
- 过程修正的基础。

长期使用这些度量指标使项目经理确定了以下几个最佳实践：

- 对完成项目所需进行的工作进行全面规划。
- 对时间、人力和成本有良好的估计。
- 明确沟通任务范围。
- 严格遵守要求的预算和支出授权。
- 及时的实物进度和成本支出核算。

- 经常、定期地将实际进展和支出与计划和预算进行比较，包括在项目的过程中和完成时。
- 定期重估完成剩余工作所需的时间和成本。

40多年来，这些度量指标一直被视为"真理"。另外，EVMS中度量指标的使用也有一些局限：

- 时间和成本基本上是仅有的两个度量指标，其他大部分度量指标是它们的衍生物。
- 对时间和成本的度量可能不准确，从而导致错误的状态报告。
- 项目的质量和价值不能仅用时间和成本这两个度量指标来计算。
- 在计划的时间和成本内完成项目并不意味着项目成功。
- 时间和成本信息可以捏造。
- 不利的指标并不一定意味着项目有问题。
- 不利指标不能为纠正措施提供信息。
- 客户和干系人并不总是理解度量指标的含义，不论这些度量指标对他们是否有利。

在当今的项目管理环境中，项目正变得越来越复杂，仅仅使用EVMS的度量指标可能不足以管理项目。EVMS没能解决一些可能导致项目失败的基本问题，如不切实际的计划、糟糕的治理、低质量的资源和不准确的评估。这并不是说EVMS不起作用，而是表明需要额外的度量指标。项目经理需要建立涵盖全局的度量指标，如要交付的商业价值、实现的收益、结果的质量、成就、生产力和团队绩效等。另外，在信息技术项目中，人们正推动与代码相关的度量指标的建立和使用。结论很清楚，要准确地确定绩效，可能需要一组度量指标，而不仅仅是单个度量指标。

3.2　项目管理度量指标：当前视角

美国政府创建EVMS的原因之一是标准化状态报告。随后，企业纷纷效仿政府，将时间和成本作为主要度量指标。但企业如果使用了其他度量指标，则时间和成本度量指标仅供内部使用，经常不会将它们与客户分享。

今天，项目经理的职责之一是理解哪些关键度量指标可以被干系人视为项目的成功因素而需要识别和管理。项目经理已经逐步认识到与客户和干系人之间合作来定义项目专用的度量指标和 KPI。让干系人就度量指标达成一致是困难的，但是必须尽早在项目中完成这项工作。

与平衡计分卡中的财务度量指标不同，基于项目的度量指标在项目生命周期每个阶段及不同项目中是可以改变的，如图 3-3 所示。因此，为了确认关键成功因素（Critical Success Factors，CSF）和保持客户满意度而建立度量指标的必要性可能是非常昂贵的。但许多人相信未来的项目管理将会是由度量指标驱动的。

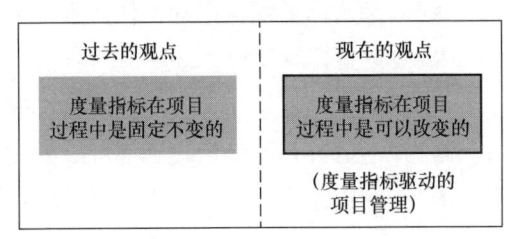

图 3-3 选择度量指标

项目管理度量指标的发展有以下几个原因：

- "无纸化"项目管理的需要。文书工作的费用已经变得相当昂贵。
- 敏捷项目管理等新技术正在向项目经理施加压力，要求项目降低成本，消除不必要的浪费。
- 复杂项目的数量增长需要更频繁的项目健康检查，而健康检查反过来又需要更好地理解度量指标。
- 项目成功现在被定义为商业价值和项目价值的交付。因此，我们需要能够跟踪和报告商业价值及传统项目价值的度量指标。
- 收集度量指标可能是项目经理确认绩效和成功的唯一方式。

度量指标和小型公司

实施度量指标管理和使用仪表盘变得相对便宜，这使它对小公司具有很大吸引力。许多小公司担心实施度量管理需要大量的成本支出，但事实并非如此。一个成功的度量指标管理程序可以建立客户忠诚度，进而产生新的业务。唯一的主要开销可能是雇用熟悉仪表盘设计的人。

3.3 对度量指标管理的误解

在项目管理中使用度量指标有很多误解。下面列出了几个，将在后面的部分进行讨论。

- 度量指标管理很容易。

- 仪表盘查看者总能够理解度量指标。
- 可以用最小的努力实现仪表盘设计。
- 只需一点努力,就可以为每个项目选择一套完美的度量指标。
- 一旦选择了度量指标,任何人都可以进行度量。
- 度量指标越多越好。
- 项目管理度量指标不能在项目过程中发生变化。
- 并不是所有的度量指标都可以度量。
- 度量指标可以告诉用户应该采取什么步骤来应对有问题的状况。
- 良好的项目度量指标应与员工绩效评审挂钩。

3.4 向企业高管推销度量指标管理

为了向高管推销度量指标管理并得到及时响应,需要说明可以带来的收益和成本上的节约。为此,有以下几种方法:

- 如果公司已经将财务指标用于商业战略并且取得了成功,可以将项目度量指标的实施与财务度量指标联系起来。
- 量化地展示使用度量指标管理而减少会议和文书工作所节约的成本。
- 实施对标研究,以显示有多少其他公司正在使用度量指标管理并获得良好的结果。
- 通过试点项目向高管展示如何使用度量指标。

一家总部位于底特律的公司通过使用度量指标来减少项目中的文书工作。以前,项目评审会议之前的报告每页包括 14 个步骤:

(1)组织。　　　　　　　　　　(8)批准。
(2)撰写。　　　　　　　　　　(9)复制。
(3)打字。　　　　　　　　　　(10)分级。
(4)打样。　　　　　　　　　　(11)分发。
(5)编辑。　　　　　　　　　　(12)安全。
(6)重新打字。　　　　　　　　(13)存储。
(7)平面艺术。　　　　　　　　(14)处理。

该公司取消了所有这些报告,改成以会议来评审工作分解结构中的每个主要工作包的仪表盘和交通灯信息。PMO 估计,仅第一年,由于会议和文书工作减少,节省的费用就超过 100 万美元。

虽然实施度量指标会有启动成本，但是后续的回报和财务节约可能比启动成本大几个数量级。然而，说服一个组织做到这一点往往是困难的，因为高管们往往不愿挑战现状。

高管们必须理解成功的度量指标项目需要建立度量指标文化。具体如下：

- 有效的度量指标基于员工的参与，而不是购买软件和雇用顾问。
- 高管们必须确保他们不会无意中破坏度量指标管理的实施。
- 高管必须愿意看到或改变那些可以通过度量指标加以纠正的坏习惯。
- 度量指标的实施必须将重点放在最需要改进的地方。
- 如果数据不可靠，度量指标的实施可能失败。
- 由于人为误差，期望 100%的可靠性可能是不现实的。

度量指标管理的结果可能要求人们走出舒适区。

高管们将不会支持那种以牺牲他们的绩效为代价并且可能影响他们奖金和晋升的度量指标管理系统。在这种情况下，高管们可能只选择那些让他们看起来很好的度量指标。

建立度量指标的文化可能需要对员工进行以下培训：

- 度量指标培训计划必须鼓励参与者专注于发现持续改进的机会。
- 与度量指标和 KPI 相关的持续改进和最佳实践的收集必须贯穿整个项目，而不仅仅是在项目结束时。只有这样，才能很快看到最佳实践带来的好处。
- 参与者必须明白，"数据挖掘"的目的是设法得到绩效信息，并将其展示为可理解的形式，用于基于信息的决策。
- 在培训期间高管必须明确地表示支持。

3.5 理解度量指标

尽管大多数公司使用某种类型的度量指标进行度量，但是它们似乎对度量指标的构成理解不足，至少在项目管理中是这样的。对于为什么需要好的度量指标，它们可能也理解得比较差。如果没有能够提供完整信息的度量指标及相应的测量，就不能有效地管理项目。如果没有有效的度量指标，项目经理可能等到项目偏离计划很远时才考虑采取行动。到那时，挽救项目

> 提示：随着项目的进展，要为新的或变更的度量指标做好准备。

可能为时已晚，唯一能做的就是取消项目。因此，度量指标的最简单定义就是被度量的对象。考虑如下：

- 如果无法度量，就无法管理。
- 所测即所得。
- 没有人能真正完全理解任何事物，除非它能被度量。

> 提示：度量指标如果不能被度量，可能不会提供真正的价值。

度量指标可以被度量和记录为：

- 观察。
- 按顺序（例如，四星或五星）及按类别（例如，男性或女性）的数据表。
- 数值范围/集合。
- 仿真。
- 统计数字。
- 校准估算和置信区间。
- 决策模型（挣值、完全信息的预期值等）。
- 抽样技术。
- 分解技术。
- 人为判断。

> 提示：当绩效被度量时，通常会提升。

如果项目经理不能向干系人提供一些可以被度量的东西，那么他如何保证满足干系人的期望呢？无法度量的事物是无法被控制的。如果度量指标是及时的并包含丰富信息，那么它就可以实现主动式的而不是被动式的项目管理。同样，一些本来要求的度量指标可能根本不起作用，应该放弃。

> 提示：你可能永远不会知道项目绩效的合理精确度。但是好的度量指标可以提供更准确的评估。

> 提示：尽管有各种各样的度量技术，但项目经理在承诺可以度量效率、有效性及生产力时也必须小心谨慎。有些目标很难准确度量。

多年来，度量本身并没有得到很好理解。项目经理因为不理解而回避使用度量指标管理，但是像道格拉斯·哈伯德这样的作者帮助解决了这个问题。哈伯德认为：

- 你的问题并不像想象中那么独特。
- 你拥有比预想要多的数据。
- 你需要的数据比预想中要少。
- 存在比预想要简单的度量方法。

并不是所有的度量指标在度量和预期寿命上都有相同的时效。这将影响这些度量指标的度量频率。此外，项目绩效不会立即得到改善，并且可能在项目的整个生命周期中波动。仅仅建立一个度量目标并不意味着必须经常度量它。有些度量指标可以被实时度量和汇报，而其他的可以每周或每月查看一次。为了简单起见，基于项目的度量指标可以按照时间维度进行以下分类。

（1）需要在全项目周期度量的度量指标：这些度量指标，例如成本和进度差异，会在整个项目过程内使用，并且每周或每月进行度量。

（2）生命周期阶段使用的度量指标：这些度量指标只存在于特定的生命周期阶段。例如，跟踪项目规划的直接人工成本的数量或百分比的度量指标可能只在项目规划阶段进行度量。

（3）有限时间段度量的度量指标：这些度量指标存在于工作要素或工作包的生命周期中。例如，我们可以跟踪特定工作包的人员招聘率或特定月份的可交付物数量。

（4）使用滚动式或动窗式度量的度量指标：这些度量指标度量的开始和结束日期可以随着项目的进展而更改。例如，计算成本绩效指数和进度绩效指数来度量趋势从而实现预测。在长期项目中，可以使用最近 6 个数据点（每月度量）的动窗来获得符合趋势线的线性曲线。

（5）预警指标及其度量：这些度量指标用于指示超出容许偏差的情况。这些度量指标在超出容许偏差的情况得到纠正后就不再使用，但是在项目中再次发生同样情况时会再次使用。预警度量指标也可以是连续使用的，当超出容许偏差的情况出现时，会突出显示。

多年来，度量指标的应用带来了很多不同收益。这些收益如下：

- 度量指标告诉项目经理他们是否达成了目标/里程碑，项目状态是在变好还是变差。
- 度量指标允许项目经理提前发现错误，避免引发新的错误，即提早发现问题。
- 良好的度量指标支持明智的决策，而糟糕或不准确的度量指标导致糟糕的管理决策。
- 良好的指标可以准确地评估绩效。
- 度量指标考虑以及时的方式进行主动管理。
- 度量指标改善了对未来的预估。
- 度量指标提升了未来绩效。
- 度量指标使验证基准和维护基准变得更容易，而且干扰最小。

- 度量指标可以更准确地评估成功和失败。
- 度量指标可以提高客户满意度。
- 度量指标是评估项目健康状况的一种方法。
- 度量指标跟踪达成项目关键成功因素的能力。
- 良好的度量指标允许根据传统三重约束之外的其他因素来定义项目成功。
- 度量指标有助于解决危机。
- 度量指标使项目经理可以识别和降低风险。

一定要记得度量指标是度量手段,其目的是为项目经理提供持续改进项目管理过程的机会。不考虑未来行动计划而选择度量指标是浪费时间和金钱。如果度量结果表明度量指标距离目标很远,那么团队必须调查偏差的根本原因,确定做什么可以纠正偏差,促使纠正偏差的计划得到批准,然后执行新的计划。度量指标使项目经理能够创建历史信息数据库,用于分析趋势和改进对未来的预估。

然而,使用度量指标也有另一面。管理度量指标需要理解人的行为。必须注意,度量指标和度量技术的使用不鼓励非计划的行为。因此,了解度量指标和度量的需求是很重要的。对于度量及度量指标的一些重要的认识包括:

- 期望快速或轻松地找到有意义的度量技术是一厢情愿的想法。
- 度量是一种旨在减少不确定性的观测。
- 度量支持明智的决策,明智的决策支持更好的度量。
- 度量不应该仅仅是为了度量指标。度量应该是为了快速识别问题,然后尝试解决问题。
- 度量指标可以告诉项目经理,资源是否被浪费了。
- 度量指标可以提供事实依据来证明问题存在并且必须得到解决。

度量指标为困难的选择提供理由。一些项目会达到预期而另一些不能。绩效度量指标可以用于更好地理解那些会导致计划绩效和实际绩效之间产生差异的不确定性。

尽管度量指标最经常用于确认项目的健康状况,但它们也可以用于发现过程中的最佳实践。为了实现长期的持续改进,有必要获取最佳实践和经验教训。如果没有有效地使用度量指标,公司可能花费数年时间来实现持续的改进。

在这方面,度量指标是必要的,这是因为:

- 项目批准往往基于信息不足和不准确的评估。
- 项目批准基于不现实的投资回报率、净现值和回收期的计算结果。

第 3 章　度量指标

- 项目批准通常基于最佳情景。
- 在项目审批过程中，真实的时间和成本要求可能被隐藏，也可能没有被完全理解。

度量指标要求：

- 需求或目的。
- 目标、基准或参考点（有意义而非容易实现的目标）。
- 度量方法。
- 解释方法。
- 报告结构。

即使有好的度量指标，度量指标管理也可能失败。最常见的失败原因是：

- 糟糕的管理，尤其是由干系人造成的。
- 决策过程缓慢。
- 过于乐观的项目计划。
- 试图在过少的时间内完成太多的事情。
- 不恰当的项目管理实践和/或方法。
- 对度量指标使用的理解不准确。

有时度量指标管理的失败是糟糕的干系人关系管理的结果。导致这类失败的典型问题包括：

- 解决干系人之间的分歧。
- 解决干系人之间的不信任。
- 定义关键成功因素。
- 就项目成功的定义达成一致。
- 就支持关键成功因素和成功的定义所需的度量指标达成一致。
- 查看关键成功因素要求是否达到。
- 就如何衡量这些度量指标达成一致。
- 理解度量指标。
- 正确使用度量指标

除非干系人就如何使用度量指标来定义或预测项目的成功和失败达成一致，否则所有项目经理期望的项目的成功只能是某种最合理的猜测。对度量指标的含义和使用的分歧可能导致对度量指标的使用失去可信度。

3.6 度量指标管理缺乏支持的原因

在过去的十年中，有效度量指标管理的驱动力之一是复杂项目数量的增长。项目越大越复杂，度量和确定项目成功的难度就越大，从而增加对度量指标的需求。

然而，确定度量指标需要回答某些关键问题。

- 度量：
    — 应该度量什么？
    — 何时度量？
    — 如何度量？
    — 由谁进行度量？
- 收集信息和报告：
    — 谁来收集信息？
    — 何时收集信息？
    — 何时及如何报告相关信息？

对于许多公司来说，回答这些问题是一个挑战，尤其是对于复杂的项目来说。因此，度量指标常常被忽略，因为它们很难定义并且很难收集相关信息。人们对度量指标管理可能需要达到的细节程度有一种内在的恐惧。

度量指标管理缺乏支持的其他原因还包括：

- 度量指标被视为额外的工作和对生产时间的浪费。
- 无法保证选择正确的度量指标。
- 如果选择了错误的度量指标，那么公司就是在浪费时间收集错误的数据。
- 度量指标管理是昂贵的，其收益并不足以抵消成本。
- 度量指标是昂贵且无用的。
- 使用度量指标需要做出改变，而人们往往不喜欢改变自己的工作习惯。
- 度量指标鼓励了非预期和/或不想要的行为。

度量指标管理通常被看作对项目团队现有工作的额外增加。如果没有这些度量指标，项目团队通常倾向于被动反应式的管理而不是主动式的管理，导致他们的关注点是完成个别工作包，而不是客户的商业解决方案。

每个人都理解使用度量指标的价值，但是在团队成员中仍然存在一种固有的恐惧，即将度量指标视为"老板在监视你！"。员工不会支持那些看起来像间谍机器式度量指标的相关工作。度量指标应该跟踪项目的绩效而不是个人的绩效。度量指标不应该被用作惩罚的证据。

高管们经常会不支持度量指标管理，因为他们可能听说过在其他公司关于这方面的一些负面消息或者确实会造成他们私下的项目被暴露出来。

3.7 在员工绩效评估中使用度量指标

现在的项目经理工作描述包括对度量指标和管理的一些知识的需求。然而，把使用基于项目的度量指标创造价值（无论是有利的还是不利的）作为员工绩效评估的一部分可能不是一个好主意。原因包括：

- 度量指标通常是不止一个人的贡献的结果。单独确定个人的贡献可能是不现实的。
- 不利的度量指标可能是员工无法控制的外部环境导致的结果。
- 员工可能在绩效评估期间捏造度量指标的数字，让自己看起来不错，而干系人可能得不到项目状态的真实反映。
- 真正的问题可能被掩盖，因此不会出现在绩效评估中。
- 进行绩效评估的人员可能不明白的是度量指标的真实价值可能要到未来某个时候才能知道。
- 从事同一项目的员工可能相互竞争而不是合作，导致项目的结果可能不太理想。

3.8 度量指标的特征

度量指标应该具有某些基本特征。例如，一个度量指标应该：

- 有需求或目的。
- 提供有用的信息。
- 专注于一个目标。
- 能够以合理的准确度进行度量。
- 反映项目的真实状态。
- 支持主动式管理。
- 协助评估成功或失败的可能性。

- 作为明智决策的工具被干系人接受。

度量指标有多种类型。为了简单起见，它们可以大致确定为：

- 结果指标（Results Indicators，RI）：这些指标告诉我们已经完成了什么。
- 关键绩效指标：这些关键的绩效指标，可以显著提升项目绩效或项目目标的完成度。

大多数公司在以不恰当的组合使用这两种类型的度量指标，并将它们都称为 KPI。然而，度量指标和 KPI 之间是有区别的。

- 度量指标通常关注绩效目标的实现，即"我们今天在哪里"。
- KPI 关注未来的结果，并解决"我们将在哪里结束"。

为了简单起见，我们在本章只考虑度量指标，将在第 4 章更深入地讨论 KPI。

财务度量指标用于分析商业策略已有十多年的历史。财务度量指标是与商业相关的，它基于对作为企业战略一部分的商业目标实现情况的度量。即使长期使用商业和财务度量指标，仍然存在局限性：

- 盈利能力等度量指标可以判断事情看起来是好是坏，但它们不是一定能提供对必须采取哪些措施来改善业绩的有意义的信息。
- 基于商业或财务的度量指标通常是许多因素的结果，因此很难区分必须做哪些事情来进行改变。
- 基于商业或财务的度量指标与长期战略目标挂钩，通常不会发生太大变化。
- 像"客户满意度"和"企业声誉"这样的词，如果不能被精确衡量，就不会真正有用。
- 一些基于商业的度量指标只能在未来被很好地度量，因为它们是未来对那些决定成功的可交付物的有效使用。

多年来，通过使用 KPI 这种专门的度量指标，大多数限制已经被克服。尽管商业度量指标在关注商业战略时很适用，但是商业度量指标与项目管理度量指标之间存在显著差异，如表 3-1 所示。

表 3-1　商业度量指标与项目管理度量指标对比

变量	商业/财务	项目
关注	财务度量	项目绩效
目的	达成战略目标	达成项目目标、里程碑和可交付物
报告	月季或季度	实时数据

续表

变量	商业/财务	项目
检查项	盈利能力、老客户、市场份额、新客户数量	遵守竞争的约束条件和对绩效的确认与验证
使用期限	数十年或更长	项目生命周期
信息使用	信息流和对战略的改变	保持基准的纠正措施
目标受众	高管层	干系人和工作层

与长期的商业环境相比，项目环境的持续时间要短得多，因此更容易受到度量指标变化的影响。在项目环境中，度量指标在不同项目或者项目的每个生命周期阶段，甚至在任何时候都可以变化，这是因为：

- 公司内部定义价值的方式。
- 客户和承包商在项目启动时定义成功和价值的方式。
- 客户和承包商在项目启动时就给定项目应使用何种度量指标达成协议的方式。
- 跟踪软件的更新或者发布新版本。
- 企业项目管理方法和相应的项目管理信息系统的改进。
- 事业环境因素的变化。
- 项目商业论证中假设的变化。

3.9 度量指标类别和类型

在前面的小节中，度量指标被定义为商业度量指标或项目管理度量指标。这个清单可以进一步扩大，包括以下四大类：

- 基于商业或财务的度量指标。
- 基于成功的度量指标。
- 基于项目的度量指标。
- 项目管理过程的度量指标。

从历史上看，度量指标通常用于评估商业战略。因此，典型的基于商业的度量指标包括：

- 投资回报率。
- 净现值。
- 回收期。
- 成本降低。
- 信息的准确和及时。
- 盈利能力。
- 市场份额。
- 销售增长率。

- 效率提升。
- 减少文书工作。
- 未来的机会。
- 新客户数量。
- 老客户生意数量。

另一个分类包括那些与项目成功直接相关的度量指标。这些例子包括：

- 收益实现。
- 价值实现。
- 目标/里程碑达成。
- 干系人满意度。
- 用户满意度。

基于项目的度量指标可以有很多。第 4 章将对这些指标进行更深入的讨论。简单来说，它们可能包括：

- 时间。
- 成本。
- 范围和范围变更的数量。
- 要求的变化率（如需求随时间增长）。
- 质量。
- 客户对项目绩效的满意度。
- 安全注意事项。
- 风险应对。

无论如何选择度量指标，项目的每个约束条件都必须有一个度量指标来跟踪。由于约束条件的数量和关键程度可能随着项目的不同而变化，项目团队面临着为每个约束条件的跟踪和报告建立更复杂的度量指标的压力。无法被观察、度量和报告的约束条件是无法被控制的。

项目管理过程度量指标与经验教训和最佳实践直接相关。这个类别中的度量指标可能与以下相关：

- 持续改进。
- 对标。
- 评估准确性。
- 度量准确性。
- 度量指标和 KPI 的准确性。

到目前为止，已经确定了四大类度量指标。根据度量如何使用，在每个类别中可以分为子类别或类型。例如，这七种度量或度量指标可以出现在每个主要类别中：

（1）量化度量指标（计划花费或工作时间占总劳动的百分比）。

第 3 章 度量指标

（2）应用度量指标（效率提升）。

（3）方向度量指标（风险评级变得更好或更糟）。

（4）可操作的度量指标（影响无人值班时间量的变化）。

（5）财务度量指标（利润边际、ROI 等）。

（6）里程碑度量指标（准时完成的工作包数量）。

（7）最终结果和成功的度量指标（客户满意度）。

正如前面提及后面章节中将提到的，几乎可以在项目管理应用中建立无穷无尽的度量指标。然而，其中只有少数可以被归类为 KPI。根据使用情况，可作为 KPI 的典型指标包括：

- 成本偏差。
- 进度偏差。
- 性价比指标。
- 进度绩效指标。
- 资源利用率。
- 人员时间不足。
- 错过的里程碑的百分比。
- 管理支持时间和占工作量的比例。
- 计划成本和占工作量的比例。
- 假设条件变化百分比。
- 客户忠诚度。
- 核心员工流动率。
- 加班工时的百分比。
- 每页客户报告的成本。

为度量指标建立分级体系时必须小心。项目经理应注意以下重要因素：

- 重要的是使用度量指标分级体系，而不是体系的种类选择。
- 重要的是不要陷入"度量指标狂热"模式，在这种模式下，仅仅为了度量而创建的度量指标数量远远超过实际所需。
- 被认同的度量指标必须使用。如果一个度量指标不能继续使用，那么这个指标可能是有缺陷的。
- 应考虑合并或删除价值很小或没有价值的度量指标。

3.10 选择度量指标

通常，错误的项目度量指标选择是因为基于谁提出的请求。选择一个常用的度量指标很容易，但是对于现有的项目可能不合适，其结果可能是带来无用的数据。错误地选择度量指标的另一个原因是最小阻力法则，即度量指标是根据度量的难易和速度来选择的。

欧文·海德认为：

在建立用于收集度量指标的流程时，重要的是要按重要性对列表进行优先级排序，并避免处理任何不必要的东西。例如，不应该包含那些团队不能真正花时间做出应对的度量指标。如果团队使用不需要的度量指标，那么收集它就是浪费时间。度量指标的数量可能随着项目的进展而增加，但是，如果一开始就试图设置过多的度量指标，可能占用其他项目关键活动的时间和注意力。

有时，选择度量指标的人不理解怎样使用它们。度量指标不会告诉我们应该采取什么行动来使项目从失败中恢复或者成功。

图 3-4 展示了度量指标/KPI 的范围。左侧是想使用大量度量指标的人，他们不管度量指标提供的信息的价值如何。右侧是那些由于难以定义和收集而忽略度量指标的人。找到一个折中方案并不容易，但是项目经理必须确定合适数量的度量指标。

度量指标的价值范围

度量指标被当作"圣杯"，尤其是时间和成本的度量指标

度量指标不起作用，关注点是领导力、愿景、战略和祈祷

图 3-4　度量指标/KPI 的范围

度量指标太多会造成：

- 度量指标管理工作占用了其他工作的时间。
- 向干系人提供太多信息，以至于他们无法确定哪些信息是关键的。
- 提供了价值有限的信息。

度量指标太少会造成：

- 没有提供足够的关键信息。
- 明智的决策变得困难。

项目团队和干系人倾向于选择太多而不是太少的度量指标。道格拉斯·哈伯德认为：

在商业中，只有少数几个关键变量值得仔细度量。其余变量的"信息价值"为 0 或接近于 0。

度量指标选择过程中的一些基本规则：

- 确保所选择的度量指标是基于实际需要的，而不是想象的。
- 如果该度量指标在改善项目或商业的必要行动中没有起到作用，那么它可能是错误的度量指标。
- 确保度量指标是值得收集的。
- 确保使用已收集的度量指标。
- 确保度量指标是可以提供信息的。
- 培训团队使用度量指标并理解其价值。
- 随着项目的进展，可能需要重新评估度量指标以确保它们仍是正确的。

当度量有足够使用的基准时，选择度量指标就会容易得多。当基准在持续地转换时，有效地使用度量指标是非常困难的，甚至是不可能的。对于还没计划的工作，可以使用标杆和标准来代替基准。

有时候，度量指标的目标选择缺乏对如何度量它们的全面理解。幸运的是，度量技术的进步使得几乎任何东西都可以被度量，无论是定性的还是定量的。无形的目标可能很难被度量，但它们并不是不可度量的。以下是比较难被度量的事物：

- 合作。
- 承诺。
- 创新。
- 文化。
- 客户满意度。
- 情感成熟度。
- 员工士气。
- 形象/声誉。
- 领导效果。
- 激励。
- 生活质量。
- 压力水平。
- 可持续性。
- 团队合作。

度量指标的结果本身只是由度量产生的数字或趋势。度量指标没有真正的价值，除非干系人或相关专家能够正确地解释它们，

提示：有效地选择度量指标不会凭空发生。

或者在必要的情况下制订纠正计划。重要的是要知道度量指标的受益者。度量指标的重要性等级会因干系人的不同而异。

始终存在这样的风险：仪表盘上显示的度量指标信息被误解，并得出错误的

结论。有些人认为度量指标不应该在没有背景的情况下存在，可以在某些重要指标旁边使用信息向下按钮供进一步查询。向下按钮有两个用途：

（1）这些信息是可选的，用于保证干系人理解项目经理所提供的信息。在使用仪表盘的早期阶段，这可能是必要的。这些信息可以使用粗略的格式。

（2）这些信息是强制性的而且必须解释度量指标的含义。例如，假设一个度量指标显示一些任务项在系统中已经存在了三个月以上，可能并不意味着项目团队没有尽到及时解决问题的责任。未解决的任务项目可能是因为特殊的情况，例如等待某项试验的结果、需要额外的资金及其他类似的问题。

尽管信息向下按钮可能是必要的，但是过多或不必要的向下按钮最终可能增加而不是减少文书工作。仪表盘的目的是最小化或消除文书工作，而不是增加文书工作。

在选择度量指标时可能需要解决几个问题：
- 干系人对项目管理有多少了解？
- 干系人对度量指标的理解程度如何？
- 度量所需的组织过程资产是否存在？
- 基准和标准在项目期间是否会变化？

在选择度量指标时，必须考虑另外两个因素。首先，进行度量涉及成本。由于度量频率的变化，成本可能相当大。其次，必须认识到度量指标是需要更新的。度量指标类似于最佳实践，它们会过时，可能不再有价值或者不能继续提供预期的信息。因此，以下所列是需要定期检查度量指标的几个可能原因：
- 客户可能希望实时报告，而不是定期报告，因此一些度量指标不合适。
- 度量的成本和复杂性可能使某个度量指标不适用。
- 某度量指标与组织过程资产不太匹配而不能进行准确度量。
- 项目资金可能限制度量指标使用的数量。

在评审度量指标时，有三种可能的结果：

（1）更新度量指标。

（2）保留某个度量指标，但可能暂停使用。

（3）停用某个度量指标。

最后，在选择项目并使其获得批准之后，应该确定度量指标。仅基于可用的或易于使用的度量指标选择项目，通常会导致选择错误的项目或度量指标提供无用的数据。

3.11 选择度量指标/KPI 所有者

许多认识到维护最佳实践库重要性的公司也设置了最佳实践所有者的职位。KPI 所有者的概念已经用于财务度量指标，但直到最近才被用于项目管理。因为公司需要维护一个度量指标/KPI 库，所以它们也应该维护度量指标/KPI 的所有者职位。每个项目团队必须接受他们使用的 KPI 的所有权。根据 KPI 的数量，建议每个项目团队为每个 KPI 分配一个 KPI 所有者。另一种更常见的选择是将公司中的一个人指定为 KPI 所有者。

度量指标/KPI 所有者：
- 必须了解公司文化。
- 必须尊重员工。
- 必须能够促进对使用度量指标的支持。
- 可以作为度量指标使用人的导师。
- 必须对度量指标进行持续改进，包括度量指标度量技术的改进。
- 必须支持 PMO 来确定度量指标/KPI 是否仍然有效或已过时。

3.12 度量指标和信息系统

在一个给定的项目上，可能有几个不同的项目管理信息和报告系统。例如，在同一个项目中，可以存在以下信息系统用于：
- 项目经理个人使用。
- 项目经理的母公司。
- 客户和干系人。

在每个信息系统中可以有不同的度量指标和 KPI。在项目经理的信息系统中将出现最多的度量指标。这些度量指标将供项目经理个人使用，包括资源利用率、与工作包和风险相关的活动及与成本估算准确性相关的细节。项目经理母公司的高管们可能关注项目的利润率、项目人数、客户满意度和未来业务的潜力。向干系人提供的信息通常是 KPI，这是进行明智决策的关键度量指标，可以包括成本、进度、价值和其他此类因素。

3.13 关键成功因素

从事项目的最终目的是支持某种类型的商业战略，无论这些项目是针对内部客户还是外部客户的，如图 3-5 所示。一旦项目作为项目组合的一部分被选中，项目战略开发就要围绕着项目目标、成功的标准和度量指标/KPI 进行。客户和承包商对项目战略的认同一致程度越高，成功的机会就越大。

项目经理和干系人之间达成一致也是如此。简单地说，和每个项目相关的人沟通他们对项目成功的看法是重要的。

正如在第 1 章中提到的，在一个项目中发展客户-承包商关系的第一步中包含双方达成一致的对项目成功的定义，这可能在与客户的最初接触期间就开始了。一些公司首先根据关键成功因素定义项目成功，然后建立度量指标和 KPI 来确定项目是否满足这些关键成功因素。关键成功因素确定那些必要的活动，以完成客户的期望交付，并维持有效的干系人关系管理。

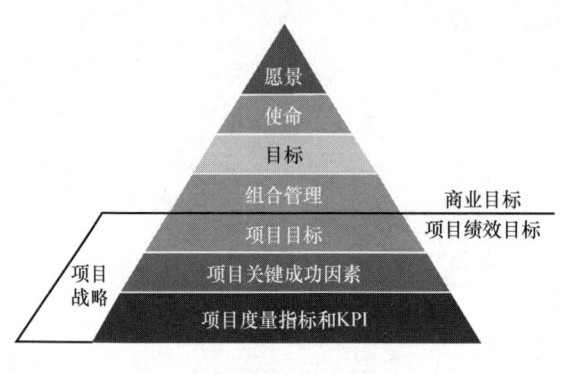

图 3-5 建立项目战略

典型的关键成功因素包括：

- 遵守时间表。
- 遵守预算。
- 符合质量要求。
- 签署合同的适当性和时间安排。
- 遵守变更控制流程。
- 对现有环境的恰当调查。
- 理解客户的需求。
- 客户和干系人的早期参与。
- 提供所有所需资源。
- 管理期望。
- 与客户识别所有的风险并规划处置方案。

- 有效的异常处理流程。
- 控制需求，防止范围渐变。
- 与客户进行明确、具体的沟通。
- 定义流程和正式的关口评审。

每个公司对成功都有自己的定义，因为每个公司都有不同的客户及这些客户的不同要求，还有不同的干系人。尽管理想的情况是折中的，但是一些关键成功因素可能严重地倾向于对成功的内部定义，而不是客户的定义。以下是 Convergent Computing 公司的一些关键成功因素：

- 拥有丰富、全面的技术资源。他们不仅需要有优秀的技术技能，还需要良好的沟通能力，并可以在具有挑战性的环境中工作出色，在团队环境中茁壮成长。
- 确保我们全面了解客户的需求，包括技术和业务需求，并为满足这些需求制订行动计划（工作范围）。
- 具有明确定义的政策和流程，可以提供那些利用"最佳实践"的项目管理概念和实践的技术服务。
- 精心打造团队，为团队成员定义明确的角色和职责，以满足客户的特定需求。
- 加强合作和沟通，包括内部（团队内部及团队与首席合规官之间）及外部与客户。
- 尽可能地利用我们的经验和知识库，提高效率和可交付物的质量。

Bill Cattey 的观点：

简单而概括地说，在项目中，干系人之间沟通项目成功的关键因素是很重要的。如果能对成功的必要因素达成广泛的一致并可以度量实际执行时的差异，而且可以采取纠正措施来消除差异，项目会更容易成功。

关键成功因素通常从客户和承包商的角度来衡量最终结果。KPI 和度量指标通常用于度量实现最终结果和达成 CSF 的过程质量。KPI 和度量指标是内部度量，可以在项目的整个生命周期中定期进行评审。有些人认为 CSF 与度量指标和 KPI 是相同的，因此在试图跟踪它们时经常弄错。关键成功因素通常是更宽泛的类别而且很难跟踪，相反，度量指标和 KPI 更加具体，因此更适合通过仪表盘等手段进行度量和报告。CSF 通常是定义成功和建立度量指标的中间步骤。

度量指标的度量可能过于昂贵。即使所有的干系人都对关键成功因素达成一致，支撑 CSF 的度量指标的度量成本也可能很高，并且所获得的收益也许不能抵消成本。支撑 CSF 的度量应该是可以收回成本的，不应采用过于昂贵或无用的度量指标。干系人必须相信项目选择了正确的度量指标，并且对它们进行度量准确地反映了项目的真实状态。另外，很重要的是要知道一些度量指标的度量并不能马上反映项目成功与否。真正的度量很可能要等到项目完成后很久才能进行。

项目的失败经常是因为项目经理和干系人不能就关键成功因素达成一致，从而选择无效度量指标，无法提供有意义的数据。干系人通常认为最少次数的范围变更是关键成功因素，项目经理认为严格遵循变更控制流程才是真正的关键成功因素，而不管范围变更的次数。这类项目失败的可能原因：

- 未能正确理解 CSF 的含义，不相信 CSF 的价值。
- 每个干系人都在朝自己定义的 CSF 努力。
- 干系人无法对当前项目正确的 CSF 达成一致。这在项目开始和过程中都可能发生。
- 未能理解实际绩效与 CSF 之间的差距。
- 认为支撑 CSF 的度量指标的度量成本太高。
- 认为支撑 CSF 的度量指标的度量是浪费产出的时间。

3.14 度量指标和 PMO

前面我们说过，如果没有度量指标和度量以提供完整的信息，就不能有效地管理项目。项目经理并不总是具备选择正确的度量指标、KPI 和关键成功因素的专业知识。这就需要 PMO 提供帮助。对于度量指标，PMO 可以：

- 帮助项目团队开发基于项目的度量指标。
- 认识到有些度量指标可能用于特定的项目或客户。
- 维护度量指标库。
- 为度量指标库开发度量指标/KPI 模板。
- 认识到度量指标和 KPI 必须随着时间的推移而改变，并且在必要时更新它们。

对项目管理知识产权的监护是 PMO 的职责之一，PMO 将协调更新度量指标的工作。度量指标的所有者通常向 PMO 做虚拟汇报。因为度量指标有其生命周期，定期检查每个度量指标/KPI 的有效性是必要的。如前所述，度量指标可以保持不变、更新或停止使用。如果没有支持数据，度量指标可能变得无关紧要。监督度量指标和 KPI 有可能是昂贵和困难的，应该避免创建不必要的度量指标。

PMO 有责任听取项目团队任务报告以获取他们的经验教训和最佳实践。一个典型的汇报金字塔，如图 3-6 所示。PMO 将查看与项目和组织过程资产使用相关的度量指标，例如企业项目管理系统、业务单元，甚至可能是企业战略度量指标。

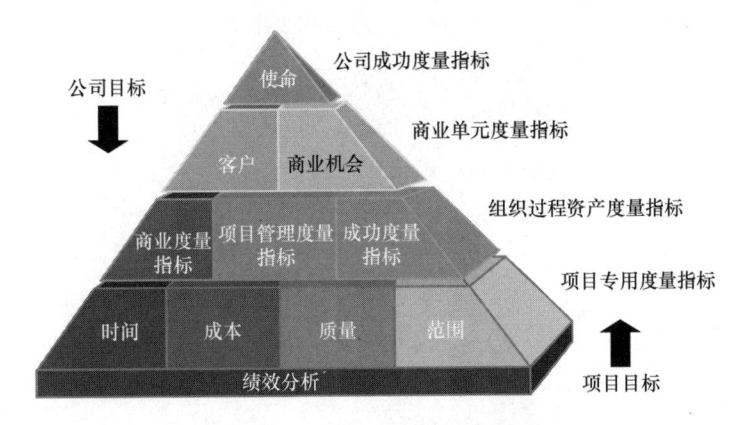

图 3-6 事后分析的金字塔逻辑

与此同时，PMO 可能评估所有度量指标以确定它们是否应该成为指标库的一部分，以及使用特定度量指标是否值得。图 3-7 显示了评估度量指标的典型方法。在风险边界或持平线以下，价值超过了成本，使用度量指标的风险是可以接受的。在持平线以上，度量成本可能超过使用度量指标的价值，需要进行细致的风险分析。

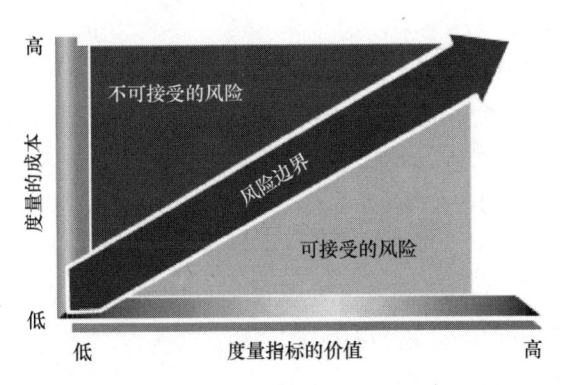

图 3-7 评估度量指标的典型方法

如果度量指标被认为是有价值的，那么可以在度量指标库中对它们进行分类，就像对最佳实践进行分类一样，图 3-8 显示了一个典型的例子。对于刚开始应用项目管理的公司来说，重点是推进度量指标的使用，而不是度量指标的数量。在项目管理方面相当成熟的公司会构建和维护度量指标和 KPI 库。

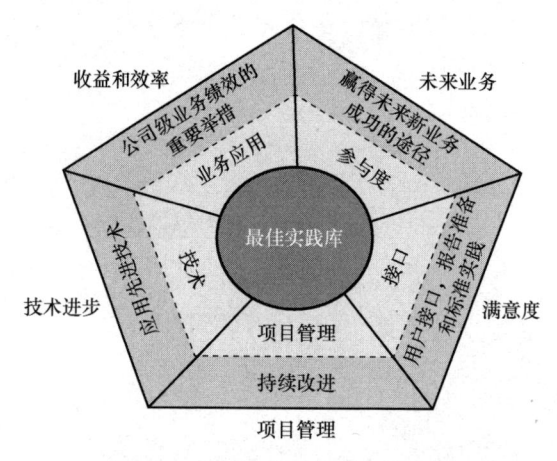

图 3-8　最佳实践的分类分级

在确定项目的最佳度量指标时，PMO 可能发现有必要为度量指标对标。这时需要考虑两个关键因素：

（1）所在组织的项目管理成熟度水平，以及作为对标基准的公司。

（2）干系人的项目管理成熟度级别。

也必须避免一些错误的想法，例如：

- 如果度量指标基于内部实践，那么对一家公司有效的度量指标可能对另一家公司无效。
- 识别度量指标容易，但使用它们是困难的。
- 有些度量指标可能更像一个粗略的指南，而不是一个精确的对标基准。

由于大多数 PMO 的费用都是运营成本而不是直接人工支出，因此 PMO 可能有必要建立自己的度量指标，以显示其对公司成功的贡献。PMO 使用的典型 ROI 指标包括：

- 使用/遵循企业项目管理体系/框架的项目比例。
- 项目经理占全部项目相关人员的比例。
- 客户满意度评分。
- 产出量年同比。
- 风险或问题项目的百分比。

- 人均项目数（项目的人员配备限度）。
- 提高项目收尾速度的方式。
- 每个项目的范围变更的百分比。
- 按时完成项目的百分比。
- 预算内完成项目的百分比。

度量指标是知识管理的一个基本组成部分，而且 PMO 的参与是必不可少的，了解这一点很重要。如果不收集度量指标并存储结果以实现可跟踪性，则很难改进流程和工作流。一些公司已经维护了含有大量数据的信息仓库，尽管人们已经做了很多工作来开发信息输入和存储到信息仓库的方法，却很少有人关注如何提取有价值的数据，以及与所选择的度量指标和 KPI 相关的数据。这是将来需要关注的一个领域。

3.15 度量指标和项目监督/治理

每个项目的治理小组在其角色、要做出的决策类型及如何与项目交互方面都有自己独有的特点。通常，治理小组必须能够平衡项目的风险与项目最终成果的收益或价值。为此，需要度量指标。在选择度量指标之前，重要的是要理解应该将哪种类型的决策权赋予监督高管或治理小组，以及应该将哪些权力赋予项目团队。

- 项目集团队：基准维护权。
- 监督小组：超过一定资金等级的范围变更、额外的资金需求、与业务目标的一致性、健康检查和项目/项目集终止（退出支持）。

尽管监督小组可以使用标准的高阶度量指标，但是当危机发生时，可能需要应用额外的度量指标。因为解决危机所需的度量指标与用于监视绩效的传统度量指标是不同的。

3.16 度量指标的陷阱

本章讨论项目经理使用错误的度量指标时可能遇到的问题，这些都是度量指标陷阱的例子。用花哨颜色和图表来显示度量指标时常常导致度量陷阱。

人们在使用度量指标时的其他一些常见错误包括：

- 认为需要多张精美的图片才能显示出与一张图片相同的信息。

- 花费大量时间反复尝试各种方案来确定最好的图片。
- 选择无法有效度量的度量指标。
- 在知道如何度量之前，向干系人承诺度量指标。
- 让干系人相信，仅仅使用度量指标就能预测项目的成败。

度量指标陷阱也可以由其他人创建，例如干系人或治理委员会成员。一些更危险的陷阱是由于：

- 干系人迷信度量指标，并希望看到仪表盘上显示指标库中的所有度量指标。
- 干系人要求特定的度量指标，但是项目经理不理解，也没有组织过程资产来度量这些指标。
- 干系人不认同度量指标数据所显示的内容，导致冲突发生。
- 干系人表示他们不想听到任何坏消息，也不想看到坏消息显示在仪表盘上。
- 干系人希望数据在仪表盘上显示之前看到数据，并过滤信息以夸大事实。

3.17　推广度量指标

大多数参与项目工作的人都是通过看到他们努力工作的成果来获得激励的。推广度量指标提升了人们对项目的了解和支持，而且会激励工作人员。过去，度量指标只在项目的作战室或指挥中心显示。作战室通常只有一扇门，没有窗户。

所有的墙壁都覆盖着图表和显示项目健康状况的显示器。在大型项目中，通常有一个助理项目经理，负责定期更新所有的度量指标和图表。

一些公司正在建立包括供应商和客户在内的所有人都能看到的"度量指标墙"。在传统的作战室之外发布这些度量指标并不需要额外的努力，而且回报可能大大超过相对小的成本。

3.18　丘吉尔唐斯公司的项目绩效评估方法

由于 PMO 是公司项目管理知识产权的守护者，同时也在组织内负责项目管理方法，所以 PMO 可以相对轻松地改进项目管理绩效度量。将这些持续改进工作集中到 PMO 可以加速度量指标及 KPI 的实施和使用。这种集中化可以用一种简单的方式实现，而不是可能吓跑潜在用户的复杂方式。

本节的其余部分由丘吉尔唐斯公司（Churchill Downs Incorporated，CDI）前

项目管理总监查克·米尔霍兰提供。

丘吉尔唐斯公司项目管理办公室在度量指标工作上的两个基本前提帮助我们形成了项目相关度量的方法。首先，也是最重要的一点是，仪表盘和报告内容比对相关信息的讨论重要。其次，从我们的经验教训中可以了解到，没有被定义、记录和跟踪的关键绩效指标更容易被忽略。由于影响交付内容、交付时间和交付方式的大多数因素都超出了项目经理的控制范围，所以我们关注主动管理预期，以确保这些预期与交付的现实相匹配。

因为我们的干系人定义了我们的成功，所以我们不使用项目管理的"过程"指标来定义项目的成功。虽然计划和预算目标是成功标准的一部分，但是发起人的接受、项目的完成，以及最终的项目成功，都基于满足确定的商业目标。为了提高丘吉尔唐斯公司项目绩效评估的价值，我们有意将与项目管理相关的度量指标和报告与交付的产品或服务相关收益的度量指标分开。本文的其余部分参考了我们的项目管理相关度量指标。

为了了解我们定义关键质量参数和报告过程的方法，理解丘吉尔唐斯公司如何定义项目成功是很重要的。当公司的 PMO 在 2007 年 4 月成立时，我们根据高管团队的意见定义了项目的成功。丘吉尔唐斯公司认为一个项目在以下情况下是成功的：

- 实现或超过预先确定的商业目标和项目目标。
- 高质量的产品得到充分的利用。
- 项目交付达到或超过进度和预算目标。
- 项目有多个赢家：
    a. 项目参与者有主人翁的自豪感，对自己的工作感觉良好。
    b. 满足客户（内部和/或外部）的期望。
    c. 达成管理目标。
- 项目成果有助于帮助项目团队及产品或服务建立良好的声誉。
- 有方法实施持续的检查和评估（收益实现）。

在评估丘吉尔唐斯公司的项目绩效报告过程中，另一个关键的考虑因素是，PMO 做出了一个有意识的决定，即不去投资那些复杂项目组合报告工具。相反，我们的工作方式是确保繁重的项目管理工作在幕后完成，在前台利用普通桌面应用程序发送信息，并为大多数干系人所理解。我们并不反对使用更复杂的报表工具来生成图形、条形图等；然而，我们必须首先识别需求和价值。最后，重要的是要注意，如果我们发现高管们没能利用这些信息支持他们的决策，我们要快速评估和修改我们的报告流程。我们的目标是确保 PMO 不被当作记分员，而是可以通过绩效度量指标和报告提供确定的收益。

关口（项目管理相关的进展及绩效报告）

自 PMO 开始工作以来（2007 年 4 月），我们的项目跟踪过程已经从一个显示关键里程碑（如投资委员会批准、项目结束、项目健康指标、预计完成日期等）的基本一页文档演变为一个关口流程和相关的图形，我们将其称为项目四象限报告（见图 3-9）。

CHURCHILL DOWNS
INCORPORATED

项目名称：

发起人：________ 项目经理：________

报告日期：________

项目概述：
业务目标：
开始日期：
批准预算：
当前状态（红、黄、绿）：

当前状态：			
项目阶段：			
完成百分比：			
日期：			
关口：	计划	预计	实际
关口-1			
关口-2			
关口-3			
关口-4			

问题：	
进度：	预算：
范围：	目标：

后续行动：
1.
2.
3.
4.

CDI PMO ▶ 1

图 3-9　项目四象限报告

随着流程的成熟，对项目使用特定的进展信息的要求也随之而来。由于最初的绿色/黄色/红色项目健康指标是主观的（在当时是有价值的），我们需要更多可量化的绩效和进度度量指标。项目四象限报告分为四个直观的部分，提供了经营管理摘要级别的信息。

报告的四部分

Ⅰ. 项目概述：这部分提供项目章程级别的信息，包括可量化的商业目标、工作授权日期、批准的资本预算和标准的项目健康指标（现在不那么主观）。

Ⅱ. 当前状态：这部分通过定义的关口和计划为项目进度提供快速参考。进度偏差可以明显地表示出来，帮助触发相关讨论以解决问题。图 3-10 是一个培训文档，我们使用它来提供关口的概览。

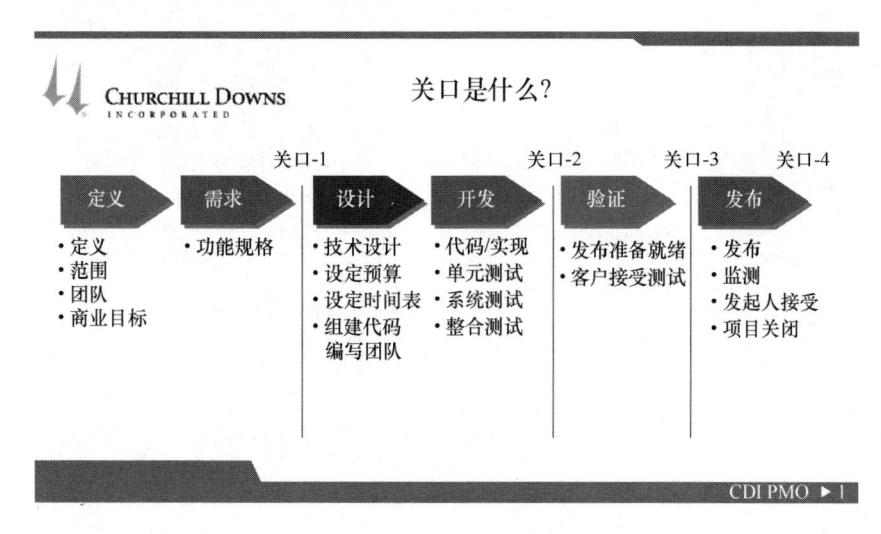

图 3-10 关口的概览

Ⅲ. 问题：项目经理用这一小节为项目的进展和业务目标的障碍提供说明。

Ⅳ. 后续步骤：这部分用于确定下一个里程碑或提出建议，使绩效与计划保持一致。

为了支持关口流程，并促进所需的讨论，以帮助准确地报告和决策，我们使用了一个标准的问题列表，项目经理在通过关口时必须回答这些问题。当然，并不是每个问题都适用于所有项目，而且许多问题都具有迭代性。不过，事实证明，整个结构在引导项目从开始到执行方面是有效的。图 3-11 是关口 2 检查表。

CDI 的业务性质使交付日期成为我们大多数项目的主要限制条件，因为每条赛道的赛事开幕日期、大型赛事（如肯塔基德比）、音乐会等的时间都是确定的。在我们的两周一次的项目组合评审期间，我们使用一个单页的组合仪表盘，其中包含由主要关口的交付日期组成的摘要级数据。这个仪表盘可以识别需要额外讨论的项目并提供四象限报告以帮助决策。图 3-12 展示了管理团队做项目回顾时使用的项目仪表盘。

CHURCHILL DOWNS
INCORPORATED

项目名称：
项目编号：
高管发起人：
业务发起人：
IT发起人：
项目经理：

设计	回答	建造	回答
我们可以设计和开发一个解决方案来满足需求吗？		我们准备好用户验收测试了吗？	
IT解决方案内容和其长期支持性如何？		我们有完成工作所需的资源吗？	
我们将如何解决功能上的问题？		我们有一个定义好的测试策略/计划吗？包括：	
我们是否把所有的业务需求转化成了详细的技术规格？		代码评审和单元测试？	
我们的业务还可行吗？		性能和负荷测试？	
我们是否有一个各方承诺的靠谱的项目计划？		整合测试？	
范围、预算、CTQ和收益呢？		用户验收测试？	
设计能确保我们满足CTQ吗？		小规模测试？	
		测试结果能表明我们满足CTQ吗？	
		我们将如何商业化？	

审批人

项目经理：   IT发起人：   业务发起人：
日期   日期   日期

图 3-11 关口 2 检查表

CHURCHILL DOWNS
INCORPORATED

项目名称	状态	关口1			关口2			关口3			关口4			备注/重要问题
		计划	预计	实际	计划	预计	实际	计划	预计	实际	计划	预计	实际	
企业票务解决方案	G													
企业库	Hold													
合理的OTB故障转移测试	G													
网络刷新	Hold													
Epiphany服务	R													
CDI视频会议	G													
Youbet合并程序	G													
企业打印分析	Y													
CDI Webex服务	G													
Twinspire呼叫中心扩展	G													
Hullabalou & Ticketmaster接口	G													
Peak-10清除	G													
Hullabalou移动应用	G													
数字资产管理	G													
FGRC Oasis升级	G													
SABO Derby邀请流程提升	G													
Avamar系统培训	G													

图 3-12 项目仪表盘

第 4 章

关键绩效指标

本章概述

人们倾向于混用"度量指标"和"关键绩效指标"。但是它们的意思并不同。本章将讨论 KPI 在项目管理中的不同之处及作用。在本章的最后是一份白皮书,它很好地总结了本章中所讨论的内容。

本章目标

- 了解度量指标和 KPI 之间的差异。
- 了解 KPI 是可控因素。
- 了解如何正确使用 KPI。
- 了解 KPI 的特征。
- 了解 KPI 的构成。
- 了解 KPI 类别。
- 了解选择 KPI 中遇到的问题。

关键词

- 可执行的特征。
- 关键成功因素。
- KPI 的责任人。
- 滞后指标。
- 领先指标。
- 相关的特征。
- SMART 规则。
- 干系人分类。

4.0 介绍

如前几章所述，项目经理的任务之一是了解哪些关键指标需要识别、测量、报告和管理，以便在可能的情况下让所有干系人都认为该项目是成功的。术语"度量指标"是通用的，而关键绩效指标则更具体。KPI 作为早期警示信号，如果存在不利条件且未得到解决，则结果可能会很差。KPI 和度量指标可以显示在仪表盘、计分卡和报告中。

确定正确的度量指标或 KPI 需要项目经理、客户和干系人的紧密合作，也是获得干系人认同的必要条件。KPI 让每个人清楚地了解项目中什么是重要的。项目成功的关键之一是有效和及时地管理信息，包括 KPI。KPI 为项目经理提供决策所需的信息，并通过管理风险减少不确定性。

让干系人就 KPI 达成一致是困难的。如果干系人有 50 个度量指标可供选择，他们将以某种方式证明这 50 个度量指标都是必需的。如果他们看到 100 个度量指标，他们就会找到理由要求对这 100 个度量指标进行报告。把那些可以作为 KPI 的关键绩效指标从指标库里选出来是非常困难的。

多年来，度量指标和 KPI 主要被用于商业智能（Business Intelligence，BI）系统。当在项目中应用 KPI 时，它回答了以下问题：对于不同的干系人来说，在项目监控中什么才是真正重要的？在企业中，一旦建立了 KPI，它就很难随着事业环境因素的变化而更改，因为可能丢失历史比较数据。其实，由于这些 KPI 具有长期性质，所以对行业 KPI 进行对标测量仍然是可能的。在项目管理中，由于项目的独特性，KPI 的生命周期相对较短，对标测量会更加复杂。然而，无论是在商业应用还是在项目中，项目经理都假定，如果达到或超出 KPI 目标，业务或项目都会增加价值。

4.1 KPI 的需要

在大多数情况下，仪表盘中出现的内容是客户和项目经理都关注的元素。这些内容被称为 KPI。

韦恩·W. 埃克森认为：

第 4 章　关键绩效指标

KPI 是那些衡量组织或个人执行运营性、战术性或战略性活动表现的指标，这对组织当前和未来成功至关重要。

尽管埃克森的评论更适合面向商业而不是面向项目的度量指标，但是在项目环境中仍然适用。KPI 是一个高层次快照，显示了项目朝着预定目标前进的情况。有些人将 KPI 与领先指标混淆。领先指标实际上就是衡量现在所做工作将如何影响未来的 KPI。KPI 可以被视为指标，但不一定是领先指标。

> **情景**
>
> 一个为期 12 个月的项目到了第二个月底，成本差异表明该项目超出预算 40 000 美元。客户认为如果这种情况一直持续到项目结束，最终成本会超支 24 万美元。客户变得愤怒，并要求给出清楚的解释，为什么我们将面临 24 万美元的成本超支。

尽管有些度量指标可能看起来是领先指标，但是必须注意如何解释它们。错误解读度量指标或错误地认为度量指标是领先指标可能会导致错误结论。

KPI 是所有挣值测量系统的关键组成部分。如果使用正确，"成本偏差""进度偏差""进度绩效指标""成本绩效指标""项目完成时的时间成本比"等术语实际上都是 KPI，尽管并不总是这样。需要这些 KPI 的原因很简单：被测量到的事情就会被完成！如果绩效测量体系的目标是提高效率和效果，那么 KPI 必须反映可控因素。如果用户不能影响结果，那么测量活动就没有意义。

40 多年来，唯一考虑过的 KPI 是时间和成本或它们的衍生物。今天，人们认识到，真正的项目状态不能仅从时间和成本两方面来衡量。因此，对其他 KPI 的需求增加了。有时多个度量指标和 KPI 可以合到一个 KPI 中。例如，客户满意度 KPI 可以由时间、成本、质量和有效客户沟通组合而成。KPI 常常来源于可以将其他度量指标组合成一个 KPI 的公式，该 KPI 可能是针对和/或有益于特定公司的。

对于某些度量指标和 KPI，缺乏数据有可能是好事。例如，安全 KPI。但是，如果需要的话，我们可以使用以下数据：

- 事故间隔天数。
- 事故率（如每单位时间内的事故数量）。

KPI 的定义必须由项目自己决定。项目经理必须向干系人解释度量指标和 KPI 之间的差异，以及为什么只有 KPI 应该在仪表盘上报告。例如，度量指标关注工作包的完成、里程碑的达成和绩效目标的完成。KPI 关注的是未来的结果，这是干系人决策所需要的信息。简单地说，使用度量指标，用户常常会陷入关注过去发生了什么的困境中。使用 KPI，则可以让用户找出如何在未来决策中使用这些数据。无论是度量指标还是 KPI 都不能真正预测项目是否成功，但如果现有趋势持续下去，KPI 为未来可能发生的情况提供了更为准确的信息。度量指标和 KPI 都提供了有用的信息，但是它们都不能告诉使用者应该采取什么行动，或者能否挽救一个陷入困境的项目。

KPI 已应用于多个行业和某些特定的用途，例如：

- 建设。
- 维护。
- 风险管理。
- 安全。
- 质量。
- 销售。
- 市场营销。
- 信息技术。
- 供应链管理。
- 非营利组织。

对度量指标研究增长最快的领域似乎是信息技术。随着信息技术项目规模的增加，项目失败的风险几乎呈指数级增长。Capers Jones 在他的《软件风险的评估和控制》（*Assessment and Control of Software Risks*）一书中指出，IT 行业的大多数项目失败似乎是度量指标的不准确和测量技术的不充分造成的。如今，包括本文作者在内，越来越多的人同意 Jones 的观点。有时候，彻底的成功和失败之间的唯一区别是我们能否正确地识别度量指标中的早期预警信号。

> 提示：项目经理需要向仪表盘的用户解释哪些指标是领先指标及度量指标的含义。

> 提示：尽管 KPI 反映那些可控的因素，但干系人需要意识到，并不是所有的不利情况都可以被彻底修正。

IT 行业通常使用的 KPI 包括：

- 代码：代码行数。
- 语言易懂性：语言和/或代码易于理解和阅读。
- 可移动性/不可移动性：信息移动的易用性。
- 复杂性：循环、条件语句等。
- 数学复杂度：执行算法所需的时间和金钱。
- 输入/输出的可理解性：理解程序的难度。
- 防病毒和间谍软件：最新更新的系统所占的百分比。

- 修复：平均的系统修复时间。

一旦干系人明白需要正确的 KPI，以下问题需要讨论，包括：

- 需要多少 KPI？
- 多长时间测量一次？
- 应该测量什么？
- KPI 会变得多复杂？
- 谁将对 KPI 负责（例如，谁是 KPI 的责任人）？
- KPI 能否作为对标基准？

仅仅因为干系人对度量指标/KPI 和仪表盘感兴趣并不意味着他们会理解正在查看的内容。关键是让干系人理解仪表盘上的信息并得出正确结论。风险在于干系人可能无法理解度量指标，然后得出错误的结论并对度量指标失去信心。重新找回失去的信心可能需要花费大量的时间和代价。因此，在使用度量指标和仪表盘的最初几个月，项目经理必须定期向每个干系人汇报情况，以确保他们理解正在查看的内容，并且每个人都能够做出正确结论。

我们之前说过，能被测量的事情就能被完成，而真正了解信息则是通过测量来实现的。如果度量测量系统旨在提高效率和效果，那么 KPI 必须反映可控因素。如果用户不能改变结果，那么对活动或 KPI 进行测量就没有意义。干系人不会接受这样的 KPI。

与干系人合作具有挑战性，必须克服一些复杂性，例如：

- 即使干系人了解 KPI 并具有合理的项目管理成熟度，也很难让他们就 KPI 达成一致。
- 在同意向干系人提供 KPI 数据之前，请确定 KPI 数据是否在系统中或是否需要收集。
- 必须确定获取数据的成本、复杂性和时间。
- 信息系统变更和/或某些组织过程资产失效的风险，这些风险可能在整个项目生命周期内影响 KPI 数据收集。
- 有些 KPI 可能要到项目进行很久以后才会出现；随着时间的推移，干系人可能要求将其他 KPI 包含在系统中。

提示：某个行业的 KPI 可能不适用于其他行业。即使在同一个行业，KPI 在每个公司的使用也不一样。

项目经理还需要考虑另两个关键问题。首先，如果项目经理维护多个信息系统，则某项度量可能会在一个信息系统中被视为 KPI，但在另一个信息系统中则被认为是简单的指标。例如，维护项目的利润率在项目经理的信息系统中可能是一个简单的度量指标，在公司信息系统中却是一个 KPI。这种度量指标是不会提供给干系人的。

其次，问题和雇用的承包商相关。如果项目经理雇用顾问和承包商来协助管理项目，他们可能带来自己的项目管理方法、度量指标和 KPI。项目经理必须确保他们汇报的信息与项目经理的业务需求相一致，特别是如果这些信息也将提供给干系人。承包商对 KPI 的定义可能与项目经理的定义不同。

> 提示：必须向干系人解释 KPI 的度量技术并获得他们的认可和批准。

4.2 KPI 的使用

KPI 的最终目的是确定需要做什么来改进绩效并保持战略在正确的轨道上。如果测量是在很短的时间内完成的，那么团队就可以快速地对错误做出反应。KPI 是可量化的衡量标准，事先达成共识，反映组织或项目的关键成功因素。它们可以衡量组织目标和战略重点。选择并跟踪无法控制的 KPI 是浪费宝贵时间。例如，血压监测仪会显示血压是否过高（或过低），但它不会告诉医生如何降低血压。KPI 有助于用户减少不确定性，以便做出更好的决策。KPI 倾向于积极主动的项目管理。度量指标是通用的，意味着任何类型的自上向下的测量，而 KPI 则是自下向上的度量。度量指标和 KPI 的定性测量也可以使用，并且应该被视为定量测量的"程度"。最终，定性测量也会成为定量测量。

为了使大家就 KPI 达成一致，需要回答下列问题：

- 是否有建立 KPI 的体系？
- 是否有监控和报告 KPI 的体系？
- 是否有必要时采取行动的体系？
- 纠正措施是否通过协作解决问题来完成？

KPI 最重要的属性可能是它与"可操作性"的关系。KPI 表明，可能需要采取某些行动来纠正不良情况或利用机会。遗憾的是，通常看到 KPI 的人知道应该采取什么行动，但没有权力采取行动。解决方案是确保那些有权采取适当措施的人员在仪表盘上看到 KPI。然而，总有一些情况，使用者可能因为他们的信念和态度而害怕采取行动，并且他们可能认为问题不存在，至少现在还没有出现问题，结果可能是为了现在而牺牲未来。即使项目经理不能影响当前管理层的行为，KPI 也可能影响未来管理层的行为。

KPI 旨在跟踪绩效指标以追踪实现目标的情况。KPI 中的数据可以在每个报告期间出现起伏。在针对孤立的数据点采取行动之前，项目经理应该检查趋势是否已经确定。

尽管大多数公司使用度量指标并进行测量，但是它们似乎并没有很好地理解项目 KPI 的构成及如何使用 KPI。下面列出了关于使用 KPI 的一些一般原则。

- KPI 须事先达成一致，并反映项目的关键成功因素。
- KPI 表明在实现项目的具体目标、短期目标和长远目标上已经取得了多少进展。
- KPI 不是绩效目标。
- KPI 的最终目的是对与绩效直接相关的因素进行测量并提供可控因素的相关信息，以便做出能够带来积极结果的决策。
- 良好的 KPI 推动变革，但不规定行动路线。它们指出一个项目离目标有多近，但并不指出必须采取什么措施来纠正偏差。
- KPI 帮助建立目标，最终目的是为项目增加价值或实现预定的价值。
- KPI 迫使用户着眼未来，而仅使用度量指标可能让用户陷入回看历史的泥潭。

一些人认为 KPI 的高阶目标是鼓励有效的测量。在这方面，三个可取的高阶目标是：

（1）团队动力。

（2）与组织过程资产的使用和业务目标保持一致。

（3）绩效改进及获取经验教训和最佳实践。

一些公司将 KPI 信息张贴在公告栏、公司食堂、会议室的墙壁上，或者发布在公司简报中，通过展示目标实现的进展来激励组织。当然，不利的 KPI 也会对士气产生负面影响。

4.3 KPI 的分解

一些度量指标，例如项目盈利能力，可以告诉用户事情看起来是好是坏，但是不一定能提供有意义的信息以改进绩效。因此，典型的 KPI 必须具有更多功能，而不仅仅是作为一个度量指标。如果分解 KPI，就会发现：

- Key=项目成败的主要因素。因此，KPI 指标只有在能够决定项目成败时才是"关键"的。
- Performance=可以被测量、量化、调整和控制的度量指标。为了改进绩效，度量指标必须是可控的。
- Indicator=当前和未来业绩的合理体现。

KPI 是可测量目标的一部分。如果已经定义了 CSF，那么定义和选择 KPI 就容易得多。KPI 不应该与 CSF 混淆，CSF 是实现目标所必需的东西。KPI 不是 CSF，但可以提供领先指标，说明 CSF 是否得到满足。

选择正确的 KPI 和正确数量的 KPI 将：

- 帮助更好地决策。
- 改善项目绩效。
- 帮助更快地识别问题范围。
- 改善客户-承包商-干系人的关系。

David Parmenter 定义了三种度量指标：

（1）结果指标（Results Indicators，RI）：我们完成了什么？

（2）绩效指标（Performance Indicators，PI）：我们必须做些什么来改进或满足绩效？

（3）关键绩效指标：哪些是关键绩效指标，能够显著改进绩效或目标的完成？

大多数公司将这三种类型的指标不恰当地混合，并将它们都称为 KPI。由于过多的测量和汇报要求，拥有太多 KPI 可能会减缓项目进展。

提示：可以在项目的生命周期中改变 KPI，但是关键成功因素通常保持不变。中途更改关键成功因素可能是灾难性的。

同时也会模糊用户对实际绩效的理解。

另外，KPI 太少也会因为缺少关键信息而导致项目延迟。通常到最后，项目经理最终会选择过多的 KPI 而不是过少的 KPI。

KPI 的数量可能因项目而异，并且这个数量可能受到干系人数量的影响。有些人根据帕累托原则选择 KPI 的数量，该原则指出总指标中的 20%将对 80%的项目产生影响。David Parmenter 指出，通常在选择 KPI 数量时，按照 10/80/10 原则：

- RI：10。
- PI：80。

- KPI：10。

通常情况下，6~10个KPI是标准的。影响KPI数量的因素包括：

- 项目经理使用的信息系统数量（如一个、两个、三个）。
- 干系人及汇报需求的数量。
- 测量信息的能力。
- 可用于收集信息的组织过程资产。
- 测量和收集数据的成本。
- 仪表盘报告的限制。

4.4 KPI的特征

文献中有大量文章是定义度量指标和KPI特征的。作者们经常使用SMART原则来识别这些特征：

S（Specific）= 具体的：KPI是明确的，并专注于绩效目标或商业目的。

M（Measurable）= 可测量的：KPI可以用可量化方式表达。

A（Attainable）= 可实现的：目标是合理和可实现的。

R（Realistic or Relevant）= 现实的或相关的：KPI与项目上所做的工作直接相关。

T（Time-based）= 基于时间的：KPI在给定的时间段内是可测量的。

SMART原则最初是为了给项目建立有意义的目标而开发的，后来被用于识别度量指标和KPI。尽管使用SMART原则确实有一些优点，但是它对KPI的适用性有待商榷。

提示：尝试说服干系人，可报告的KPI数量是有限制的，而且应该在选择KPI过程之前完成。

KPI最重要的属性可能是它具有可操作性。如果度量指标的趋势是不利的，那么用户应该知道需要采取什么行动来纠正。用户必须能够控制结果。这是采用SMART原则选择KPI时的一个弱点。

埃克森为KPI开发了一组更复杂的特征。该列表更适合业务导向的KPI，而不是项目导向的KPI，但是它可以应用于项目管理。表4-1显示了埃克森所提的有效KPI的12个特征。

表 4-1　有效 KPI 的 12 个特征

（1）战略性。绩效度量关注要实现的结果。
（2）简洁性。KPI 应该简单易懂，不以用户不知道如何直接影响的复合指数为依据。
（3）责任归属。每个 KPI 都由业务方面的个人或团队"所有"，他们对其结果负责。
（4）可执行性。KPI 由及时的、可执行的数据构成，因此用户可以及时进行干预以改进绩效。
（5）及时性。KPI 可以经常更新，以便通过必要的干预来改进绩效。
（6）可参考性。用户可以追溯到度量指标的使用起源。
（7）准确性。绩效指标数据可以按照合理的准确度进行测量和报告。
（8）关联性。KPI 可用于驱动所需的业务成果。
（9）防作弊性。可以对 KPI 进行频繁的测试和分析，使数据真实，不会因为懒惰而捏造或规避。
（10）一致性。KPI 始终与公司战略和目标保持一致。
（11）标准化。每个人都认可 KPI 的定义和含义。KPI 基于标准的定义、规则和计算方法而制定，因此可以整合到组织的各种仪表盘中。
（12）相关性。随着时间推移，KPI 会逐渐失去影响力，因此必须定期检查和更新。

责任

可执行的 KPI 意味着"拥有"KPI 的个人或团队对 KPI 的结果负责，并且知道在绩效下降时该做什么。没有问责制，KPI 的测量就毫无意义。

因此，为每个 KPI 分配一个业务负责人，并作为其工作描述和绩效评估的一部分，这一点非常关键。培训用户理解 KPI 及如何做出响应也同样重要。通常最好通过让老手向新手传授知识来进行这种培训。一些公司会将激励措施和度量指标挂钩，这种做法在个人心中强化了度量指标的重要性。然而，仅仅公布同事之间的绩效评分就足以激发大多数人的竞争欲望。最好将责任分配给个人或小团队，而不是大团队，因为度量指标的所有感和责任感在大团队中会变得模糊不清。

授权

公司还需要授权个人可以依据绩效仪表盘中的信息采取行动。这似乎是显而易见的，但许多部署绩效仪表盘的组织限制员工为实现目标所采取的行动，从而使其受到束缚。拥有层级文化的公司在这方面往往会遇到困难，尤其是在与一线员工打交道时，他们的行为历来都是被决定的。绩效仪表盘要求公司用指南代替剧本式的要求，给用户更多的空间来做出正确的决定。

及时性

可执行的 KPI 需要实时数据支持。KPI 必须以足够的频率更新，以便负责任的个人或团队能够及时进行干预以改进绩效。这是运营仪表盘默认的做法，但许多战术和战略仪表盘则不会如此。很多后者的系统只包含绩效的滞后指标，并且只是每周或每月更新。这些类型的绩效管理系统只是月度运营回顾会议的电子版本，并非组织变革的有力工具。

一些人认为，高管们不需要可执行的信息，因为他们主要做出战略决策，在这种情况下每月更新就足够了。然而，组织中最强大的变革推动者是拥有可执行 KPI 的高层管理人员。

触发点

有效的 KPI 位于驱动组织内部多个相关流程之间。激活这些 KPI 将在整个组织中产生连锁反应。

例如，飞机晚点会影响航空公司的许多核心度量指标和流程。成本会增加，因为航空公司必须为错过转机的乘客提供住宿；客户满意度下降，因为客户不喜欢错过航班；员工士气下滑，因为员工不得不与粗鲁无礼的客户打交道；供应商关系紧张，由于航班延误打乱了服务计划，降低了服务质量。

当高管专注于一个单独的、强大的 KPI 时，它会在整个组织中产生连锁反应，并显著改变组织执行其核心的运作方式。管理人员和员工想方设法地改变业务流程和行为，这样他们就不会收到首席执行官的职业限制备忘录。

容易理解

KPI 必须易于理解。员工必须知道正在衡量什么，如何计算以及更重要的是，他们应该做什么（不应该做什么）来积极地影响 KPI。由指数、比率或多个计算组成的复杂 KPI 是很难理解的，并且更重要的是，它们不是清晰和可执行的。

然而，即使使用简单直接的 KPI，许多用户也很难理解 KPI 的真正含义及如何适当做出回应。培训被跟踪绩效表现人员，并定期进行评审，以确保他们理解 KPI 的含义，并知道需要采取适当措施，这一点至关重要。这种程度的监督还有助于发现那些可能利用未知漏洞欺骗系统的个人。

同样重要的是，应培训人们了解这些度量指标对应的目标。例如，高分是好是坏？如果指标是客户忠诚度，高分是好事，但如果指标是客户流失率，高分是坏事。有时候一个指标可能具有两极的属性，也就是说，在某一点之前得分越高越好，在某一点之后则变得糟糕。例如，一个每小时打 20 个电话的接线员可能表现出色，但一个每小时打 30 个电话的接线员由于客户变换太快，可能无法与打电话的人建立良好的联系。

▪ 准确的

创建可以准确测量行动的 KPI 是困难的。有时，不可预见的变量会影响测量结果。例如，一家公司可能看到工人生产力增加了，但增长更多地归功于通货膨胀而不是内部业绩改善所致。这是因为该公司通过收入除以员工总数来计算员工生产率。因此，通货膨胀率的上升人为地提高了收入——这一指标的分子，并提高了工人的生产率得分，尽管工人在此期间并没有变得更有效率。

此外，创建不能准确测量预期目标的度量指标是很容易的。例如，许多组织很难找到衡量员工满意或不满意的指标。一些公司使用问卷调查，但会有员工不如实回答问题。另一些公司把缺勤率当作不满的表现，但这些数字被那些因参加葬礼、照顾生病的家庭成员或在孩子没有日托时在家照看孩子而缺勤的员工严重扭曲了。一些专家建议一个更好的但并非完美的度量指标是考虑自愿请假天数，因为与满意的员工相比，不开心的员工往往请假次数更多。

▪ 相关的

KPI 有其自然的生命周期。在首次引入 KPI 时，KPI 激励员工并提高了绩效。随着时间的推移，KPI 会失去影响力，必须更新、修订甚至废弃。因此，组织必须不断地检查 KPI 的使用情况。

绩效仪表盘团队应该自动跟踪 KPI 使用情况，使用系统日志捕获系统中每个指标的用户和查询数量。然后，团队应该将此信息呈现给绩效仪表盘指导委员会，该委员会需要决定如何处理未充分使用的度量指标。

商业或财务度量指标通常是多个因素共同作用的结果，因此，可能很难确定必须采取哪些措施来实施变革。对于面向项目的 KPI，下面六个特性（将在第 4.6 节中更深入地讨论）可能就足够了：

（1）可预测性：KPI 能够预测趋势未来发展方向。
（2）可测量性：KPI 可以量化表示。
（3）可执行性：KPI 可以触发需要采取必要纠正措施的变革。
（4）关联性：KPI 与项目的成败直接相关。
（5）自动化：报告使人为错误的可能性最小化。
（6）数量少：仅保留必要内容。

这六个特性并不完全相同，可能有必要根据项目要求和干系人需求对这些特性进行优先级排序。

4.5　KPI 的类别

KPI 根据行业不同可以分割或聚合，它们也可以作为单独的一个组合来报告。这对于商业或财务 KPI 很常见。基于项目的度量指标由于其与财务 KPI 的内在差异而被区别对待，如表 3-1 所示。与用于平衡计分卡的财务度量指标不同，基于项目的度量指标可以在项目每个生命周期阶段及不同的项目而变化。基于项目的度量指标可能对每个项目都非常具体，即使在类似的行业中也是如此，并且它们是单独报告的，而不是作为一个组合报告的。并不是所有的 KPI 都是可以组合的。

例如，下面的 KPI 指标不容易组合。

- 符合进度的工作包百分比。
- 符合预算的工作包百分比。
- 分配资源与计划资源数量的对比。
- 到目前为止完成的实际与计划基准的百分比。
- 到目前为止完成的实际与计划的最佳实践的百分比。
- 项目的复杂性因素。
- 客户满意度评分。
- 做出的关键假设数量。
- 关键假设变更的百分比。
- 成本修正的次数。
- 计划修订次数。

- 范围变更评审会议次数。
- 关键限制条件的数量。
- 具有特定关键风险的工作包的百分比。
- 净运营利润。

有时 KPI 是根据它们想要表示的内容进行分类的，类似于第 3 章中讨论的度量指标类别：

- 定量 KPI：数值。
- 实用性 KPI：与公司流程对接。
- 方向性 KPI：变好或者变差。
- 可采取行动性 KPI：效果变化。
- 财务 KPI：绩效测量。

另一种分类方法可能是领先、滞后、诊断指标或 KPI：

- 领先型 KPI 衡量未来业绩的驱动因素。
- 滞后型 KPI 衡量过去的绩效。
- 诊断型 KPI 衡量当前绩效。

大多数仪表盘是领先、滞后和诊断度量指标的组合。

4.6 KPI 的选择

确定 KPI，甚至建立 KPI 指标库都很容易，但是选择正确的 KPI 很困难。有时项目经理选择的 KPI，起初看起来是完美的度量指标，后来却发现它实际上是一个糟糕的测量方法，并导致干系人做出错误的结论。

高管和干系人经常会提出以下四个问题，KPI 则应该就这四个问题提供一些有意义的信息：

（1）我们今天在哪？
（2）我们将在哪里结束？
（3）我们应该在哪里结束？
（4）如果有必要，我们如何在不降低交付物的质量或不发生重大范围变更的情况下，以经济有效的方式实现目标？

KPI 用于信息传播，并且必须与仪表盘需求兼容。影响选择过程的关键因素有：

- 仪表盘大小。

第 4 章 关键绩效指标

- 仪表盘数量。
- KPI 数量。
- 用户类型。
- 用户需求。
- 用户项目管理成熟度水平。

并非所有团队成员都能理解需要使用 KPI 的原因，特别是在使用不熟悉的 KPI 测量实践的虚拟团队时，这一点尤其如此。了解 KPI 的重要性是选择过程中至关重要的一部分：

- 很多事情是可以测量的，但这并不是项目成功的关键。KPI 是关键度量指标，而不仅仅是指标。
- 重要的是将 KPI 数量限制在一个范围内，以便每个人都专注于相同的 KPI 并理解它们。
- 太多的 KPI 可能会让项目团队分心而忽略真正重要的事情。
- 良好的度量标准对于追踪目标绩效至关重要。不良或不准确的度量和指标会导致错误决策。

如果没有很好地理解 KPI 指标，则项目经理可能会得到以下错误的选择流程：

- 识别出所有易于测量和计算的内容。
- 为所有易于测量和计算的内容开发了复杂的仪表盘和报告技术。
- 然后，项目经理很难决定如何处理这些信息。

有时，超出项目经理控制范围的因素可能阻碍选择过程。如果项目存在以下情况，此类问题便可能发生：

- 出于政治原因，该项目以亏损的价格被收购。
- 以亏本中标，希望能赢得未来的合同。
- 为了赢得合同，高管削减了预算。
- 工作任务描述不明确。
- 工作任务描述过于乐观。

项目的性质以及一致认同的成功定义和 CSF 共同决定使用哪些 KPI。如图 4-1 所示，鉴于潜在干系人数量，如果每个干系人都有不同的需求，就会出现问题。下面列出了其中一些问题。

> 提示：选择 KPI 很简单，但选择正确的 KPI 很难。

> 提示：任何事物都可以被测量，但是完美的测量可能是不现实的。因此，选出一套完美的 KPI 是不太可能的。

- 可能很难让客户和干系人就KPI达成一致。
- 项目经理必须确定KPI数据是否在系统中或者需要另外收集。
- 项目经理必须确定获取数据的成本、复杂度和时间安排。
- 项目经理可能必须考虑信息系统变更和/或过时的风险，这些风险可能在项目的整个生命周期内对KPI数据收集产生影响。

> 提示：干系人和项目团队的认可比试图选择完美的 KPI 更加重要。

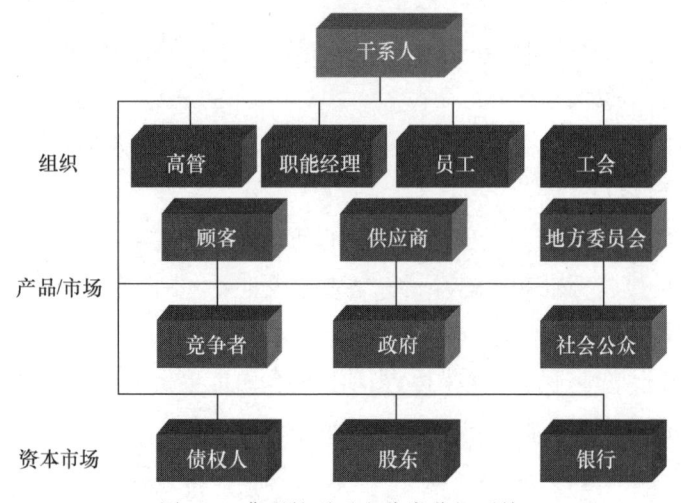

图 4-1 典型的干系人分类分级系统

在项目环境中，任何单个度量指标都可以被认定为项目的 KPI，如果这个 KPI 对项目经理、客户或干系人相对重要。例如，以下四个度量指标可以根据查看的对象不同而作为 KPI：

> 提示：并非所有干系人都将每个度量指标视为 KPI。

（1）项目团队的士气。

（2）客户满意度。

（3）项目盈利能力。

（4）绩效的趋势，例如成本绩效指数（Cost Performance Index，CPI）及进度绩效指数（Schedule Performance Index，SPI）。

一个度量指标可能对某个干系人是 KPI，但是对另一个干系人只是一个简单的度量指标，如表 4-2 所示。

表 4-2 度量指标与 KPI 的转换

度量指标	可预测性	可量化性	可执行性	相关性	自动化
无人工作小时数	是	是	是	是	是
未达成的里程碑数量或百分比		是		是	是
管理支持时间占总劳动的百分比	是	是			是
预算工作包的百分比		是		是	是
范围变更的数量		是		是	
风险情况的变更	是	是	是	是	
假设变更数量或百分比		是		是	
客户忠诚度	是	是	是	是	
关键人员的变更		是		是	
加班工时的百分比			是		是
SV		是			是
CV		是			是
SPI	是	是	是	是	是
CPI	是	是	是	是	是

表 4-2 中的列反映了六个 KPI 中的五个标准：可预测性、可量化性、可执行性、相关性和自动化。表格中的"是"条目是由项目经理，可能还有团队主观填写的。如前所述，"是"条目可以因项目而异，也可以因每个干系人而异。

表中的"是"条目是一些度量指标，它们可能具有 KPI 的一些特征，但可能不是所有的特征。例如：

- 可能无法对未达到的里程碑数采取行动，因为项目经理对此可能无法控制。
- 同样，预算工作包的数量或百分比情况亦然，不太可能用其对未来工作包进行预测。
- 客户忠诚度指标在所有类别中均适用，只要所有干系人都同意并采取了有效的测量方法即可。
- 进度差异（Schedule Variance，SV）和成本差异（Cost Variance，CV）相当好地反映了现状，但与成本绩效指数和进度绩效指数相比，在预测未来方面则稍逊一筹。

- 风险情况的变化因项目而异。对于风险相当低的项目，可能根本不使用这个度量指标。

关键人员的流失肯定引起项目经理关注，但并非所有干系人都对此感兴趣。仅有少数选定的干系人视该度量指标为 KPI。

因此，使用前面提到的 KPI 标准，14 个度量指标中只有 5 个将被视为真正的 KPI，并出现在仪表盘中。其他指标仍然可以报告，但不一定要通过仪表盘报告系统。

与业务 KPI（可能保持多年不变）不同，基于项目的度量指标和 KPI 可能由于各种原因而发生变化，并且可能寿命较短。度量指标可以在项目的不同阶段被视为 KPI，并替换某些不再需要的 KPI，或者替换那些在项目的其他阶段被视为简单度量指标的 KPI。当危机发生时，可能将某些度量指标转换为 KPI。当干系人发生变化时，也会发生这种情况。

以前，项目经理可能使用三种不同的信息系统。表 4-2 中的 14 个指标中的一些可能仅在其中一个信息系统中作为 KPI 处理，如表 4-3 所示。所有的度量指标，不管是否被视为 KPI，都是项目经理感兴趣的。项目发起人和干系人可能希望在他们的信息系统中看到的度量指标是可选择的。

表 4-3 度量指标的潜在关注者

度量指标	项目经理	项目发起人	干系人
无人工作小时数	是	是	是
未达成的里程碑数量或百分比	是	是	是
管理支持时间占总劳动的百分比	是	是	是
预算工作包的百分比	是	是	是
范围变更的数量	是		是
风险情况的变更	是	是	
假设变更数量或百分比	是		是
客户忠诚度	是	是	是
关键人员的变更	是		
加班工时的百分比	是		
SV	是		
CV	是		
SPI	是	是	是
CPI	是	是	是

一旦选定了 KPI，特定的团队成员必须对他们所使用的 KPI 负责。根据 KPI 数量的多少，将每个 KPI 分配给一个责任人可能是明智之举。然而，某些 KPI 指标，如客户满意度，可能让单个人对其负责。

如今，许多公司都在维护 KPI 库。KPI 库必须考虑到 KPI 一定会随时间变化的这个事实。如果存在 KPI 库，则用户一定会询问：
- 每个 KPI 在组织中应该有一个单独的责任人吗？
- 除 KPI 责任人外，谁应参加 KPI 评审会议？

4.7 KPI 测量

如果 KPI 指标不能以任何"合理"的准确度来测量，那么它们就没有实际价值。正如沃伦·巴菲特（Warren Buffett）所说："近似正确总比完全错误好。"任何事物都可以被测量，但是完美的测量可能是不现实的。因此，也许不可能选择一套完美的 KPI。KPI 的作用是作为粗略的指导，而非作为精确值。

项目对度量指标的接受程度相对较低，这可能直接与对度量指标的理解不足有关。项目经理知道要测量什么，但不知道如何测量。有时甚至允许团队发明自己的测量技术，但结果通常是混乱的。在过去，有效治理所需的一些最重要的度量指标被视为无形资产。然后，项目经理拒绝寻找测量这些无形资产的方法，认为它们是不可测量的。结果，选择了错误的项目，分配了错误的资源，报告了错误的状态，做出了糟糕的决策。拒绝测量这种无形资产会让我们对项目的真正价值产生错觉。

为了更好地理解并减少项目中涉及的不确定性，需要使用度量指标。根据研究领域的不同，"不确定性"一词的含义略有不同。在项目管理环境中，不确定性是一种知识有限的状态，使人们不能准确地描述项目当前或未来的健康状况。根据工作进展情况可能会出现多种结果。有效使用度量指标可以更清晰地反映该项目健康状况，并减少可能的后果的数量。每个结果都与风险相关联，并且每个风险都可能具有良好或不利后果。度量指标不能减少风险，但是它们可以为项目团队、干系人和治理团队提供足够的信息，以便做出正确的决策来减少或减轻风险。因此，度量指标的测量做得越好，决策人员的信息就越多，就越能减少可能的后果和相关的风险。

测量可以定义为基于某种观测方式对不确定性进行量化处理。测量不可能完全消除不确定性。在使用数据时，进行观察的人必须在过度自信和自信不足之间找到适当的平衡，特别是在向干系人报告测量结果时。根据杯子是半满还是半空，干系人可能有不同的印象。如果说杯子已经满了一半，可能让干系人相信杯子最终会满的，而且水位还在上升。如果说杯子只剩下一半的水，可能造成我们失去了杯子里一半水的错觉。

即使有精密的测量技术，不确定性仍然存在。认为永远都有完美的信息和完全的确定性来做决策是不现实的。即使存在可以获得完美信息的技术，测量的费用也可能令人望而却步。现实迫使我们接受以经济有效的方式获得部分信息。

组织过程资产必须能够获取测量所需的数据。有时，随着项目的进展必须开发获取数据所需的方法。在这种情况下，应尽一切努力尽快建立一个过程。

Douglas Hubbard 认为，在建立 KPI 并测量之前，应该提出五个问题：

（1）这个 KPI 应该支持什么决策？
（2）这个 KPI 真正测量的是什么？
（3）为什么这件事和 KPI 对提出的决策如此重要？
（4）现在对被测量的对象了解多少？
（5）进一步测量的价值是什么？

Hubbard 还确定了在选择 KPI 时应该考虑的四个有用的测量假设：

- 选择 KPI 的问题并不像人们想象中那么特别。
- 一个人拥有的数据比他认为自己拥有的要更多。
- 一个人需要的数据比他认为自己需要的要更少。
- 必然有一种有用的测量方法比人们预想中简单得多。

选择正确的 KPI 是至关重要的。在大多数项目中，只有少数 KPI 是必要的。有时候，选择了太多 KPI，且用户获得的 KPI 可以提供的信息价值很小或没有，导致 KPI 在帮助用户做出项目决策时是不必要的或无用的。

KPI 通常是预先定义的，但是如果没有适当的方法或过程来获取最初所需的数据，KPI 可能随着项目的进展而发生变化。在这种情况下，结果通常是测量反过来影响 KPI 的选择过程：

- 信息价值最高的 KPI，尤其是对于决策来说，会被回避或不被测量，因为数据收集困难。

- 选择最容易测量的 KPI，如时间和成本，并且通常会花费太多时间在这些变量上，但这些变量对决策和项目最终价值的影响可能最小。

现在存在许多测量技术，一般包括：

- 观察。
- 按顺序（如四星或五星）及按类别（如男性或女性）的数据表。
- 数值范围/集合。
- 模拟。
- 统计。
- 校准估计值和置信区间。
- 决策模型（挣值、完美信息期望值等）。
- 抽样技术。
- 分解技术。
- 人为判断。
- 规则和公式（如 50/50 法则、80/20 法则、0/100 法则、%完成等）。

无论选择哪种测量技术，关于样本大小、测量时间点、测量持续时间、准确度和精确度、谁最有资格进行测量及其他方面的争论是存在的。

KPI 测量的结果可能引起冲突，如果员工对这些信息有以下认识：

- 收集个人信息，并用于对付他们（例如，纪律处分）。
- 管理层控制的。
- 信息内容和分发都进行过滤（例如，"他们只在符合自己目的的情况下才向我们展示信息"）。
- 用于对绩效问题进行责任划分。

4.8 KPI 的相互依赖关系

以单个度量指标或 KPI 确定项目的状态几乎是不可能的。如图 4-2 所示，度量指标是相互关联且一环扣一环的。例如，假设度量指标#1 是关键资源的质量或可用性，度量指标#2 是时间，度量指标#3 是成本。合格资源数量的微小变化可能对项目的预算和进度产生重大影响。这种影响可能是有利的，也可能是不利的，这取决于是否增加或减少了合格的资源。

另一个重要因素是度量指标的变化率。这可以从度量指标影响的大小来判断，如图 4-2 所示的齿轮。度量指标#1 的一个小变化将导致度量指标#2 齿轮转动得更快。同样，度量指标#3 的齿轮必须比度量指标#1 和度量指标#2 转动得更快才行。换句话说，如果我们缺乏一些关键的技术资源，那么进度可能很快落后，并且可能需要立即加班来达成可交付物。

图 4-2　度量指标是相互关联的

KPI 是一组相互关联的绩效衡量标准，对于实现项目 CSF 至关重要。查看表 4-2 中的 14 个度量指标，项目经理可能无法确定绩效差的实际原因或纠正问题的必要行动，可能需要对几个相互关联的度量指标进行研究。举个例子，考虑以下两种可能性，"+"符号是有利的，"−"符号是不利的：

- SV = +和 CV =−
- SV =−和 CV = +

在第一项中，项目经理可能加班，使用高薪员工，或者加快进度。在第二项中，项目可能存在资源不足的问题。无论哪种情况，很难确定绩效是好还是坏。

现在让我们考虑另一种情况：

- SV =−100 000 美元
- CV =−250 000 美元

看起来情况似乎很糟糕，但另两个指标可能呈现不同的情况：

- 批准的范围变更数量= 34
- 关键技术工人离职率= 9

将这四个 KPI 结合起来分析，可以认为项目可能没有那么大的麻烦，至少目前没有。

再举一个例子，考虑一下如果项目经理试图只用一个 KPI（CV）来确定项目的状态，会出现什么情况：

- 6 月：CV =−10 000 美元
- 7 月：CV =−20 000 美元

情况似乎变得更糟，因为不利的变动在一个月内从−1 万美元翻了一番，达到

–2 万美元。从表面上看,这看起来很糟糕。假设 6 月 EV = 10 万美元而且 7 月 EV= 40 万美元。

如果用如下公式把 CV 从金额转换为百分比:

$$CV（\%）= CV/EV$$

那么 6 月的 CV（%）是-10%,而 7 月的 CV（%）是-5%。换句话说,即使变动的数量增加了,但情况实际上还是改善了。为了准确地了解项目的实际状态,可能需要考虑和整合多个 KPI。

4.9　KPI 和培训

项目经理和团队成员可能需要参加 KPI 识别、测量、控制和报告方面的培训课程。培训课程必须包括:

- 全面了解 KPI。
- 了解如何识别 KPI。
- 如何为报告每个 KPI 选择正确的呈现方式。
- 如何设计一个项目 KPI 数据库。
- 如何测量每个 KPI。
- 如何决定必要的行动(如果合适的话)来改进绩效。
- 如何更新公司 KPI 库。

这些培训应该在项目启动之前进行。在项目启动会议上,需要为项目组简要介绍以下内容:

- 为什么引入 KPI?
- 将如何使用 KPI。
- 将如何开发 KPI。
- 不会使用哪些 KPI。

在推出培训课程时,必须注意组织是否准备好进行此类变革。组织必须认识到:

- 课程给组织带来的价值。
- 学习有效的测量技术的必要性。
- 使用度量指标来改进绩效的必要性。

如果公司已经有了某种形式的度量指标管理,人们可能愿意接受并支持培训。否则,该课程可能被视为一种威胁,弊大于利。简单地说,在开始培训课程之前,项目经理必须了解组织在项目管理和度量指标管理方面的成熟度水平。

4.10 KPI目标

像"客户满意度"和"声誉"这样的词，除非能够以一定的精确度进行衡量，否则作为度量指标就没有真正的作用。因此，我们必须建立 KPI 的目标、阈值和基准。目标具有以下属性：

- 目标代表一组测量值。
- 目标必须是现实的，并且不应过于具有挑战性。否则，工人们可能试图规避这些目标。
- 目标可能需要经过反复尝试才能解决。
- 目标不能凭空设定。

必须理解 KPI 不是目标。KPI 表示一个重要的度量指标与预先定义目标相差的距离。KPI 的典型目标可能是：

- 简单的量化目标。
- 基于时间的目标：每月或在一定时间间隔内进行测量。
- 完成时期望达到的目标：完成工作包或项目完成时进行测量。
- 挑战目标：成为同类产品中最好的，或超过规格要求。
- 有远见的未来目标：来自该客户更多的回头生意。

挑战目标和有远见的未来目标往往是可能和不可能的成果组合，其中不可能的成果提供了激励。然而，正如第 4.11 节所讨论的，挑战目标可能导致对信息的误解。

简单的量化目标的示例包括：

- 单一数值（例如，完成 20 项测试）。
- 上限（如 ≤200 000 美元）。
- 下限（如 ≥100 000 美元）。
- 规定范围的数值（如 400 000 美元±10%）。
- 可为项目固定的特定数量的百分比（如废料低于材料成本的 5%）。
- 可能发生变化的特定数量的百分比（如计划费用不到总人工费用的 35%）。
- 完成的里程碑和可交付物（如每月必须生产和交付至少 10 件可交付物）。
- 某一特定活动在项目期间可能发生的变化的百分比（如计划费用不超过预计总人工费用的 35%）。

第 4 章 关键绩效指标

图 4-3 表示 KPI 的目标或边界范围。正常性能是达到目标±10%。如果该公司低于目标的 20%，就需要紧急关注。

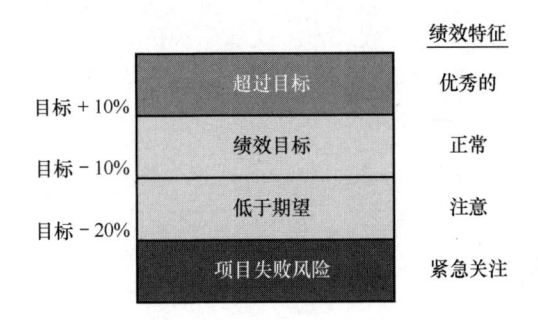

阈值	区域	绩效特征
目标 + 10%	超过目标	优秀的
目标 − 10%	绩效目标	正常
目标 − 20%	低于期望	注意
	项目失败风险	紧急关注

图 4-3 KPI 的目标或边界范围

重要的是要询问干系人，报告要有多完整才可以接受。在图 4-3 中，±10%的阈值或完整性可能是与客户共同约定的结果。典型的问题可能是：

- 目标±5%可以接受吗？
- 目标±10%可以接受吗？
- 在项目的商业论证中是否建立了完整性指南？
- 完整性指南是不是企业项目管理体系的一部分？

有些目标很难设定，比如价值目标。建立 KPI 来确定当前和未来的价值是困难的，但并非不可能。可以通过回答以下问题选择价值驱动的项目 KPI：

- 我如何才能证明该项目正在为客户创造价值？
- 客户和干系人将如何看待价值测量？
- 我能证明这个项目也能为我的母公司创造价值吗？

本主题将在第 5 章进行更详细的讨论。有些人认为客户满意度调查是反映价值的 KPI。图 4-4 是一个简单的客户满意度工具，其创造者 Mahindra Satyam 公司将其称为客户满意度指数。公司使用这一指数的原因是，它们相信顾客的满意可能带来回头客。

颜色很重要，如第 6 章所讨论的。绿色是表示有利的，而红色表示相反。当使用这些类型的 KPI 时，重要的是趋势而不是单个数据点。如果趋势显示客户满意度指数正在恶化，那么可能通过一些模板或检查表来告诉项目经理可以采取什么行动来推动趋势向有利的方向发展。问题在于要确定谁或哪个部门在提高客户满意度方面起主导作用。

符号	含义
○	无数据输入
● （红色）	不满意
△ （黄色）	满意
■ （绿色）	感动

图 4-4　Mahindra Satyam 的客户满意度指数

4.11　理解挑战目标

绩效测量是一个公司是否朝着目标快速前进的指示。然而，工作正在进行并不意味着工作正在以期望的速度完成。如果测量的是结果或成就，而不是活动的进展，那么跟踪信息将更有意义。例如，如果工人一天可以生产 10 个单位，而他们的目标是每天 8 个单位，那么工人可能以较慢的速度执行他们的任务。由于设定了较低的目标使得他们在低于标准绩效时也获得对应的报酬。

如果目标是每天 11 个单位，工人可能被激励去看看他们是否能比预期表现得更好。然而，如果设定每天 15 个单位的目标，而工人们认为这是不切实际的话，他们可能士气低落，每天只能生产 9 个单位。如果员工试图达到这一目标，他们可能忽视意外后果，冒很高风险走捷径，违反安全协议甚至篡改数字以使其看起来已经达到了该目标，因此确立正确的目标至关重要。

建立"挑战"目标以鼓励绩效的持续改进是一种可接受的方法，只要确定正确挑战指标并以正确的方式报告结果即可。关于挑战目标，必须理解以下几点：

- 任何一个指标都有一个重要用途，就是找到持续改进机会。然而，脱离现实太远可能是不好的。
- 挑战目标通常被设定为大的、有难度的、雄心勃勃的目标（Big, Hairy, Audacious Goal，BHAG）。
- BHAG 让人们走出舒适区。即使 BHAG 是可以实现的，有些人也不喜欢这样做。
- 未能达到 BHAG 可能导致自尊心受挫、尴尬。
- 实际上，即使没有达成 BHAG，实际完成情况也可能比原本期望的更高。

让我们看一个例子：客户授予公司一份为期一年的合同，要求在合同的头四个月每月交付 8 台，在剩下的八个月每月交付 10 台。作为项目经理，你确信项目团队可以轻松地从第五个月开始，每月生产 10 台。但是你设置 BHAG，在合同中的后八个月，每月生产 12 台，希望能提前完成项目，以便将资源分配到其他项目上。

如图 4-5 所示，从 5 月开始，你并没有达到每月 12 台的挑战目标，但是你已经超出了客户的要求。作为仪表盘度量指标，将如何报告这种情况？如果高管们看到了"挑战目标"，他们可能认为你落后于计划，实际上，你比计划提前了。在这种情况下，请参见图 4-4～图 4-6 所示，最好报告你离客户的需求有多远，而不是你离 BHAG 有多远。

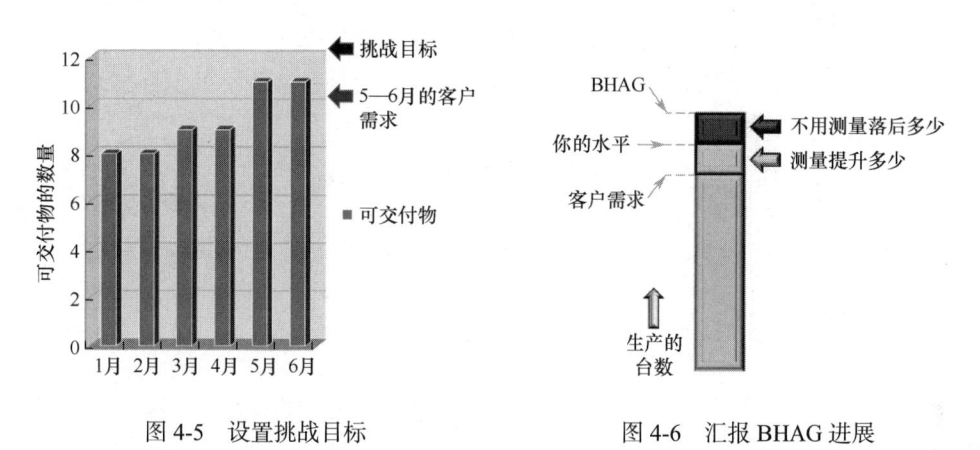

图 4-5 设置挑战目标

图 4-6 汇报 BHAG 进展

4.12 KPI 失败

在项目中使用 KPI 失败的原因有很多，包括：
- 人们认为追踪 KPI 的工作仅限于第一线管理层。
- 调节不利指标所需的行动超出了监测或跟踪工作的员工控制范围。
- KPI 与执行监控的员工的行为或工作没有关联。
- KPI 的变动速度太慢，不适合管理员工的日常工作。
- 纠正不良 KPI 所需的行动耗时过长。
- KPI 的测量并没有提供足够的可用数据和相关解读。
- 公司确定了太多的 KPI，以至于执行测量任务的人感到混乱。

几年前，一些公司使用的唯一度量指标是挣值测量系统中的度量指标。这些度量指标通常只关注时间和成本，却忽略与业务成功相关而不是项目成功相关的度量指标。因此，度量指标在每个项目上是相同的，在项目生命周期的每个阶段上也是相同的。如今，度量指标在项目的不同阶段和不同项目上都是不同的。显然，难点在于决定使用哪些度量指标。无论建立什么度量指标，都必须注意到，不要是拿苹果和橘子做比较。幸运的是，有几本好书可以帮助项目经理确定正确或有意义的度量指标。

选择正确的 KPI 至关重要。由于 KPI 是一种测量形式，有些人认为 KPI 应该只应用于那些有形的要素，导致许多应该由 KPI 跟踪的无形要素从未得到关注，因为他们认为测量这些无形要素是不可能的。

无论其他人怎么想，任何事物都是可以被测量的。Douglas Hubbard 说：
- 测量是一组观测，它可以降低不确定性。尤其是在这些不确定性的结果可以量化表示时。
- 仅仅降低而非完全消除不确定性就足以进行测量。

因此，甚至可以为后续第 5 章中讨论的无形资产建立 KPI。

4.13 KPI 和智力资本

信息技术的发展和项目管理办公室的应用已经很明显地表明，度量指标和 KPI 现在被视为智力资本。图 4-7 中的箭头曲线表示《PMBOK®指南》中的 10 个知识领域。知识领域之所以在图中连接起来，是因为这些知识领域是相关的，而且每个度量指标和 KPI 可能与多个知识领域相关。图中央的主题代表了项目经理必须学习的额外知识，特别是管理更复杂的全球项目时。这些中心主题还引入了与 10 个知识领域相关的附加度量指标。

智力资本的另一个来源是标杆对照。如图 4-8 所示，项目管理标杆对照活动可以加速项目管理过程的改进速度。重要的是，度量的标杆对照应关注过程有效性和过程成熟度而不是单个项目成功。KPI 与绩效改进计划相关联。

kpilibrary.com 的指标库中有 5 000 多个 KPI。此外，该网站还采用以下类别对 KPI 进行标杆对照调查：

- 卓越运营。
- 成本领先。
- 产品和服务差异化。
- 客户亲密关系。

第 4 章 关键绩效指标

图 4-7 《PMBOK®指南》和 KPI

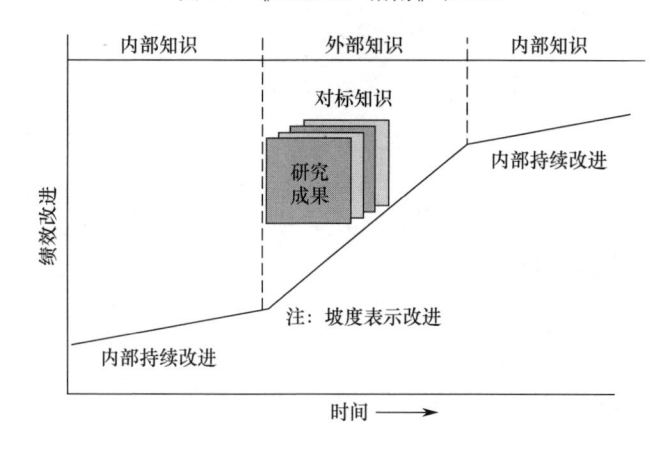

图 4-8 项目管理知识

如表 4-4 所示，对标杆对照进行研究可支持持续改进工作。表中的目标值被设定为挑战目标。在表 4-4 中，我们将 KPI 的当前值与标杆对照值和挑战目标进行比较。如果 KPI 的当前值达到或超过了挑战目标，那么我们可以假设已经实现了持续改进，然后通过设置新的挑战目标来提高标准。

表 4-4 持续改进的跟踪度量指标

KPI	基准	当前 KPI 指标值	目标 KPI 指标值
时间	60 天	55 天	50 天
成本	15 000 美元	14 000 美元	13 000 美元
薪资级别	7 级	7 级	6 级
管理储备	10 万美元	9 万美元	8 万美元
人力	16 人	15 人	12 人
质量	每 3 000 台有 2 个缺陷	每 4 000 台有 2 个缺陷	每 5 000 台有 2 个缺陷

图 4-9 显示了智力资本的组成模块。正如预期中那样，度量指标/KPI 库被认为是企业的智力资本。项目管理办公室可以将度量指标和 KPI 转换为智力资本并在整个公司中适当共享。

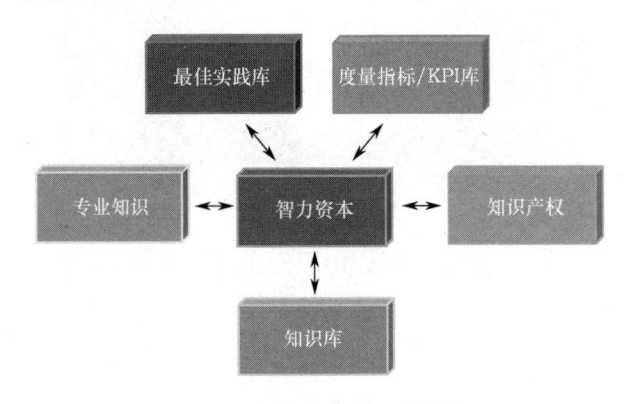

图 4-9　智力资本的组成模块

4.14　KPI 的坏习惯

Stacey Barr 是一位全球公认的绩效测量专家，她致力于挑战人们长期以来对组织绩效管理中如何选择、创建和使用绩效指标的许多既定信念和不良习惯。Stacey 认为，人们在绩效测量方面存在着类似的困境。他们无法找到有意义的绩效指标，特别是对于那些看似难以衡量的目标而言。他们无法让员工参与测量和改进绩效。他们没有措施能够推动持久绩效改进。Stacey 曾经也遭遇过这些挑战，并因此受到启发，将自己关于度量/KPI 知识分享给世界各地的人。Stacey 研究了在商业和战略绩效测量系统中所犯的错误并将其应用于项目管理度量指标管理体系。

▪ KPI 的坏习惯导致绩效测量困难

阿尔伯特·爱因斯坦（Albert Einstein）除定义了 $E = MC^2$ 之外，还有以定义疯狂而著名：一遍又一遍地做同样的事情，但期望得到不同的结果。

很明显，如果你想寻找有意义的绩效测量，使其与战略一致，并让人们参与到改进绩效的工作中来，那么你就必须改变你正在做的事情。

第4章 关键绩效指标

你可以做一些非常有成效的改变，例如消除一些局限性的习惯，你甚至没有意识到这些习惯是大多数绩效测量困难的根源。

坏习惯1：用模棱两可的话来表达你的目标

在大多数组织和公司中，问题在于，战略经过美化和文字处理后发布出来时是不可测量的。

看任何一个战略计划时，你很有可能会看到大量诸如"有效""高效""多产""积极响应""可持续""参与""质量""灵活性""适应性""幸福感""可靠""关键""能力""影响力""健壮性""负责任"等空洞的词语。

这些空洞的词语，听起来很重要，却没什么内容，或者至少说不出任何可以在现实世界中得到验证或测量的东西。难怪承担以下目标的人会不断地问"如何测量它们"。

- "提供高效、独特、公正、灵敏、优质的支持。"
- "通过加强对学生的支持和干预式服务，提升学生参与度和学习成果。"

用清晰、简单的语言来写目标，能让人们在脑海中准确地描绘出成功实现目标的画面，这种新习惯可以取代含糊其词的坏习惯。如果你不能在脑海中看到它，你就无法测量它。

坏习惯2：通过头脑风暴寻找KPI或绩效测量

在大多数情况下，人们并没有意识到他们选择绩效指标时采取了什么方法。但是，头脑风暴是最常见的。在为特定的CSF、关键结果领域、目标，或者其功能或流程选择绩效测量时，人们试图问以下的简单问题："我们可以使用哪些测量方法呢？"所有人围坐在一起，为回答问题随机给出建议，提出一些潜在的绩效度量指标。如果他们正在为如何衡量员工参与度进行头脑风暴，他们可能列出一个类似这样的清单：

- 离职率。
- 病假天数。
- 保留率。
- 引进人才管理。
- 加班。
- 员工调查。
- 参与度指数。
- 员工对工作的满意度。
- 领导力发展。
- 绩效管理。

头脑风暴可以很快地产生很多关于度量指标的想法，这很容易做到，并不需要特殊的知识或技能。人们很熟悉这种方式，所以不会分散注意力，而且在选择度量指标的过程中让人们参与其中。但是头脑风暴很少产生好的度量指标。

事实上，在头脑风暴结束后，你并没有真正完成工作，因为你仍然需要从长长的列表中找出最终选择的度量指标。坦率地说，对这些建议的想法进行投票或排名，最后选出一小部分可以提交到高层的选项，并不是解决之道。对潜在度量指标的建议需要进行审查或测试，以剔除清单上那些根本不是度量指标的（如"引入人才管理"等），与目标无关的（如"加班"），以及那些不可行的想法。

与其习惯性地集思广益来寻找绩效度量指标，不如考虑列出那些最能以肉眼方式证明成功实现目标的潜在度量指标，然后选择最相关的度量指标，并考虑可实现性。

坏习惯3：让人们在接受这些措施时签字

绩效评估有着可怕的坏名声。很多人将其与数据收集、指责和在事情出错时被大棒狠狠敲打联系在一起。因为他们会被拿来与本月表现最佳的人进行比较。人们通常对绩效评估产生的情感是挫败感、愤世嫉俗、防御心理、焦虑、压力和恐惧。

我们真正希望看到的是，绩效评估被视为工作中自然而必要的一部分。我们希望人们把它与更多地了解什么有效、什么无效联系起来，将其视为有价值的反馈并使我们走上正确道路，与商业成功的持续改进联系起来。我们希望人们通过使用重要绩效结果的度量方法，激发员工的好奇心、自豪感、自信、期待和兴奋之情。这就是认同（buy-in），而不只是简单地签字同意（sign-off）。

当你向员工展示测量只涉及反馈而非判断时；给他们工具，让测量变得简单和有趣；让他们决定对目标最有作用的测量手段时，认同就会自然形成。

当然，在此过程中需要注意到一个事实：绩效测量是一个组织范围的系统，每个团队只是该系统的一部分。但权衡应该更多地偏向于员工的支持和认同，而不是测量方法的复杂程度。你在支持和认同的基础上简化测量方法的复杂程度，却难以让员工认同一套复杂的测量方法。

坏习惯4：假设每个人都知道正确的方法来实施测量

一般来说，在实现绩效测量方面会浪费很多精力。时间都浪费在选择那些从来没有实施过的测量方法，或者用错误的方式进行测量。因此，引入许多绩效指标所付出的劳动远比实施度量所需要的更为繁重和痛苦。毫无疑问，正如所经历的那样，这导致了愤世嫉俗，滋生了一种被压垮的感觉，以及对衡量任何事情产生蔑视和脱离之感，更不用说权衡其中哪些是重要的了。

人们争论的是数据或测量有效性，而不是那些如何改进绩效的决策。由于使用了错误的计算或分析，测量会提供错误的信息和误导决策。同一个指标有太多相互冲突的版本是由于在绩效报告过程中重复和缺乏纪律造成的，并导致对测量值的混淆和怀疑。

Martin 就遇到了这样一个问题，他是一家货运公司的经理，在他所在部门中各位商业分析师给他提供了 12 个关于火车运输周期时间的不同版本度量结果。因为这 12 种不同的度量结果没有两种是匹配的，他无法确定哪一个才是真正准确反映周期时间度量结果的版本。Martin 得到了 12 种测量结果，却毫无信息可用。

定义一项绩效评估意味着详述其计算、解释和担责等具体内容。学习养成新习惯可以避免在绩效测量中做出导致浪费和错误信息的假设。

坏习惯 5：使用绩效报告

如果你的绩效报告堆积如山，但它们没被读过或使用过，那么它们显然不能为指导绩效改进提供宝贵的洞察。

报告绩效是一件情绪化的事情。高管们放弃了与家人共度宝贵时光和打球的机会，转而翻阅那些常常超过一英寸厚的战略报告；或者他们干脆把报告放在桌上，然后凭直觉做出决定。

经理们认真地查阅运营报告，看看是否有什么事需要得到更积极的关注。主管和团队自嘲他们浪费了大量的时间和精力编制统计表格来跟踪日常活动，并向他们从未见过或交流过的人进行报告。

绩效报告需要提供真正最重要的内容，以便管理者能够快速、轻松地理解和吸收。但大多数绩效报告恰恰相反：

- 它们随意拼凑而成，很难找到最相关或最紧急的信息。
- 它们杂乱无章，太多细节以及琐碎且无法执行的干扰内容淹没了重要信号。
- 信息显示得很差劲，采用难以消化的表格和图形设计，在娱乐方面下足功夫却不知不觉地对信息产生危险的误解。

- 布局杂乱、不专业，在视觉空间上浪费资源、削弱了报告的重要性，也导致用户在找到有用见解之前就放弃继续阅读。

我们必须停止使用绩效报告来证明自己存在感这种坏习惯。相反，我们应该习惯于让绩效报告只回答三个简单的问题：现在的绩效状态？为什么会这样？我们应该采取什么措施？

坏习惯 6：将本月的业绩与上月进行比较，与去年同期进行比较，并与目标进行比较

一家木材公司的大型锯木厂的经理认为，他们的绩效仪表盘表现出色，跟踪了各种关于反映锯木厂运营情况的绩效指标，其中许多指标的数据更新几乎是实时的，因此他们的仪表盘可以定期地更新。

交通灯（红色、绿色和黄色的可视标志）反映出绩效是差、好还是不可接受，也会在每次刷新数据时进行更新。管理人员和监督人员会对这些交通灯做出大量不必要的干预，例如改变木材加工设备的设置或改变工作程序。

这些交通灯通常是根据小范围样本的数据变化的，如一天内的数据。长期趋势和数据的自然变化则被忽略了。经理们和主管们不是在数据中寻找信号，而是对噪声做出反应，对数据中的任何变化做出反应。

所有人都忙于对抗数据，在需要改变的关键元素上却无动于衷，因此，整体绩效恶化。

随着时间的推移，绩效总是上下变化的——你可以放心地假设，比较任意两个点的绩效数据总会显示出某种程度的差异。通过将本月与上月数据进行比较，来得出业绩是否发生了变化的结论，这无异于随心所欲编造事实。

有洞察力的结论来自绩效数据中呈现出的模式，它将引导你在适当时候采取行动并在不必要时不采取行动。洞察不是来自各个点之间的绩效数据比较。改掉点对点比较的坏习惯就会改进绩效。

坏习惯 7：将绩效测量与计划、报告和战略执行分开对待

绩效测量是一个贯穿于既有管理过程中的流程。它并不是孤立存在的。为目标选择绩效度量指标需要作为战略和运营规划过程的一部分，否则最终只会得到模糊和无法衡量的目标。

报告流程，包括支持它们的商业智能系统、数据仓库和信息仪表盘，需要迅速地重新聚焦数据和信息，以便进行新的绩效测量及原因分析。

战略执行的状态需要由当前的绩效度量指标和它们的目标来反映，当度量指标显示战略不起作用时，战略本身也需要更改。

绩效测量不是在制订好战略计划后才开始做，也不是仅在进行年度评估时才做的事情。我们之所以这样做并非出于官僚主义原因，而是因为它反映了我们实现了多少努力追求的结果。如果这些努力足够重要，值得去付出，就需要测量，而且是要充分地测量。

4.15 仪表盘设计：关键绩效指标和度量指标[①]

■ 介绍

设计有效的仪表盘最重要的方面是确保选择了正确的度量指标和 KPI 来显示。无论视觉设计多么炫目或机智，如果它没有展示出对受众有意义的见解和相关数据，那么它最终只会成为一个漂亮但没人看的显示器。

本文将向你展示一些经过验证的技术，帮助你收集和定义执行与操作仪表盘所需的适当绩效指标。虽然这里讨论的技术专注于仪表盘设计，但这些原则同样可以用于许多不同类型商业智能需求收集工作中。

随着仪表盘工具和技术在各种软件产品中的普及，人们对于仪表盘、度量和关键绩效指标的理解也不尽相同。为了确保我们使用相同的术语，我将定义一组术语作为我们设计讨论的基础。

■ 度量指标和 KPI

度量指标和 KPI 可以作为构建可视化仪表盘的基石，因为它们是提醒用户与目标之间关系的最有效的途径。以下定义构成了仪表盘信息设计的基本构建，并且它们相互依赖，因此在转到下一个定义之前，充分理解每个定义和概念是非常

[①] 第 4.15 节的材料摘自 BrightPoint Consulting 白皮书《仪表盘设计：关键绩效指标和度量指标》，作者 Tom Gonzalez，BrightPoint Consulting 公司董事总经理，©2005 年由 BrightPoint Consulting 公司发行。已得到许可复制。保留所有权利。

重要的。

度量：度量是一种可以用数字量化的数据。销售额、利润、保留率等都是具体度量的例子。

维度：维度表示给定测量值不同方面。例如，时间通常用作分析不同测量值的维度。其他常见维度包括区域、产品、部门、市场领域等。

层次结构：维度可以进一步分解为层次结构。例如，时间维度也可能形成如年>季节>月份>日的层次结构。

粒子：层次结构中每个级别称为该维度的粒子。例如，如果你正在查看地理维度，则各个粒子（级别）可能是区域>国家/地区>州/省份>城市>邮政编码。

度量指标：我们通常将在仪表盘中显示的类型数据称为指标，它代表与一个或多个具体维度及相关粒子有关系的测量值。

周度总销售额就是一个度量指标的例子，在这个例子中，度量指标是美元（总销售额），而维度是与其相关联的粒子（周）。

跨越多个维度查看某项措施（如按区域和时间划分的总销售额）被称为多维分析。

针对多维分析设计仪表盘可能会让仪表盘设计和用户体验变得更复杂，为此我们使用二维平面（设备屏幕）来展示多个维度。虽然高效的布局和交互模式可以处理这种类型的分析，但由于需要更为复杂的方法进行这类设计，因此在开始设计阶段前就需要格外注意。

关键绩效指标：KPI 只是一个与目标相关联的度量指标。KPI 通常表示度量指标高于或低于预定目标的程度。KPI 通常显示为实际值与目标值之比，并旨在让商业用户快速知道他们是否仍按计划进行，而没必要特别关注度量指标本身。例如，我们可能做出决定，为了达到季度销售目标，我们需要每周销售 10 000 美元的部件。度量指标将是每周的部件销售额；目标是 10 000 美元。如果我们使用百分比仪表盘可视化这个 KPI，并且到周三为止我们已经卖出了 8 000 美元的部件，用户将立即看到他们达到了目标的 80%。在为 KPI 选择目标时，请记住，对于想要查看的度量指标，每个颗粒度都必须设定目标。要有一个显示每天、每周、每月销售总额 KPI 的仪表盘，就需要为每个颗粒度的时间确定目标。

计分卡、仪表盘和报表

计分卡、仪表盘和报表之间的区别是很细微的。这些工具中的每一个都可以与其他工具的元素相结合，但在高层次上，它们都针对业务决策过程中不同且独立的层面。

（1）计分卡：我们在商业决策中最高、最具战略意义的级别开始使用计分卡。计分卡主要用于帮助运营执行与商业战略保持一致。它的目标是通过监视实际执行结果并将结果映射回特定的战略，使业务始终关注共同的战略规划。计分卡中使用的主要测量方式是关键绩效指标。这些 KPI 通常由几个度量指标或其他衡量组织执行战略目标能力的 KPI 组成。一个计分卡中 KPI 的例子是"盈利销售增长"的指标，它将几个加权指标组合在一起，比如新客户获取、销售量和毛利率，形成一个最终得分。

（2）仪表盘：仪表盘在商业决策过程中比计分卡低一级，因为它不太关注战略目标，而更多地与特定的运营目标相关联。运营目标可以直接促进一个或多个更高级别的战略目标。在仪表盘中，运营目标的执行成为焦点，而不是高级战略。仪表盘的目的是为用户提供可执行的商业信息，其格式既直观又充满洞察力。仪表盘主要以度量指标和 KPI 的形式使用运营数据。

（3）报表：今天商界看到最普遍的 BI 工具可能就是传统报表了。报表在本质上可以是非常简单和静态的，例如给定时间段的销售汇报，也可以是更复杂的，包含嵌套分组、交叉制表和动态钻取或链接的功能。当用户需要以易于阅读的格式查看原始数据时最好使用报表。当与计分卡和仪表盘结合使用时，报表提供了一种非常好的方法，允许用户分析他们的度量指标和 KPI 背后特定的数据。

为仪表盘收集 KPI 和度量指标需求

传统的 BI 项目常常使用自下而上的方法来确定需求，其关注的重点是数据和数据的关系。在为仪表盘项目收集度量指标和 KPI 时，需要采取自上而下的方式，首先从商业决策开始，然后逐步向下深入支持这些决策所需的数据。为此必须让实际的商业用户参与进来，因为这些人将来会使用这些仪表盘，只有他们能够确定特定商业数据与决策过程的相关性。

在访谈商业用户或干系人时，目标是要找到导致用户做出特定决策或行动所需的度量指标和 KPI。有时用户会非常详细地了解什么数据对他们来说是重要的，有时他们只有一个高层次的目标集合。通过遵循下文中概述的最佳实践，你将能够把用户提供的信息提取为仪表盘的一组特定 KPI 和度量指标。

访谈商业用户

从我们直接与客户打交道的经验以及在不同行业的高管和运营仪表盘项目中收集需求的过程中，我们发现，访谈过程围绕两个简单的问题："你需要回答哪些商业问题，一旦有了这些答案会采取什么行动或做什么决定？"

问题 1：你需要回答哪些商业问题？

这里的目的是通过了解问题背后的数据，帮助业务用户定义他们的需求。例如，销售副总裁可能问："哪些销售人员业绩最高？""我们这个月的目标完成了吗？"在"哪些销售人员业绩最高？"的例子中，我们可能问副总裁几个后续问题，例如："这个度量指标是基于毛利吗？""你想每天看、每周看，还是每月看？"

我们希望识别组成 KPI 或度量指标的特定数据组件。因此，我们需要花足够的时间与用户讨论，以便清楚地理解将要呈现的度量、维度、颗粒度和目标（在 KPI 中）。

问题 2：根据问题 1 的答案，你还会提出什么问题，或者你会采取什么行动？

一旦我们理解了回答用户问题所需的度量指标或 KPI，我们就需要了解用户是否希望基于该答案进行进一步的分析，或者是否能够采取行动或做出决策。目的是让用户不断拆解问题，直到他们有足够的信息来采取行动或做出决定。深入探究这个问题的过程类似于剥洋葱皮；我们希望持续深入，直到触及核心，在本例中，核心是用户做出决策或采取行动的能力。

重复以上两个问题的流程，我们将快速地筛选出那些对用户决策至关重要的度量指标和 KPI，同时过滤掉那些只是引起兴趣的度量指标和 KPI。

把所有的放在一起——KPI 转盘

为了帮助完成这个需求访谈过程，Brightpoint Consulting 公司创建了一个名为 KPI 转盘的工具（见图 4-10）。访谈过程很少是结构化的线性对话，更多的时候是想法和问题的自由交流。KPI 转盘使我们可以与用户进行自然流畅的对话，同时专注于收集特定需求。

第 4 章　关键绩效指标

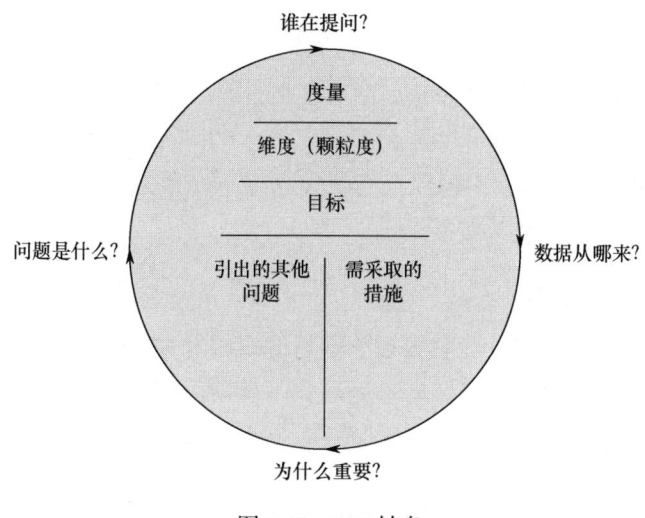

图 4-10　KPI 转盘

KPI 转盘可收集用于定义和可视化度量指标或 KPI 的特定信息。我们会使用这个工具收集以下信息：

（1）我们试图帮助用户回答的商业问题。
（2）这个问题将适用于哪些商业用户。
（3）为什么这个问题很重要。
（4）要回答这个问题的数据在哪里。
（5）这个度量指标或 KPI 还会引发哪些问题。
（6）利用这些信息可以采取的行动或做出的决定。

从任何地方开始，但是可以到任何地方

KPI 转盘被设计为一个圆形，因为它体现了这样一个概念：你可以从任何地方开始，也可以到任何地方，从而覆盖所有相关领域。在访谈过程中，你会参考这个转盘，以确保覆盖所有讨论的区域。随着谈话的进行，你可以简单地在适当的部分做笔记，如果有些问题区域仍然空缺的话，你可以接着问更多的问题。这种方法的美妙之处在于，用户可以从非常高的层次开始——"我想看看销售情况如何"，或者从非常低的层次开始——"我需要看到产品销售按地区、时间和毛利率细分"。在这两种情况下，你都可以从用户觉得舒服的任何一点开始，然后在转盘上移动，填写所需的细节。

区域1：问题是什么？

转盘的这个区域指的是基本的"哪些商业问题你需要答案"。我们通常可以用这个问题开始访谈，或者一开始用户心里就有一个特定度量指标时，我们可以问他们"这个度量指标将为你回答什么商业问题"。转盘的这一部分将驱动全体度量指标或KPI的总体背景和相关性。

区域2：谁在提问？

对于给定的度量指标，我们想知道将是谁使用这些信息来做出决策和采取行动。了解组织中可能正在查看此度量指标的各种用户是很重要的。我们可以关注到特定的个人，也可以只是一群有类似商业需求的人。

区域3：为什么重要？

因为真正有效的仪表盘可以是每天使用的工具，所以我们希望验证所显示的每个度量指标和KPI的重要性。通常，在这个需求收集过程中，我们将收集一长串潜在的度量指标和KPI，用户将在某个时候决定哪些数据才是真正最重要的，需要他们定期查看。我们建议使用1~10的数值范围，并附加说明为什么这个度量指标是重要的，这样当开始设计仪表盘原型时，就会了解到这个度量指标的重要性。

区域4：数据从哪来？

对于给定的度量指标或KPI，我们还想确定支持数据的来源。有时，为了沿着一个或多个维度计算度量指标，我们需要聚合来自多个不同来源的数据。在"按毛利润额花粉最畅销产品"这个度量指标中，我们可能需要从客户关系管理系统和企业资源规划系统中提取数据。在这个阶段，只要简单地指出保存数据的业务系统就足够了。此时，没有必要深入研究实际的表格/字段名称描述。

上半部分：度量、维度（颗粒度）和目标

我们希望确保获得创建度量指标或KPI的三个主要属性，并让用户验证任何给定维度的颗粒度。如果我们不能确定度量、维度和/或KPI的目标，那么在设计仪表盘时，我们将无法收集和可视化这些数据。

下半部分：引出的其他问题

在KPI转盘的这一部分中，我们列出在回答了主要问题之后可能提出的任何

其他问题。此列表可以作为创建后续 KPI 转盘的基础，这些 KPI 转盘用于定义下一层的度量指标和 KPI。

下半部分：需采取的措施

对于任何给定的度量指标或 KPI，我们都需要了解基于测量状态要做出什么类型的决策，或者将采取什么类型的行动。通过填写此部分，还能够帮助我们验证度量指标的重要性，并将"必须有的"KPI 与"最好有的"KPI 分开。

转盘生成转盘

在填写 KPI 转盘时，流程通常会生成对多个 KPI 和度量指标的需求。这是进行初始分析的目的之一：将用户的所有需求都暴露出来。当你完成这些收集需求的工作时，你会发现并没有所谓正确的路径来得出答案，问题会引出其他问题，你最终会绕回来，覆盖已经用新的视角讨论过的领域。重要的是要有耐心，保持开放的心态，因为这是一个发现的过程，目的是具体理解如何通过使用良好的度量指标和 KPI 来帮助用户。

当你开始收集到大量的 KPI 转盘的信息时，你将看到所收集到的 KPI 之间的关系。当感到你已经达到了饱和点，并且你和用户都无法想出任何更有意义的测量方式时，则需要检查所有 KPI 转盘的相互关系。整合所有 KPI 并创建逻辑分组和层次结构是一个很好的方式，这样你就可以清楚地理解存在于各种度量指标之间的关系。一旦完成了这些步骤，你就有了坚实的基础来启动仪表盘可视化和设计过程。

关于收集需求和商业用户的总结

把必要时间花在正式需求收集过程上通常是业务用户不太理解的事情，特别是高级主管。这一过程有时会被认为是不必要的累人的工作，打断了用户本就已经很忙碌的一天。重要的是要记住，必须在某个时候决定哪些数据相关和哪些数据无关，而唯一能够做出这种决定的人是用户自己。问题是你是否花时间现在去做这些基本的决定，或者在煞费苦心地设计了仪表盘并围绕它们构建了复杂的数据集成服务之后再做决定。

与所有软件开发项目一样，随着每个开发周期阶段的推进，变更的成本将呈指数级增长。一个很好的类比就是房屋建设。当它只是图纸上的线条时，移动一面墙的成本是多少？当你把一幅画挂在墙上后，移动它的成本是多少？

总结

虽然本文涉及一些可以用于收集仪表盘项目需求的基本模块，但它绝不是一种全面的方法。每个 BI 架构师在创建新的解决方案时都有一组最佳实践和设计模式。我们希望这里提到的一些流程可以进行调整，并用于补充当前的最佳实践，以支持利用仪表盘技术的各种解决方案。

第 5 章

基于价值的项目管理度量指标

本章概述

对于一些干系人来说,价值在他们的优先级列表的顶部。建立价值度量指标现在是必要的。然而,必须解决一些缺陷。

本章目标

- 理解价值的含义。
- 了解价值度量指标的需求。
- 理解价值度量指标的缺点。
- 了解价值是如何改变我们管理项目的方式的。
- 了解如何建立基于价值的度量指标。
- 了解建立价值基准的需求。

关键词

- 边界框。
- 价值。
- 价值基准。
- 价值冲突。
- 价值测量。
- 价值度量指标。
- 价值驱动型项目。

5.0 介绍

多年来,项目管理的传统观点是,如果一个项目已经完成,并且它遵循时间、成本和绩效(或范围)的三重约束,那么这个项目就是成功的。也许在项目经理看来，这个项目似乎是成功的。然而，在客户或干系人的眼中，项目可能被视为失败的。

正如第 1 章所述，现在的项目经理越来越注重业务。项目被视为商业的一部分，目的是为最终客户和母公司提供价值，项目经理需要比过去更加了解业务运营情况。随着项目经理变得更加注重业务方面，在一个项目中成功的定义包含业务和价值两个组成部分。业务成分可能直接关系到价值。

情景

毫无疑问，一个大型公用事业公司的信息技术部门需要满足所有的 IT 需求。所有请求被添加到队列中，并最终完成。该公司建立的项目管理办公室被指定为服务请求开发模板，该模板包含服务请求的商业论证，可以清楚地表明对应服务请求的项目对公司的价值。在使用商业论证模板的第一年，队列中 1/3 的项目被放弃。

项目必须在完成时提供一定程度的价值，并且必须满足竞争性制约因素。也许项目经理认为满足竞争性制约因素就提供了价值，但其实并不总是这样。为什么公司要进行那些不能提供短期或长期价值的项目？太多的公司要么在实施错误的项目，要么是只有一个糟糕的项目组合选择过程，并且项目即使满足了竞争性制约因素，也没能在完成时显示出真正的价值。

将其他项目所需的关键技能资源分配给没有明显价值的项目，是真正无能的管理和糟糕的决策。然而，选择能够保证价值或可接受的投资回报率的项目是非常具有挑战性的，因为现在的项目通常几年以后才能产生目标价值。对研发及新产品开发来说尤其如此，在这些领域，要开发出一种商业上成功的产品，必须探索多达 50 个或更多的想法。在开始时预测价值并在执行期间跟踪价值是困难的。在制药行业，开发一种新药的费用可达 8.5 亿美元，从最初的探索到商业化需要 3 000 多天，而且没有明确的投资回报。在该行业，只有不到 3%的研发项目可以视为商业成功，每年产生的收入超过 4 亿美元。

价值有多种定义。在很大程度上，价值就像美人，它存在于观看者的眼中。换句话说，在项目选择和启动时，价值可能是基于当时可用数据所形成的感知。然而，在项目

> 提示：不要向干系人承诺最终价值，除非有度量指标可以确认他们的期望能够或者将会被满足。

第 5 章 基于价值的项目管理度量指标

完成时，实际价值变为现实，可能变成无法满足最初预期的期望。

另一个问题是，项目实现的价值也许不能满足所有的干系人，因为每个干系人可能对其业务功能所关联的价值有不同的看法。由于在某些项目中投入了资金，建立基于价值的度量指标是必要的。价值的定义和度量指标可以是行业或公司特定的，甚至取决于公司的规模、性质和业务基础。有些干系人可能将价值视为工作保障或盈利能力，其他人可能将价值视为形象、声誉或知识产权的创造。满足所有干系人的要求是一项艰巨的任务，往往难以实现，甚至在某些情况下是根本不可能的。在任何情况下，基于价值的度量指标必须与传统的度量指标一起建立。价值度量指标说明价值是被创造还是被破坏的。

5.1 近年来的价值研究

在讨论基于价值的度量指标之前，了解价值识别的必要性是如何演变的是很重要的。令人惊讶的是，在过去 15 年中进行了大量关于价值方面的研究。其中一些研究涵盖以下内容：

- 价值动态。
- 价值差距分析。
- 智力资本估值。
- 人力资本估值。
- 基于经济价值的分析。
- 无形价值流。
- 客户价值管理/映射。
- 竞争价值矩阵。
- 价值链分析。
- IT 项目估值。
- 平衡计分卡。

以下是过去 15 年中由此类研究发展出来的一些模型：

- 智力资本估值。
- 知识产权评分。
- 平衡计分卡。
- 未来价值管理™。
- 智力资本评级™。
- 无形价值流建模。
- 全面价值测量™。
- 价值绩效框架。
- 价值测量方法论（Value Measurement Methodology，VMM）。

这些模型近年来变得非常受欢迎，原因在于我们已经开发出了用于度量和确定增长的技术。为了在项目上使用价值度量指标，这些模型是必要的。

这些模型之间存在一些共性，因此它们可以应用于项目管理。例如，Jack Alexander 创建了一个名为价值绩效框架（Value Performance Framework，VPF）

的模型。该模型侧重于建立股东价值，严重偏向财务 KPI。然而，VPF 的关键要素可以应用到项目管理中，如表 5-1 所示。第一列包含 Alexander 书中 VPF 的关键要素，第二列说明了在它们项目管理中的应用。

表 5-1 项目管理中 VPF 的应用

VPF 要素	项目管理应用
理解估值的关键原则	与干系人一起定义价值
识别公司的关键价值驱动	识别项目关键价值驱动
评估关键业务流程的绩效并通过评估和外部标杆对照来测量	评估企业项目管理方法的绩效并使用 PMO 进行持续改进
在股东价值、关键业务流程和员工行动之间建立联系	在项目价值、干系人价值和团队成员价值之间建立连接
使员工和公司目标保持一致	使员工、项目和公司目标保持一致
识别关键的"压力点"（高杠杆率改进机会）并评估其对价值的潜在影响	捕获可用于持续改进活动的经验教训和最佳实践
实施绩效管理系统来提高关键活动的可视性和问责性	为了客户和干系人可见的 KPI 建立和实施一系列基于项目的仪表盘
开发具有高阶视觉影响的绩效仪表盘	为干系人、团队和高级管理层开发绩效仪表盘

5.2 价值与领导力

价值的重要性可以对项目经理的领导风格产生重大影响，即使并不总是创建价值领导度量指标。从历史上看，项目管理领导力被认为是个体价值与组织价值之间不可避免的冲突。如今，公司正在寻找让员工的个人价值与公司价值保持一致的方法。

关于这个主题已经有好几本书了，在作者看来，最好的一本是 Ken Hultman 和 Bill Gellerman 所著的《平衡个人和组织的价值观》(*Balancing Individual and Organizational Values*)。表 5-2 显示了近年来价值观的改变。仔细审查这个表可以发现，不只是个人与组织之间的价值观存在冲突。相反，它更可能是四个群体之间的冲突，如图 5-1 所示，每个群体需要满足以下需求：

第 5 章　基于价值的项目管理度量指标

表 5-2　价值观的改变

远离：无效的	价值走向：有效价值	远离：无效的	价值走向：有效价值
不信任	信任	被动式管理	主动式管理
工作描述	能力模型	官僚组织	无边界组织
权力和权威	团队合作	传统教育	终身教育
聚焦内部	聚焦干系人	垂直领导力	多方向领导力
安全	承担风险	战术思维	战略思维
遵守	创新	合规	承诺
可预测性	灵活性	满足标准	持续改进

项目经理

- 完成目标。
- 展示创造力。
- 展示创新。

图 5-1　项目管理的价值冲突

团队成员

- 取得成就。
- 晋升机会。
- 雄心壮志。
- 证书资质。
- 认可。

组织

- 持续改进。
- 学习。
- 质量。
- 战略聚焦。
- 道德与伦理。
- 盈利能力。
- 认可与形象。

干系人

- 组织干系人：就业保障。
- 产品/市场干系人：质量性能和产品实用性。

- 资本市场：财务增长。

项目经理的角色和领导风格发生变化有多个原因。其中一些原因包括：
- 项目经理把管理企业当作管理一系列项目。
- 项目管理现在被视为全职职业。
- 项目经理现在被同时视为业务经理和项目经理，并被期望在这两个角色领域都做决策。
- 一个项目的价值更多的是用商业术语而不是技术术语来衡量的。
- 项目管理正被应用到传统上不使用项目管理的商业领域。

5.3 整合成功和价值

基于前面讨论的价值模型，如平衡计分卡，可以确定项目的分类体系。根据商业一致性和价值来确定和跟踪的项目可分为四类。

（1）提升或内部类项目：这些项目旨在更新流程、提高效率和效果，也可能提升士气。

（2）财务类项目：公司需要某种形式的现金流才能生存。这些项目是为公司外部客户提供的，并且要求特定的利润率。

（3）与未来相关的项目：这些项目是长期的，为未来创造能够产生现金流的产品流或服务流。这些项目可能在数年内消耗大量的资金，但无法保证成功。

（4）与客户相关的项目：这些项目可能为了维护或建立客户关系而实施，尽管可能出现经济损失。但是，太多这样的项目会导致财务灾难。

今天，这四种类型的项目更多地关注价值，而不是竞争性制约因素。价值驱动的制约因素强调干系人的满意度和决策，以及预期在该项目上实现的价值。换句话说，在三重限制因素或竞争新限制因素内获得的价值才算成功。据此，我们可以使用图 5-2 定义成功的四个基石。

很少有项目是在没有取舍的情况下完成的。度量指标提供了做出权衡决策所需的必要信息。这适用于传统项目和基于价值与度量指标的项目。传统的权衡会导致进度延长和预算增加，价值驱动的项

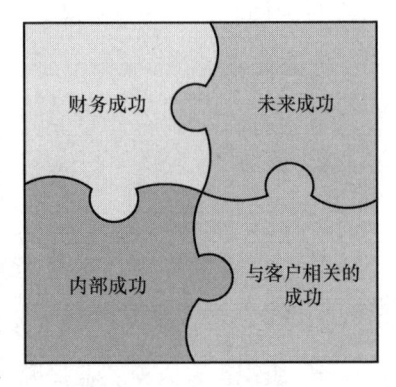

图 5-2 成功的四个基石

第 5 章　基于价值的项目管理度量指标

目也是如此，但是主要的区别在于绩效。

在传统的权衡中，为满足其他要求而降低绩效。价值驱动的项目，则倾向于改进绩效以期提供额外价值，并且这往往比传统的权衡更容易引起大量成本超支和进度延期。干系人允许的额外时间和资金取决于对度量指标的跟踪。

项目经理通常没有权限决定范围或绩效的增减。在传统的权衡方式下，项目经理和项目发起人一起工作，可能有权做出相关决定。

然而，对于价值驱动的项目，可能需要所有或大部分干系人参与。这可能产生其他问题，例如：

- 在项目启动期间可能无法让所有干系人就价值目标达成一致。
- 在度量或 KPI 方面可能无法让所有干系人达成一致。
- 项目进行得越久，就范围变更、额外成本增加和进度延长达成一致意见就越困难。
- 在项目启动时，必须将项目预期的价值告知干系人，并在项目进展过程中不断向他们进行汇报。也就是说，不要有令人惊讶的意外出现！

干系人之间可能发生冲突。例如：

- 在项目启动过程中，干系人之间的冲突通常会以有利于最大出资方的方式解决。
- 在执行过程中，关于未来价值的冲突变得更加复杂，特别是当主要出资方威胁要退出项目时。

对于拥有大量干系人的项目，单个发起人可能无法提供有效的项目支持。因此，发起人委员会的支持可能是必要的。委员会成员可以包括：

- 可能是所有干系人团体的代表。
- 有影响力的高管。
- 重要战略合作伙伴和承包商。

发起人委员会的职责可能包括：

- 在目标价值的定义中发挥主导作用。
- 在接受实际价值方面发挥主导作用。
- 能够提供额外资金支持。
- 能够评估事业环境因素的变化情况。
- 能够验证和重新验证假设。

在定义和评估项目价值方面，发起人委员会可能比项目经理更专业。

图 5-2 中的每个象限都有自己独特的关键成功因素，也有自己独特的度量指标和 KPI。以下是每个象限的典型 CSF。

内部成功

- 遵守进度、预算和质量/范围（三重约束）。
- 双方同意范围变更控制流程。
- 不干扰主工作流程。
- 清晰地理解目标（最终用户参与）。
- 维持签字的时间安排。
- 执行过程中不干扰公司文化。
- 建立持久的内部工作关系。
- 始终尊重对方的意见。
- 寻找价值增加的机会。

财务成功

- 将项目集和项目成功整合为同一个定义。
- 遵守道德操守。
- 遵守监管机构的要求。
- 遵守健康、安全和环境的法律。
- 保持或提高市场份额。
- 维持或改善 ROI、净现值、内部收益率、回收期等。
- 维持或提高净营业利润率。

未来成功

- 改进商业化所需的流程。
- 强调后续的机会。
- 保持技术优势。
- 维护公司形象和声誉。
- 维护知识库。
- 保留售前和售后知识。

第 5 章 基于价值的项目管理度量指标

- 对齐项目与长期战略目标。
- 使团队了解战略计划。
- 团队成员愿意再次与该项目经理合作。

与客户相关的成功

- 一次又一次地信守对客户的承诺。
- 保持与客户持续的联系和互动。
- 始终关注客户满意度。
- 持续提升客户满意度评级。
- 以每位客户的名字作为参考。
- 根据客户承诺的最佳实践衡量差异。
- 维护或改进客户交付要求。
- 建立组织间的长期关系。

第 3 章确定了不同类型的度量指标。最适合每个成功象限的度量指标类型，如图 5-3 所示。

财务成功	未来成功
·定量的 ·方向性的 ·财务的	·定量的 ·财务的
内部成功	与客户相关的成功
·定量的 ·实用的 ·直接的 ·可执行的 ·里程碑	·方向性的 ·最终结果

图 5-3 成功度量指标的分类

5.4 认识价值度量指标的必要性

价值因素在成功定义中的重要性怎么强调都不为过。考虑以下八个假设：

假设 1：如果你在做一个错误的项目，按时完成并控制预算并不能保证成功。

假设 2：在预算之内按时完成一个项目并不一定是成功的。

假设 3：在三重限制因素下完成一个项目并不能保证项目结束时产生必要的商业价值。

假设 4：拥有世界上最好的企业项目管理方法并不能保证项目在结束时会产生价值。

假设 5："价格是你付出的。价值是你所得到的。"（沃伦·巴菲特）

假设 6：商业价值是客户认为值得为之付费的东西。

假设 7：实现了商业价值才算成功。

假设 8：如果商业变革是必需的却从未实施，那么即使项目按照计划到结束也并不是成功的。

这八个假设表明，价值可能成为选择项目组合的主导因素。项目请求者必须清楚地阐明项目商业论证中的价值因素，否则将承担项目不被考虑的风险。如果批准了项目，那么必须建立和跟踪价值度量指标。然而，重要的是要理解可能在项目组合选择过程中会以不同方式看待价值，因为进行权衡取舍的是各个项目而不是单个项目的价值属性。

在假设 1 中，展示了当管理层在项目选择、建立项目组合以及管理项目组合时做出错误决策时会发生什么。公司最终会执行某个或多个错误的项目。这种情况的不幸之处在于，所要求的交付物可以完成，但是：

- 这种产品没有市场。
- 该产品无法按照工程设计进行制造。
- 假设可能已经发生变化。
- 市场可能已经发生变化。
- 有价值的资源浪费在了错误的项目上。
- 干系人可能对高管的表现感到不满。
- 项目选择和项目组合管理流程存在缺陷，需要改进。
- 组织士气下降。

假设 2 是假设 1 的推论。按时按预算完成项目并不保证：

- 客户/顾客满意。
- 客户接受产品/服务。
- 达到绩效预期。
- 交付成果具有价值。
- 市场接受。
- 后续工作。
- 成功。

> **情景**
>
> 在项目启动期间，项目经理和干系人对项目成功进行了定义，并为每个竞争性制约因素建立了度量指标。当明显无法满足所有制约因素时，项目经理得出结论，最好的选择是在价值上进行取舍。听到这个消息后，干系人变得愤怒，并决定自己对竞争性制约因素进行优先级排序。而这需要时间并延迟了项目。

假设 3 聚焦价值。仅仅因为可交付物是根据一组制约因素提供的，并不能保证客户认为该可交付物具有价值。所有项目的最终目标应该是产生满足期望并达到预期价值的交付物。尽管在定义项目时，似乎总是强调竞争性制约因素的重要性，但是在定义最终可交付物的预期价值特征和结果度量指标方面花费

第 5 章 基于价值的项目管理度量指标

的时间很少。价值的要素或定义必须在项目启动阶段由客户和承包商（买方/卖方）共同商定。

现在大多数公司都在应用某种项目管理方法。遗憾的是，常常有种错误的信念，认为这些方法将确保项目的成功。这些方法：

- 不能保证成功。
- 不能保证交付物的价值。
- 不能保证遵守时间约束。
- 不能保证满足质量约束。
- 不能保证任何水平的绩效。
- 不能替代有效的规划。
- 不是治愈所有项目病症的终极灵丹妙药。
- 不能替代有效的人类行为。

方法可以提高成功的机会，但不能保证成功。方法是工具，本身不能管理项目。项目由人管理，同样，工具也由人管理。方法论不能替代项目管理中的人员要素。它们旨在提高人们的工作绩效。

在假设 5 中，巴菲特的这句话强调了价格和感知价值之间的区别。大多数人认为客户为交付物付费。这并不一定是准确的。客户为他们期望从交付物中获得的价值付费。

提示：价值的定义必须与客户和承包商的战略目标保持一致。

如果交付物没有实现价值或价值有限，结果就是客户不满意。

有些人认为顾客最关心质量。换句话说，"质量至上"。虽然这在表面上看起来是正确的，但顾客通常并不希望为高质量支付一大笔钱。质量只是价值方程中的一个组成部分。价值远不仅仅是质量。

当客户同意与承包商/供应商为交付物签订合同时，客户实际上是在寻找交付物中的价值。客户对成功的定义是"实现了的价值"。

遗憾的是，当项目经理对成功的定义是可交付物（可能是三重约束）的实现，而客户对成功的定义是价值时，就会发生不愉快的事情。特别是当客户需要价值，而项目经理（作为承包商）关注项目的利润率时。

假设 7 是假设 1 至假设 6 的总和。也许应该修改仅使用三重约束的成功标准定义，以包含商业要素，如价值，甚至被更具体的价值定义所取代。其他竞争性制约因素可能需要包含其中。

有时项目的价值会随着时间的推移而变化，项目经理可能没有意识到这些变化已经发生。未能建立价值预期或交付物价值不足，可能是由于：

- 市场的不可预见性。
- 市场需求发生了变化，从而改变了约束条件和假设。
- 技术进步或无法实现功能。
- 缺少关键资源或人员缺乏必要技能。

尽早建立价值度量指标可以让项目经理确定是否应该取消某个项目。项目越早被取消，项目的资源就可以越快地分配到具有较高的感知价值和成功概率的项目中。遗憾的是，并非总是存在早期预警信号来表明价值无法实现，最难建立的度量指标是价值驱动的度量指标。

提示：价值度量指标的恶化是项目有问题的一个明确指示，有可能导致项目取消。

5.5 有效测量技术的必要性

选择度量指标和 KPI 并不那么困难，只要它们是可以被测量的。但这是价值驱动度量指标的主要障碍。表面上看，它们很容易测量，但测量起来很复杂。然而，尽管价值在现在和将来都会出现，但这正意味着价值结果可以被量化。表 5-3 展示了一些通常被视为价值驱动 KPI 的度量指标。

表 5-3 测量价值

价值度量指标	测量	价值度量指标	测量
利润率	容易	技术转移	中等
客户满意度	难	名誉	难
商誉	难	员工稳定性	容易
新市场渗透率	容易	使用未利用的生产能力	容易
新技术开发	中等		

传统上，业务计划确定项目预期的收益，并且这些收益是项目选择的标准。如今，项目组合管理技术需要识别价值和收益。但是，从利益转化为价值并不容易。转换过程中的不足之处会使转换过程变得困难。图 5-4 说明了几个常见的缺点。

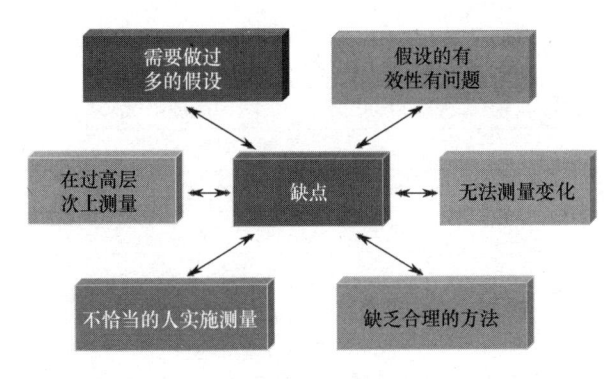

第 5 章 基于价值的项目管理度量指标

图 5-4 常见的缺点

在衡量 KPI 时还有其他缺点。KPI 是评估价值的度量指标。在传统的项目管理中，度量指标由 EPMM 建立，并在项目生命周期内不再变更。然而，在价值驱动的项目管理中，度量指标可以因项目的不同、项目生命周期阶段和时间的流逝而变化，这是因为：

- 客户和承包商在项目启动时共同定义成功和价值的方式。
- 客户和承包商在项目启动时就项目应使用的度量指标达成协议的方式。
- 公司定义价值的方式。
- 跟踪软件的新版本或更新版本。
- 改进 EPMM 和相应的项目管理信息系统。
- 事业环境因素的变化。

即使使用最佳度量指标，衡量价值也是困难的。收益减去成本表示价值，并确定是否应该执行该项目。挑战在于，并非所有成本都是可以量化的。有些价值很容易测量，而其他一些价值比较难测量。易于测量的价值度量指标通常被称为软性度量指标，或者由 EPMM 建立并在项目生命周期内保持不变。然而，对于价值驱动的项目管理，由于有形的价值度量指标可以在不同项目、项目一个生命周期阶段或一段时间内变化，因而硬性价值指标通常被认为是无形的价值度量指标。表 5-4 列举了一些容易和困难的价值度量指标。表 5-5 列举了测量硬性价值和软性价值时遇到的一些问题。

今天，一些人认为无形因素比有形因素更重要。这似乎正在 IT 项目上发生，高管们对无形价值给予了明显更多的关注。无形价值所面临的关键问题不在于最终结果，而在于计算无形资产方式上存在问题。

表 5-4 典型的财务价值度量指标

容易的（软的/有形的）价值度量指标	困难的（无形的）价值度量指标
ROI 计算	股东满意度
净现值	干系人满意度
内部收益率	顾客满意度
现金流	员工留存
回收期	品牌忠诚度
利润率	上市时间
市场占有率	商业关系
	安全
	可靠性
	商誉
	形象

表 5-5 测量价值度量指标时的问题

容易的（软性/有形的）价值度量指标	困难的（无形的）价值度量指标
假设条件通常没有完全公开，并可能影响决策	价值总是基于做测量的人的主观属性
测量是非常通用的	可感知的价值可能更多的是一种艺术而不是科学
测量从来没有以有意义的方式获取正确的数据	可用来执行测量的模型数量有限

有形价值通常可以通过定量评估来表示，而无形价值可以通过定性评估来表示。关于价值衡量，有三种流派的观点：

流派#1：唯一重要的是投资回报率。

流派#2：ROI 永远都无法有效计算，只有无形资产才是重要的。

流派#3：如果某些事物无法被测量，那么它就不重要。

这三种流派的观点似乎都是要么全有要么全无的处理方式，价值要么是 100%定量的，要么是 100%定性的。最好的方法很可能是在定量和定性评估价值之间进行折中。这需要建立一个有效的范围，如图 5-5 所示，这是三种流派之间的妥协。有效的范围可以扩大或缩小。

价值测量的时机绝对是很关键的。在项目的生命周期中，可能需要在度量指标的定性评估和定量评估间来回切换。如前所述，实际度量指标或 KPI 可能随之发生更改，必须处理以下的关键性问题：

第 5 章 基于价值的项目管理度量指标

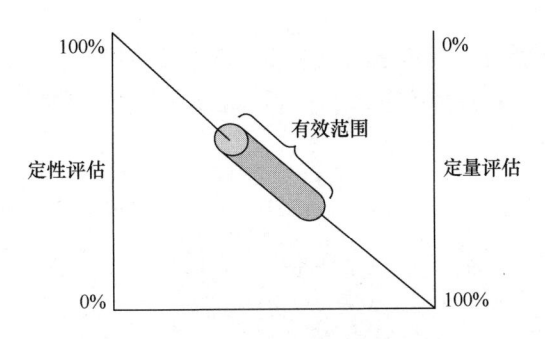

图 5-5 定量评估和定性评估的对比

- 假设在可以做到的情况下，那么具体的度量指标在项目生命周期的什么时候建立，或者建立到什么程度？
- 是否可以容易地感知价值，因此不需要价值度量指标？
- 即使有价值度量指标，它们是否足够具体，能够合理预测实际价值？
- 项目经理是否会被迫在所有项目上使用价值驱动的项目管理度量指标，或者是否有一些项目不需要这种方法？例如：
  — 定义明确的项目和定义模糊的项目。
  — 战略项目与战术项目。
  — 内部项目与外部项目。
- 是否可以为何时使用价值驱动的项目管理制定一个标准，或者是否应该在所有项目上使用该标准，但强度较低？

对于某些项目，在项目结束时使用度量指标来评估价值可能是困难的。项目经理必须确定一个时间框架，确定多长时间后测量项目的最终价值或实际价值及实际收益。如果在完成项目之后一段时间内无法确定实际价值，这一点尤其重要。因此，如果一个项目的真正经济价值要到将来某个时候才能实现，那么就不太可能在项目结束时对其成功进行评估。

一些价值测量的实践者质疑使用边界框而不是生命周期是否能更好地进行价值测量。下面列出了价值驱动项目的生命周期阶段度量指标存在的潜在问题：

- 度量指标可以在不同阶段之间甚至在一个阶段内变化。
- 可能无法考虑事业环境因素的变化。
- 焦点可能放在阶段结束时的价值，而不是项目结束时的价值。
- 团队成员可能因为无法定量计算价值而感到沮丧。

边界框（见图 5-6）与统计过程控制图有一定的相似性，可以辅助度量指标的测量。它建立了价值度量指标的上限和下限的战略目标。只要 KPI 表明该项目仍处于上下限价值目标范围内，项目的目标和可交付物就不会发生任何范围变更或取舍。

价值目标上限

价值目标
- 现金流
- 投资回报率
- 交付日期
- 绩效度量指标

项目的目标和可交付物

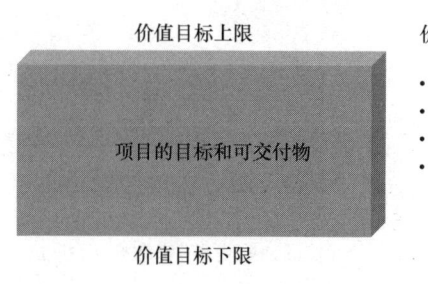

价值目标下限

图 5-6　边界框

价值驱动的项目必须经过价值健康检查，以确认该项目将为公司做出有价值的贡献。价值度量指标（如 KPI）反映当前价值。但我们还需要从现在推演到未来。将传统的项目管理与传统的 EPMM 相结合，可以计算出完工时间和完工成本。这些是挣值测量系统的常见术语。然而，如前所述，在预算内按时完成并不能保证在项目完成时存在感知价值。

因此，与其使用 EPMM，侧重于挣值度量，项目经理可能需要创建一个强调价值变量的"价值管理方法论"。VMM 仍然使用完成时间和完成成本，但是引入了一个新术语——"完成时的价值（或收益）"。完成时的价值确定必须在整个项目中定期进行。但是，由于下列原因，难以定期反复评估项目在完成时的收益和价值：

- 可能没有复检的流程。
- 管理层没有承诺，认为复查过程没有意义。
- 管理层对现有业绩过于乐观和自满。
- 管理层被其他项目异常高的利润蒙蔽了双眼（误解）。
- 管理层认为，由过去可以推测未来。

5.6　客户/干系人对价值度量指标的影响

多年来，客户和承包商一直追求项目成功的不同定义。项目经理对成功的定义是盈利能力，并通过财务指标进行跟踪。客户对成功的定义通常是可交付物的

第 5 章 基于价值的项目管理度量指标

质量。遗憾的是，由于很难在整个项目过程中跟踪，因此质量通常只在项目结束时进行衡量。但是，质量往往被认为是衡量成功的唯一标准。

今天，客户和干系人似乎更关心他们将在项目结束时获得的价值。如果我们问 10 个人价值的含义，包括项目人员，我们可能得到 10 个不同的答案。同样，如果我们问哪个 CSF 对价值的影响最大，我们同样会得到不同的答案。每个答案都与个人的工作环境和行业有关。今天，公司似乎更注重价值而非质量。这并不意味着公司正在放弃质量。质量是价值的一部分。有些人认为价值只是质量除以获得质量的成本。换句话说，公司为获得客户所期望的质量水平而支付的费用越少，对客户的价值就越大。

这种观点的问题在于，它假定质量可能是对客户来说唯一重要的价值属性，因此，我们需要确定更好的方法来测量和预测质量[①]。

遗憾的是，价值还有其他属性，其中许多也同样难以测量和预测。客户可以考虑用很多属性来表示价值，但并不是所有价值属性都有相同的重要性。

与使用质量作为单独的参数不同，价值使公司能更好地测量项目达成其目标的程度。质量可以与其他属性一起被视为价值的属性。今天，每个公司都拥有某种形式的质量并生产出高质量的产品或服务以求生存。然而，不同公司之间的差异是用于定义价值的其他属性、组件或因素。其中一些属性可能包括价格、时间、形象、声誉、客户服务和可持续性。

在当今世界，客户根据他们期望获得的价值和他们必须支付的价格来决定是否雇用承包商。实际上，这个价值可能更多的是一个"可感知的"价值，对这种价值进行权衡需要依据客户价值定义的属性。客户可以感知项目的价值，并在其公司内部使用，或者通过客户的客户价值管理（Customer Value Management，CVM）程序将其传递给它们的客户。如果项目经理的组织没有或不能向客户和干系人提供认可的价值，那么项目经理将无法从客户那里提取作为回报的价值（如忠诚度）。随着时间的推移，他们会投奔其他承包商。

价值的重要性是显而易见的。根据美国生产力和质量中心的一项研究：

> 虽然客户满意度仍然在决策中被测量和使用，但大多数（在本研究中使用的）合作伙伴组织已经将关注点从客户满意度转移到了客户价值上。

---

① 在本章中，"客户"可以是公司内部的，也可以是公司外部的，或者是外部客户的客户。干系人也可以被视为客户。

未来的项目经理必须把自己看作价值的创造者。在我所教授的课程中，我将"项目"定义为"一组可持续实现的价值"。因此，项目经理必须建立正确的度量指标，以便客户和干系人能够跟踪将要创造的价值。现在在整个项目中测量和报告客户价值是竞争的必要条件。如果做得正确，它将建立你和客户的情感纽带。

5.7 客户价值管理

几十年来，许多公司认为它们有源源不断的潜在客户。公司称之为"门把手"的方式，它们希望在每扇门后面都能找到潜在客户。按这种方法，客户忠诚是好事，但不是必需的。因为客户非常多，而且通常对可交付物的质量没有太多关注。但这样的日子可能已经过去了。

在 20 世纪 80 年代，随着质量运动的兴起，对有效的客户关系管理系统的需求也随之增长，如图 5-7 所示。大多数 CRM 项目关注三件事：

（1）寻找合适的客户。
（2）与这些客户建立正确的关系。
（3）留住客户。

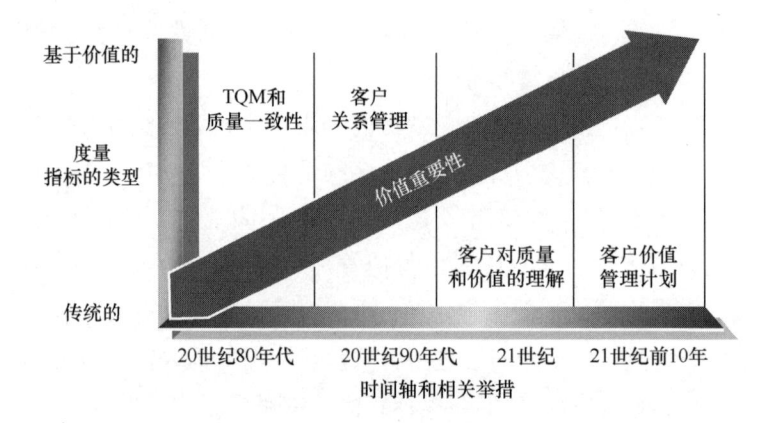

图 5-7 价值重要性的提升

这包括干系人关系管理和寻找保持客户忠诚度的方法。

从历史上看，销售和市场部门负责 CRM 活动。今天，项目经理所做的不仅仅是管理一个项目，他们管理着企业的一部分。因此，他们被期望做出商业决策和项目决策，这包括管理与 CRM 相关的活动。项目经理很快发现他们管理的项目需要有效

第 5 章 基于价值的项目管理度量指标

的干系人关系管理及客户关系管理。同时满足客户和各种干系人的需求是困难的。

随着 CRM 的发展，公司很快发现它们的客户群对质量和价值的意义有不同的看法。为了解决这些问题，公司创建了客户价值管理（Customer Value Management，CVM）程序。CVM 程序解决了一个重要问题：为什么客户应该向你而不是竞争对手购买？答案通常是通过产品和交付物提供的价值。忠诚的顾客似乎对价值比价格更敏感。今天，忠诚的客户是一种稀缺的资源，也是项目经理及其组织的价值来源。"价值"培养"忠诚"。

还有一些其他事项，如信任和无形资产，客户可能也将其视为一种价值。正如一名技术顾问所说：

供应商和客户之间的业务是至关重要的，但也要视实际情景而定。例如，在技术咨询中，如果客户只看重供应商团队的技术能力，那么在这种情况下，项目管理就要称职。如果项目管理本身就会为客户增加价值，那么客户对项目经理在超越职责范围以外提供的服务是什么看法就不重要了吗？这将归结于与客户的关系。假如问客户，他们真正重视供应商的哪些品质，他们会告诉你，是信任。因为这是一种依赖关系，即客户的商业策略成功与否取决于供应商执行得好坏。

例如，在回答为什么要重视供应商这个问题时，你可以想象一下客户的回答："某某总是能够按时以约定价格提供高质量（无论如何定义）的产品。""供应商通过将进度提前×周帮助我成功完成了我的管理工作。""我真的很感激最近供应商做的一个项目，因为他们以专业能力处理了我们计划外的设计变更。"现在，大多数项目管理都在供应商组织内部进行。面向客户的业务关系在大多数情况下是由公司的代表来处理的。项目工作一旦开始，项目经理就会被安排进来，通常直接汇报给那些被授权负责此项工作的人的下属。在这种情况下，项目经理有机会与下属层而不是与高管层一起创造价值。

我们似乎低估了项目经理的个人性格，这是一个重要问题。了解自己和客户的个性对于获得客户能给予的增值标签至关重要。如果项目经理在这方面不够灵活，与客户一起创造价值就变得更加困难。

无论如何，有多少项目，在这个主题上就有多少不同，这与人的个性及和其他人的人际关系的细微差别有关。成功的项目管理很大程度上取决于这些无形因素。

今天的 CVM 侧重于最大化客户价值，不论其形式如何。在某些情况下，CVM 必须为每个客户和干系人测量并增加项目交付物的生命周期价值。通过这样做，项目经理也在帮助客户管理他们的盈利能力。

正确地实施 CVM 能够并且将会导致盈利，但是盈利并不意味着项目经理正确地执行了 CVM。历来负责管理 CVM 的是销售和营销人员，而不是项目经理，他们视其角色为处理客户投诉、履行保修承诺以及找机会向客户卖出更多产品。今天，CVM 活动涉及了项目经理，并专注于确定客户对使用价值的定义，并建立支持此定义的度量指标。确定正确的使用价值指标可能需要让项目经理观察客户如何使用产品和服务。每家公司可能都有一组不同的度量指标来满足客户需求。

有效地实现 CVM 有很多好处，如表 5-6 所示。CVM 在整个项目中利用客户和干系人的业务关系。因为每个项目将有不同的客户和不同的干系人，所以 CVM 必须量身定制以适合每个组织和每个项目。

表 5-6　CVM 实施前后的对比

因　素	CVM 实施前	CVM 实施后（引入度量指标）
干系人沟通	松散的结构	结构化使用度量指标网
决策	基于部分信息	基于价值的明智决策
优先级	部分共识	使用度量指标达成广泛共识
取舍权衡	较少的结构化	围绕价值贡献的结构化
资源分配	较少的结构化	围绕价值贡献的结构化
业务目标	项目和业务一致性差	比较好地与业务战略保持一致
竞争力	市场表现差	市场的佼佼者

如果要使 CVM 有效，那么向客户和干系人提供正确的信息就变得至关重要。CVM 在决策中引入了价值思维。许多 CVM 程序失败的原因是缺乏度量指标和没有测量正确的对象。仅仅关注最终结果并不能表明项目经理所做的是对的还是错的。拥有正确的基于价值的度量指标是必要的。价值存在于旁观者的眼中，这就是会有不同的价值度量指标的原因。

CVM 高度依赖客户价值评估。传统的 CVM 模型数据较少但假设过多。若想使其有效运作，则需要大量数据支撑且尽可能少地使用假设前提条件。大多数成功的 CVM 程序都会进行数据挖掘，从中找到正确的价值属性及支持使用这些属性的数据。然而，在没有客户认可该指标时，就算耗费宝贵资源去计算也无意义。未来项目管理成功将取决于项目经理能否提供卓越的客户价值。要做到这一点，项目经理必须知道是什么激励了客户和客户的客户。

第 5 章　基于价值的项目管理度量指标

高管通常比位于组织结构图底层的员工更了解客户的需求。因此，员工可能没有看到、理解或重视客户对价值的需求。如果不使用价值度量指标，项目经理就会只关注过程结果，而不是过程本身，从而错过了增加价值的机会，只有当危机发生时，整个过程才会被放在显微镜下观察。价值度量指标可以让员工更好地理解客户的价值定义。

理解客户对价值的感知意味着要寻找无法增加价值的分歧点或活动价。当非增值工作被消除，而不是寻找简化项目管理过程的方法时，才能创造价值。考虑以下例子。

> **情景**
>
> 一家公司有一个项目管理方法论，规定每个项目都必须制订风险管理计划，无论风险大小。风险管理计划在工作分解结构中明确定义为一项内容，并最终由客户支付成本。在一个项目上，项目经理创建了一个价值度量指标，并得出结论认为该项目的风险非常低，因此应将风险排除在价值度量属性之外。客户同意了这一点，并且从项目计划中削减了开发风险管理计划所需的时间和金钱。在这个项目上，风险管理计划被视为一种分歧并被消除，这样就可以为客户提供附加价值。公司认识到，在某些项目上可能存在与实现目标相悖之处，并让项目经理和客户可以自行决定是否需要制订风险管理计。

这种情况是一个明显的例子，当使用较少的输入生成输出时，或者使用相同数量的输入创建更多的输出时，就会产生价值。但是，必须非常小心地确保去除这些工作是正确的。

为了使 CVM 有效，项目经理必须与客户紧密合作，包括：
- 理解客户对满意和有效的绩效的定义。
- 了解客户如何看待项目经理的价格/价值关系（一些客户仍然认为价值只是质量除以价格）。
- 确保客户明白，价值可以用金融的和非金融的术语来表达。
- 确保客户了解项目经理的独特能力，并确定这些能力是否适合作为价值属性的一部分。
- 定期向客户和干系人汇报潜在的改进和最佳实践。
- 确认客户目前正在使用或愿意使用价值度量指标进行其明智决策。
- 了解哪些价值属性对客户最重要。

- 建立客户项目管理价值模型或框架，可能对每个客户都是不同的。
- 确保项目经理的模型或框架符合客户的内部业务模型。
- 设计与客户业务模型相匹配的度量指标。
- 认识到 CVM 可以最大化每个客户的终身盈利能力。
- 从以产品或服务为中心的营销转变为以项目管理为中心的营销。
- 最大化客户忠诚度的经济效益。

5.8 项目管理与价值的关系

如今的公司正试图将质量、价值和忠诚度联系起来。许多人称这些行动为 CVM，最初是作为市场和销售人员的工作出现的，而不是作为项目管理的工作。今天，项目经理正渐渐地更多地参与到商业决策中，价值已经变得极其重要。

质量和客户价值举措是 CVM 活动的一部分，如果公司希望获得竞争优势，则这些举措也是必要的。在项目管理方面的竞争优势不仅仅意味着按时完成每个项目并控制在预算之内。提供竞争对手不能提供的东西可能有所帮助。然而，真正的竞争优势在于将项目经理的工作直接与客户的价值倡议联系起来，并且无论通过何种方式展示，都将使项目经理在竞争中领先一步。项目经理必须制定价值创造策略，并且还必须知道如何创建一个基准以衡量该项工程产生了多少实际效益，如第 5.21 节所讨论的。

如今，客户变得越来越苛刻，并要求承包商根据客户选择的属性接受客户对价值的定义。因此，每个客户可以有不同的价值定义。承包商可能希望建立自己的方法，基于自己公司的组织过程资产来获得这个价值，而不是让客户来决定它。如果一个项目经理建立了自己的方法来获得想要的价值，就不应该假定客户会理解这个方法。客户可能需要相关培训。客户认识和了解项目经理所提供的价值更有可能与项目经理所在的公司建立长期关系。

为了理解在项目管理活动中引入价值的复杂性，让我们假设公司根据图 5-8 中的阶段开发和推广产品。一旦项目管理阶段完成，交付物就移交给市场营销人员，他们负责项目集管理并最终将产品商业化。无论是为本公司内部开发还是为客户甚至为客户的客户开发产品，项目集管理和商业化都是需要做的，在任何情况下，在商业化过程中或商业化之后，企业都会向其客户调查以了解客户满意度和产品价值的反馈。如果客户对最终价值不满意，那么为了提高终端客户的价值

第 5 章　基于价值的项目管理度量指标

而回到项目阶段并重复该项目是一个代价高昂的过程。

探索	开发	商业化
项目管理	项目集管理	产品管理

图 5-8　产品开发阶段简图

图 5-8 中失败的原因可以归结为：
- 项目经理只能做项目决策，而不能同时做项目和商业决策。
- 项目经理对正在进行的与项目有关的客户商业计划不知情。
- 客户没有明确地向项目经理表达他们期望的确切价值，无论是口头上的还是通过文件记录的需求。
- 客户没有充分理解项目完成时所需的价值就为项目提供资金。
- 项目经理在项目中与错误的人打交道。
- 在项目管理阶段，没有建立基于价值的度量指标，无法进行明智决策以提高最终价值。
- 在不考虑对最终价值影响的情况下进行权衡。
- 质量和价值被视为同义词，质量被认为是唯一的价值属性。

回到图 5-7 可以看到，随着 CVM 活动逐渐展开，传统的度量指标被基于价值的度量指标所取代。不应该使用价值度量指标来替代人们可能已经习惯使用的用来跟踪项目绩效的其他度量指标。相反，应该使用价值度量指标支持正在使用的其他度量指标。正如一家医疗资讯科技顾问公司所说：

> 对价值度量指标的需求是"切中要害"。我们的顾问经常会遇到这样的情况，即用于确保项目和项目集成功的度量指标往往过于复杂，并不能真正说明发起人、干系人、投资者、客户等"需要"在项目中展示价值和成功的关键因素，总是"转回到"在项目启动之初就确定的项目任务、愿景和目标。我们发现，我们的大多数客户都在不断地寻找一些简单、合理、透明的东西（真的就这么简单）。此外，他们通常要求一个"漂亮的图片"格式——清晰、简洁、简单、可以快速浏览，以便确定立即需要关注的领域。他们渴望红色、黄色、绿色，渴望有一个清晰的标准来说明"当前状态"到底是什么（期望的价值是否得到了实现）。他们厌倦了"绕圈子"和堆积如山的文书工作，他们想要了解直接的事实。

目前，大多数公司都处于决定如何定义和测量价值的初期阶段。对于内部项目，我们正在努力确定正确的价值度量指标，以帮助我们在项目组合管理中选择项目。对于外部项目，情况更为复杂。与过去使用的传统度量指标不同，基于价值的度量指标对于每个客户和每个干系人都是不同的。图 5-9 显示了价值的三个维度——自己公司的价值、客户的价值、客户的客户的价值，以及可以添加的第四个维度，即干系人价值。应该理解的是，项目的完成为项目经理的组织带来的价值可能没有项目为客户的组织和客户的客户群带来的总价值重要。

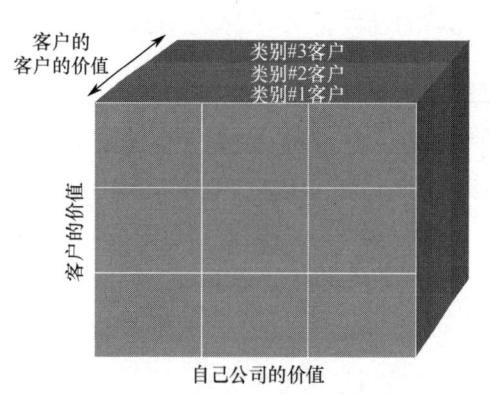

图 5-9　价值的三个维度

对于一些公司来说，价值度量指标的使用将带来额外的挑战。一家全球资讯科技顾问公司指出：

这将是我们和客户的文化变革。双方都需要让员工有能力确定正确的度量指标和权重，然后能用通俗易懂的语言解释价值度量指标。

这种价值倡议的必要性是显而易见的。正如一名高级经理所说：

我完全同意有必要采取这种价值倡议，也有必要向高管说明其重要性。如果我们不朝这个方向努力，这些公司很难明确地表示，它们的工作是否足够高效，可以为客户和干系人提供价值，并因此对未来市场进行充分预测。

现在，通往未来之窗似乎越来越清晰。作为对可能发生的事情的猜测，请考虑以下几点：

- 客户将与自己的客户一起开展 CVM 活动，以发现哪些价值属性是重要的。他们的成功是通过为客户提供卓越的价值而实现的。
- 这些质量属性将在项目启动时提交给项目经理，以便尽可能地使用这些属性为项目创建基于价值的度量指标。项目经理必须与客户进行交互，以了解他们的价值维度。
- 项目经理必须创建价值度量指标，并就这些指标的使用对客户进行培训准备。认为客户将完全理解价值测量方法是错误的。与客户密切交互，确保完全了解他们在 CVM 工作中发现的任何价值属性变化。

第 5 章 基于价值的项目管理度量指标

- 由于价值创造需要一系列关键且明智的决策，所以要为价值属性的取舍权衡和价值度量指标变更做好准备。

价值现在被引入项目管理实践中。尽管价值管理实践已经存在了几十年，但并不在许多公司的视线里。有些公司由价值工程（Value Engineering，VE）部门进行这些实践。今天，价值管理的主要过程，如图 5-10 所示，开始变得很明显。

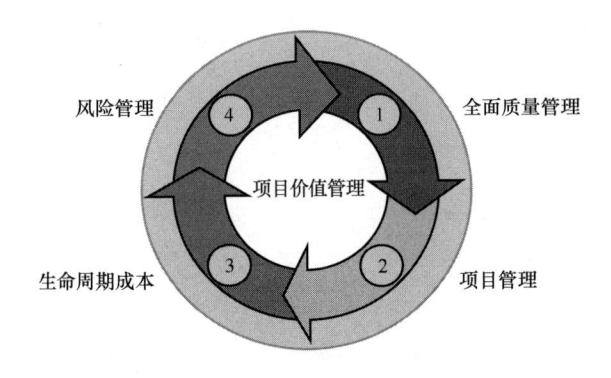

图 5-10　项目价值管理的核心要素

（图中要素：风险管理、全面质量管理、项目管理、生命周期成本、项目价值管理）

尽管图 5-10 中只有 4 个过程，也可以说，《PMBOK®指南》中的所有知识领域都是项目价值管理的一部分。

5.9　度量指标的背景

过去几个月你一直在管理一个项目。在此期间，客户似乎对你的项目绩效非常满意，尤其是因为所有的状态报告表明你的绩效符合时间和成本要求。你为自己的工作做得很好而沾沾自喜，得到了团队和高管的赞扬，然后随着项目接近尾声，你开始面对现实：客户对最终结果不满意，并且不相信他们得到了在项目开始所期望的价值。客户甚至评论说，他们应该在浪费完所有的钱之前取消这个项目。到底是哪里出了错？

这个问题可以用一个词——度量指标来解决，或者我们应该说使用错误的测量指标，或者缺少度量指标，这些度量指标可以在整个项目中进行预测或展示。

有度量指标当然比没有度量指标要好。然而，拥有正确的度量指标，特别是包含以某种方式描述和传递项目价值的度量指标，是最好的。度量指标必须可以全面地反映客户的需要。

当项目失败时，项目经理会召开汇报会议，重点会放在责任划分和指责上，而不是找出失败的根本原因。有时候，项目经理会花大力气来确定失败的每个可能原因，而不确定失败最关键和最真实的原因。例如，在一些行业，如IT业，调查揭示了失败的许多原因。著名的资讯科技调查包括：

- Standish 集团的《混沌报告》（1995—2010）。
- 《OASIG 研究》（1995）。
- 《毕马威加拿大调查》（1997）。
- 《牛市调查》（1998）。

然而，在每项调查中，很少有人注意到可能使用了错误的度量指标。此外，如果建立了度量指标来跟踪潜在的失败原因，那么它们很多都是可以避免的。然后人们想知道为什么这些调查显示只有不到30%的IT项目是成功的。

每年发布的调查显示，IT项目失败的原因基本相同。如果相同的原因年复一年地出现，为什么项目经理不愿意确定新度量指标以跟踪这些失败的原因呢？想象一下，如果项目经理开始使用正确的度量指标，那么在IT项目上可以节省数十亿美元。

衡量一个项目的绩效不仅仅是看时间和成本。半个多世纪以来，项目经理都被教导说，绩效度量指标的"圣杯"是在时间和成本内完成工作。遗憾的是，达成时间和成本目标无法保证商业价值在项目结束时仍然存在，也不能保证项目经理一直在进行正确的项目。相反，它仅仅意味着项目经理花费了他们认为应该花费的时间和成本。但这并不意味着该项目过去是成功的或者将来会成功。

重新定义成功

几十年来，项目成功的定义是满足众所周知的三重约束，如图5-11所示。时间和成本是三角形的三条边中的两条，第三条边是范围、技术、绩效或质量，这取决于是谁定义了成功。当其他约束出现时，如风险、商业价值、形象声誉、安全性和可持续性，这些约束被放入三角形的中心，它们被认为要么延长要么压缩了三重约束的边界。

今天，项目管理从业者一致认为，大多数项目有三个以上的约束，称为竞争性制约因素。只使用

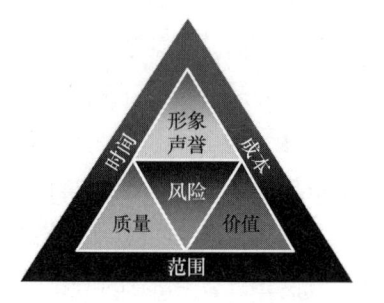

图 5-11 传统的三重约束

第 5 章　基于价值的项目管理度量指标

三重约束已经过时了。竞争性制约因素也被按优先级排序。举个例子，迪士尼世界和迪士尼乐园的新景点的设计和开发有六个限制：时间、成本、范围、安全性、审美价值和质量。在我咨询迪士尼的过程中，很明显，安全、审美价值和质量是三个优先考虑的制约因素。如果需要进行权衡，那么唯一的选择就是在时间、成本和范围上进行权衡。安全、审美价值和质量限制被认为是不可触及的。

项目的第一步是承包商和客户/干系人就项目的要求和各种限制条件或约束达成协议。多年来，承包商、客户和干系人对成功都有自己的定义，这给绩效报告带来极大的混乱。每个项目都可以有不同的约束条件和对成功的不同定义，但是项目成功的最终定义必须由承包商和客户/干系人共同商定。否则，对于什么是重要的或不重要的认识就会混乱。

今天，定义成功需要的不仅仅是三个约束条件，这是显而易见的。遗憾的是，随着大多数业务方式的改变，新的难题出现了。例如，新的约束就需要更复杂的新度量指标。多年来，许多公司都遵循倒逼原则，只跟踪时间和成本这两个指标，因为它们是最容易测量的。而可以反映项目真实价值更困难的度量指标由于无法测量，所以被忽略了。所有项目管理软件都跟踪时间和成本，其中许多软件只跟踪时间和成本并把它们作为核心度量指标。然而，如前所述，仅凭时间和成本并不能准确地确定项目的绩效以及一个项目是否成功或有价值，事实上，它们只讲述了故事的一部分。

随着项目经理在项目管理方面变得更有经验，并开始承担更复杂的项目，他们必须使用额外的约束来确认项目的绩效和成功。这是创建一个项目价值基准所必需的，将会在第 5.21 节中讨论。对于今天项目中出现的每个竞争性制约因素，必须有一个或多个度量指标来跟踪该约束。这种对价值度量指标的需求使得目前市场上的许多项目管理软件需要进行重大的功能提升。

度量指标使用的增长

20 多年来，项目经理不情愿地承认和理解了文书工作对项目成本的影响，却没做出什么改变。一些公司估计给客户的每页报告或宣传资料需要 8~10 小时的时间才能完成。这包括组织报告、打字、校对、编辑、重新排版、平面设计、审批、复制、分发、分类存储和销毁等过程。基于每小时的可计费成本，一个公司在每页报告上花费 1 200~2 000 美元并不罕见。

解决这个问题的方法很简单：进行无纸化项目管理。但是为了将文书工作的成本降到最低，必须使用其他传递信息的方法，例如仪表盘。仪表盘的目的是将原始数据转换为有意义的数据从而易于理解并用于为决策提供信息。因此，在仪表盘报告系统中需要有效度量指标。现在，仪表盘的价值很清楚：

- 减少或合并报告。
- 减少浪费在准备和阅读报告上的时间。
- 缩短项目监控和控制所需时间
- 根据当前或实时数据做出明智的决策。
- 将更多时间用于重要项目管理工作。

遗憾的是，如今，仪表盘上添加的艺术美化过多，成为近几十年来出现的所谓"信息图形"趋势的一部分。信息图形增长所带来的一些问题包括：

- 过于注重设计、颜色、图像和文本，而不是所呈现信息的质量。
- 信息质量下降，使得干系人难以正确地使用数据。
- 太多漂亮的图片可能误导人，并且让人难以理解。
- 仪表盘已从项目管理绩效工具转变为营销/销售工具。
- 一些平面设计师不能理解或利用信息可视化的最佳实践。
- 有时候，政治因素决定了仪表盘的设计。
- 在理解用户群体的需求之前，仓促地投入很复杂的技术。
- 由于缺乏一个正式的度量指标选择过程导致度量范围蔓延。
- 未能理解某个度量指标是：
  - 必须有的——基本要求。
  - 可以有的——但不是必需的（部分价值）。
  - 可以等的——不增加价值。
  - 不需要的——忽略它（没有任何价值）。

更好、更清晰地表示所选择的度量指标是必要的。

公司为商业应用和发展商业战略使用度量指标已经有一段时间了。然而，由于表 5-7 中所示的差异，将商业度量指标应用于项目管理非常困难。商业和项目度量指标都有重要的用途，但是在不同的情景下。

表 5-7　商业和项目度量指标/KPI 的对比

变动因素	商业/财务	项目
焦点	财务测量	项目绩效
目的	达成战略目标	达成项目目标、里程碑和交付物

第 5 章　基于价值的项目管理度量指标

续表

变动因素	商业/财务	项目
汇报	月度或季度	实时数据
关注	对象较少的结构化	围绕价值贡献的结构化
资源	分配利润率、市场份额、重复业务、新客户数量等	符合竞争性约束，确认和核实绩效
使用期限	几十年甚至更长	项目生命周期
数据用途	信息流和战略变化	保持基准的更正行动
目标人群	高管团队	干系人和工作执行层

在项目管理应用中，公司使用了倒逼规则（只选择易于测量和跟踪的度量指标）并创建了一个包含六个核心度量指标的列表，如表 5-8 所示。一些公司使用额外的或支持性的度量指标，例如：

- 交付物（进度）：延期与准时。
- 交付物（质量）：接受与拒绝。
- 管理储备金：可用的和已用的金额。
- 风险：每个核心度量指标类别中的风险数量。
- 行动项：每个核心类别的行动项。
- 行动项的时效：超过一个月、两个月、三个月或更长时间的未完成行动项目数量。

表 5-8　核心度量指标

测量	指标	测量	指标
时间	进度绩效指数	范围	变更请求的数量
成本	成本绩效指数	质量	低于用户接受标准的缺陷数量
资源	实际对比计划的人员数量和质量	行动项	落后于计划的行动项数量

核心度量指标通常由标有"健康度量指标"的仪表盘表示，如图 5-12 所示。

大多数高层管理人员和客户组织都在寻找一个简单的度量指标来表示一个项目是否正在走向成功。如果不存在单个基于价值的度量指标，那么他们通常接受图 5-12 中所示的部分或全部核心度量指标。他们可能只需要一个简单的信号灯。

- 绿色：成功路上（无须行动）。
- 黄色：问题已经浮出水面，可能破坏项目的进展。（高层管理人员和客户会想知道正在采取什么措施来解决这些问题。）
- 红色：由于项目出轨，已经停止前进。（高层管理人员和客户想知道他们应该使用什么资源来保证项目的正常运行，或者项目是否已经无法修复，因此不得不放弃。它不再有价值了吗？）

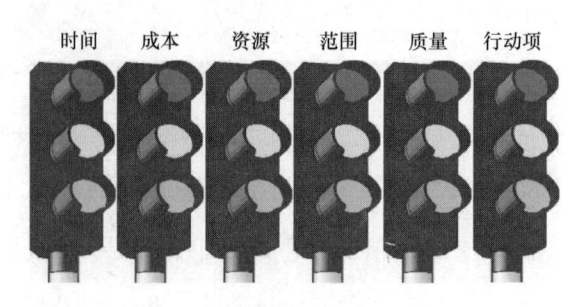

图 5-12　项目核心度量指标

这是最简单的管理/客户价值度量指标。

据一家航空公司称：

挑战在于确定项目的内在价值是什么。这只能通过一个专门的过程来定义，以获得来自高管和客户的共识。一旦完成定义并达成共识后，项目经理就可以选择最小的一组度量指标来评估他的工作是否成功。这组度量指标必须最小，这样才能跟踪度量指标本身，并且不会成为项目成功进行的负担。

遗憾的是，仅使用核心度量指标来解释项目的健康状况存在一些问题：
- 核心度量指标通常是相互依赖的，必须放在一起考虑才能得到准确的状态图。
- 可能需要为手头的项目添加额外的度量指标。
- 用红、黄、绿三种颜色来解释核心指标可能会令人困惑。
- 核心度量指标类似于就诊时的生命体征。医生总是采用相同的核心度量指标：身高、体重、体温和血压。仅从这些核心度量指标来看，医生通常无法诊断出问题或开出纠正措施的药方。

可能需要额外的度量指标，如血检和 X 射线。除时间和成本，甚至核心度量指标外，使用度量指标的重要性已经被认同一段时间了。然而，了解它和采取行动是两码事。在过去，项目经理避免使用更多的度量指标，因为他们不知道如何测量它们。今天，市场上的书在提倡"任何东西都可以测量"的概念。

第 5 章　基于价值的项目管理度量指标

一些技术已经被开发出来，可以通过这些技术来测量形象、声誉、商誉和客户满意度（仅举几个例子）。一些测量技术包括：

- 观察。
- 按顺序（如四星或五星）及按类别（如男性或女性）数据表。
- 范围、价值集合、数字、人头数目、百分比。
- 仿真。
- 统计测量。
- 校准估算和置信区间。
- 决策模型（挣值、完全信息的预期值等）。
- 抽样技术。
- 分解技术。
- 直接与间接测量
- 人为判断。

5.10　选择正确的度量指标

由于有了这些测量技术，公司现在能够跟踪项目上的十几个甚至更多的度量指标。虽然这听起来不错，但它也带来了潜在的信息过载问题。有太多的绩效度量指标可能给使用者提供超出他们实际需要的过多信息。因此，他们可能无法确定项目的真实状态或哪些信息真正重要。特别是如果必须做出决策，则很难确定什么是重要和什么不是。但提供太少的度量指标会使使用者很难做出明智的决定。度量指标的测量还有一个成本的问题，必须确定使用这些度量指标的收益是否大于测量的成本。成本很重要，因为用户倾向于选择比实际需要更多的度量指标。

有三类度量指标：

（1）传统的度量指标：这些度量指标不是测量项目的结果，而是用于测量所应用的项目管理规则的表现及项目经理基于基准管理的管理绩效（如成本差异和进度差异）。

（2）KPI：这些是少数几个选定的度量指标，可用于跟踪和预测项目是否会成功。这些 KPI 用于验证在项目开始时定义的 CSF 是否得到满足（例如，完成时的时间、完成时的成本和客户满意度调查）。

（3）价值（或价值反映）度量指标：这些是特殊的度量指标，用于反映干系人对项目价值的期望是否得到满足或将得到满足。价值度量指标可以是传统度量指标和 KPI（完成时的价值和实现完整价值的时间）的组合。

每种类型的度量指标都有一类主要的受众，如表 5-9 所示。一个项目可以有三个信息系统：

（1）一个给项目经理。

（2）一个给项目经理的上级或母公司。

（3）一个给干系人和客户。

表 5-9 各种度量指标的受众

度量指标类型	受众
传统的度量指标	主要是项目经理和项目团队，也可以包括内部发起人
关键绩效指标	部分内部使用，但主要用于为客户和干系人提供状态报告
价值（或价值反映）度量指标	对每个人都有用，但主要对客户有用

对于这些信息系统，各自都有一组不同的度量指标和 KPI。

传统的度量指标，如成本、范围和进度等的基准跟踪可以根据《PMBOK®指南》中每个知识领域或领域中的过程给项目经理提供项目执行情况的信息。项目经理必须注意不要为了对他们的项目进行微管理而建立 40~50 个度量指标。

典型的度量指标可能包括：

- 资源实际分配与计划数量对比。
- 资源实际分配与计划质量对比。
- 项目复杂性因素。
- 客户满意度评分。
- 关键约束数量。
- 成本修正次数。
- 关键假设数量。
- 人员不足的工时数。
- 全部加班小时数的占比。
- 成本差异。
- SPI。
- CPI。

这显然不是一个包罗万象的列表。这些度量指标对项目经理可能有一定的重要性，但对客户和干系人不一定有同样的重要性。

客户和干系人对关键度量指标或 KPI 感兴趣。这些选定的少数度量指标将报告给客户和干系人，并呈现成功的可能性；但是，它们没办法确定项目是否能够实现所期望的价值。KPI 的数量通常由计算机屏幕显示区域大小来决定。大多数仪表盘上显示 6~10 个图标或图像，在这些图标或图像中可以很容易地看到相关的信息。

要理解 KPI 的含义，需要对每个术语进行剖析：

关键：成功或失败的主要因素。

绩效：可测量、可量化、可调整、可控制的因素。

指标：对当前和未来绩效的合理表示。显然，并非所有度量指标都是 KPI。有 6 个 KPI 属性在确定和选择 KPI 时非常重要。

（1）可预测性：能够预测趋势的未来。

（2）可衡量性：可定量地展示。

（3）可执行性：触发可能需要的变更。

（4）有相关性：KPI 与项目的成败直接相关。

（5）可自动化：报告最小化人为错误机会。

（6）数量很少：仅包括必需内容。

将这 6 个属性应用到传统度量指标的过程是非常主观的，需要基于对成功的一致定义、所选择的 CSF，甚至干系人的突发奇想进行。根据每个干系人对项目成功和项目最终价值的定义，每个干系人可以有一组不同的 KPI。使用这 6 个属性会显著增加测量和汇报的成本，特别是当每个干系人都需要不同仪表盘来显示不同度量指标时。

之前已经确定了 12 个可能用于项目的度量指标，但是这 12 个度量指标中有多少实际上可以被视为 KPI？如果应用刚刚确定的 6 个 KPI 属性中的前 5 个衡量，结果可能如表 5-10 所示。

表 5-10 KPI 选择

	可预测性	可测量性	可执行性	有相关性	可自动化
1. 资源实际分配与计划数量对比	是	是	是	是	是
2. 资源实际分配与计划质量对比		是		是	是
3. 项目复杂性因素	是	是	是	是	是
4. 客户满意度评分	是	是	是	是	是
5. 关键约束数量		是	是	是	
6. 成本修正次数		是	是	是	
7. 关键假设数量		是	是	是	

	可预测性	可测量性	可执行性	有相关性	续表 可自动化
8. 人员不足的小时数	是	是	是	是	是
9. 全部加班小时数的占比		是	是		是
10. 成本差异		是			是
11. SPI	是	是	是	是	是
12. CPI	是	是	是	是	是

12个指标中只有6个（1、3、4、8、11和12）可以被视为KPI，再次强调，这通常是一个高度主观的选择过程。在本例中，这些将是项目仪表盘上显示的关键度量指标，并且可能是做出明智决策所必需的。其他指标仍然可以使用，但是用户可能需要隔着屏幕仔细研究才能获得传统的度量方法。

5.11 传统度量指标和 KPI 的失败

尽管有些人信誓旦旦地使用度量和关键绩效指标，但失败的案例可能比成功的案例要多。度量指标失败的典型原因包括：

- 只用传统或财务术语表示绩效。
- 测量倒逼：使用错误的度量指标，或者只选择那些易于测量和报告的度量指标。
- 绩效度量指标没能与需求、目标和成功标准联系起来。
- 无法确定客户是否满意。
- 不了解哪些指标表示项目价值。

用于商业目的的度量指标倾向于用财务术语表示所有信息。项目管理度量指标却不能总用财务术语表示。此外，在项目管理中，经常被使用的度量指标不能有效预测项目成功和/或失败，并且与客户的需求没有关联。

也许今天最大的问题是使用价值链度量指标的哪部分。迈克尔·波特（Michael Porter）在他的著作《竞争优势》（*Competitive Advantage*）一书中使用了"价值链"这一术语来说明企业如何与上游供应商、内部基础设施、下游分销商和终端客户互动。虽然可以为价值链的所有环节建立度量指标，但大多数公司不会为最终用户对可交付物的价值感知建立度量。那些为价值链中的这一部分开发了度量指标的公司比那些没有做的公司更有可能做得更好。这些度量指标被认为是与客户相关的价值度量指标。

5.12 对价值度量指标的需求

在项目管理中，现在必须创建度量指标，不仅关注业务（内部）绩效，还要关注客户满意度的表现。如果客户看不到项目的价值，那么项目可能被取消，重复业务也不会出现。好的价值度量指标还可以减少客户和干系人对项目的干涉。

项目管理的绩效度量指标过程，如图 5-13 所示。

客户需求 → 建立目标 → 制定对策 → 选择度量指标 → 选择KPI → 定义价值度量指标

图 5-13　绩效度量指标过程

很明显，需要一个有效的度量指标计划来关注基于价值的度量指标：

- 必须与客户/承包商/干系人就如何使用一套度量指标来定义成功或失败达成一致；否则，就只能是最大程度的猜测。价值度量指标将有助于就成功和失败的定义达成共识。
- 度量指标选择必须涵盖整个项目的实际情况，这可以通过一组由价值度量指标支持的核心度量指标来实现。
- 度量指标管理尤其是价值度量指标中出现问题，可能导致干系人的挑战和项目信任的丧失。

项目经理需要制定基于价值的度量指标，以预测干系人价值，可能还能预测股东价值，当然项目价值毫无疑问是可以预测的。创建这个度量指标的大多数模型都是高度主观的，并且基于必须由所有各方事先达成一致的假设。作为业务智能应用程序的一部分，传统基于价值模型是由质量、成本、交付模型衍生而来的。

5.13 创建价值度量指标

理想的情况是创建一个单独的价值度量指标，干系人可以使用它来确保项目满足或超过他们期望的价值。价值度量指标可以是传统度量指标和 KPI 的组合。讨论价值度量指标的含义可能比讨论其中个别的组件更有意义，因为整体往往大于部分之和。

必须支持创建价值度量指标的观念。据一家全球 IT 咨询公司称：

必须在重要性和实质性两方面来认识价值度量指标。它可不是最新的潮流，但它必须被理解为一种跟踪项目价值的方法。

以下所列为明确价值度量的典型标准。

- 每个项目将至少有一个价值度量指标或价值 KPI。在某些行业，也许不可能只使用一个价值度量指标。
- 作为价值度量指标的一部分，价值属性的数量可能有限制，比如 5 个。随着企业在使用这些价值度量指标时逐渐变得成熟，属性的数量可以增加或减少。并不是所有想要的属性都是合适的或实用的。
- 为各组件分配权重因子。
- 将使用价值度量指标来跟踪项目价值基准（在第 5.21 节中讨论）。
- 权重因子和要素测量技术将由项目经理和干系人在项目开始时确定。公司可能发布关于权重因子分配的政策。
- 度量指标的目标边界将由项目经理（可能还有 PMO）建立。如果项目管理办公室不存在，则项目管理委员会可负责完成这一工作，或由投资的组织设立项目管理委员会。

为了说明以上过程如何运作，让我们假设，对于项目经理为干系人实施的 IT 项目，价值度量指标的属性将是：

- （最终软件包的）质量。
- （开发）成本。
- 安全性（用于信息安全）。
- 特性（功能）。
- 时间进度或时间安排（交付和实施）。

这些属性在项目开始时由项目经理、客户和干系人达成一致。属性可能来自度量指标/KPI 库，也可能是新的。项目经理必须注意确保组织过程资产能够跟踪、测量和报告每个属性。否则，可能产生额外的费用，必须提前处理这些费用，以便可以包含在合同价格中。

时间和成本通常是每个价值度量指标的属性。然而，在某些特殊情况下，时间和成本之一或者两者一起都不是价值度量指标的属性：

- 项目必须依法完成，如环保项目，不履行可能受到严厉处罚。
- 项目虽然遇到了麻烦，但项目必须做，必须挽救任何可以挽救的价值。
- 必须推出新产品以跟上竞争趋势，无论成本高低。

第 5 章　基于价值的项目管理度量指标

- 安全性、审美价值和质量比时间、成本或范围更重要。其他属性总是包含在价值度量指标中，以支持时间和成本。

下一步是为每个属性或要素设置阈值目标，如图 5-14 所示。如果属性是成本，那么可能在成本基准的±10%以内执行是正常的绩效。超过预算 20%的表现可能是灾难性的，而低于预算 20%的表现是优秀的。不过，有时+20%差异可能是好的，−20%差异可能是有问题的。

阈值		绩效特性
	远超目标	优秀
目标+20%		
	超出目标	良好
目标+10%		
	绩效目标	一般
目标−10%		
	低于预期	警示
目标−20%		
	项目失败风险	紧急注意

图 5-14　价值度量指标/KPI 边界框

如果需要公司层面的标准化，或者通过与客户和干系人达成协议，PMO 可以确定绩效特征的确切定义或范围。无论如何，必须确定目标和阈值。

下一步是为图 5-14 中的每个单元格分配价值分数，如图 5-15 所示。在本例中，将 2 个价值点分配给标记为"绩效目标"的单元格。通常采用线性方式在目标单元格上方和下方分配点。非线性应用也是可能的，特别是超过阈值时。

	绩效特性	价值分数
远超目标	优秀	4
超出目标	良好	3
绩效目标	一般	2
低于预期	警示	1
项目失败风险	紧急注意	0

图 5-15　边界框的价值分数

在表 5-11 中，将权重因子分配给价值度量指标的每个属性。如前述，权重的百分比可由 PMO 或与客户（如投资组织）和干系人达成的协议来设置。PMO 可以对权重因子进行公司内的标准化。然而，允许权重因子不加区别地改变，将树立一个危险的先例。

表 5-11　价值度量指标测量

价值要素	权重因子	价值测量	价值贡献
质量	10%	3	0.3
成本	20%	2	0.4
安全性	20%	4	0.8
特性	30%	2	0.6
进度	20%	3	0.6
			总计 2.7

现在可以将加权因子乘以价值点并求和以获得总价值贡献。如果所有的价值度量指标都表明达到了绩效目标，那么 2.0 就是价值度量指标的值。然而，在这种情况下，就质量、安全和进度而言超出了绩效目标，因此价值度量指标的最终分值是 2.7。这个测量意味着干系人正在获得额外的价值，很有可能达到或超过预期。

使用这项技术时还必须考虑几个问题：

- 必须清楚定义正常绩效水平，并使用户理解其含义。这个水平是目标水平，还是客户可以接受的最低水平？如果它是目标水平，那么如果目标大于需求，客户仍然可以接受低于 2.0 的分值。
- 用户必须理解价值度量指标的真正含义。当度量指标从 2.0 上升到 2.1 时，这有多重要？从统计上看，这是 5%的增长。这是否意味着价值增加了 5%？项目经理如何向外行人解释这种增长的重要性和对价值的影响？

价值度量指标通常关注项目的当前和/或未来的价值，可能无法提供足够的信息以了解其他可能影响项目健康状况的因素。举一个例子，让我们假定价值度量指标被定量地评估为 2.7。从客户的角度看，他们得到的价值比他们预期中要多。但是其他度量指标可能表明应该考虑终止该项目。例如：

- 价值指标为 2.7，但剩余的开发成本太高，以至于产品可能定价过高。
- 价值指标为 2.7，但上市时间已太晚。
- 价值指标是 2.7，但其余工作包中有很大一部分被归类为极高风险。

第 5 章 基于价值的项目管理度量指标

- 价值指标为 2.7，但明显地引入了更为关键的假设条件。
- 价值指标为 2.7，但项目不再满足客户需求。
- 价值指标为 2.7，但竞争对手已经推出了价值和质量更高的产品。

在表 5-12 中，减少可交付物中功能数量让项目经理能够提高质量和安全性，并加快进度。因为价值度量指标的分值是 2.4，所以仍然可以向干系人提供额外的价值。

表 5-12 价值度量指标（特性数量减少）

价值要素	权重因子	价值测量	价值贡献
质量	10%	3	0.3
成本	20%	2	0.4
安全性	20%	4	0.8
特性	30%	1	0.3
进度	20%	3	0.6
			总计 2.4

在表 5-13 中，增加了额外的功能特性，提高了质量和安全性。然而，为了做到这一点，进度延误和成本超支已经发生。价值度量指标的分数现在是 2.7，这意味着干系人仍然在获得附加价值。干系人可能由于价值的增加而愿意承担成本增加和进度拖延。

表 5-13 价值度量指标（质量和安全性提高）

价值要素	权重因子	价值测量	价值贡献
质量	10%	3	0.3
成本	20%	1	0.2
安全性	20%	4	0.8
特性	30%	4	1.2
进度	20%	1	0.2
			总计 2.7

当项目可能超出预算或进度落后时，项目经理可以更改权重因子并对那些有问题的要素进行增加权重的处理。例如，表 5-14 显示了如何调整权重因子。现在，如果加上调整的权重因子，价值度量指标的总分超过 2.0，干系人仍然可以考虑继续项目。

表 5-14　调整权重因子

价值要素	一般权重因子	严重进度延期的权重因子	严重成本超支的权重因子
质量	10%	10%	10%
成本	20%	20%	40%
安全性	20%	10%	10%
特性	30%	20%	20%
进度	20%	40%	20%

有时公司为每个要素确定最小和最大权重，如表 5-15 所示。然而，存在这样一种风险，即管理人员可能无法调整并接受权重因子，而这些权重因子可能在不同项目之间甚至在单个项目期间发生变化。此外，随着权重因子的变化，解决方案的标准化和可重复性可能消失。

表 5-15　权重因子的范围

价值要素	最小权重值	最大权重值	一般权重值
质量	10%	40%	20%
成本	10%	50%	20%
安全性	10%	40%	20%
特性	20%	40%	30%
进度	10%	50%	20%

公司通常不愿意让项目经理在项目进行时更改权重因子，他们可能制定策略来防止不必要的变更发生。令人担心的是，项目经理可能只是为了使一个项目看起来好而改变权重因子。不过，在某些情况下，可能需要做出改变：

- 客户和干系人要求改变权重因子，以证明继续项目投资的合理性。
- 项目风险在生命周期后续阶段发生了变化，需要改变权重因子。
- 随着项目的进展，新的价值属性被添加到价值度量指标中。
- 随着项目的进展，一些价值属性不再适用，必须从价值度量指标中删除。
- 事业环境因素发生变化，需要改变权重因子。
- 随着时间的推移，假设条件已经发生了变化。
- 关键约束的数量随着时间而变化。

必须记住，项目管理度量指标和 KPI 可以在项目的生命周期内变化。因此，价值度量指标权重因子也可能发生变化。

第 5 章 基于价值的项目管理度量指标

有时，由于这种方法的主观性，当将信息呈现给客户时，应该包括对每个目标使用的测量技术，如表 5-16 所示。测量技术可能会在开始实施项目时进行协商。

表 5-16 权重因子和测量技术

价值要素	权重因子	测量技术	价值测量	价值贡献
质量	10%	抽样技术	3	0.3
成本	20%	直接测量	2	0.4
安全性	20%	模拟	4	0.8
特性	30%	观察	2	0.6
进度	20%	直接测量	3	0.6

使用度量指标和 KPI 已经有几十年的历史，但是价值度量指标的使用相对较新。因此，使用这项技术时失败仍然很常见，可能包括：

- 缺乏前瞻性，价值度量指标关注现在而不是未来。
- 仅限于财务指标，未考虑到获得的知识、组织能力、客户满意度和政治影响方面的价值。
- 认为其他公司使用的价值指标（及其结果）对另一家公司也适用。
- 未考虑客户和干系人如何定义价值。
- 允许权重因子频繁变化，以使项目的结果看起来更好。

与应用任何新技术一样，总会出现其他问题。就价值度量指标的适用，下面列出了一些项目经理正在试图回答的典型问题：

- 如果在项目的早期生命周期阶段，5 个要素中只有 3 个要素可以被测量，那会怎么样？
- 如果只有部分要素可以测量，是否应该将权重因子更改或归一化为 100%，还是保持不变？
- 在价值度量指标具有实际意义之前，项目是否应该完成一定的百分比？
- 随着项目在其生命周期阶段的进展，谁将对权重因子的变更做出决定？
- 给定要素的测量技术能否在每个生命周期阶段发生变化，还是必须在整个项目中保持不变？
- 能否降低流程的主观性？

5.14 在仪表盘中展示价值度量指标

图 5-16 展示了价值度量如何出现在仪表盘上。右上角的表格中的价值属性和评级反映了 4 月的价值。1 月,价值度量的大小约为 1.7,4 月,它的大小为 2.7。

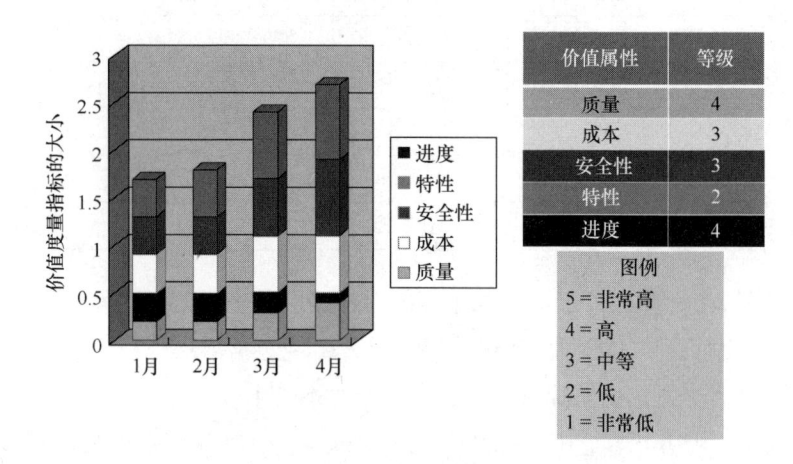

图 5-16 项目价值属性

干系人可以很容易地看到过去 4 个月的价值增长。他们还可以看到,在这段时间内,5 个属性中的 4 个属性的分值增加了,而成本属性的分值似乎减少了。

最终,随着项目经理对价值度量指标的使用越来越熟悉,可能会得出一个通过客观和自动化过程获得单一价值指标。然而,在短期内,价值度量指标过程将更加偏向定性而不是定量,并且根据所选择的价值属性而高度主观。

5.15 价值度量指标的行业示例

本节提供了各种公司如何使用价值度量指标的示例。使用价值度量指标的公司数量仍然非常少。一些受访公司无法提供准确的权重因子,因为每个项目的权重因子都可能发生变化。其他公司区分了项目成功和产品成功,并指出价值属性和权重因子也各不相同。(注:出于企业要求,未公开企业名称。)

在其中一些示例中,描述了属性。在大多数情况下,最终价值指标的属性是本章前面讨论的各种 KPI 的组合。

航空航天与国防：公司 1

- 进度：25%（基于项目 EVMS 获得的客观数据）。
- 成本：25%（基于项目 EVMS 的目标数据）。
- 技术：30%（基于项目初期制定获得的技术性能指标）。
- 质量：10%（基于对既定的质量标准和程序的持续审核）。
- 风险：10%（基于风险缓解计划的实施情况及其遵循程度）。

这些百分比适用于通用型项目。根据项目的性质和客户提出的约束，百分比将进行调整。实际百分比将与客户协调，以便客户知道并同意所使用的权重。应用此方法的项目将会得到一个产品或系统，或者两者都有。大多数航空航天和国防领域的客户对成本和进度极其敏感，这是这些领域的权重如此之高的原因。

航空航天与国防：公司 2

- 质量：35%。
- 交付：25%。
- 成本：20%。
- 技术：5%。
- 响应能力：10%。
- 综合管理：5%。

资本项目：

- 收入增长/产生：30%（我们主要关注通过利用替代方案来增长收入）。
- 成本效率：30%（这直接影响底线，并且几乎等同于创造收入）。
- 市场份额增长：20%（这里也有收入方面的影响）。
- 项目进度：10%（由于我们的核心业务运营模式，我们有很多时间约束型的项目。我们有权衡决策，但是，前三个因素的权重更大）。
- 项目成本：10%（跟踪以确保增加的成本不会超过预期收益）。

IT 咨询（外部客户）：公司 1（未提供百分比）

- 风险。
- 范围。
- 资源。
- 质量。
- 进度。
- 总体状况。

IT 咨询（外部客户）：公司 2

- 质量：40%（由内部参与领导的反馈，在提交给客户之前对项目交付成果进行审查，可交付物准备就绪之前的迭代次数，最终通过客户对交付物的满意度和客户交付的方式在整个过程中对期望进行管理。例如，我们是否履行了我们的承诺？是否为客户提供"无惊喜"的体验并通过有效的互动和沟通展示专业素养？）。
- 人才：20%（根据公司和参与的业务主管的反馈，以及项目团队成员对项目计划和交付方式的满意度来确定，例如，是否创造了积极的工作环境，是否重视和考虑个别团队成员的意见和观点，团队成员的角色和贡献是否得到了很好的定义、适当的沟通和得到所有相关人员的理解，该项目是否为个人和专业的成长和发展提供了机会，等等）。
- 市场：10%（由公司评估以及参与领导评估决定，在多大程度上该项目表现出了对客户及其行业的理解，以及在多大程度上该项目有助于建立或支持公司在给定的服务或行业内的卓越表现）。
- 财务：30%（根据项目按时、按预算交付，参与盈利能力，实现回收率或应用标准费率的折扣水平以及在合理时间内提交发票并收取款项的能力来确定）。

IT 咨询（外部客户）：公司 3

- 客户满意度：30%（他们对项目进展情况以及团队和解决方案满意程度的感知）。
- 预算：20%。
- 进度：10%。
- 解决方案部署：20%（解决方案被客户用于生产和提供价值）。
- 支持问题：10%。
- 机会的产生：10%（对于我们来说，一个成功的项目也会为客户带来额外的机会，而客户在项目完成后很久才会发现，这很难测量）。

这些因素将适用于所有行业和解决方案。唯一的区别是，这些已部署的解决方案并不适用于某些特定类型的项目（如健康检查），并且机会生成仅在完成项目后回顾时适用。

IT 咨询（外部客户）：公司 4

- 客户满意度/满意度情况：30%。
- 管理期望/沟通：20%。
- 可用性/绩效：20%。
- 质量：20%。
- 成本：10%。

现在关注的不是时间和成本，而是更多地关注产品/服务是否可以或将被使用以及客户对最终产品/服务交付是否满意。

IT 咨询（外部客户）：公司 5

这些价值度量指标属性主要用于医疗保健方面的咨询。

- 质量：25%。
- 成本：20%。
- 工期/及时性：15%。
- 资源利用率：10%。
- 流程整合（临床、技术、核心业务）：30%。

IT 咨询（外部客户）：公司 6

与公司 5 类似，该公司也为医疗保健提供 IT 咨询服务，但没有提供价值度量指标的细分。该公司认为，价值度量指标（无论是否在项目中明确列出）是这些项目在超出进度和预算外继续获得资金的真正原因。

IT 咨询（内部）：公司 1

- 范围：25%。
- 项目客户满意度：22.5%。
- 进度：17.5%。
- 预算：17.5%。
- 质量：17.5%。

软件开发：（内部）（没有提供百分比）

- 代码：代码行数。

- 语言易懂性：语言和/或代码易于理解和阅读。
- 可移动性/不可移动性：信息移动的易用性。
- 复杂性：循环、条件语句等。
- 数学复杂度：执行算法的时间和费用。
- 输入/输出可理解性：理解程序有多难？

电信：公司1

- 财务：35%。
- 质量/客户满意度：35%。
- 流程合规：15%。
- 团队合作：15%。

电信：公司2（没有提供百分比）

- 客户满意度。
- 员工满意度。
- 质量。
- 财务。
- 成本。

新产品开发：

- 特性/功能：35%（该公司认为这是它能够从竞争中脱颖而出的地方）。
- 上市时间：25%。
- 质量：25%。
- 成本：15%。

汽车业供应商：

- 质量：100%。
- 成本：100%。
- 安全性：100%。
- 时间：100%。

值得注意的是，在这家公司中，有4个价值度量指标，而不是只有一个，而且该公司认为这4个价值度量指标不能组合成一个单一的度量指标。这就是给每个指标分配百分之百的原因。在汽车行业，每项价值指标低于100%可能推迟产品的推出，给客户和所有供应商带来财务问题。

第 5 章 基于价值的项目管理度量指标

■ 全球咨询：公司 1（无特定行业，无权重）

该公司认为，软技能和个人特质是影响项目结果的关键因素，到目前为止，很少有人将这些关键因素与项目失败联系起来。这就是一些软技能是公司价值度量指标一部分的原因。挑战在于为 CVM 量化这些软技能因素。对于每个项目而言都会有所不同，因此不提供百分比。

- 管理：经过深思熟虑后快速给出问题的解决方案，最低限度的时间浪费，最低限度的产生重复的想法，及时升级。
- 沟通/关系的建立：口头和书面状态报告、每周例会等。在项目开始时达成一致。
- 能力：冲击和影响，以及项目管理方面的绩效和知识。
- 灵活性和承诺：平衡客户请求和对供应商与第三方承包商的要求，有能力监控并获得最佳结果。
- 质量：质量定义将根据项目交付物的不同而有所不同。这将受到行业的影响。
- 可用性：有多少正在实施的工作可以直接增加价值，这基于一个前提，即很少有组织在前两年内进展超出已经实施的成功，因在此期间原始用户已经离开，而他们的继任者不会有意愿将系统实施到下一个级别。因为系统的继承者使用的功能很少，相反，情况也会发生。
- 交付策略：这直接涉及提供给客户的解决方案实施的战略或方法——纸面上的解决方案似乎可以满足客户的需求，但如果执行不够优化，可能带来额外的痛苦，而不是收益。这直接涉及治理方法、产出指定的可交付物、按期执行任务等。
- 客户关注：项目管理团队在多大程度上寻求客户/委托人的利益？
- 健康、安全和环境政策：在客户现场履行职责时，对项目团队遵守健康、安全和环境政策的满意度。

■ 全球咨询：公司 2（无特定行业，无权重）

- 盈利能力。
- 进度。
- 影响/结果。
- 客户满意度。
- 安全性。
- 侵蚀。

侵蚀是指所执行的工作的价值超过了最初根据工作量或持续时间进行的估算，并且无法通过项目变更管理程序进行恢复。简单地说，侵蚀是可计费工作（已被客户评估、计划和接受的工作）和不可计费工作（未被客户评估、计划和接受的工作）之间的差异。

5.16 对超出范围的价值属性使用危机仪表盘

今天，大多数使用仪表盘与客户和干系人沟通的公司都使用仪表盘上的"向下钻取"功能。顶部仪表盘包含 KPI 和价值度量指标。如果需要额外的信息，则向下钻取功能允许在屏幕上显示更详细的信息。

一些公司将这一概念又向前推进了一步。它们正在创建一个类似于异常报告的危机仪表盘，而不是要求使用者"向下钻取"来查找潜在问题的原因。所有超出最小阈值限制的 KPI 和价值指标属性都将出现在危机仪表盘中。

据其中一家参与公司说：

我们开发了一种算法来总结项目状态。其根据如下：

有几个与项目相关的指标或信号灯，我们认为这是与价值（成本、进度、利润变动、风险、问题、待开的发票、待付款、里程碑等）有关的因素。

根据每个业务单元特有的阈值和变化百分比，指标器将显示绿色、黄色或红色。每个颜色都会分配一个数值（0、1、4）。

然后，创建一个名为"CLOA"（计算关注水平）的新总体指标器或度量指标，其范围从"非常低"到"非常高"，甚至到"需要特别监控"。CLOA 通过公式赋值，该公式考虑到指标器的颜色和一些绝对数字。这样做的目的是，如果涉及的总数值不足够大，就不会产生不必要的警示。

这个单一的指标器（到目前为止）主要被财务管理人员、本地 PMO、QA 部门、投资组合经理等使用，以引起他们对特定项目的注意。当然，我们的目标是提供失败项目的早期发现机制，并采取相应的纠正措施。

这个算法并不完美，但经过我们不断改善，它正变得越来越有用。无论如何，该指标的"所有者"是业务单元的财务管理者，而不是项目经理。只有财务管理者能够修改其数值并报告修改的理由，然后将报告存储在系统中，以便进行历史数据备份。

第 5 章 基于价值的项目管理度量指标

有些公司不使用危机仪表盘，而是使用警报。警报或警报标志表示 KPI 的阈值边界条件或完整性级别已经达到。在一般情况下，警报作为早期预警信号，表明在情况变得更糟之前必须采取一些行动。实际情况可能比看起来更糟，干系人可能假设最坏的情况。警报类似于异常报告。

并非所有 KPI 都会触发警报。此外，并非所有警报都显示不利趋势。一家公司建立了一个警报触发器，如果该公司过于高效并生产出超过仓库容量的产品，则触发警报。Shadan Malik 给出了几种适合企业仪表盘的提醒类型：

- 关键提醒。
- 重要提醒。
- 信息提醒。
- 公开提醒。
- 私人提醒。
- 未读提醒。

在项目管理环境中，可能有三种类型的提醒：

（1）项目团队提醒。

（2）管理层提醒。

（3）干系人提醒。

5.17 建立度量指标管理计划

项目管理的未来必须包括度量指标。以下是有关度量指标的某些确定事实：

- 项目经理不能有效地向干系人承诺可交付物，除非项目经理能够确定可衡量的度量指标。
- 良好的度量指标帮助项目经理发现错误，以避免引起其他错误。
- 除非项目经理确定一个可以理解和使用的度量指标计划，否则项目经理注定会失败。
- 度量指标计划可能需要变更，而人们往往不喜欢改变。
- 良好的度量指标是项目管理团队和干系人的聚焦点。

组织在建立基于价值的度量指标方面也面临重大挑战：

- 项目风险和不确定性可能使项目团队难以识别正确的价值属性并对其进行有效的价值度量。
- 项目越复杂，就越难建立单一的价值度量指标。
- 项目之间的竞争和优先级的冲突可能在创建价值度量指标计划时造成严

重破坏。
- 高管和干系人要求减少预算和缩短进度的压力增加，可能对价值度量指标产生严重影响。

必须支持建立度量指标管理计划。以下是建立这样一个计划时需要考虑的一些事实：
- 必须对测量管理计划的价值有一种制度上的信念。
- 这种信念必须得到高层管理者的明显支持。
- 度量指标必须用于明智的决策。
- 度量指标必须与公司目标及项目目标保持一致。
- 人们必须开放和接受改变。
- 组织必须愿意使用度量指标来确定绩效改进的领域和目标。
- 组织必须愿意支持度量指标的识别、收集、测量和报告。

正确有效地使用度量管理可以识别出最佳实践和收益。其中一些最佳实践包括：
- 通过成功案例树立了管理层对度量指标的信心。
- 向员工展示度量指标的"墙"是一种激励。
- 高层管理者的支持至关重要。
- 如果偶尔选择了错误的度量指标，人们不能反应过度。
- 专用度量指标通常比通用或核心度量指标提供更有意义的结果。
- 最小化测量中的偏见是至关重要的。
- 企业必须能够区分长期价值、短期价值和终身价值。

度量指标的收益包括：
- 支持测量管理的公司通常比不支持测量管理的公司表现更好。
- 建立基于价值度量指标的公司能够将价值度量指标与员工满意度和更好的商业绩效挂钩。

5.18 使用价值度量指标进行预测

报告对于进行有效的决策至关重要。一般来说，报告有三种类型。

（1）进展报告：这些报告描述了迄今为止完成的工作。这包括：
- 报告时间点计划完成的工作量。
- 报告时间点实际完成的工作量。

第 5 章 基于价值的项目管理度量指标

- 报告时间点累积的实际成本。

（2）状态报告：这些报告通过将进度与基准进行比较并确定差异来指示状态。这包括：

- 报表时间的进度偏差。
- 报告时间的成本偏差。

（3）预测报告：进展报告和状态报告是项目当前的快照。预测报告通常对干系人非常重要，它预测了项目的最终结果。这包括：

- 项目完成时的预期成本。
- 项目预计完成的时长或日期。

这些报告中还可以包括其他内容。然而，这里主要关注的是预测报告和用于进行预测的度量。

传统的预测报告提供关于项目完成时预期的时间和成本的信息。这些数据可以从趋势或公式的推演或从度量指标和 KPI 的预测计算出来。遗憾的是，这些数据可能不足以向高管提供必要的信息，以便做出有效的商业决策，并决定是继续项目还是考虑终止项目。

可能需要另两项信息：完成时的预期收益和完成时的预期价值。目前使用的大多数 EVMS 都没有报告这两个额外的信息，这可能是因为没有针对它们的标准公式。此外，完成时的价值和收益可能要到项目完成后几个月才能知道。

完成时的收益和价值必须定期计算。然而，根据项目所处的生命周期阶段，可能没有足够的数据来进行定量计算。在这种情况下，可能有必要对完成后的收益和价值进行定性评估，当然，前提是存在支持评估的资料。预期的收益和价值更适合商业决策，通常为项目的继续或取消提供强有力的基础。

使用价值度量指标，完成时的价值评估可以表明是否需要进行价值权衡。价值权衡的原因包括：

- 事业环境因素的变化。
- 假设的变化。
- 已经找到了更好的方法，可能风险更小。
- 高技能劳动力可用性。
- 技术上的突破。

如前所述，大多数价值取舍权衡都伴随着进度延期。在进行进度延期之前必须考虑两个关键因素：

（1）为了获得所需或增加的价值而延长项目可能会带来风险。

（2）延长项目会消耗项目组合中的其他项目的资源。

传统工具和技术可能无法很好地应用于以价值为驱动力的项目。为了达到预期的结果，需要建立 VMM。VMM 可以包含 EVMS 和企业项目管理系统（Enterprise Project Management System，EPMS）等功能，如表 5-17 所示。但是，必须包含额外的变量来捕获、测量和报告价值，以及可能的价值度量指标。

表 5-17　EVMS、EPMS、VMM 的对比

变量	EVMS	EPMS	VMM
时间	是	是	是
成本	是	是	是
质量		是	是
范围		是	是
风险		是	是
有形资产			是
无形资产			是
收益			是
价值			是
取舍权衡			是

5.19　度量指标和工作描述

由于现在期望项目经理具备度量指标方面的知识，所以需要修改项目经理的工作描述，以包含对度量指标的知识水平的要求。表 5-18 展示了某公司在这方面的一些期望，该公司为项目经理制定了五个级别的职位描述。

表 5-18　在工作描述中加入度量指标知识

级别	能力	级别	能力
1	了解项目度量指标和关键绩效指标	4	能够测量和评估度量指标
2	能够识别并创建项目特定的度量指标	5	能够从度量指标中提取最佳实践
3	能够跟踪和报告项目的度量指标		

第 5 章　基于价值的项目管理度量指标

测量技术的发展加速了度量指标重要性的提升，这包括有形和无形的价值度量指标。项目管理正在慢慢地成为度量指标驱动的项目管理。几十年来使用的传统测量方法已经不能满足客户和干系人的需求，基于价值的度量指标将在干系人关系管理中至关重要。此外，度量指标使项目经理更好地理解开发更复杂的知识管理技术是必要的。

5.20　度量指标的图形化展示

"一张图片胜过千言万语"的古老格言在图形化展示度量指标时确实是正确的。

图 5-17 显示了已分配的劳动力和计划的劳动力的状况。对于工作包#1，计划分配 5 个人，但是目前只有 4 个人在工作。这个度量指标还可以用来显示一个工作上多分配的人力。

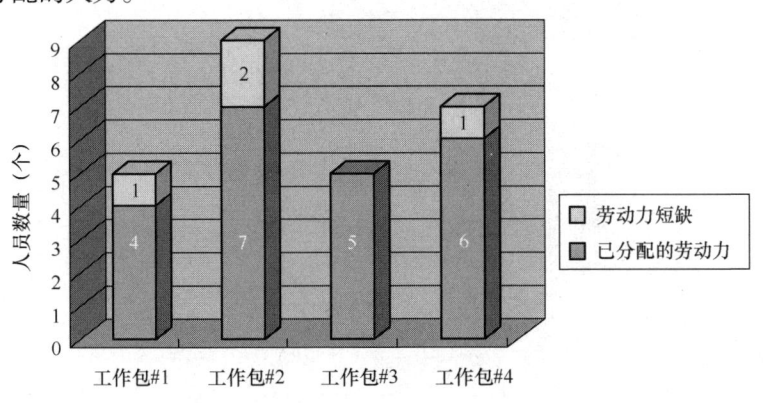

图 5-17　已分配和计划的劳动力对比

图 5-17 显示了资源的短缺，但是如果已分配的工人的技能比最初计划的要高，这可能不是坏事，如图 5-18 所示。从这个图中可以看出，已分配的资源为 6 级、7 级和 8 级薪资等级员工。如果仅计划使用 5 级和 6 级薪资等级员工，那么这可能是好事儿。然而，如果预期是 9 级薪酬的员工，那么可能有问题。

图 5-19 描述了正常、加班和人员不足的时间。1 月，正常工作 600 小时，加班 50 小时。项目仍然需要完成 100 小时的任务量，这可能导致进度延期。

干系人通常想知道已经完成了多少预定任务以及还有多少任务尚未开始或可能延迟完成，如图 5-20 所示。每个月延期的工作包都在减少可能是一个好迹象。这种表示方法还可以用来说明所有工作包的百分比，不管它们是否已经启动。

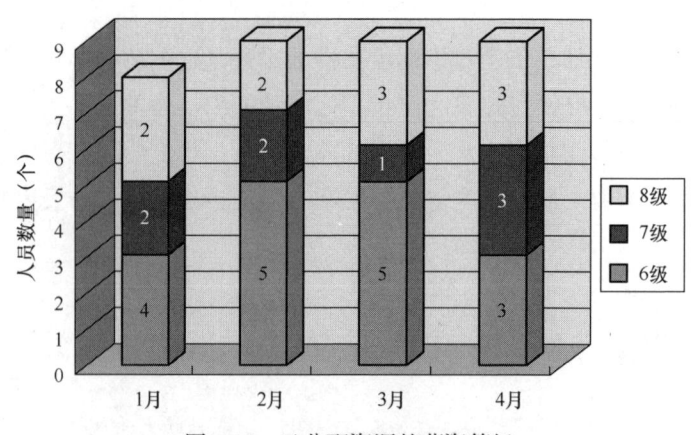

图 5-18 已分配资源的薪资等级

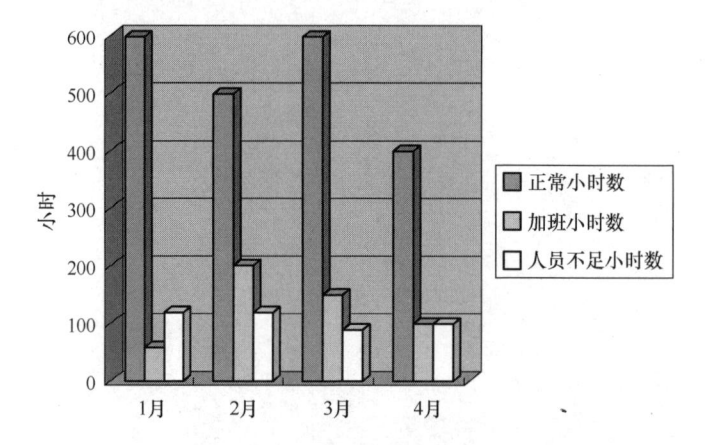

图 5-19 正常工作时间、加班时间和人员不足的工时数

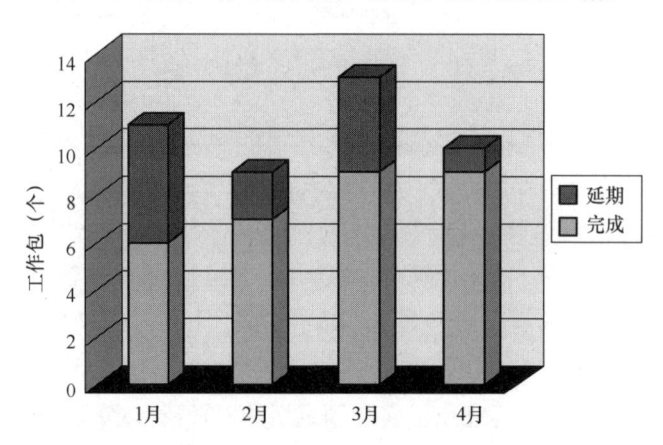

图 5-20 计划完成工作包，包括已完成和进行中的

第 5 章　基于价值的项目管理度量指标

有些公司为每个工作包提供关键的风险指示。在图 5-21 中，带有关键风险指示的工作包的数量随着时间而减少。这是个好兆头。

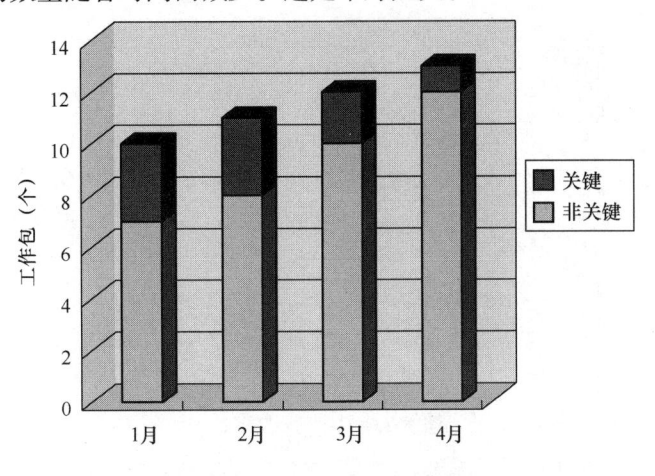

图 5-21　关键风险等级工作包

图 5-22 描述了符合成本基准的工作包的数量。随着时间的推移，这个数字还在增加，成本似乎在控制之中。当需要修改成本、范围和进度表时，就会产生基准更改。基准变更的数量通常是公司计划过程质量和/或预测能力的指标，如图 5-23 所示。这种类型的度量指标很重要，因为它说明了需求随着时间的变化率。基准修订次数可能是项目过程中范围变更的结果。在图 5-24 中显示了此类度量指标。

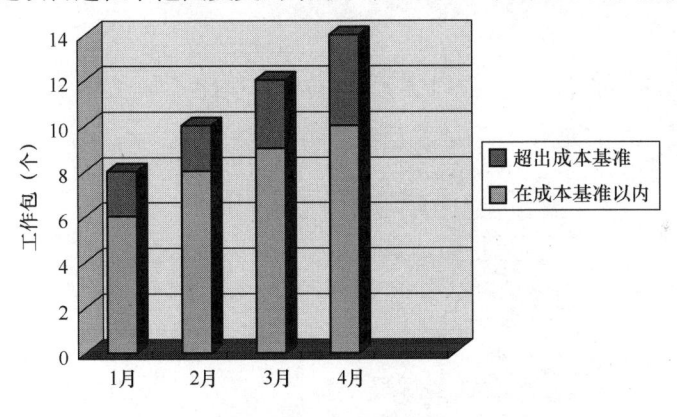

图 5-22　工作包预算

成本和进度延迟可能是项目治理不完善和无法及时关闭任务的结果，在图 5-25 中显示了这一点。持续两三个月的任务可能严重影响项目的最终交付物及干系人的满意度。两三个月仍未解决行动项可能对项目最终交付物以及干系人满意度产生严重影响。在某些情况下，任务项可能需要更长时间才能关闭。例如，利用业务机会和考虑风险缓解技术这两个例子。

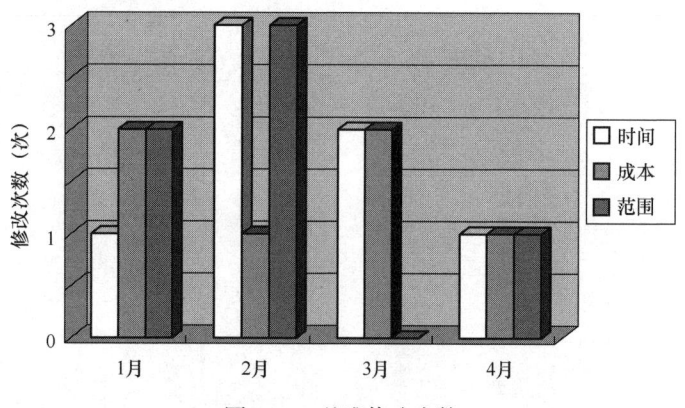

图 5-23 基准修改次数

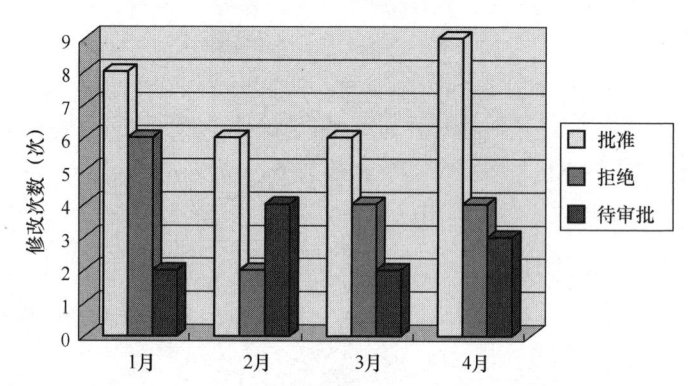

图 5-24 范围变更数量（待审批、批准、拒绝）

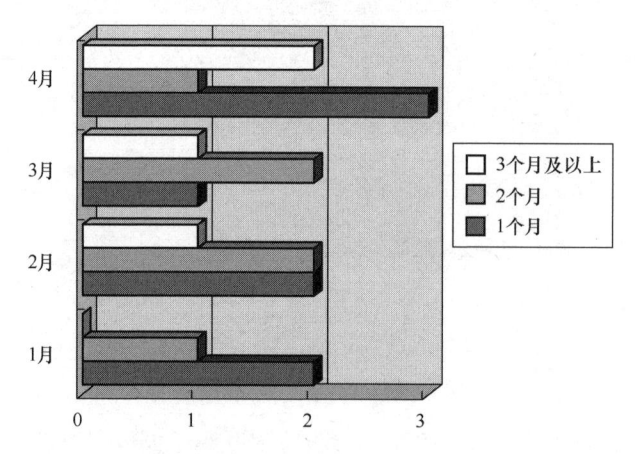

图 5-25 任务项数量（每月未完成量和未完成时间）

第 5 章 基于价值的项目管理度量指标

并不是所有的约束条件都是同等的。一些公司将它们分为关键约束和非关键约束。如图 5-26 所示，无论是关键还是非关键约束条件，在整个项目期间都必须密切跟踪。约束重要性的变化可能对干系人期望获得的最终价值产生严重影响。

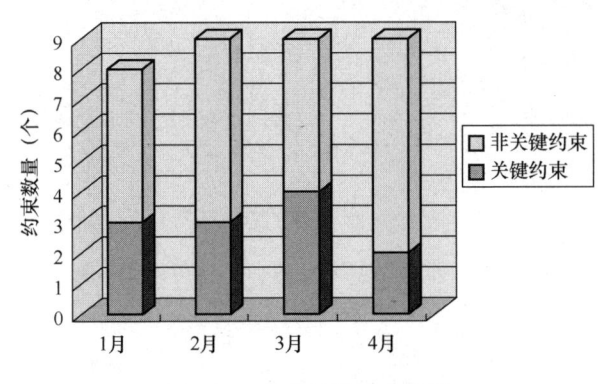

图 5-26 月度关键约束数量

假设在项目进行过程中也可能发生变化。项目时间越长，假设的数量发生变化的可能性就越大，必须密切跟踪这些假设。如果假设发生了重大变化可能导致项目被取消，如图 5-27 所示。2 月，有 8 项假设与 1 月相同，其中两个假设发生了变化。从图中右边的表格可以看出，改变的两个假设中有一个是新建立的，另一个是修改的。

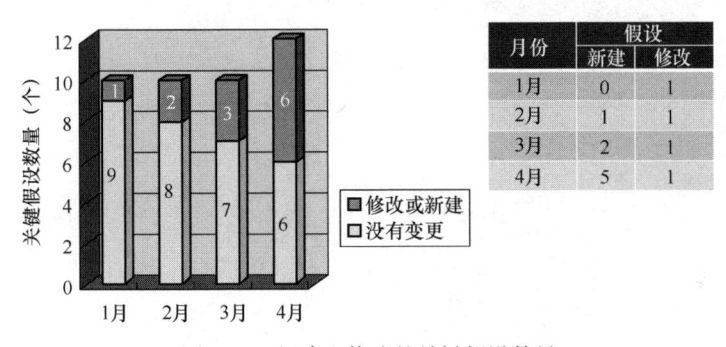

月份	假设	
	新建	修改
1月	0	1
2月	1	1
3月	2	1
4月	5	1

图 5-27 新建和修改的关键假设数量

现在大多数公司都有最佳实践库。在竞标合同时，公司经常向客户承诺，将使用库中与该项目相关的所有最佳实践。为了验证这些承诺是否得到了遵守，项目团队可以跟踪所使用的最佳实践的数量，并将其与所承诺的进行比较。如图 5-28 所示，在这个图中，向客户承诺了 10 个最佳实践。已经使用了 7 个最佳实践，两个将在将来使用，一个最佳实践将不使用。

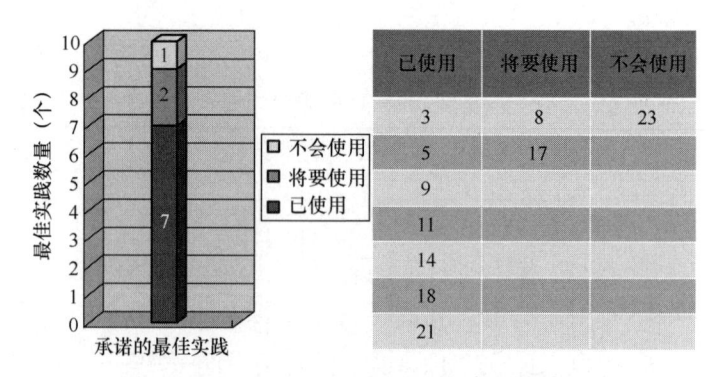

图 5-28 实际和承诺的最佳实践对比

有些公司根据每个项目的总体风险为它们分配一个项目复杂度因子，如图 5-29 所示。在本例中，复杂度因子为 15 表示非常严重的风险。项目开始时，当了解的信息最少时，风险通常是最大的。由于复杂度因子的值随着时间的推移而降低，项目看起来进行得很好。

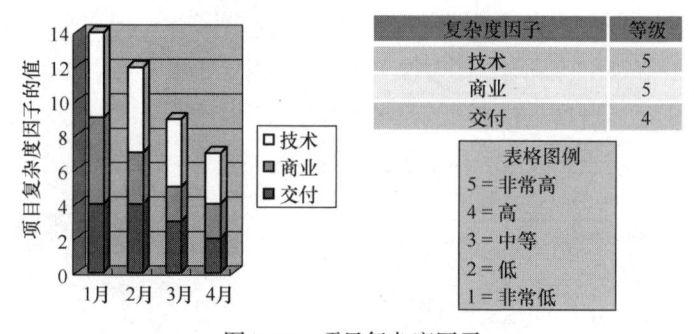

图 5-29 项目复杂度因子

有时候，维护度量指标库的公司会识别度量指标的描述和相关的图示，如图 5-30 所示。图 5-30 显示了图 5-29（项目复杂度因子）如何出现在度量指标库中。图 5-30 中右边的列显示了用于描述度量指标的一些信息。

对于大型项目，干系人通常对分配给项目的总人力资源很感兴趣。图 5-31 以度量指标的形式显示了这一点。另一个重要指标是管理储备金消耗速率，如图 5-32 所示。1 月设立了 10 万美元的管理储备金。到 3 月底，已使用了 6 万美元，还剩 4 万美元。4 月，储备金又增加了 3 万美元，共使用了 8 万美元。

图 5-33 显示了每月按时或延期交付的可交付物的数量。这个度量指标通常和其他度量指标一同使用，如图 5-34 所示，它显示了接受和拒绝交付物的数量。

图 5-35 显示了 CPI 和 SPI 的走势。由于它们代表趋势，所以最好在左侧的趋势

第 5 章 基于价值的项目管理度量指标

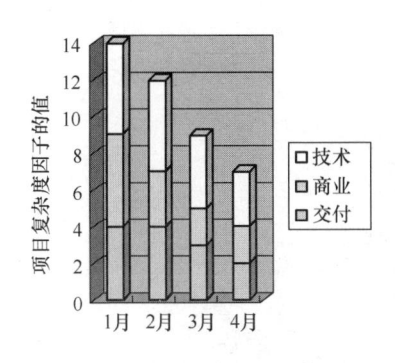

因子	信息
描述	表示项目复杂度随时间的变化
指标所有者	Ellen Stanford
优势	直接和下游风险相关
劣势	高度主观
度量指标或KPI	度量指标
价值属性	不适用
图像类型	折叠列
测量	人为判断
《PMBOK®指南》知识	风险管理
《PMBOK®指南》域	执行

图 5-30 度量指标库中的项目复杂度因子

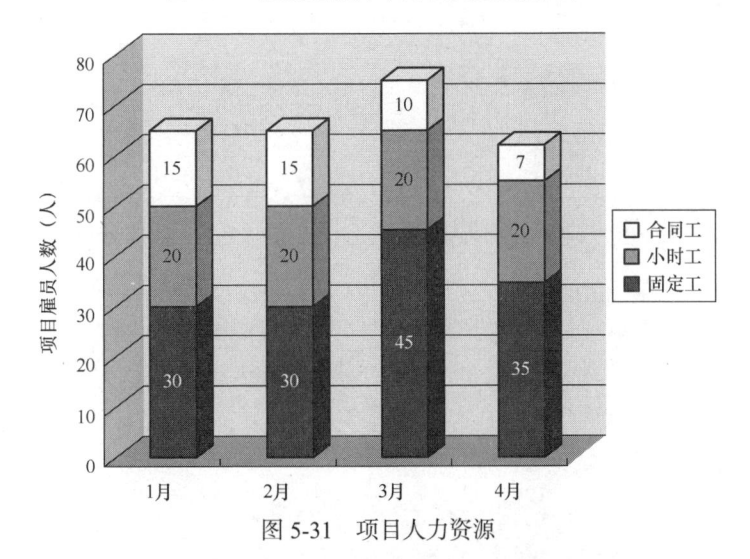

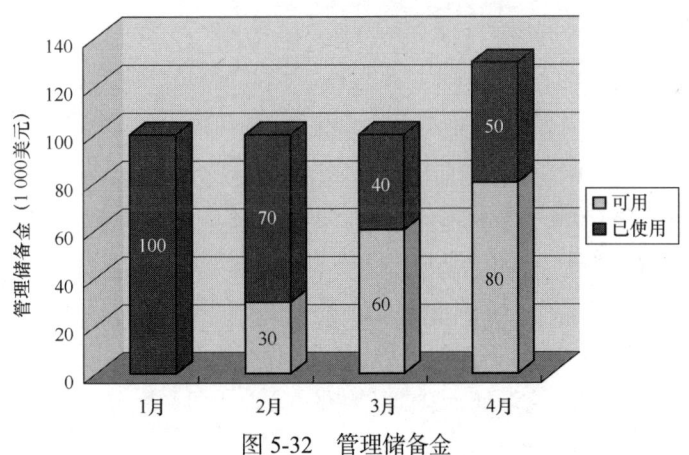

图 5-31 项目人力资源

图 5-32 管理储备金

图 5-33　交付物按时或延期

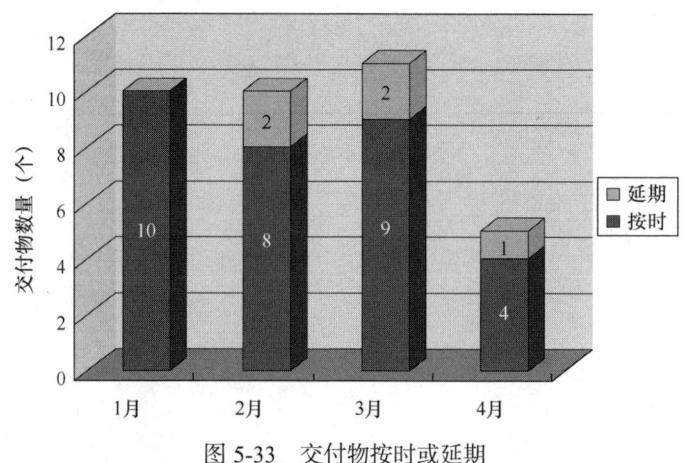

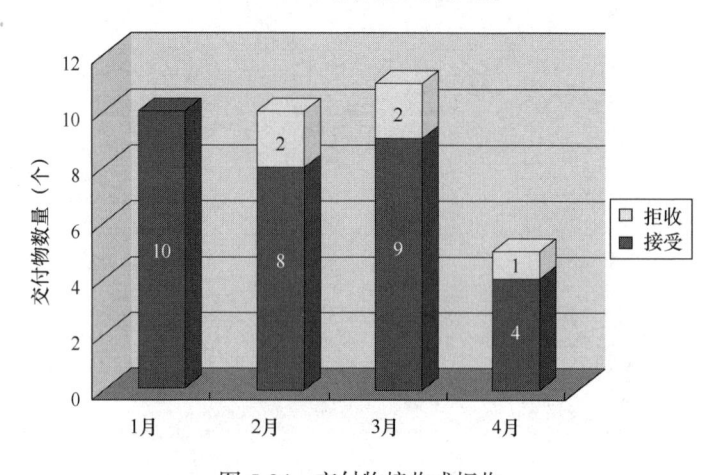

图 5-34　交付物接收或拒收

图上显示它们，而不是使用显示平均值的仪表。在正常情况下，SPI 为 1.0 表示符合进度要求，但仪表显示"平均"SPI 值。左边的趋势图显示即使平均值为 1.0 时 SPI 的趋势也是不好的。在显示度量指标时，必须注意使用正确的图像。由于此图用于显示趋势，通常只有存在充分数量的数据点以指示趋势时才会放置在仪表盘上。

CPI 通常比成本差异有意义，因为它可以显示趋势。但是，如果要以度量指标的形式提供成本差异，最好显示上月和本月之间的差异，如图 5-36 所示。工作包 8 明显比上个月差。工作包 1 仍然是不顺利的，但不利的差异幅度出现了减少，这是好的。换句话说，在负偏差幅度方面可能会有改善空间。同样，在图 5-37 中，正变动的大小也可能出现下降，这是不利的。

第 5 章 基于价值的项目管理度量指标

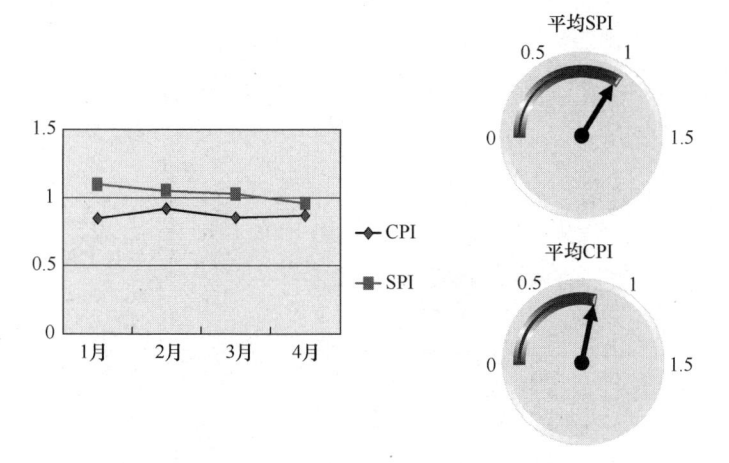

图 5-35 月度 CPI 和 SPI 数据汇总

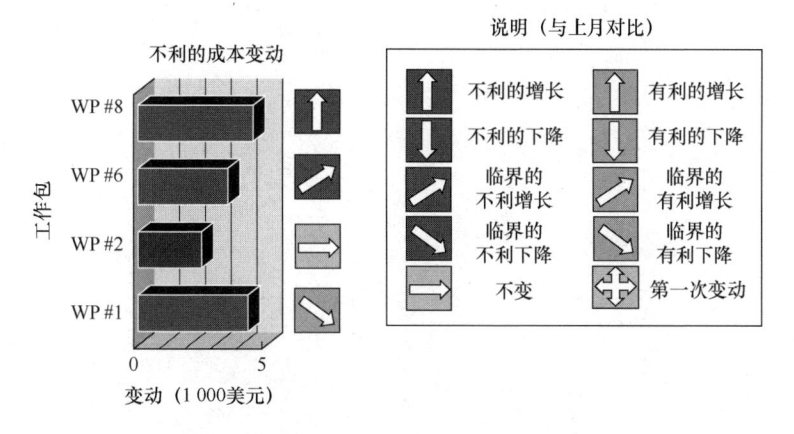

图 5-36 用颜色表示的不利变动（月度）

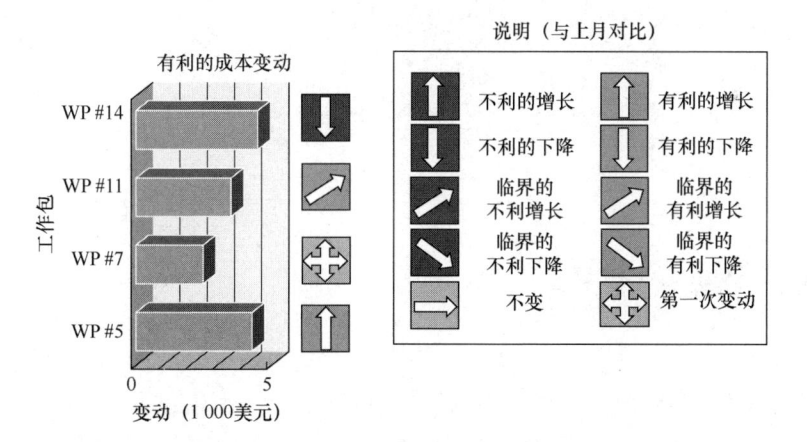

图 5-37 用颜色表示的有利变动（月度）

趋势通常用于预测完成时的估计成本（Estimated Cost at Completion，EAC）。如图 5-38 所示，原来的预算是 80 万美元，EAC 的波动同时也可以显示。由于 EAC 可以使用多个不同的公式，当公式发生变化时，有时也会显示波动。

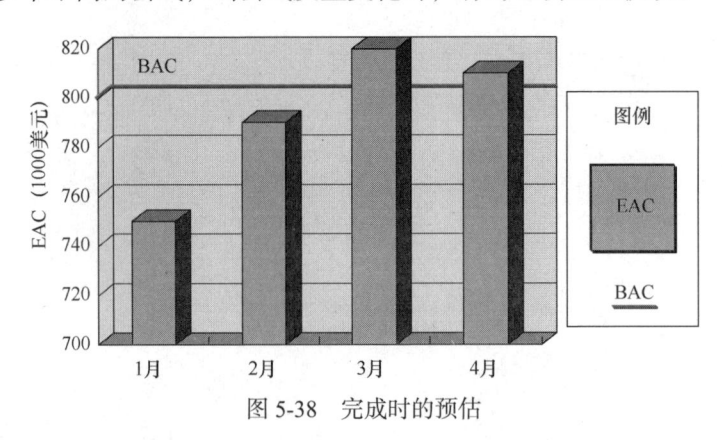

图 5-38 完成时的预估

有时项目上的风险是长期存在的，即使采取了缓解措施，它们也不会消失。图 5-39 显示了如何使用度量指标来跟踪风险的时效。单独一个度量指标不能一直显示项目的状态，可能需要组合多个度量指标来进行评估。

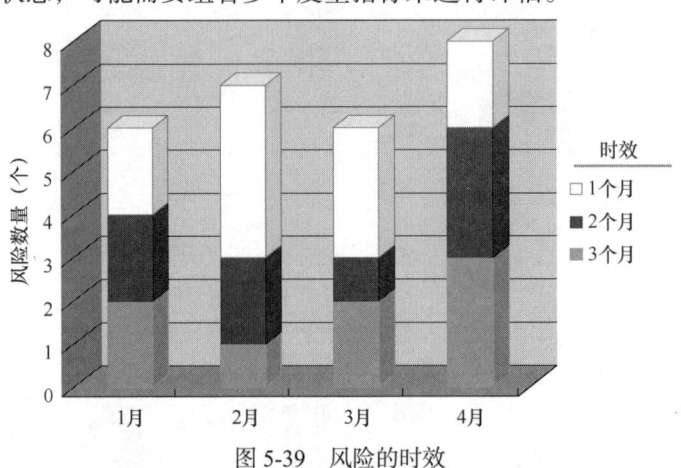

图 5-39 风险的时效

5.21 创建项目价值基准

到目前为止，本章所涵盖的所有信息都清楚地表明，需要一个测量价值的基准。高管和客户期望项目经理有效地监视和控制项目。作为监视和控制的一部分，项目经理必须准备进度、状态和预测报告，清楚地阐述项目的绩效。

但是要测量绩效，需要一个基准点或基准，可以从这个基准点或基准进行测量。基准的必要性很明显：

- 没有基准，就无法测量绩效。
- 如果绩效无法测量，就无法管理。
- 可以衡量的业绩才能受到关注。
- 得到关注才能完成。

为了能够控制项目，它必须组织成一个封闭系统。这需要为所有可能的约束建立基准，至少包括范围、时间和成本。没有这样的基准，一个项目会被认为是失控的。如果不知道项目从哪里开始，就不可能跟踪发生了什么变化，或许也不可能找到增值的机会。

绩效测量基准

测量绩效的基准点就是绩效测量基准（Performance Measurement Baseline，PMB）。PMB 作为度量指标的标杆对照，可以根据时间、成本和范围的三重约束来测量绩效。它还可以用作商业价值跟踪的基础，前提是要建立价值度量指标和价值约束。

建立、批准、控制 PMB 及为其编制文件的主要原因：

- 确保完成项目目标。
- 管理和监控项目执行过程中的进度。
- 确保交付物和项目要求的完成信息是准确的。
- 建立绩效评估标准。

PMB 会在计划阶段结束时定稿，以确定所需的开支、初步的成本及时间表。PMB 一旦建立，便会作为标杆对照，以测量和校准项目的进度。然后使用基准测量实际进度与计划绩效之间的差异。如果没有一个准确的基准作为起点，绩效测量可能是没有意义的。遗憾的是，在过去，项目经理只根据他们认为重要的工作要素创建基准，这可能与客户需求或客户对价值的需求完全一致，也可能不完全一致。基准是项目经理计划做什么，不一定是客户要求做什么。

项目价值管理

传统上使用 PMB 的问题在于，它没有考虑到公司外部人员对项目的预期价值。价值的重要性已经被认识到了一段时间。

多年来，许多公司建立了价值工程（Value Engineering，VE）部门，专注于在工程和制造活动中实现的内部价值。后来 VE 扩展成了价值分析（Value Analysis，VA），它包括对内部商业价值的考虑。今天，合并的 VE 和 VA 称为价值管理（Value Management，VM），其中 VM = VE + VA。

今天，项目经理需要了解项目 VM 的重要性，以及它与客户和消费者对价值理解的关系。项目 VM 是一种思维方式，它的原则应该在项目开始时就开始应用，并贯穿整个项目生命周期。项目 VM 是属性、人员、需求、事业环境内部因素和外部环境的组合。项目价值的属性可能包括时间、成本、质量、风险等因素。项目价值不仅仅是用最低的价格或最少的资源获得客户满意这么简单，也不能完全通过传统三重约束来确定。

关注三重约束不是创造项目价值的思维方式。建立良好的价值度量指标允许根据传统三重约束之外的其他因素来定义项目成功。例如，假设项目经理在一家制造公司工作，该公司为客户制造组件，而客户又在其销售给其他消费者的产品中使用该零件（它的客户）。

每个人对成功都有完全不同的定义，比如：

- 消费者：一个可交付的解决方案或产品，可以消除障碍或改善消费者生活方式。
- 客户：一个可交付的解决方案或产品，与客户企业战略目标和目标相一致。
- 项目经理：在竞争约束下提供可持续的商业价值。

简单地说，客户之声（Voice of the Customer，VOC）不再只是你的客户的声音，他们可能不是你的产品和服务的最终用户，它不再仅仅是客户的声音。VOC 也可以是客户所服务的消费者的声音。要正确地听取这些声音，项目经理必须了解客户的业务模型和策略，以便接触到消费者及客户的价值管理计划。

项目 VM 必须首先清楚地理解客户对价值的定义。价值不匹配通常会导致糟糕的结果。然而，应该理解的是，在长期项目中，客户对价值的定义可能发生变化。

只有当项目人员配置功能提供的资源拥有等于或超过预期的项目价值时，才同意每个人的价值定义才有效。图 5-40 显示，最好的资源应该分配给能为客户和消费者提供高价值，为项目经理的公司提供高战略价值，但需要项目经理的公司投入较少成本的项目。

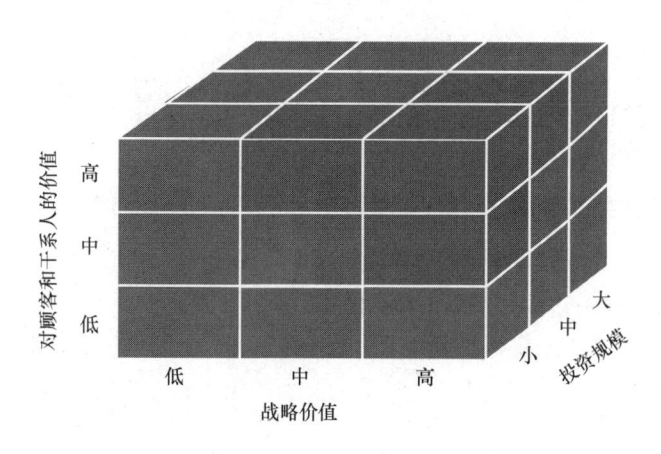

第 5 章　基于价值的项目管理度量指标

图 5-40　基于价值的资源应用模型

价值管理基准

配置管理是管理变更的流程，包括交付物、硬件、软件、文档及测量。价值基准支持配置管理流程。传统上，配置管理包括来自多个基准的输入，但不包括来自价值基准的输入。因此，在变更控制委员会会议上，很难从数量上准确地定义将实现什么附加价值。今天，要在变更控制委员会会议上解决的关键问题的答案来自四个基准：

（1）成本基准：变更的成本。
（2）进度基准：对进度的影响。
（3）风险基准：风险影响。
（4）价值基准：增值机会。

所有基准都是参照点，在此基础上对计划和实际进展进行比较。所有基准都建立在一个固定的时间点上。然而，一些价值基准必须随着时间的推移而变化。与传统的时间、成本和范围基准不同，价值基准高度依赖测量时间、测量间隔，以及价值基准通常显示为阶梯函数而不是线性函数这一事实。

价值基准有以下几个特征：
- 价值基准可以由其他基准的属性组成。
- 价值基准应向客户展示。其他基准可能展示给客户，也可能不展示给客户。
- 价值基准可能是合同义务，也可能不是。
- 与其他基准不同，价值基准可以在生命周期的不同阶段更改。
- 干系人必须理解实际价值和计划价值之间的差异，无论是有利的还是不利的。
- 基准变更可能需要修改或重新制订项目计划，甚至导致项目取消。
- 价值基准可以在其他基准不发生任何变化时改变。
- 对于某些项目，在生命周期早期阶段监控价值基准可能不会提供有意义的数据。
- 确定价值基准的更新频率很重要。
- 价值基准可能需要不断地向使用方解释。这可能与其他基准不同。
- 比如，价值基准增加 5%，并不一定意味着实际价值增加了 5%。
- 价值的绩效测量可能需要定制，而不是使用现成的技术。这可能需要在项目开始之前就达成一致。

在项目开始时，就项目价值达成一致可能是困难的。即使达成了协议，每个干系人仍然可以对价值有自己的主观想法：

- 项目经理：成本最低。
- 项目设计团队：功能性。
- 客户：市场份额。
- 消费者：最佳购买。

在建立价值基准时，干系人的参与是必不可少的。干系人必须清楚地理解以下含义：

- 正常价值绩效。
- 价值的增加。
- 价值的下降。

导致价值基准恶化的因素包括：

- 对价值的初始预期错误。
- 不现实的价值预期。
- 很难实现的价值预期。
- 与商业目标不一致。
- 经济衰退。
- 改变客户/消费者的需求和习惯。
- 意想不到的危机。

第 5 章 基于价值的项目管理度量指标

选择价值基准的属性

价值基准由来自其他基准的属性集合组成。每个项目的价值基准可能不同。图 5-41 显示了用于选择价值属性的六个通用类别。图中的属性表示为齿轮，因为一个属性的更改可能导致对所有其他属性的更改。每个价值属性对每个干系人都有不同的含义，如表 5-19 所示。

图 5-41 价值度量指标属性

表 5-19 属性的整合

通用的价值属性	项目经理的价值属性	客户的价值属性	消费者的价值属性
时间	项目持续时间	上市时间	交付日期
成本	项目成本	销售价格	采购价格
质量	性能	功能	可用性
技术和范围	符合规格	战略一致	安全购买、可靠
满意度	客户满意	消费者满意	尊重所有权
风险	没有这个客户的未来业务	利润和市场份额的损失	需要支持和淘汰的风险

有时，时间和成本之类的指标并不被视为价值属性，但对客户来说仍然很重要。例如，考虑这样一个项目，对客户来说，交付物的生命周期成本比原始合同成本更重要。生命周期成本是消费者为获得、拥有、操作、支持和处置交付物而付出的总成本。如果项目的成本增加了 10 万美元，但是生命周期成本表明在安全、可靠性、可操作性、维护和环境因素方面的成本节约了 10 倍，该怎么办？在本例

中，成本度量指标在项目执行过程中仍然很重要，但它的重要性还不足以用作价值属性。同样的情况也可能发生在时间测量上。

生命周期成本决策可以为客户和消费者增加重要的价值。项目经理应该寻找项目价值的机会，但不必以项目的巨大成本去实现。干系人可能需要批准项目价值机会提案。

项目价值提案可以引发项目团队的超过预期成就的行动。

超额完成趋势

- 超过规格，而不是达到规格。
- 不必要地给予客户超出他们要求或需要的东西。
- 以项目为代价来确定未来的机会。

超额完成风险

- 增加复杂性。
- 总体不确定性和风险加大。
- 可能引起优先级冲突。
- 无法满足压缩时间的目标。

我们现在可以总结有效的项目价值管理所需的技能：

- 创新技能。
- 头脑风暴技能。
- 解决问题技能。
- 流程技能。
- 生命周期成本核算技能。
- 风险管理技能。

第 6 章

仪表盘

本章概述

仪表盘可用于实现无纸化项目管理，用最快的方式向干系人传达最关键的信息。仪表盘是提供数据的沟通工具。如果为了以摘要的形式快速传达全局信息，仪表盘是最好的选择。其他项目管理工具（比如书面报表）可能也是有必要的，可用来提供支撑类信息和细节内容。

设计仪表盘并不容易。同一项目可能需要多个仪表盘。仪表盘设计工作可以通过一些规则来简化。本章包含了一些帮助客户设计仪表盘的公司发布的白皮书。

本章目标

- 了解仪表盘的特点。
- 了解仪表盘和计分卡之间的区别。
- 了解不同类型的仪表盘。
- 了解使用仪表盘的收益。
- 了解并应用仪表盘的规则。

关键词

- 商业智能。
- 仪表盘。
- 仪表盘设计规则。
- 计分卡。
- 交通灯报表。

6.0 介绍

数字仪表盘的理念起源于 20 世纪 70 年代的决策支持系统。随着 20 世纪 90

年代末互联网的崛起，与商业相关的数字仪表盘开始出现。有些仪表盘用于跟踪既有的业务流程，而其他仪表盘则用于跟踪业务战略的执行情况。仪表盘可用来呈现即使高管都能够理解的财务指标。图 6-1 显示了一个典型仪表盘的样式。

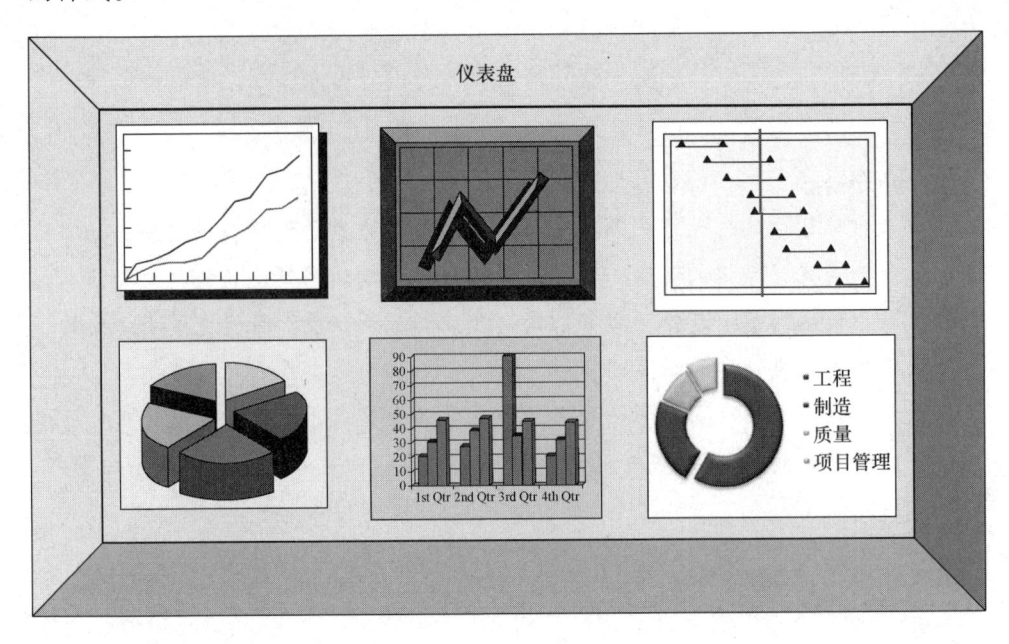

图 6-1 典型仪表盘的样式

影响仪表盘的最重要因素可能是关键绩效指标。这是 Robert S. Kaplan 和 David P. Norton 在 20 世纪 90 年代中期发布的平衡计分卡方法中的一部分。后来，Mark Leon 对 135 家公司进行了调查，其中一半以上的公司在使用仪表盘。

仪表盘在某些行业很常见，但具体用途可能有很大的不同。例如，以下是一些特定类型的仪表盘：

- 医院工作流程和病床管理仪表盘。
- 博物馆仪表盘。
- 最佳工作地点仪表盘。
- 牙医仪表盘。
- 能源仪表盘。
- 联邦政府仪表盘，用以降本增效。
- 联邦储备银行的弹性仪表盘。

第 6 章 仪表盘

- 食品质量控制仪表盘。
- 投资人风险仪表盘。
- 销售薪酬仪表盘。

在当今的商业环境中，使用仪表盘演示的能力几乎和写作技能一样不可或缺。人们往往认为设计图形是理所当然的，却没有意识到各种类型的信息图形的问题，因为传统的学校并不教授相关内容。这些仪表盘设计方面的知识空白可以由专门的研讨会和网络研讨会来填补。

许多仪表盘不能提供价值是因为设计问题，而不是技术问题。有效的仪表盘并不需要铃铛和彩灯来装饰。仪表盘设计的核心是提供有效的沟通。大多数人不明白，信息可视化实际上是一门科学，而不是一门艺术。

根据 Stephen Few 的说法：

仪表盘设计的最根本挑战是以一种清晰、没有干扰的方式将所有需要的信息显示在一个单一的页面上，使观者快速理解其信息。如果这一目标在实践中难以实现，那是因为仪表盘通常需要密集地显示信息。仪表盘设计人员必须在一个非常有限的空间内放入大量信息，且整体显示必须整齐地适配页面。想要完成这个艰巨的任务，需要一套具体的设计原则来支持。

把 Few 的说法稍加调整可以得到项目管理仪表盘的定义：

项目管理仪表盘是少量关键指标或关键绩效指标的可视化显示，干系人和所有项目人员可以一眼看到必要的信息，做出明智的决策。原始数据被转换成有意义的信息。所有的信息都应该在一个计算机页面上清晰可见。

一些与仪表盘相关的简单事实：

- 仪表盘是沟通工具。
- 仪表盘能让用户了解当前信息的含义，以及其未来可能具有的含义。
- 恰当设计的仪表盘提供商业智能信息。
- 仪表盘不是详细的报表。
- 有些仪表盘可能根本不起作用。
- 有些仪表盘可能不适用于特定的应用场景，不应强制要求干系人在这种情况下使用。
- 可能需要多个仪表盘来传达必要的信息，它们应该提供正确的数据，而不是给人们过多的信息。

- 重要的是，所显示的信息要着眼于未来。否则，用户就会陷入分析过去而不是思考未来。
- 有效的仪表盘可以减少来自干系人和高管的潜在干预。
- 在竞标过程中，仪表盘的展示效果可能决定合同的成败。
- 信息图形应基于信息设计和数据可视化的最佳实践。
- 随着 KPI 使用的增多，干系人和其他仪表盘用户对所度量的对象有很好的了解是非常重要的。决定度量的对象是至关重要的。许多项目之所以失败，是因为仪表盘设计人员在仪表盘上插入了太多让人分心的花哨饰物。另外，仪表盘上的相关指示器没有闪烁并不意味着相关事项进展顺利。
- 仪表盘通常采用横向布局，而不是纵向布局，尤其是在仪表盘需要被打印的情况下。
- 不要指望第一个仪表盘设计就能做到完美。

> 提示：项目经理必须向干系人解释如何使用仪表盘 KPI 来识别相关事项什么时候进展顺利，什么时候不顺利。

仪表盘设计人员还必须了解仪表盘的一些陷阱。比如说仪表盘的安全性以及商标的使用。仪表盘的安全性是指限制仪表盘显示的信息的过程，仪表盘显示的信息仅能提供给有权查看的人使用。仪表盘的安全性设计可能相当复杂，因为每个干系人可能使用不同的仪表盘。

此外，由于仪表盘上的空间有限，必须注意避免大量使用和公司或项目有关的标志或商标信息。推广公司是一件好事，但页面空间是有限且昂贵的。在仪表盘上放置太多的信息会导致信息过载。

项目团队中的仪表盘设计人员必须了解：
- 项目管理的基础知识。
- 仪表盘的用户是谁。
- 使用仪表盘的目的。
- 最终用户的需求。
- 仪表盘将被如何使用。
- 如何进行度量。
- 多久度量一次。
- 如何更新仪表盘，多久更新一次。
- 在可行情况下，如何保持仪表盘设计的一致性。

■ 数据显示的安全性。

业务仪表盘按季度更新，但项目管理仪表盘与之不同，项目管理仪表盘侧重于每月至今和累计至今的比较结果或与目标的接近程度。项目管理仪表盘可能还包括实时报表。在设计仪表盘时，设计人员必须知道仪表盘必须多久更新一次。

传统的业务仪表盘是为较广的用户受众设计的，项目管理仪表盘则根据不同的用户有不同的展示内容。仪表盘数据通常有两种用途：

（1）用户看到数据并得出自己的结论。这类仪表盘包含识别问题所需的决策数据和信息。

（2）用户看到项目经理希望他看到的结论。这类仪表盘用于内部报表和状态更新。

项目管理仪表盘上的数据同时服务于这两个用途，但在很大程度上偏向于用户的需求和所选择的度量指标与 KPI。所展示的数据必须依据其用户而定。

6.1 仪表盘到底是什么

在探索、分析、监控和操作数据时，需要许多不同类型的信息显示。在 Dundas BI（一个仪表盘、报表和分析的平台）中，通过连接到度量数据集，可以创建不同类型的"视图"，通过数据可视化来显示数据。到目前为止，最常见和最重要的视图是仪表盘。

在 Dundas BI 中可以使用仪表盘视图做什么？等等——这个答案令人惊讶地有争议，但也证明了 Dundas BI 的能力和灵活性。

■ 仪表盘！

你说得对！但仪表盘到底是什么？答案各不相同。随着时间的推移，许多经过深思熟虑的定义都趋向于 Stephen Few 的定义，他花了大量时间试图在数据可视化的背景中赋予这个词一个清晰且具体的含义，同时倡导其最佳实践设计。他的定义如下：

仪表盘是实现一个或多个目标所需的最重要信息的可视化显示，这些信息聚合在单个计算机页面，以便使观者可以一目了然地进行监控。

后来又对这个定义进行了增补：

快速监控当前的情况，需要及时响应，以履行特定的角色。

就像汽车一样，在商业智能背景下，仪表盘应只包含在执行实际工作时需要监控的所有信息，以使观者了解是否需要采取及时行动。（遗憾的是，有些汽车仪表盘可能会让驾驶者导向错误的方向——但这是另一个话题了。）决定每个人或角色需要的信息，可能是一项艰巨的任务。

仪表盘应该能够一次性在一个页面上完整展示，而不需要通过交互来了解有什么东西需要你注意，这有时会使页面空间变得稀缺。仪表盘可能会通过可视化的警告或者状态来引起你的注意力，你可能需要交互来对信息进行操作，例如悬停提示，从数据汇总中钻取更多细节，或导航到不同的页面。如果每隔几秒或一整天就需要最新的数据，仪表盘可能会自动刷新。

Stephen Few 在用词上非常精确，他特别指出仪表盘不是用于数据探索、分析或查找报告的。它不能有滚动条，也不能被组织成多个页面、选项卡，或者需要其他点击才能访问监控的任何数据——否则，这就是多个仪表盘。如果仪表盘的信息变化不会立即触发行动，那么应该将其删除，这样它就不会占用其他数据的空间和注意力。

如果你的仪表盘不完全符合这个定义，这也很正常。

仪表盘的设计

仪表盘设计师可能需要全面的分析功能来过滤、分组和排序数据，提取子集（如前 10 名），应用公式等。这就是为什么在 Dundas BI 编辑仪表盘时也可以使用全屏度量集编辑器中可以找到的所有分析功能。你也可以将数据拖到仪表盘编辑器上，立即创建一个指标集，并使用与指标集编辑器中相同的数据分析面板。你可以在编辑和查看之间即时切换，以便与数据交互，以过滤、排序、钻取数据等（在设计仪表盘查看器时，可以选择禁用这些交互）。

请记住，并不是所有的新仪表盘都必须涉及同样多的工作或要求用户从头开始。所有 Dundas BI 中的用户类型都可以创建新的仪表盘，并且可以从其他配置好的仪表盘中拖入他们所需要的现有的指标集，加入过滤和交互。虽然这可能并不一定像由专家定制的仪表盘那样好，但我们希望为我们的客户提供选择，让他们的所有用户都能访问这种"自助服务"能力，他们可能确实会产生一些有用的仪表盘。

对于通过点击实际仪表盘来访问更多细节的补充页面，我们应该叫什么呢？这些页面可以支持我们采取行动。它们不应该被称为仪表盘，但设计一个这样的页面的过程是相同的。

引导分析

如果你需要和多个图表或视图交互，来执行某类分析，会怎么样？也许这种分析有特定的任务，所以额外的分析功能不包括在内。这还是仪表盘吗？

不是，那叫什么名字？

稍后再详细介绍。现在，你可以从仪表盘开始，将其设计为仅支持所需的分析，并在需要时禁用任何不需要的功能。

数据探索

还记得我前面提到的在编辑仪表盘时可以使用的所有分析工具吗？它们还为执行探索性分析提供了良好的环境。如果你需要一次处理不止一个图表，Dundas BI 中的仪表盘编辑器可以充当空白画布，用于快速更改、重构、复制、重新排列数据及将数据可视化。你甚至可以对来自多个图表的数据应用公式，并在新的图表中显示组合结果，称为"公式可视化"。当一个数据集在同一屏幕上以不同的方式进行分析和可视化时（"多面"分析），自动数据刷新和过滤器可以帮助你一键连接到所有选定的可视化数据。

这就是为什么在全屏指标集编辑器中从工具栏（如直方图或相关矩阵）中选择一些分析选项，会自动将你的工作带到一个新的空白仪表盘上：因为结果应该以新的可视化形式出现，然后你可以配合原始数据一起工作。

你还可以在设计好的仪表盘的工具栏或导航菜单中找到"Edit Copy For Analysis"选项，即使其他人创建了它，也可以根据原始仪表盘的数据在需要时快速访问这些分析功能。

其他

虽然对于那些遵循数据可视化最佳实践设计的人来说，"仪表盘"这个词有一个特定的含义。但仪表盘也是一个具有既定含义的术语，并不是所有定义都与汽车或飞机有关。以下定义来自《牛津英语词典》：

"各种重要信息的图形汇总，通常用于给出一个业务的概述。"

"网站上的一个主页，可以访问网站的不同功能元素。"

让我们以第二个定义为例。使用 Dundas BI，你可以轻松地创建一个仪表盘，作为你的 Dundas BI 定制门户：在你的用户配置文件中，设置默认视图，以便在登录时自动显示特定的仪表盘。

请记住，无论何时，当设计适合单个屏幕的内容时（可根据不同的屏幕大小或特定的目标大小调整自身大小），仪表盘都是 Dundas BI 中最合适的视图类型。例如，你可能希望使用我们广泛的图表库和功能集来创建一个涉及像素的定制信息图。（否则我们为什么要把 Word Cloud 作为仪表盘的一个选项——位于"有趣"类别下？）

■ 不是仪表盘

在技术上和实践上，有些视图类型与仪表盘有很大的不同。例如，一种通常被称为"报表"的视图，包括在 Dundas BI 中，它生成的多页报告通常不适合在一个屏幕上显示，并且通常有页眉和页脚，用于生成 pdf 和打印。

小而多图，虽然有时能够适应你的屏幕，但不一定能做到这一点，它们通常是单独用于分析的。或者，小而多图和可视计分卡通常与其他内容一起添加到仪表盘中。

■ 结论

即使知道了仪表盘的最佳实践，并希望创建一个根据我们的角色来监视的仪表盘，我们也可能做不到，并且/或无法创建任何其他有用的数据视图。当然，在仪表盘之外，我们的 BI 软件还需要其他类型的显示。遗憾的是，"仪表盘"的最佳实践定义并没有为我们提供与其他类型的可视化显示的技术区别，这些类型的可视化显示设计适合单个屏幕，并且使用这些不同显示的用户的工作流程基本上是重叠的。我们似乎也没有好的已有替代术语可供使用，目前提供的一些建议不太可能流行起来。这可能就是为什么我们不是第一个如此依赖这个词（仪表盘）的商业智能供应商，尤其是从技术角度来看。

现实是，像"仪表盘"和"报表"这样的词有多种含义，即使有一天我们都同意在商业智能领域内解决这个问题。为了确保每个人都能理解，也许最好的方式只是简单地说你有一个仪表盘用以监控相关的需求。区别很重要。或者，可以立即双击仪表盘的名称，并键入你愿意的称呼。

6.2 我们如何处理仪表盘信息

希望设计出"完美"的仪表盘是一厢情愿的愿望。即使最好的度量指标和仪表盘也不能弥补人们处理信息的方式。有效的仪表盘设计需要了解人们是如何进行学习的。最大的风险可能是，信息图形设计师不理解他们正在处理的信息，以及人们将如何理解这些信息。

一般来说，我们通过视觉完成的事情比通过其他感官的要多。仪表盘要求我们进行可视化思考，可视化的结果可能是：

- 短期记忆。
- 长期记忆。
- 视觉工作记忆——一种介于短期和长期之间的记忆。

如果参与的感官不止一种，所获得的记忆可能增多。例如，将一个简短的描述与仪表盘中的每个度量指标结合起来可能是增加所获得信息的最好方法。但是，这可能限制仪表盘上可用的空间，或者需要向下滚动到其他页面。另一种方法可能是以动态格式而不是静态格式提供一些描述性信息。这可以通过向仪表盘插入动态展示或动图来实现。

6.3 仪表盘核心属性

在设计项目管理仪表盘时，核心属性如图 6-2 所示。

- 美观：吸引用户使用。
- 易懂：材料内容容易理解。
- 可被记忆：材料内容可被记住。

在项目管理仪表盘中，这三个属性很可能同等重要。只有当图中这三个圆环重合时，才能设计出完美的项目管理仪表盘。设计一个完美的仪表盘并不容易，因为每个人

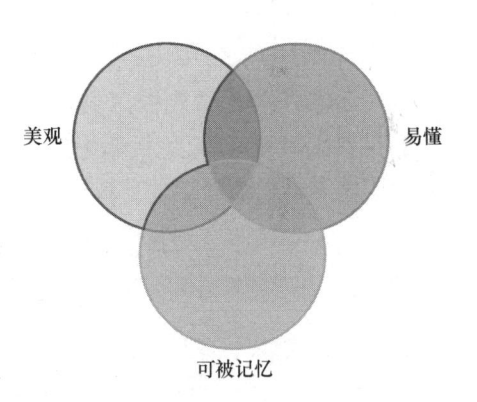

图 6-2 仪表盘的核心属性

学习和记忆信息的方法不同。三个圆的重叠越多，仪表盘就越好。

6.4 信息的含义

仅为了获取仪表盘所需要的信息可能非常费时费力。并不是所有的数据都可以提供可用的信息。有意义的信息必须符合下列准则：

- 随着时间的推移，信息必须显示出一种模式（趋势）。离散的数据点无法实现这一要求。
- 用户必须能够理解数据的内容。为了清楚地了解项目的健康状况，可能需要同时查看多个度量指标。
- 用户必须能够理解指标度量是如何进行的，以及由于度量不规范，数据中可能存在一些"干扰信息"的事实。在可行的情况下，用户必须过滤掉"干扰信息"。由于这些"干扰信息"造成的数据模糊将很大程度上影响度量指标的度量和对数据的解释，数据的错误展示可能导致严重的沟通失效。
- 仪表盘用户必须能够快速识别需要立即处理的项目。一些仪表盘设计人员关注于那些阻碍清晰沟通和错误关注目标的部分。
- 数据必须提供足够的信息，以便用户能够做出明智的决定。
- 用户必须有足够的信息来解决问题。
- 如果仪表盘用户必须在仪表盘上滚动或切换页面，那么这个仪表盘的设计是无效的。
- 设计仪表盘时，首先要关注的是辅助决策所需的数据，而不是这些数据的展现形式。
- 只有当仪表盘上的度量指标能清晰地反映项目的状态时，这个仪表盘才算设计成功。此时的仪表盘才是决策支持系统的一部分。

仪表盘上的数据并不一定能告诉用户应该采取什么行动，但它确实可以作为潜在问题的早期预警指示。这可以从表 6-1 中看出。

表 6-1 度量指标与早期预警信号

度量指标	度量结果	早期预警信号
范围变更的次数	非常高	可能难以满足基准和约束
加班数量	比平时更多	项目人员不足或项目存在重大问题

续表

度量指标	度量结果	早期预警信号
员工流动率	技能熟练的项目成员被调往别处"灭火"	进度可能被拖延
返工量	非常高	存在技能不足的项目成员
可交付物数量	交付数量不足	存在技术复杂度，项目人手不够，项目组成员技能不足

从表 6-1 中的最后一个度量指标可以看出，造成一些早期预警信号出现的原因可能有三个或更多。因此，可能需要不止一个度量指标来完全了解项目的健康状况。

只有在理想情况下，所有的用户只需要一个仪表盘。这种情况会减少创建仪表盘所需的时间和精力。然而，在现实中，这是不切实际的，因为某些信息的保密水平可能会阻止某些用户使用。仪表盘的制作会根据不同用户来定制化设计。不同的用户根据其所做决策的不同，对仪表盘会有不同的需求。

一些高管不愿负责仪表盘报表系统，因为他们担心，如果用户或员工不接受该系统，或者该系统无法提供有意义的结果，他们会在自己的同事面前丢脸。

6.5 交通灯仪表盘报表

实现无纸化项目管理的重点是实现项目信息可视化，比如项目仪表盘和计分卡的使用。高管和客户希望在最少的空间内以可视化的方式显示最关键的项目绩效信息。简单的仪表盘技术，如图 6-3 所示的交通灯仪表盘指示灯，可以传递关键的项目绩效信息。

下面是图 6-3 中指示灯的含义的例子。

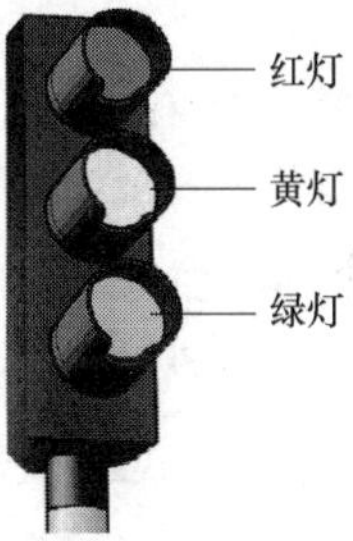

- 红灯：项目中存在可能影响时间、成本、质量或范围的问题，可能需要发起人或干系人参与解决这些问题。
- 黄灯：警示。项目中可能存在潜在问题，如果不进行监控可能影响项目未来的进展。需要将这一情况通知给发起人或其他干系人，但暂时不需要专门的解决措施。如果在采取相关措施之后仍然出现了黄灯，说明所采取的措施没能解决这些问题。

图 6-3 交通灯仪表盘指示灯

- 绿灯：工作正在按计划进行。暂时不需要通知发起人或干系人。

不同的人对红色、黄色和绿色相对于项目状态的意义可能有不同的理解。因此，仪表盘制作者可能需要对这些颜色的含义进行解释。例如：

- 在讨论项目风险时：

红色：存在一些风险事件且没有可行的解决策略。

黄色：已经确定了一些风险事件，正在制定对其的解决策略。

绿色：没有风险。

- 讨论项目人员配备时：

红色：要么缺少足够的人员资源，要么所分配的人员资源值得商榷。

黄色：人员资源配置存在问题，但是人员正在得到补充。

绿色：有充足、优质的资源。

交通灯报表一般选择红色、绿色、黄色或橙色。但是大多数公司都没有规定在什么情况下要改变项目的状态指示颜色。同时需要确定的是谁有权改变状态指示的颜色。例如，项目经理发现在功能区域中执行的一个工作包比计划晚了两周。项目经理的第一反应是将这个工作包的状态指示颜色从绿色更改为红色。但是，职能经理坚称他的员工将加班来追赶进度，将按规划的进度时间完成。在这种情况下，项目状态的指示颜色就不太好选了。

虽然只有三种颜色的交通灯仪表盘是最常见的，但有些公司会使用更多的颜色。一家零售商的 IT 项目团队为 IT 项目提供了一个有八种状态指示颜色的仪表盘。琥珀色意味着计划结项日期已经过去，但项目实际仍然没有完成。紫色意味着该工作包正在进行范围变化，这可能对项目的三重约束产生影响。

尽管将仪表盘应用于项目管理领域的工作还处于起步阶段，但企业使用交通灯仪表盘来报告项目状态已经有一段时间了。项目经理不用交接文件就能向干系人报告项目状态的情况很常见。项目经理使用计算机和 LCD 投影仪在页面上显示项目的状态。这样高管将对所有状态标红的工作包更加关注。一家总部位于底特律的公司认为，在使用仪表盘技术和参加无纸化会议的第一年，共节省了 100 万美元的费用，而且预计由此节省下来的费用还会逐年增加。

6.6　仪表盘和计分卡

仪表盘和计分卡很容易混淆，但这两个概念是有区别的。根据 Wayne W.

Eckerson 的说法，仪表盘是面向运营层面的绩效度量系统中的可视化显示机制，它使用正确时间产生的数据针对项目目标和阈值进行绩效度量。计分卡是面向战略的绩效度量系统中的可视化显示，通过比较组织当前状态与目标和关键节点的要求来跟踪战略实现进度。

仪表盘和计分卡都是绩效度量系统中用于传递关键信息的可视化显示机制。仪表盘和计分卡的主要区别在于，仪表盘监控运营流程，如项目管理的过程，而计分卡记录战术目标的进展。

在表 6-2 及其后的描述中，Eckerson 对仪表盘和计分卡的特性进行了比较。

表 6-2 仪表盘和计分卡的特性比较

特 性	仪表盘	计分卡
目的	绩效度量的方式	跟踪进展
用户	主管、专家	高管、经理、员工
更新频率	在正确的时间反馈	定期状态快照
数据	事件	摘要
展示	可视化图表、原始数据	可视化图表、注释

仪表盘

这里讨论的仪表盘很像汽车的仪表盘。它让运营相关的专家和他们的主管监控由关键业务流程生成的事件。然而与汽车仪表盘不同，大多数业务仪表盘不会在事件发生时"实时"显示事件，在用户需要查看时，它们会在"正确的时间"下显示这些事件。正确的时间可以是每秒、每分、每小时、每天、每周或每月，这取决于业务流程本身、数据波动性及它对业务的重要性。然而，仪表盘上的大多数元素都是在当天更新的，度量延迟可能以分钟或者小时计。

仪表盘通常使用图表或简单的图形（如指针刻度表和其他种类的仪表形式）直观地显示绩效。然而，仪表盘图形经常因数据的刷新，导致图形"闪烁"或信息的动态更改。具有讽刺意味的是，监控运营过程的人员常常认为浮夸的视觉效果会分散注意力。他们更喜欢查看原始数据，比如数字或文本，可能也会在旁边辅以可视化图表。

计分卡

相比而言，计分卡看起来更像用来跟踪目标进展实现情况的绩效图表。计分卡通常显示业务高管用来跟踪战略和长期目标所需的每月汇总的数据快照，或者显示经理们用来绘制项目团队完成目标进度情况所需的每日和每周的数据快照。这两种情况都会对数据进行汇总，以便用户可以快速查看组织的绩效状态。

与仪表盘一样，计分卡也使用图表和可视化图形来表示（组织的）绩效状态、变化趋势及其进展情况与目标的差异。用户在组织中的位置越高，就越希望看到绩效状态以可视化的形式展现。然而，大多数计分卡也包含（或者说应该包含）大量的文本注释。这些注释用于解释绩效结果，描述所采取的行动及对未来结果的预测。

总结

最后，只要所使用的工具有助于将用户和组织的注意力集中在真正重要的事情上，到底是使用"仪表盘"还是"计分卡"实际上并不重要。仪表盘和计分卡都需要在一个页面上显示关键的绩效信息，以便用户可以快速地监控结果。

仪表盘似乎比计分卡更适合项目管理。表 6-3 显示了与此相关的一些要素。

表 6-3　仪表盘与计分卡的对比

要素	仪表盘	计分卡
绩效	运营相关	战略相关
度量所需的工作任务颗粒度	工作包级	摘要级
更新频率	实时数据	周期性数据
目标受众	职员	高管

尽管这些术语可以互换使用，但是大多数项目经理更喜欢使用仪表盘和/或仪表盘报表，而不是计分卡。如表 6-4 所示，Eckerson 定义了三种类型的仪表盘，其相关描述如下分述。

表 6-4　三种绩效仪表盘

	运营型	战术型	战略型
目的	监控运营	度量进度	执行战略
用户	主管、专家	经理、分析师	高管、经理、职员
范围	运营层	部门内	公司内
信息	细节信息	细节信息、摘要信息	细节信息、摘要信息
更新	当天	每天、每周	每月、每季度
重点	监控	分析	管理

运营型仪表盘监控核心运营过程，主要由一线工作人员及其主管使用，他们直接与客户打交道，或者管理组织产品和服务的创建或交付。运营型仪表盘主要提供稍加总结的详细信息。例如，在线商家可能跟踪产品级的交易而不是客户级的交易。此外，运营型仪表盘中的大多数度量指标都是在当天更新的。根据应用情形不同，仪表盘的更新间隔从分钟到小时不等。因此，运营型仪表盘强调的是监控，而不是分析和管理。

战术型仪表盘跟踪部门流程和项目，这些流程和项目为组织的某个部分或组织的部分人员所关注。

经理和业务分析人员使用战术型仪表盘将他们领域内的或所属项目的绩效与预算计划、预计情况或阶段性结果进行比较。例如，一个减少客户数据库中错误数量的项目可能使用战术型仪表盘来显示、监控和分析过去 12 个月的进度，以在 2007 年之前实现 99.9% 的客户数据无缺陷。

战略型仪表盘监控战略目标的执行，并经常使用平衡计分卡方法来实现，尽管其也涉及全面质量管理、六西格玛和其他方法的使用。战略型仪表盘的目标是使组织围绕战略目标保持一致，并使每个小组都朝着相同的方向前进。为此，组织向其中的每个小组，有时也向每个人，推出定制的计分卡。这些通常每周或每月更新的"分级"计分卡为高管提供了一个强大的工具以使其沟通策略，获得对业务的可见性，以及识别与绩效和商业价值相关的关键驱动因素。战略型仪表盘对管理的关注多于监控和分析。

使用仪表盘时必须考虑三个关键步骤：①仪表盘的目标受众；②要使用的仪表盘类型；③数据更新的频率。一些项目仪表盘关注 KPI，这些 KPI 是挣值管理的一部分。这些仪表盘可能需要每天或每周更新。与公司财务健康状况相关的仪表盘可能每月或每季度更新一次。

6.7 创建仪表盘的方法

以下是仪表盘和网上约会的一些相似之处。

■ 找出干系人的需求

在网上约会时，你就是干系人，你需要知道你在寻找什么。

你希望从一段关系中得到什么？你可以在销售基础方法中借鉴的一条规则是持续不断地问自己"为什么"，直到你不能再给出答案。通过检查和发现你真正的需求，找到一个满足这些需求的约会对象将会变得容易很多。

这个过程在构建仪表盘时也同样适用，无论该仪表盘是供你个人使用还是供整个部门使用。你需要了解人们试图用仪表盘来解决或改变什么，以及他们希望从仪表盘解决方案中得到什么。你也可以使用不断问自己"为什么"的练习。一旦你找到驱动仪表盘项目的根本因素，构建仪表盘的过程就会变得简单得多。

建立联系

网上约会，或者一般情况下的约会，主要环节就是建立联系，对吧？你需要在人群中寻找潜在对象，并尝试以创造性的方式接触对方，但在进行这个过程的时候不要让他们感到毛骨悚然（有的男孩/女孩会给人留下这样的印象，不要成为那样的男孩/女孩）。你最终只会和几个人，甚至可能只有一个人熟络起来然后建立联系。

仪表盘也是如此。在构建仪表盘之前，需要确保能够连接到数据源。在某些情况下，数据的存储方式可能不那么"整洁"，用户无法直接提取其包含的信息。这就像一张 Excel 表单，它在某些字段中没有数据，或者列/行改变了它们包含的信息类型。就像网上约会一样，在你建立联系之前，你可能需要梳理出一条合适的途径。

选择 KPI

KPI 是一个仪表盘术语，出现在网上约会这里可能看起来很可笑，但它的确是网上约会过程所必需的。

为了确定是否能和某人建立成功的关系，你需要有一个"清单"，对吧？在约会时，甚至在网上与人交谈时，你应该根据自己的需求制定一套衡量标准。如果你的择偶需求包括婚姻、孩子和野外远足，那么那些以事业为中心、喜欢科技、恋爱时间最长不过几周的人可能就不是你的最佳人选。如果你想要的是得到对方更多的关注而不是给予对方关注，那么你可能要留心对方谈论自己的次数及提及你的次数。

KPI 是仪表盘中必不可少的部分。如果你知道干系人想从仪表盘中得到什么信息，那么会更容易选择需要被可视化的 KPI，当然这依然需要时间来完成。根据了解到的需求，你可以确定哪些度量方法最有助于你的干系人通过仪表盘实现他们的目标。例如，如果干系人的需求是省钱，那你可以使用有关运营效率、冗余和监控费用的 KPI。

■ 选择视觉效果

这里所讨论的重点不是外观如何，你应该首先强调这一点。与外观相比，选择的人是否合适或者这些人是否可以帮助你实现目标或需求更重要。选择合适的人是使任何关系成功的关键。

选择正确的视觉展现形式对于任何仪表盘的成功同样是至关重要的。

你需要能够以最有效的方式向用户显示信息。仪表盘的目的是提供让用户能够在短时间内做出决定所需的信息。如果信息没有以最简洁和最有效的方式呈现，你将增加从仪表盘获得采取行动所需关键信息的时间，这样的话就无法满足干系人的需求了。

■ 顺势而为

当你浏览成百上千的个人资料时，对方也在做同样的事情，你必须用一次好的交谈进行跟进，并迅速使双方进入下一个阶段以确定对方与你是否合适。虽然大多数的交谈都是以同样的方式开始的，你平常使用的交谈方式也许很管用，但成功的关键是要能够在第一次接触之后相互留下深刻的印象并相互产生兴趣。当然，你应确保以一种真实的方式参与其中，而不是给对方传递错误的信息。

对于仪表盘来说，你还必须从良好的第一印象开始，正所谓一图胜千言。但是，如果仪表盘的第一印象很好，却没有任何实质内容，干系人很快就会失去兴趣。所以说设计优异的仪表盘能使用户进一步与数据交互，并在进一步探索的过程中发现数据提供的更多价值。能够根据干系人的需求进行即兴创作和定制设计，也有助于增进与用户的关系。

■ 维护

这一点对于网上约会而言应该是不言自明的。每段感情或多或少都需要努力才能获得成功。你们需要沟通以确保双方处在相同的状态，且你们仍能满足彼此的需要。

正如每段关系都需要维护一样，每个仪表盘也需要维护。

干系人的需求可能随着时间而变化，你需要相应地更新仪表盘。网上约会也是如此。在理想情况下，一个人的需求不会改变，但在现实中它们会改变，因此你需要做出相应的调整。

6.8 仪表盘的收益

数字仪表盘允许用户精确地评估项目的整体执行情况，并获得特定的数据。使用仪表盘的收益包括：

- 直观展示对绩效的度量。
- 识别和纠正负面趋势的能力。
- 衡量高效/低效的能力。
- 能够生成显示新趋势的详细报表。
- 能够根据收集到的信息做出更明智的决定。
- 调整战略和总体目标。
- 节省同时制作多个报表的时间。
- 即时获得所有系统的可视化展现。

一个项目要持续改进，需要四个步骤：

（1）度量绩效并将其转化为数据。
（2）把数据变成知识。
（3）把知识变成行动。
（4）把行动转化为进步。

仪表盘是能够促成这种持续改进的工具。

6.9 商业智能工具是否足够灵活

◢ 一个灵活的 BI 工具意味着什么？为什么重要

假设你在过去几周/几天/几小时（根据 BI 工具的运行速度使用适当的度量指标）创建了一个不错的仪表盘，或者分析了希望在下次会议上向项目团队展示的数据。你对此很兴奋。你甚至为一个业务预测模型添加了新的可视化效果。但当你把它展示给同事时，他们会问你：

- "为什么那条线是绿色的而不是紫色的？难道不应该像我们的品牌颜色一样是紫色的吗？"
- "这张折线图显示的是什么？"
- "你能换个尺寸吗？我实在看不清。"

然后，你不得不解释这是 BI 工具的默认设置，并且你不确定这些设置是否可以更改，即便可以，也需要时间来完成。

可惜的是，在这种情况及其他许多情况下，"小"的设计和布局问题会把用户的注意力从实际内容上转移开。这只是 BI 工具的灵活性（在本例中是与可视化相关的部分）在决定 BI 解决方案是否成功与组织内用户的使用偏好方面的一个简单示例。

当下很多 BI 工具在表面上看起来很相似——提供类似的功能（连接到公共数据源、可视化展示和仪表盘、分析选项、移动端消费选项等）。这些 BI 工具的特点通常也是相似的——易于使用，显示比例可改变，运行效果良好。然而，一旦稍微深入实际的项目或任务中，你常常会发现 BI 工具（即使满足了最初的需求）无法总提供所必需的选项，这导致用户不得不妥协或导致信息传递受限。为什么会这样呢？

典型的 BI 解决方案工具总是缺乏灵活性。虽然它们总是带有预构建的解决方案类型，但是它们不能适应不断变化的业务需求。

■ 为什么灵活性如此重要

满足特定设计的能力是获得大量用户支持的关键。随着 BI 工具可视化的程度越来越高，能够以用户想要的方式精确显示数据（"完美无瑕"）通常是一个重要的业务需求。适当的样式能够提供专业的外观和良好的使用感受，并影响潜在用户的情感因素，从而提高组织内部工具使用率。当设计针对外部用户或者当嵌入具有现有样式的其他应用程序中时，这一点更为重要。

> 提示：越来越多的情况下，BI 工具的灵活性使你可以设计出完美无瑕的报表并增加其被采用的机会。

为了使 BI 工具能够实现 PowerPoint 线框图或 Photoshop 模型的设计要求，需要在信息布局和层级结构方面具有强大的灵活性，并通过内置配置或自定义设置（如层叠样式表）来控制可视化的样式。例如，图 6-4 中的条形图可以看出，除更改条形图颜色外，还有许多元素需要控制。

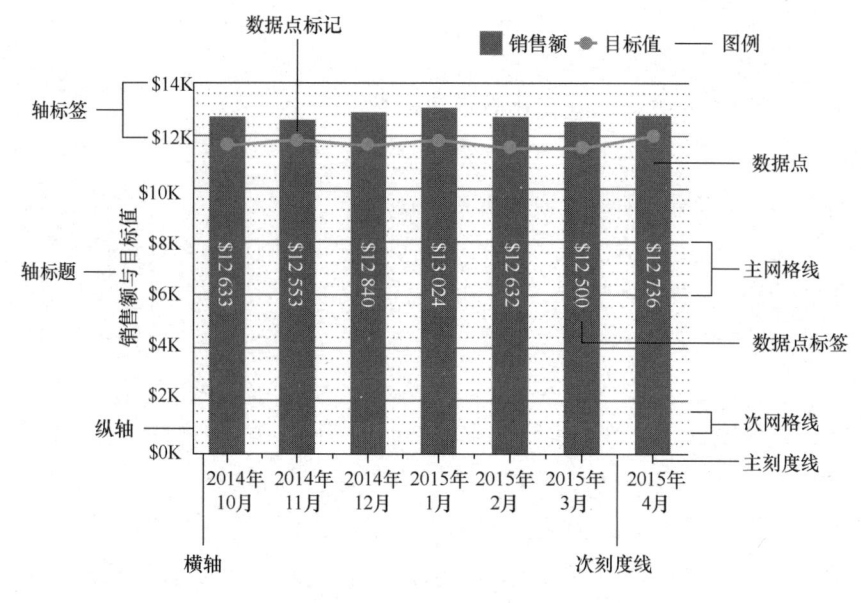

图 6-4 条形图

此外，基于网页的视图（如仪表盘）不仅需要数据绑定可视化的支持，还需要其他设计元素，如框架、标签、按钮、滑块等。

跟上不断变化的业务需求

随着业务的发展和新挑战的出现，你的 BI 工具和分析性需求也将发生变化。因此，需要将仪表盘视为一个"持续性项目"并持续迭代。能够快速修改和更改现有视图上的元素，并且不会破坏视图，或者不会改变其他人访问视图的方式，也无须重新创建视图，这对于及时支持不断变化的需求至关重要。

用更少的工具和用户来完成工作，保持独立

许多"商业友好"的工具很直观，但其应用范围有限，并需要用户依赖多个产品以满足其需求。有些工具可能在准备数据和跨不同数据源连接数据的方式上受到限制，其他的工具可能在分析数据或显示数据的方式上受到限制（如在仪表盘/报表/计分卡/特定的可视化系统中）。无论是以下何种情况——通过组合一些不

易兼容的工具来完成工作,或者依靠另一个人更改另一个系统来完成,都不是解决问题的最佳方式。灵活的 BI 工具可以作为一站式的解决方案,允许用户在一个地方获得所有常见的 BI 需求,确保高效和改进工作的有效性。

适应每个用户

尝试找到一种适合所有用户的通用方法可能使自助型商业智能的工作偏离轨道,缺乏监督和预先开发也会导致这样的结果。由于不同的用户拥有不同的技能和需求,因此能够以一种专门的方式满足这些用户的需求以使他们能够以自己希望的方式来工作是很重要的。例如,对于一些用户来说,太多的选项,比如更改可视化类型的功能,可能让人不知所措。控制和限制每个用户或用户组的选项,可以使用户按照自己的期望和技能来体验系统。智能系统将这一理念进一步发扬光大,通过不同的用户角色自动为用户提供定制的选项,并根据用户行为提供自动更新。

做好面对未知的准备

在购买 BI 工具或开始项目之前,你可以做很多计划。你可能有一个很长的功能需求列表,甚至进行了一个小型概念验证,但是一旦项目开始,新的系统需求仍然会经常出现。当涉及系统设计时未考虑到的新场景时,灵活的系统就会展现出其优势。确保工具为你提供了必要的内部拓展功能,以适应新的挑战,并通过其开放的应用程序接口进一步扩展解决方案的功能并与其他系统集成。

灵活的系统可以用于多个目的或任务的系统,特别是用于解决系统部署后出现的新需求时。

你的 BI 工具是否足够灵活,以满足你未来的需求?

6.10 实现成功的商业智能解决方案的四步指南

进入一个新的商业智能项目可能既令人兴奋又令人望而生畏。对于许多人来说,BI 是他们知道自己需要的东西,但他们不知道该从哪里开始。我经常看到的问题是,企业和软件供应商会在没有应有规划的情况下,直接开始开发他们的第一个 BI 解决方案。例如,这些公司忽视了以下事项:

- 明确他们所尝试解决的问题。

- 理解他们的实际目标受众或目标受众的需求。
- 列出一套明确的目标交付物等。

所有这些问题都会导致公司陷入无尽的开发、重新定义需求和浪费精力的恶性循环中，很少有成功的解决方案产出。

在我与各种新的和经验丰富的 BI 公司一起工作的时候，我制定了一份基本指南，以确保任何 BI 项目都是成功的。这种方法旨在最小化无休止的文档编制，而专注于收集对需要解决的问题以及最终用户的期望的清晰理解。以下是我实施成功的商业智能解决方案的四步指南。

第一步：理解业务需求

该步骤的成果：确定业务的需求列表

在开始思考"如何"实现一个 BI 解决方案时，你需要理解"为什么"。每个解决方案的目的都是解决问题，商业智能也不例外。如果不了解你试图解决的问题，你就无法实施。通过了解问题，你可以开始一条条列出解决方案的需求。

如何实现：了解你的受众

归根结底，你正在为最终用户和干系人构建解决方案。如果解决方案不能满足他们的期望，那么它将不被视为成功。这就是为什么了解你的受众是重要的，要了解他们当前面临的问题以及他们希望从 BI 解决方案中获得什么。我建议与每个用户组的成员会面（尽可能当面）并进行这些讨论，以更好地了解他们的需求。在这些会议中，你需要提出以下问题：

你希望通过 BI 解决方案缓解哪些问题和痛点？ 如前所述，如果不了解问题，就无法开发解决方案。对于你正在构建解决方案的目标受众，谁能比他们更适合告诉你他们的问题呢？

哪些当前的业务领域缺乏透明度？ 有时，问题可能存在于你还不知道的领域，而不仅仅局限于当下面临的问题。商业智能可以在新的可能性上打开闸门，这通常意味着能够获得以前无法获得的信息。

他们希望通过 BI 解决方案获得何种体验？ 你可以开发你认为有史以来最棒的仪表盘，完美适用于大屏显示器。经过数天的工作，截止日期到来，你向干系人展示你的产品。几秒钟后，他们说："你能让它在我的移动设备上运行吗？"所有辛苦工作瞬间化为乌有。我已经看到这种情况以及其他许多类似的情况发生了无数次。我再次强调，通过简单地与你的受众交谈，了解他们想要的体验类型，并确保你的解决方案符合他们的期望，就可以避免这种浪费。这是一件非常容易而很重要的事情。

第二步：保持 SMART

该步骤的成果：确定 SMART 目标列表

确保项目成功的最佳方式之一是确定目标。一组明确的目标会指导将来的解决方案。通过实现这些目标，你可以知道解决方案确实达到了预期成果。

话虽如此，单纯列出一份目标列表是不够的。例如，假设你的目标是增加销售额，你如何确定是否已经实现了这样的目标呢？是要比去年的同比销售额增加吗？还是在解决方案实施后的一个月内与上个月相比增加环比销售额？如果比上一个时期多卖了一件商品，那是否算达成了目标？这就是 SMART 目标的用处。SMART 代表：

- 具体的。
- 可衡量的。
- 可实现的。
- 现实的。
- 有形的。

通过 SMART 目标，我们可以消除任何模糊性，追踪进展，以及避免不切实际的目标。现在，让我们重新审视一下我刚刚提出的目标，这次我会确保它符合 SMART 目标的标准：我们的目标是将年末总销售额比上一年增加至少 10%。

正如你所看到的，这是一个更具体的目标。我有一个截止时间（年底）来实现它，并且有一个明确的目标（去年总销售额的 110%）。任何不符合 SMART 的目标都应该在变成项目目标之前，被重新修订。

第三步：确定可交付物

该步骤的成果：确定一个项目可交付物的列表，并为每个可交付物制定 KPI 定义的列表

此时，你应该已经清楚地了解为什么需要 BI 解决方案。现在是思考如何实现的时候了。在开始开发之前，你需要知道自己实际上在开发什么。你是在开发一个仪表盘、多个仪表盘还是自动化报表？你是在为自助分析准备数据吗？一个好

的 BI 工具会为你提供无限的可能性，因此在你沉醉于开发过程之前，确定项目的可交付物非常重要。对项目目标和项目可交付物的区分和分离是非常重要的。记住，目标关注项目外部的元素，而可交付物关注项目内部的元素。

如何实现：使用你所知道的

基于与干系人和目标受众的讨论，你应该了解到有多少个不同的用户群体，他们想要解决什么问题以及每个人想要什么类型的体验。利用这些信息可以确定哪些可交付物最能实现目标受众的需求。要考虑不同的用户群体和他们的需求是否有重叠。我们是否能够用同一个交付物来解决某些需求，或者我们需要用不同的交付物来交付，这些交付物构成整体的解决方案？

例如，你的目标受众可能包括商务拓展部门和财务部门的成员，以及高层管理人员。这两个部门的成员都在寻找一种方式来监控和跟踪日常运营和绩效的细节，而管理层希望定期收到这两个部门整体绩效的更新。高层管理人员还希望能够在出问题时，看到日常的详细信息。在这种情况下，你的可交付物可以是：

（1）详细层级的商务拓展部门仪表盘。
（2）详细层级的财务部门仪表盘。
（3）定期的高层级的有关两个部门的报表。

在这个阶段，你还需要开始考虑每个可交付物中将包括哪些关键绩效指标。作为商业智能解决方案，该解决方案的信息驱动将是呈现的 KPI。现在你知道了将提供哪些可交付物，想想哪些 KPI 可以最好地满足相关的业务需求和 SMART 目标。

请记住，仪表盘和报表上的空间是宝贵的，因此每个 KPI 都应该有其用途。如果你不能将 KPI 与解决方案的业务目标联系起来，那么它可能是不需要的。然后，针对每个可交付物，列出它的 KPI 清单，以及每个 KPI 将解决的业务目标。

为了使每个 KPI 的开发更加无缝，恰当地规划每个 KPI 的定义非常重要。以下是一些我建议在定义 KPI 时考虑的事项：

- KPI 应包括哪些度量和维度？
- 如何过滤 KPI？
- 是否有目标或者需要比较的对象？
- 是否有任何条件状态，表明结果是好还是坏？
- 这些数据来自哪里？

第6章 仪表盘

这些定义应该足够清晰，以至于没有技术背景的用户也能够轻松理解它们。通过创建这些定义，开发 KPI 将变得更加顺畅，因为它只是应用已经定义好的内容。

第四步：开始绘制

该步骤的成果：为每个可交付物创建线框图模型

这份指南的第四步，也是最后一步，就是为你的可交付物创建线框图模型。在这个阶段，你希望将每个可交付物包含的 KPI 绘制在线框图上。是的，一个实物的绘画！这些线框图开始可以非常粗糙，你可以把它们当作你正在做头脑风暴时画出的样子。这样你可以非常容易地进行更改。我喜欢最开始用白板来进行绘制。

为了简化这个步骤，我会把这个步骤变成两部分：

确定数据的视觉展现方式。在这时，KPI 已经定义好了，你也知道这些 KPI 会包括什么，以及这些 KPI 将服务于哪些业务目标。你需要使用你的数据展现技巧来确定最好的视觉展现方式，尽可能使理解数据的过程变得简单。用户一眼就能知道一个 KPI 是否达成了目标。只有恰到好处的视觉展现方式才能做到这一点。

设计 KPI 的布局和用户界面。到现在为止，你应该知道每个可交付物的目标受众。根据目标受众的信息，可以创建一个合适的设计。每个用户组都会与特定的仪表盘或报表进行交互，想想他们的技能有什么，他们的用户故事会是什么。通过这些信息来创建线框图模型，以满足每个用户组所需要的用户体验。你也应该知道可交付物中会包含多少 KPI，以及什么类型的过滤器。根据这些细节，你能够决定如何分割可用空间，以及是否需要滚动视图，或者将这些 KPI 放到不同的层次上。

这个步骤往往是一个经常被重新审视和重做的步骤，所以在做出任何最终决定之前，一定要与你的干系人沟通。他们提供的任何反馈都可以用来调整你的模型，这可能比调整一个完成的解决方案要容易得多。

结束语

这些步骤可以在你开始下一个商业智能分析项目时，指引你去往正确的方向。最重要的是，这份指南给你提供了一份具体的计划，使你能够基于此进行后续的开发，而不是盲目开发。很多组织可能已经有自己的步骤来实现相同的结果，但是，我目前所看到的是，无数的成功 BI 解决方案都使用本文中所描述的四个步骤。

你是否曾经使用过这份指南中的任何步骤？你觉得这些步骤是否有缺失，导致你无法开始你的 BI 项目？我们很希望听到你使用了以前的方式加上以上步骤而成功完成 BI 项目。

6.11 仪表盘的规则

本章讨论仪表盘的某些规则，例如颜色规则、象征标志选择规则和象征标志定位规则。然而，也应该考虑一些总体规则，其中包括：

- 仪表盘是沟通工具，提供一目了然的信息。
- 务必要理解美学，尤其是与对称和比例相关的美学原则。
- 务必理解显示分辨率对可读性的影响。
- 在设计仪表盘时从了解用户需求开始。
- 务必了解内容选择和信息的准确性。
- 仪表盘设计可以通过简单的显示完成。
- 仪表盘设计可以用简单的工具完成。
- 使用尽可能少的必要的度量指标。
- 使用尽可能少的度量指标，在短期内让人留下印象。
- 过多使用颜色或复杂的象征标志会干扰人的注意力。
- 度量指标应限于在单个页面上显示。
- 确保对可用空间有足够了解，了解仪表盘中可用的窗口和框架的数量。
- 完美的设计是不可能实现的。
- 在设计工作中寻求帮助并不是一件尴尬的事情。
- 监控仪表盘的状态和用户友好性。

6.12 仪表盘设计的七宗罪及避免

传统仪表盘的基本目的是使公司管理层和员工能够轻松地访问当前关键的业务数据。毫无疑问，"轻松"是这里的关键词——如果用户必须非常努力地理解仪表盘中包含的关键信息，那么仪表盘就没有完成应有的使命。

事实上，设计良好的仪表盘被大量使用，而设计糟糕的仪表盘则无人问津。如果仪表盘布局不能清晰而简洁地传达数据，那么一开始花时间创建仪表盘就没有意义。考虑到这一点，让我们看看"仪表盘设计的七宗罪"及为什么应该避免它们。

第一宗罪：不在页面上出现，就会被大脑遗忘

如前所述，创建仪表盘的目的是将相关数据集中在一个地方进行即时分析。当仪表盘设计迫使我们向下滚动或导航到另一个页面时，"即时"因素就会失效——我们会忘记正在看什么，短时记忆也会受到挑战。不仅如此，在第二个页面上或需要滚动的区域中包含的数据被认为不那么重要，而且很容易被忽略。如果它很容易被忽略，那么它可能一开始就不应该是仪表盘的一部分！

第二宗罪：这意味着什么？

有效的仪表盘将数据呈现在一个页面中，让我们理解这些数字的含义及可能的响应。仅仅提供随机数字，如已经下了3万个订单，而不将其与公司目标进行比较，也不显示相关类别是在改善还是在恶化，这种行为就像我们随机点击计算器上的按钮看看会发生什么一样。合适的呈现方式可以对信息进行适当的解释，并激发正确的行动。

第三宗罪：正确的数据，错误的图表

你吃过只有一毫米厚的馅饼吗？可能没有。然而，许多仪表盘坚持提供饼形图，饼形图上有许多非常薄的切片，以至于你几乎看不出它们应该表示什么。相反，简单的条形图可以比饼形图更好地表示信息（对于一些非常具体的情况）。使用错误类型的图表来表示数据会妨碍正确的分析。恰当的图表让你一目了然，进行视觉上的有效沟通。

同样，以错误的方式展示量化数据也会导致严重的误解。例如，三维柱状图可能会导致后面的柱状图看起来比实际尺寸小。此外，当你使用条形图，但数据轴不是从零开始时，比例会变得极其扭曲。不要使用创建仪表盘的公式来判断可视化的效果；按照用户可能看到的方式来判断，以确保它符合比例。

第四宗罪：没有进行正确的排版

如果仪表盘数据没有按照正确的方式排版，就不会产生想要的视觉效果。恰当的排版变得更加重要，尤其是当仪表盘是交互式的，并且一个可视化模块可以影响另一个可视化模块，或者当仪表盘上的所有或部分可视化模块会被数据过滤控件影响时。相关的度量指标或控件组合应该放在一起，以便于分析或比较，而不是被随意摆放在页面上。仪表盘的排版设计应该以一种比较有逻辑的方式进行，从而帮助用户理解所有数据。

第五宗罪：缺乏重点

仪表盘的部分工作是立即将你的眼睛吸引到最重要的信息上。如果数据使用的颜色单调，可能到最后你才会看到它，或者根本不去理会它。在仪表盘上全部使用明亮突出的颜色，也是一种错误。在这种情况下，没有任何信息是突出的，即使它本该突出。同样，你希望引导用户按照应有的方式来阅读仪表盘，这意味着要适当地突出显示最需要关注的信息。

仪表盘设计人员也可能忘乎所以，添加许多无用的图形，干扰对数据的关注。不要误解，使用图形元素来增强显示信息的效果是很好的，但是当涉及业务仪表盘时，要远离"模特走秀"的尝试。这意味着要丢弃不必要的图片、标识、框架和边框，使用一致的设计或统一的主题。

第六宗罪：削弱细节

仪表盘的很大一部分价值来自这样一个事实：它提供了对趋势和变化的"宏观"度量，而不需要公司员工翻遍数页报表才能得出相同的结果。既然这样，仪表盘上为什么还要提供过多的细节呢？例如，金额不需要逐项细列到每分钱：4.34万美元比 43 392.98 美元更容易处理。同样，将日期这样的简单事项过分复杂化对任何人都没有收益（4月23日比 4/23/12 更容易阅读）。同样，仪表盘的主要属性应该是简单性，这应该反映在设计的每个方面。

第七宗罪：数字计算不到位

一个设计得当的仪表盘应该清楚地传达其数据的含义，而不是迫使用户自己去弄清楚。这意味着使用正确的度量指标来传递正确的消息。例如，如果你希望公司高管监控实际收入与当月目标收入的差异，仅仅通过图表上并排的两行显示这两个数字是不够的。最好将实际收入占目标收入的百分比作图，甚至可以将其差距（例如，+7%，-6%）表示在坐标轴上下。大家跟不上代数课是有原因的，所以不要让用户做算术，而是让仪表盘替他们做好这件事。

通过避免这七宗罪，你最终可以得到一个完美的仪表盘设计，它将快速有效地沟通你想要沟通的数据，以便相关人员能够更好地完成他们的工作。当同时考虑形式和功能时，仪表盘的设计将实现它的主要目标。

6.13 亮点咨询：高管仪表盘的设计

■ 介绍

企业仪表盘正成为美国企业高管和业务用户"必备"的商业智能技术。仪表盘解决方案已经存在了十多年，但最近由于商业智能和集成技术的进步，仪表盘又重新流行起来。

设计一个有效的业务仪表盘比想象中更具挑战性，因为你正在将大量的业务信息压缩到一个小的可视区域中。每个仪表盘组件都必须平衡其页面空间的份额与传递给用户的信息的重要性。

本节将讨论如何创建一个有效的运营仪表盘和一些相关的设计最佳实践。

■ 仪表盘设计目标

仪表盘可以采用多种表现形式，从美化的报表到高层战略业务计分卡。本节所讨论的是业务用户在执行日常工作时使用的运营或战术仪表盘，这些仪表盘可能直接支持更高级别的战略目标或与特定的业务功能相关。运营仪表盘的目标是为业务用户提供相关的和可操作的信息，使他们能够做出有效的决策。在此背景下，"相关"指的是与用户的组织角色和级别直接相关的信息。例如，向首席财务官提供关于网站流量的详细度量指标是不合适的，但提供网络使用成本是合适的，因为成本与带宽消费相关。"可操作的"信息是指数据能够提醒用户何时采取何种行动，以满足运营或战略目标。有效的仪表盘需要非常高效的设计，这需要考虑到用户在组织中扮演的角色，以及用户每天/每周执行的特定任务和职责。

定义 KPI

设计仪表盘的第一步是了解用户负责哪些 KPI，以及他们希望通过仪表盘解决方案管理哪些 KPI。KPI 可以被定义为一种度量方式（实际的或抽象的），它能指示相关绩效与目标值之间的关系。例如，我们可能有一个 KPI 来度量一个特定的数字，比如每天的网络销售目标为 10 000 美元。在另一个例子中，我们可能有一个更抽象的 KPI，它衡量"财务健康状况"，是由其他几个 KPI（如未偿付的应收账款、可用信贷、税前利润和折旧前利润）组合而成的。在此场景中，更高级别的"财务"KPI 将由三个不同的度量指标及其相对于特定目标的绩效组成。定义针对预期用户的正确 KPI 是仪表盘设计最重要的步骤之一，因为它为随后将在仪表盘中显示的信息设置了应用基础和使用场景。

定义支撑分析

除定义 KPI 之外，识别用户需要哪些信息来判断 KPI 的状态，是很有帮助的。我们将这种非 KPI 信息称为"支撑分析"，因为它为最终用户提供了相关背景和诊断信息，帮助用户理解 KPI 为何处于给定状态。这些支撑分析通常采用更传统的数据可视化表示形式，如图表、图形、表格，以及更高级的数据可视化包、动态展示的假设分析或预测分析场景。

对于给定仪表盘上的每个 KPI，你应该决定是否希望提供支撑分析，如果是，需要什么类型的信息来支撑 KPI 分析。例如，在关于应收账款账龄分析的 KPI 报表中，你可能需要向用户提供一份逾期 90 天的账户列表。在这种情况下，当用户看到随时间变化的 KPI 正朝着错误的方向发展时，他可以单击支撑分析的图标，这时会弹出一个按余额排序的账户表。然后，这些信息将支持用户决定需要针对该 KPI 状态采取什么行动。

选择正确的 KPI 可视化组件

仪表盘可视化组件分为两大类：KPI 类和支撑分析类。不管什么类别，选择最大限度地满足最终用户的监控和分析的需求的可视化方式是至关重要的。

对于 KPI 来说，一共有五种常见的可视化方式，在大多数仪表盘解决方案中都有使用。下文描述了每种可视化方式的相对优势和常用场景。

（1）警示图标：最简单的可视化方式可能是一个警示图标，它可以是一个几何形状，根据其状态冠以不同的颜色或形状。最容易识别的警示图标可能是一个绿色、黄色或红色的圆圈，颜色代表 KPI 所处的境况。

何时使用：警示图标的最佳使用场景是，它们被放在支撑信息的旁边，或者当你需要一组密集且标记清晰的指示器时。传统业务计分卡仪表盘，会以类似表格的格式布局，可以从这种可视化中受益。在这种可视化中，可以根据警示图标的状态分析其他相邻的信息列。这些类型的图标在报告系统状态时也很有用，比如机器或应用程序是否在线。由于 10%的男性和 1%的女性是色盲，所以应该谨慎使用完全依赖颜色来区分状态的图标，可以考虑使用带有颜色的不同形状来区分状态。

（2）交通灯图标：交通灯是警示图标的简单扩展形式，在数据可视化方面，其和警示图标的效果差不多。与警示图标一样，该组件只提供一个维度的信息，但它需要 100%的页面空间。交通灯图标的一个优势是，对于用来区分传达"良好状态"、"警示状态"或"糟糕状态"而言，它是一个更被广泛认可的符号。

何时使用：在大多数情况下，一个简单的警示图标是一种更高效的可视化形式。但如果当仪表盘的受众是更广泛的受众，并且他们使用仪表盘频率较低时，交通灯图标比较适合。基于现实生活中交通灯的知识可以帮助仪表盘使用者更快地理解仪表盘上表示的警示信息。

（3）趋势图标：趋势图标表示 KPI 或度量指标在一段时间内的表现。它可以处于三种状态之一——趋近目标、远离目标或处于静态，可以使用各种符号来表示这些状态，比如说箭头或数字。趋势图标可以与警示图标相结合，在同一视觉空间内显示两个维度的信息。这可以通过将趋势图标放在基于颜色或形状的警示图标中来实现。

何时使用：在使用警示图标时，你也可以使用趋势图标，或者当需要提供 KPI 随时间变化的趋势时，趋势图标也可以用作其他复杂的 KPI 可视化形式的补充。

（4）进度条：进度条可以通过尺寸、颜色和阈值来表示 KPI 多个维度的信息。最基本的，进度条可以沿一维轴来显示进度信息。通过添加颜色和警示级别，它还可以显示何时越过了特定的目标阈值，以及与阈值的差距。

何时使用：进度条主要用于表示趋于正的实际数值的相对进展。当你需要展现的度量值有负值时，进度条的表现不佳：在进度条上用阴影来表示负值可能让用户感到困惑，因为一般情况下，即使坐标轴旁有标示，阴影也会被视为大于零的值。当需要呈现的多个 KPI 或者度量指标使用相同的度量轴，并且你希望看到这些 KPI、度量指标之间的相对绩效时，进度条也能产生很好的效果。

（5）指针刻度表：指针刻度表是一个很好的展现方式，用户通过它可以在一定范围内快速地评估出度量指标的正值和负值。指针刻度表上的信息可以随着关联变量数据以及时间的变化而改变。此外，嵌入式警示级别的使用允许用户快速查看所展示指标与特定阈值的距离远近。

何时使用：由于指针刻度表的视觉密度及容易吸引用户注意力的特征，它们应该留给仪表盘上最高级别和最关键的度量指标或 KPI 使用。这些关键的运营度量指标/KPI 中的大多数每天都会频繁变化。在使用指针刻度表时，最重要的考虑因素之一是尺寸：如果太小，由于刻度表的各种指针的视觉密度太大，会让观察者很难辨别相对值；如果太大，会浪费宝贵的页面空间。

在更复杂的数据可视化组件中，由于其在仪表盘中的视觉优势，指针刻度表也会作为与背景关联的导航元素来使用。

支撑分析

支撑分析作为附加性的数据可视化形式，可以帮助用户诊断给定 KPI 或 KPI 集所处的状态。在大多数商业案例中，这些支撑分析采用的形式是传统的图表、表格和列表。虽然本文不会涵盖太多设计传统图表可视化的最佳实践，但由于其与仪表盘设计相关，我们将讨论一些基础的相关知识。

在创建支撑分析时，最重要的是要考虑查看仪表盘的典型最终用户。仪表盘越专业、越具体，支撑分析的复杂性和细节就越多。相反，当涉及的仪表盘层级非常高时，那么支撑分析通常将用较少的复杂细节来表现较高层级的摘要信息。

在下文中，我们将讨论用于设计支撑分析的一些最常见的可视化形式。

（1）饼形图：作为一种数据可视化形式，饼形图通常不适用于任何包含 6 个以上元素的数据集。饼形图的问题在于，除非其包含的数据量较小且数据间差异较大，否则在一个径向分割的圆上很难区分数据间的相对差异。饼形图在标记数据时也会存在问题，因为它们要么依赖不同的颜色或图案来区分数据，要么需要将数据标签排列在饼形图的周围，无论何种方式都会对用户造成干扰。

第 6 章 仪表盘

何时使用：饼形图应该用于表示数据量非常小的数据集，这些数据集用于表示数据元素之间的高层级关系。饼形图通常可以用于表示概括级关系而非详细分析。

（2）条形图：条形图是用来反映一个系列或多个系列数据元素之间关系的理想可视化工具。由于"数据柱"作为一种常用度量方式可以轻易地用肉眼比较不同的数据，所以条形图可以用来比较不同的数据值。

何时使用：条形图最适合分类分析，也可用于有限时段分析（例如，一年中的几个月份）。分类分析的一个例子是检查按产品或产品组细分的产品销售，其中，销售的度量单位是美元，所分类别是不同的产品或产品组。如果你的数据集中有一个元素具有较大的离群值，那么使用条形图时要小心，这将严重影响其余数据元素的视觉效果。这是因为条形图的比例是线性的，某个突出的数据将导致其余数据元素之间的关系无法正常表现出来。

示例如图 6-5 所示。请注意，由于部件 2 的销售额为 120 万美元，因此你不能轻易地看出部件 3 的销售额（4.6 万美元）实际上是部件 1（2.3 万美元）的两倍。

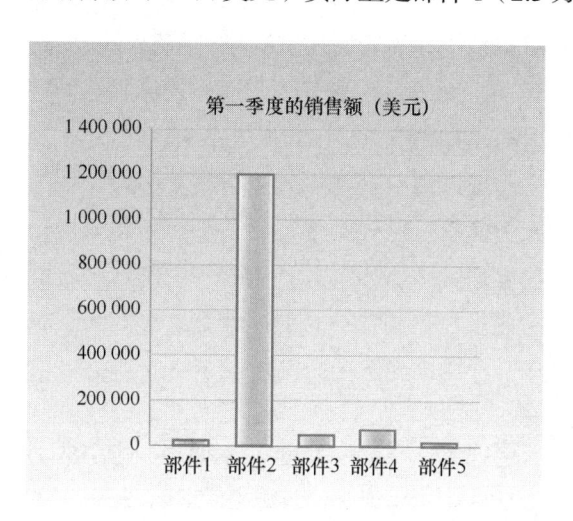

图 6-5　典型条形图

（3）折线图：折线图是时间序列分析的理想工具，你可以在其中查看一个或多个度量值随时间的进展。折线图还可以用来做比较性的趋势分析，因为你可以将多个系列的数据叠加到一个图表中。

何时使用：当你希望在一个度量中查看随时间变化的趋势，而不是并排详细比较数据点时，可以使用折线图。时间序列折线图最常用的形式是将 x 轴设定为时间维度，用 y 轴体现被测数据。

（4）面积图：面积图可以被认为是折线图的子集，折线以下或以上的区域被着色或涂上阴影。

何时使用：面积图适用于多个系列数据间进行简单比较。通过设置对比色调，可以轻松地比较两个或多个系列之间的趋势。

（5）表格和列表：表格和列表最适用于包含大量非数值数据信息，或者那些关联关系不易可视化的数据。

何时使用：当需要显示的信息不适合进行简单的数值分析时，你将希望使用表格或列表。一个例子是衡量公司当前流动性比率的财务 KPI。在这种情况下，公司资产负债表中的项目之间可能存在复杂的相互关系，一个简单的资产负债表将比一系列详细的图表提供更全面的支撑分析。

给图表添加标注的简单方法

图表标签用于根据范围和内容为用户提供他们正在查看的数据的背景信息。使用标签的挑战在于，使用的标签越多，所选择的标签越独特，它就越会分散用户对图表中实际数据的注意力。

在使用标签时，需要考虑一些重要的因素，其中最重要的是用户查看这些图表的频率。如果对图表的查看比较频繁，用户脑海中将会对相关的标签及其背景信息留下印象。在这些场景中，你可以使用更小的字体和较低的颜色对比度来更保守地添加标注。相反，如果用户只是偶尔才会看到图表，则需要确保所有内容都标记清楚，这样用户在理解图表的含义时就不会太费力。

把它们放在一起考虑：运用尺寸、对比度和位置

有效仪表盘的目标是让最重要的业务信息成为最吸引用户视觉注意力的点。在早期设计阶段，已经确定了重要的 KPI 和支撑分析，因此可以把这些作为布局设计的指南。尺寸、对比度和位置都直接决定了哪些视觉元素会首先吸引用户的眼球。

（1）尺寸：在大多数情况下，视觉元素的尺寸对用户将注意力集中在它上面的速度起着最大的作用。在布局仪表盘时，找出对用户最重要的元素或元素组，并使它们的尺寸按比例大于仪表盘上的其他元素。

第 6 章　仪表盘

这一原则适用于单个元素或具有同等重要性的公共元素组。

（2）对比度：在尺寸之后，给定元素与其背景的颜色或阴影对比度将有助于确定用户关注该元素的程度。在某些情况下，元素的对比度将成为吸引用户眼球的主要因素，甚至比尺寸更重要。对比度可以通过使用不同的颜色或饱和度来区分视觉元素与其背景。图 6-6 是一个相关的简单例子。

正如你所看到的，黑色圆圈立即抓住了用户的注意力，因为其与白色背景形成了鲜明的对比。在这个例子中，在聚焦用户视觉注意力方面，对比度的重要性甚至超过了尺寸。

（3）位置：位置也会影响用户的注意力。在其他所有因素相同的情况下，矩形区域的右上角将是用户的第一个焦点，如图 6-7 所示。用户将关注的下一个区域是左上角，然后是右下角，最后是左下角。因此，如果你需要在仪表盘上放置一个你不希望用户四处寻找的元素，那么右上角的区域通常是放置该元素的最佳位置。

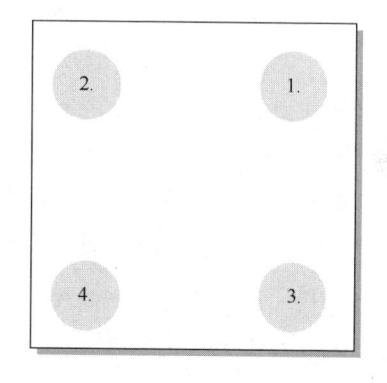

图 6-6　颜色对比　　　　图 6-7　图标的摆放位置

当你想要在视觉元素之间创建关联时，位置也很重要。通过在视觉上将元素放置在一起，并按颜色或线条对它们进行分组，你可以在这些元素之间创建一个隐含的背景信息和关系。当你希望将给定的支撑分析与 KPI 或将相关的支撑分析联系在一起时，这一点非常重要。

■ 验证设计

应该确保将前面的设计技术结合在一起，以适当的顺序将用户的注意力集中在最重要的业务信息上，从而达到预期的效果。查看是否成功地实现了这一点的一种方法是使用失焦透视图查看仪表盘。操作方法是：从仪表盘后退一步，放松你的注意力，直到仪表盘变得模糊、你不能再看清上面的文字或分辨出更细微的细节。你的视觉中枢仍然会识别整体的视觉模式，你会很容易地看到设计中最引人注目的元素。应验证最吸引人的元素和业务用途最关键的 KPI 与支撑分析之间的关系。

请记住，本文中提供的设计指导原则应该用作一般的经验法则，这些并不是在每个实例中都必须遵循的硬性规则。每个仪表盘都有自己独特的需求，在某些情况下，你可能希望偏离这些指导原则，甚至与它们相矛盾，以实现特定的视觉效果或目的。

6.14　闪光的未必都是金子

在前几节中，我们讨论了如何使用各种象征性图形和图标在仪表盘中显示信息。设计一个完美的仪表盘是不现实的。在一个仪表盘上工作良好的图像可能不适用于另一个仪表盘。此外，所有的图像和颜色都有其优势和缺点。作者的观点是，如果选用的图像能够正常使用并为干系人提供必要和正确的信息，而且干系人理解所用的图像，那么就继续使用这些图像。

为了理解选择正确图像的复杂性，让我们考虑一下指针刻度表。指针刻度表是用来确定或调节事物的水平、状态、尺寸或形状的仪器。英语中"指针刻度表"（Gauges）这个词也是动词，表示度量行为。与仪表盘上经常使用的其他图像一样，指针刻度表也有其优势和劣势。

优势

- 既可用于显示定量信息，又可用于显示定性信息。
- 具有视觉美观性。
- 可以使用颜色、数字指示器、指针等显示数据。

劣势

- 比传统图像占用更多的仪表盘空间。
- 可能比其他图像更难阅读。
- 可能更难更新。
- 不能用于显示趋势，也不能用于显示绩效相对于目标是增长还是下降。

- 可以反映度量指标的信息，但不能反映 KPI 的信息。
- 不能显示变更发生的速度。
- 无法确定需要多少投入才能纠正不利的情况。

一些规则可以被用在仪表盘设计中。有关这些问题的深入解释可以在互联网上找到。例如：

- 选择正确组件的原则：选择正确的图像至关重要。例如，指针刻度表不能显示趋势。可用作图像的选项包括：
  - 指针刻度表。
  - 温度计。
  - 交通灯。
  - 面积图。
  - 条形图。
  - 堆叠图。
  - 气泡图。
  - 集群图表。
  - 绩效趋势。
  - 绩效差异。
  - 直方图。
  - 饼形图。
  - 带有象限的矩形。
  - 警示按钮。
  - 圆柱图。
  - 不同的图的组合。
- 组件的摆放规则（窗口和框架的数量）：一定要让用户接收信息的速度快。此外，左上角（或右上角，根据设计者的喜好）通常被认为比右下角更重要。
- 可视化规则（可读性、对称性和比例）：图像和信息应易于阅读，美观悦目。
- 信息的准确性规则（背景信息选择）：在不用额外解释的情况下，图像必须提供合理准确的信息，供决策使用。然而，相较于绩效的绝对值，一些干系人对绩效的变化趋势更感兴趣。
- 色彩选择规则：必须考虑的因素包括：
  - 色彩。
  - 色彩定位。
  - 亮度。
  - 方向。
  - 饱和度。
  - 尺寸。
  - 纹理。
  - 形状。

如前所述，追求完美的仪表盘设计是不现实的。即使最简单的设计也可能给浏览者带来问题。例如，考虑下述面积图：

- 传统面积图（见图 6-8）：显示随时间或类别的变化趋势。
- 堆叠面积图（见图 6-9）：显示各值随时间或类别的贡献变化趋势。

- 百分比堆叠面积图（见图 6-10）：显示各值随时间或类别的贡献百分比的变化趋势。

这些图表很适合观察趋势。一些干系人可能对趋势比对实际数字更感兴趣。然而，要在特定的时间段内获得一个精确的值，需要从图表中得到详细的度量，这可能引入误差。

另一个常用的图像是条形图。以下列条形图为例：

- 聚类条形图（见图 6-11）：比较不同类别的值。
- 堆叠条形图（见图 6-12）：将每个值在类别间的总贡献进行比较。
- 百分比堆叠条形图（见图 6-13）：比较每个值对跨类别值的贡献百分比。

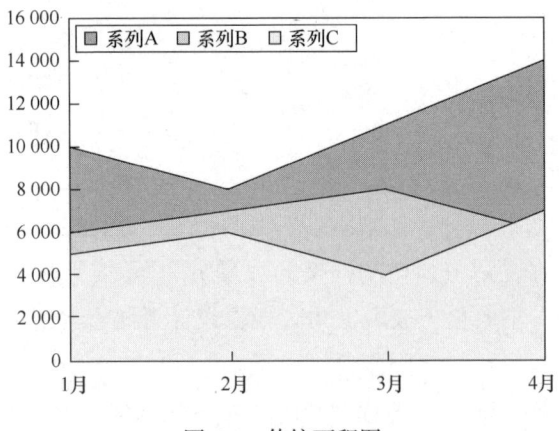

图 6-8　传统面积图

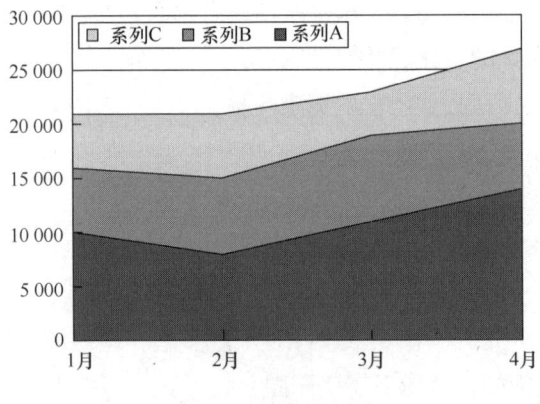

图 6-9　堆叠面积图

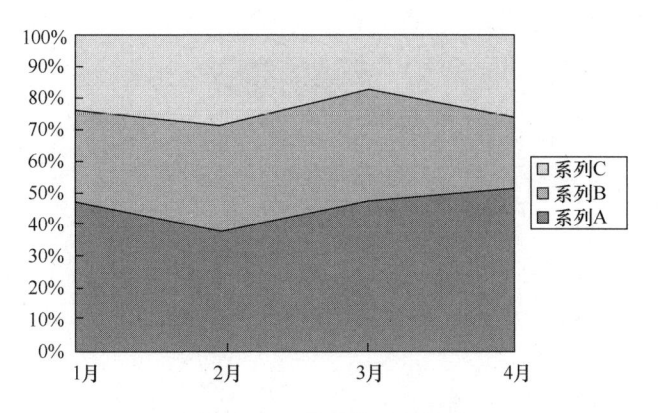

图 6-10 百分比堆叠面积图

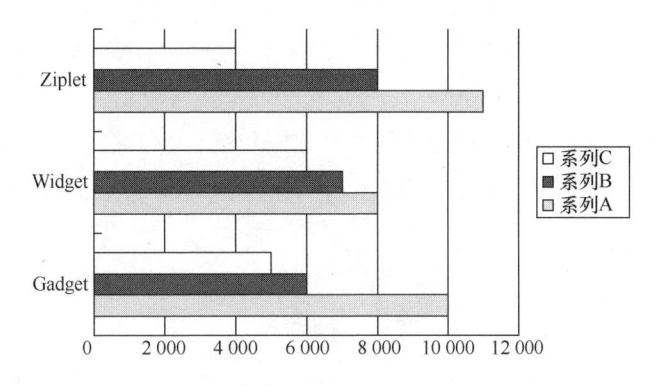

图 6-11 聚类条形图

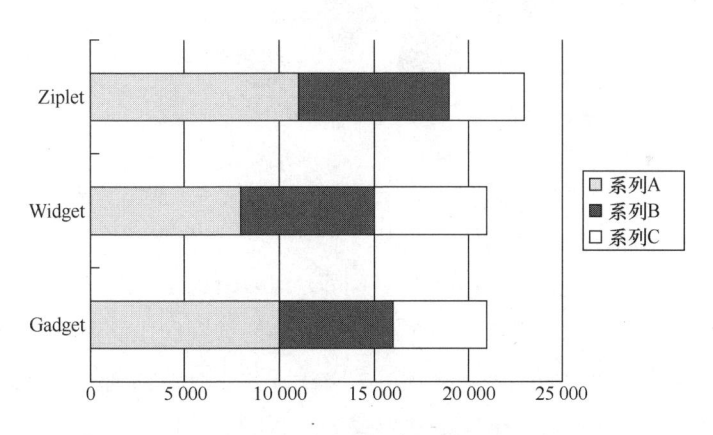

图 6-12 堆叠条形图

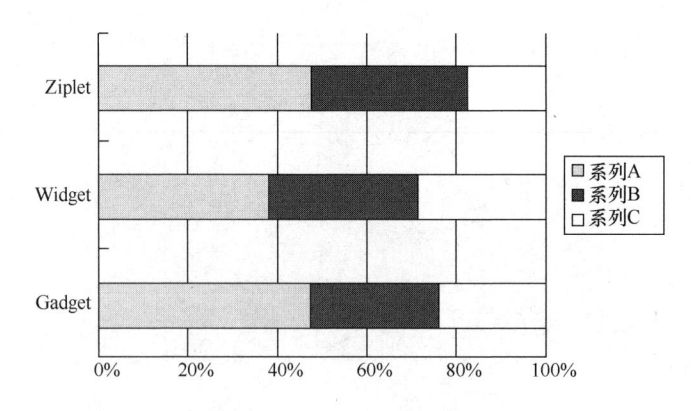

图 6-13 百分比堆叠条形图

在这些图形中，如果条形图的一部分与图像的背景颜色相同，会分散用户的注意力。此外，在堆叠条形图中，要得到系列 B 和系列 C 的精确值可能需要度量，这可能导致误差。

如图 6-14 所示，相比项目仪表盘，气泡图更适合业务仪表盘。该图与折线图一样，比较了三组值，但是气泡图中显示的第三种值是气泡标记的尺寸。

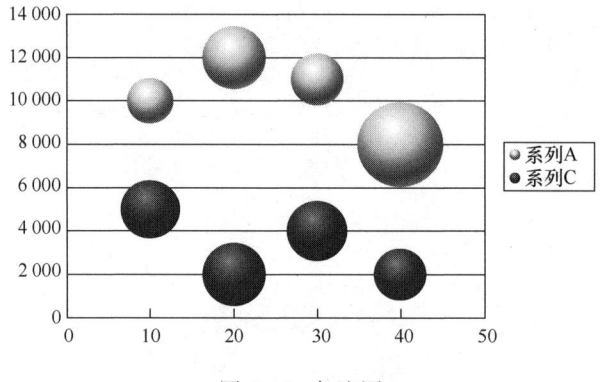

图 6-14 气泡图

柱状图类似于条形图。例如，考虑以下三类柱状图：
- 聚类柱状图（见图 6-15）：比较不同类别的值。
- 堆叠柱状图（见图 6-16）：将每个值占全部类别的比例进行比较。
- 百分比堆叠柱状图（见图 6-17）：比较每个值对跨类别值的贡献百分比。

几乎所有仪表盘中都会出现某些形式的柱状图。然而，在选择颜色时必须谨慎。在图 6-15 和图 6-16 中，柱上颜色的深浅可能造成视觉问题。如果用户不是色盲，图 6-17 更有利于阅读。

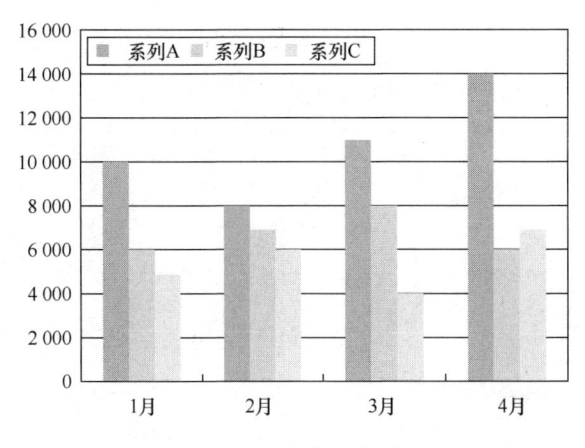

图 6-15 聚类柱状图

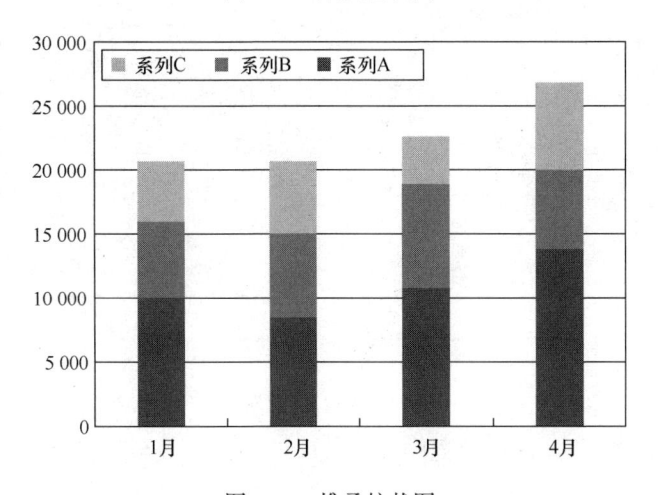

图 6-16 堆叠柱状图

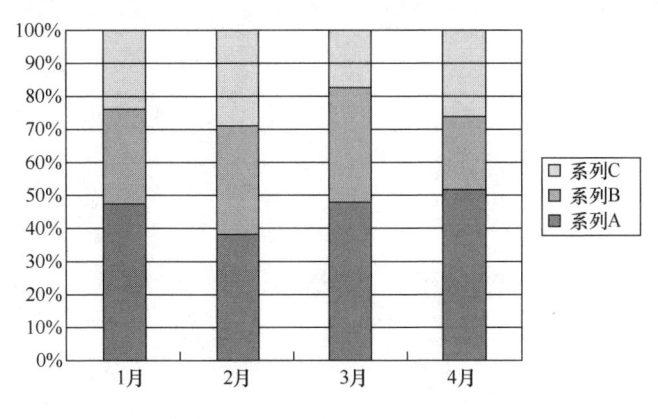

图 6-17 百分比堆叠柱状图

指针刻度表一般用于显示单个值。如图 6-18 所示，指针刻度表还使用颜色来显示相关数据值的状态是"好""可接受"，还是"不好"。

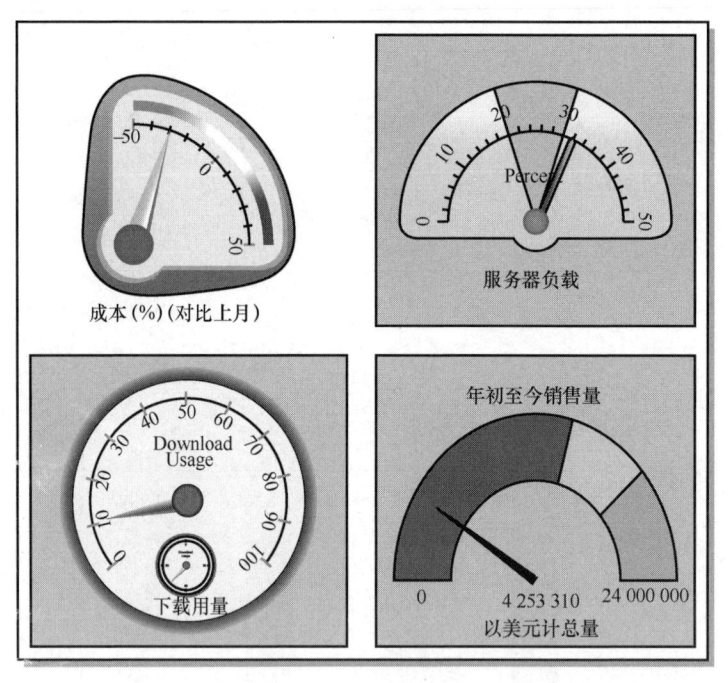

图 6-18　指针刻度表

仪表盘上使用的图标可以是各种各样的形状。在仪表盘和计分卡上，最受欢迎的形状是用来将差异值可视化的交通灯或箭头，如图 6-19 所示。绿色、黄色和红色等颜色表示值的状态为"好"、"可接受"和"不好"。绿色可能有不止一个意思。例如，在一些图标中，绿色可能表示需要变更，而非不需要变更。

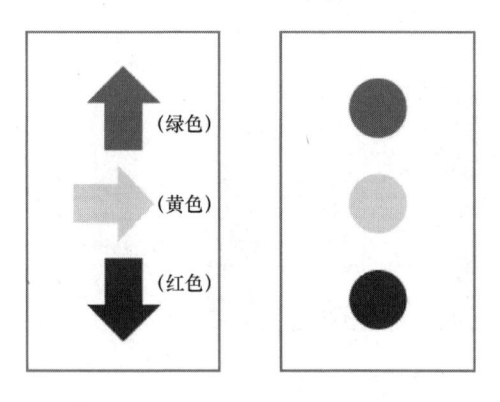

图 6-19　图标

折线图也可以用来显示趋势。然而，折线图上的折线不应该超过三或四条。折线图的例子有：

- 传统折线图（见图 6-20）：显示随时间或类别的趋势。
- 堆叠折线图（见图 6-21）：显示各值随时间或类别的贡献趋势。
- 百分比堆叠折线图（见图 6-22）：显示各值随时间或类别的贡献百分比的趋势。

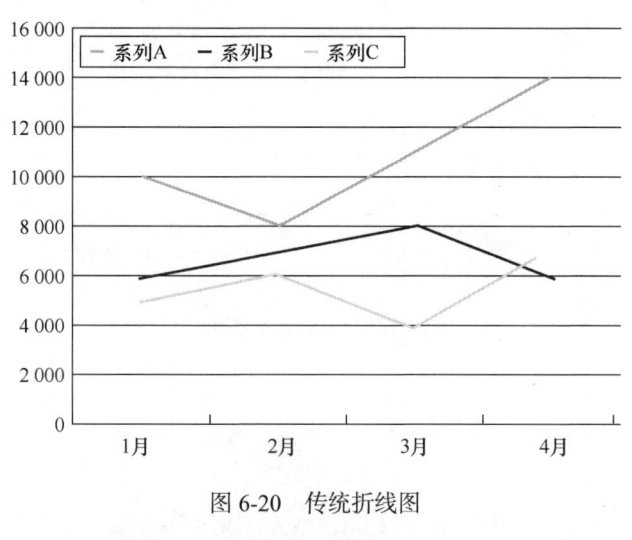

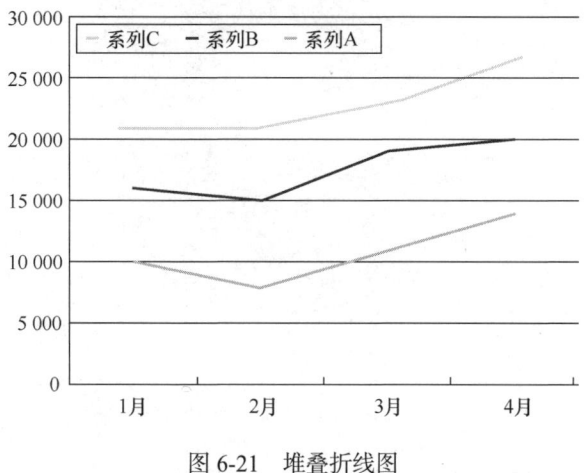

图 6-20　传统折线图

图 6-21　堆叠折线图

仪表盘设计最重要的是简单。丰富多彩的图形、复杂的设计和三维装饰会分散用户对重要信息的注意力。图 6-23 展示了不同的干系人群体。当你第一次看到这个图形的时候，你会被三维效果所吸引，但这对你想要传达的信息没有任何帮助。把信息放在表格或折线图中也能达到同样的效果，而且可能更容易理解。此外，图中没有数字，因此用户可能不知道每个类别中干系人的确切数量。

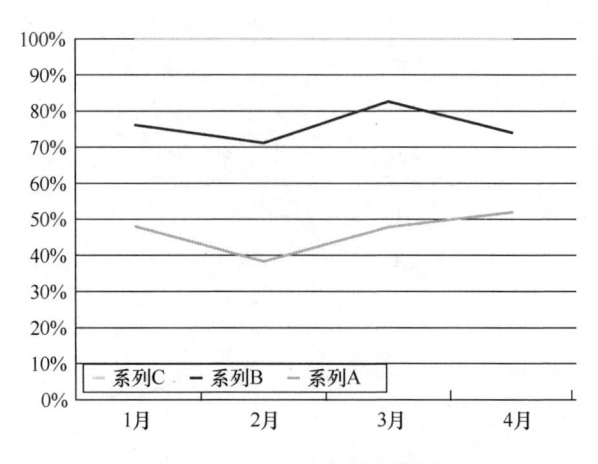

图 6-22　百分比堆叠折线图

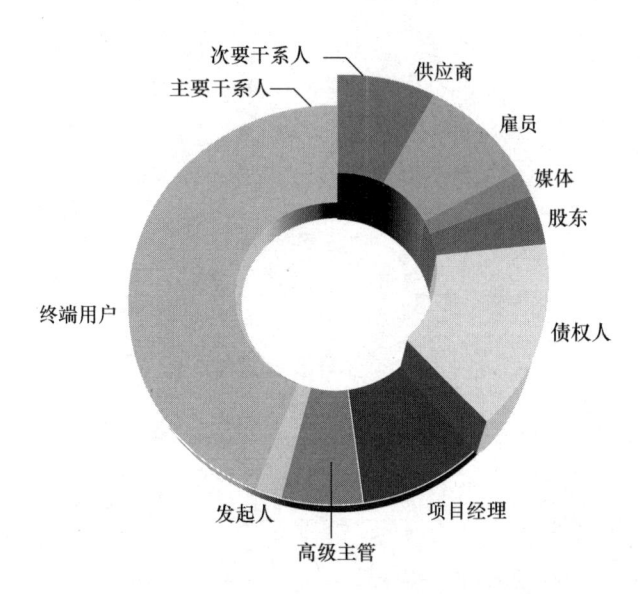

图 6-23　以三维形式呈现的不同的干系人群体

图 6-24 与图 6-23 相似，但更为复杂。当你第一次看到这个图形时，你的眼睛集中在三维效果上，即使提供了相关数字，你也必须一遍又一遍地阅读，以理解你在看什么。最后，按期且在预算内完成的里程碑可能是那些对项目成功没有

重大影响的工作包,而其他里程碑可能对项目成功有重大影响。这个问题可以通过允许用户获取更多深度信息来解决。

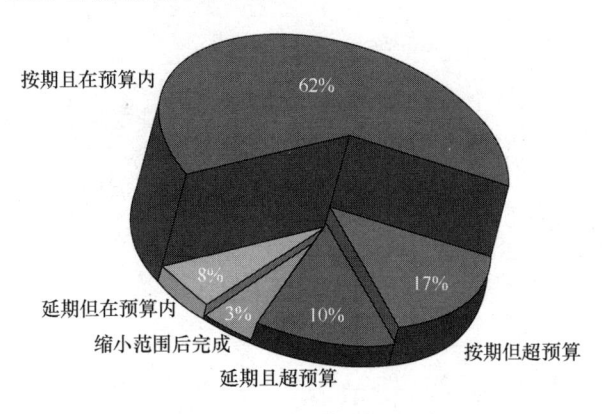

图 6-24 里程碑总结报告

图 6-25 显示了当前一个项目的工时细分。图中的饼状小块缺乏数字形式的价值,如果是柱状图的话可能更容易理解。

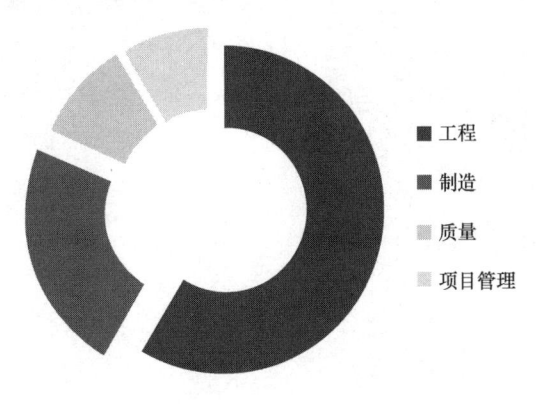

图 6-25 工时分解

图 6-26 展示的是一个三维饼形图,它是 PMO 仪表盘的一部分。该图说明了过去项目失败的最常见原因。再次提醒,尽管这幅图以三维形式展现看起来令人印象深刻,但其传递的信息可以在折线图中以包含数字的形式更清晰地显示出来。在其当前格式中,每个饼块看起来尺寸都一样,但事实可能并非如此。一般来说,任何与数据无关的修饰都不应该出现在图表中。

方块饼形图可以很好地取代传统的饼形图。图 6-27 和图 6-28 显示了两个不同旋转方向的方块饼形图。使用方块饼形图时,可以将着色的单元格相加得到百分比。

即使有三维效果，其带来的变形失真也不会影响图表的可读性。某些元素可以通过将它们置于其他单元格之上而突出显示。然而，使用方块饼形图也有一些限制：

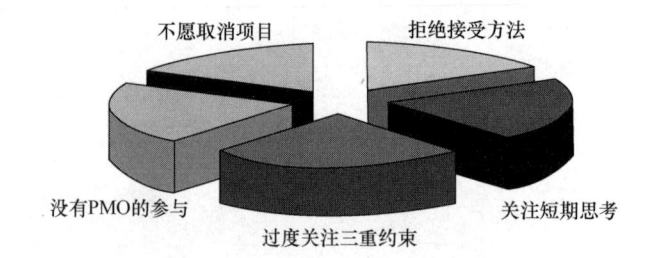

图 6-26　失败原因

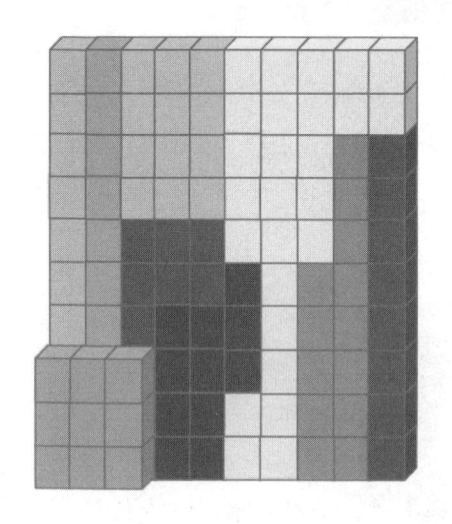

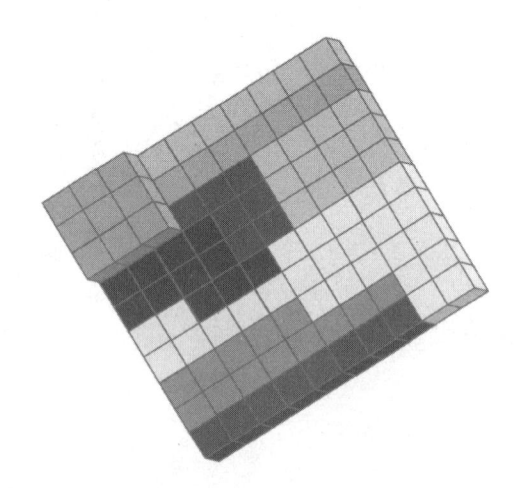

图 6-27　方块饼形图　　　　　　　图 6-28　经旋转的方块饼形图

- 每个单元格通常表示整数，而不是小数。
- 如果其中一个或多个百分比非常大，则该图像可能不会给人留下深刻印象。
- 单元格颜色的选择和放置必须谨慎，创建和解释这类图可能需要比传统的饼形图花更多的时间。
- 与传统的饼形图相比，该图像在仪表盘页面上可能需要更多的空间，因此会限制所展示的度量指标的数量。
- 图表的三维旋转必须在不牺牲图像的审美价值及由可读性带来的准确性的前提下完成。

图 6-29 显示了四个工作包的成本细分。虽然图看起来令人印象深刻，但是其

没有提供可供用户进行评估的背景网格。此外，使用红色或红色的阴影可能导致用户认为人力成本过高或人力成本面临问题。

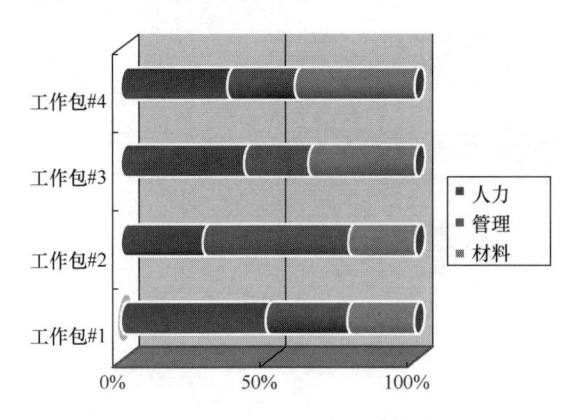

图 6-29　工作包的成本细分

图 6-30 显示了四个工作包的成本超支数据。在这个例子中存在背景网格，但这种情况下很难确定人力和采购的超限程度。还有一个问题是，例如工作包#4，到底应该使用其图形的正面还是背面？如果使用条形图的正面，其成本超支率读数为 11%，而当使用条形图的背面读数时，其值为 12%。

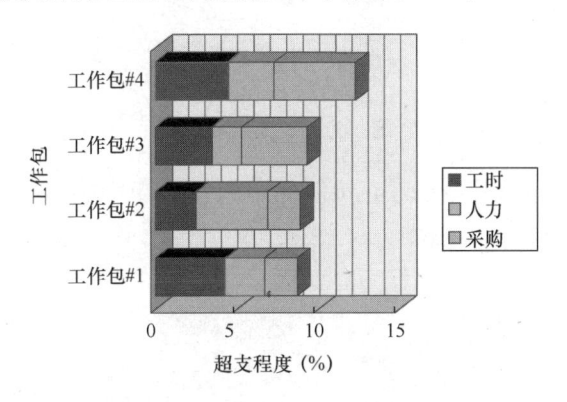

图 6-30　成本超支数据

图 6-31 显示了累计月末成本绩效指数和进度绩效指数数据。在网格中，应该突出显示 1.0 处的分界线，以显示与目标价值的贴近程度。此外，图中应该有更多的网格线，这样就可以确定那些有意义数据的具体量值。

使用三维柱状图有很多优势。然而，在图中插入太多信息会使图变得难以使用。图 6-32 说明了为系列 1 和系列 2 确定精确值的难度。

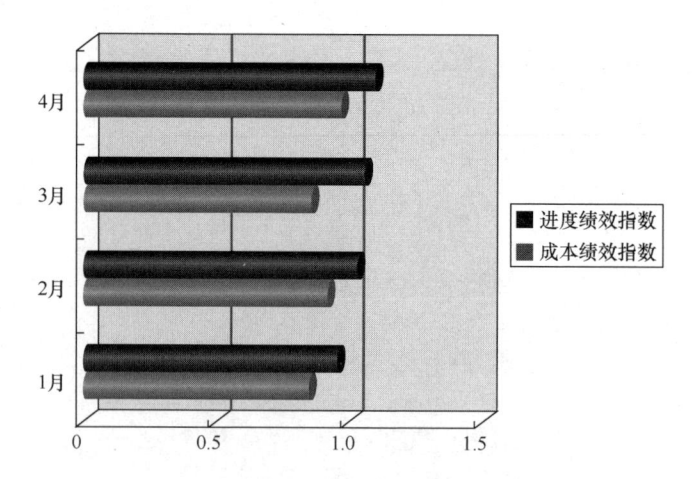

图 6-31 累计月末成本绩效指数和进度绩效指数数据

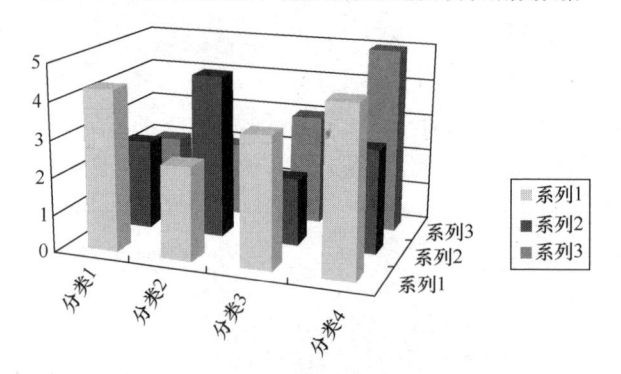

图 6-32 三维柱状图

此外，使用中性或标准的颜色可能比用那些专门强调特殊情况的颜色更好。图 6-33 显示了典型的标准颜色。

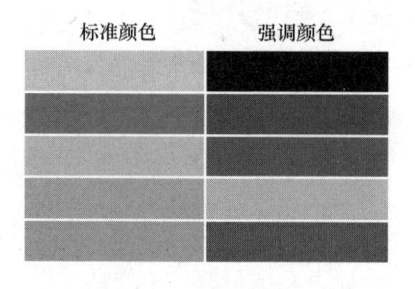

图 6-33 可选的颜色

如图 6-34 所示，另一个常见的错误出现在使用纹理和渐变时。虽然在进行演示时这样做有不错的效果，但其可能不适用于仪表盘。

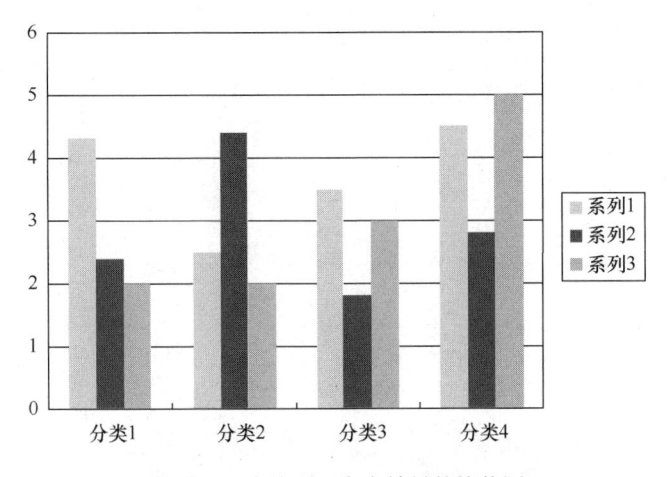

图 6-34 有纹理和渐变效果的柱状图

图 6-35 显示了一个颜色鲜艳的柱状图。使用明亮颜色是为了强调情况的好和坏。如果像图中所示，所有的颜色都是明亮的，那么用户可能就不知道哪部分是重要的，哪部分是不重要的。

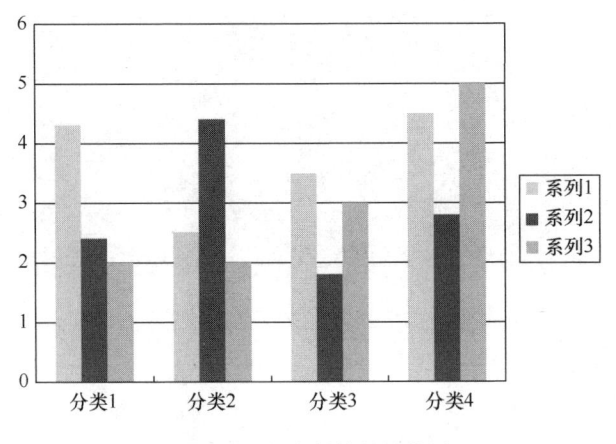

图 6-35 颜色鲜艳的柱状图

如图 6-36 所示，在使用柱状图时应该使用标准颜色，阴影的使用应该从最亮到最暗以便于比较。此外，在列的后面创建阴影或不协调的颜色可能会分散注意力。因为阴影不包含任何信息或数据，应该避免这种情况的出现。

背景颜色或阴影会对视觉效果造成影响。如图 6-37 所示，其中的正方形的尺寸都是一样的。但是由于背景的效果，有些人认为右边的正方形比其他正方形大。

图 6-38 中显示了另一个示例。外圆表示工作包的总成本（以美元为单位），

内圆表示作为总成本一部分的工时的美元价值。同样，展示出的效果可能具有欺骗性，因为所有的内圆都是相同的尺寸。因为一些内圆占据了更大比例的外圆，所以一些内圆看起来更大。

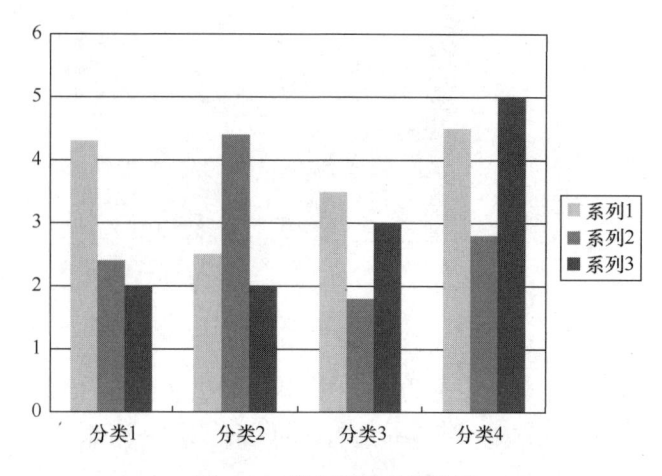

图 6-36　使用阴影的柱状图

图 6-37　背景色采用阴影效果

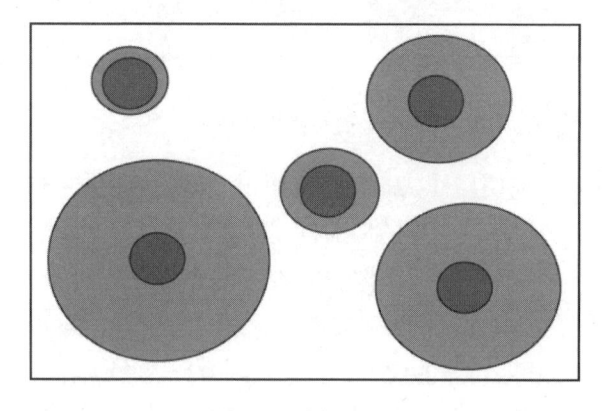

图 6-38　同心圆图

如图 6-39 所示，通常避免使用雷达图，因为它们很难阅读，即使对于经常使用雷达图的人也是如此。雷达图中的信息可以显示在柱状图或条形图中。然而，在某些情况下，雷达图是相当有效的。

本章强调，应该在仪表盘上放置最少数量的可供做出明智决策的度量指标。但有时也可能需要更多的信息。有时用户必须有获取下级信息的选项以弄清情况。例如在图 6-40 中，左边的列表示按钮。当按钮以红色显示时，页面上的度量指标仅适用于工作包#1。用户可以选择按下任何按钮。

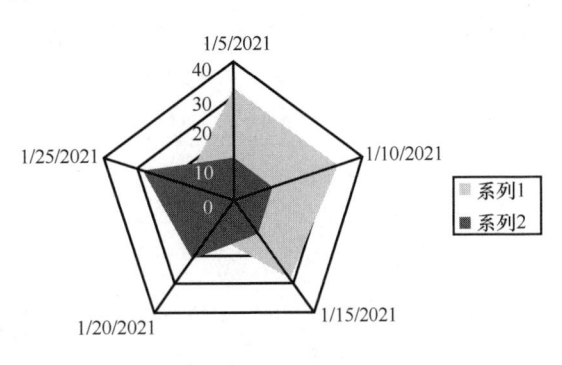

图 6-39　雷达图

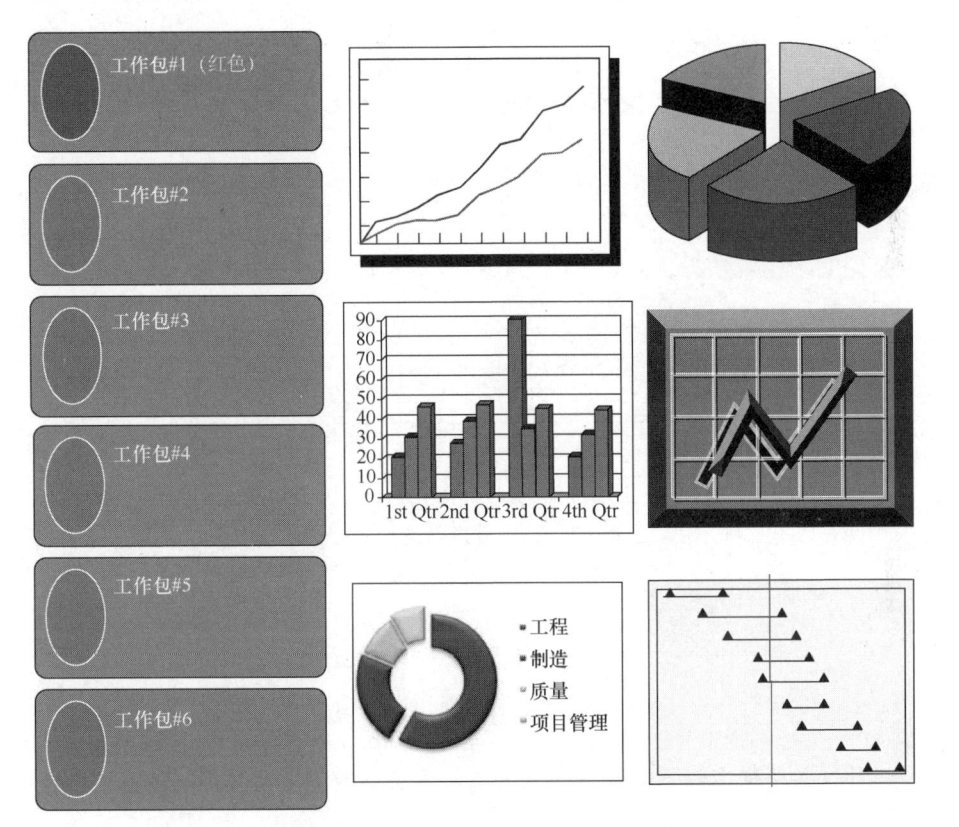

图 6-40　带有获取下级信息按钮的仪表盘

基于干系人所需要的信息的层次，必须为不同的细节层次设计一些仪表盘。如果每个干系人都需要不同层次的细节信息，那么这将是一个代价高昂的工作。

图 6-41 试图显示在项目进展时成本和进度的差异。如果只是用来观察变化的趋势，那使用这个图是合适的。但是，如果需要用实际数字来辅助决策，那么数据应该用表格的形式来呈现。

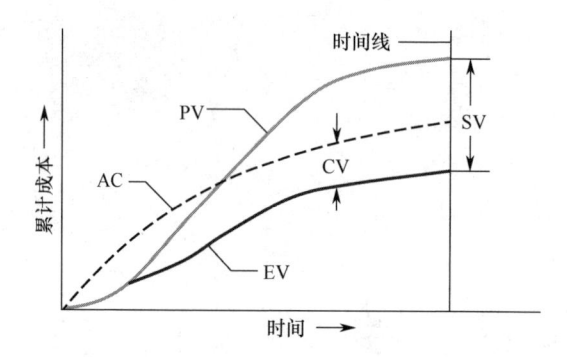

图 6-41　挣值管理系统状态报告

有些图更适合用双对数坐标图或半对数坐标图来表示。图 6-42 显示了一个典型的学习曲线，它可以作为制造项目的一部分使用。虽然可能大多数项目经理对这种类型的图比较熟悉，但是不应该在仪表盘中使用它来给干系人呈现信息。

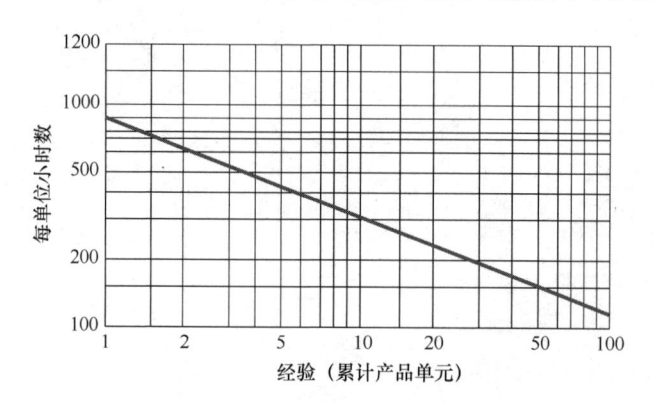

图 6-42　双对数坐标图上的学习曲线

指针是一种指示器，用于指向刻度盘、仪表盘或刻度尺的值。图 6-43 显示了一个垂直滑动秤上指针的例子。

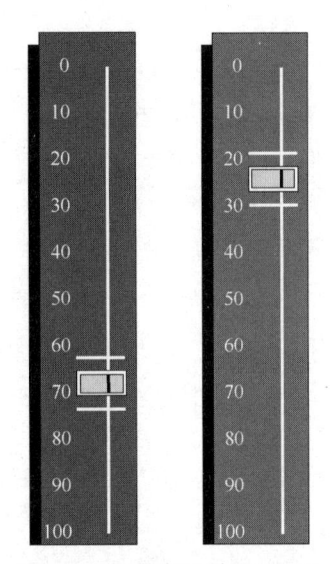

图 6-43　垂直滑动秤上的指针

必须避免在一张图上使用过多指针，因为用户必须不断引用图例来确定每个指针的含义。并不是仪表盘上显示的所有度量指标都容易理解。例如，图 6-44 所示的一个具有周期性收入流的公司。有些公司喜欢一次显示所有季度，并使用虚线来标识应该比较哪些季度。这些都显示在这张图中。其他人可能更喜欢在一张图上显示每年一季度和二季度的比较，在另一张图上显示三季度和四季度的比较。在查看周期性数据时，用户必须理解他们要查看什么。

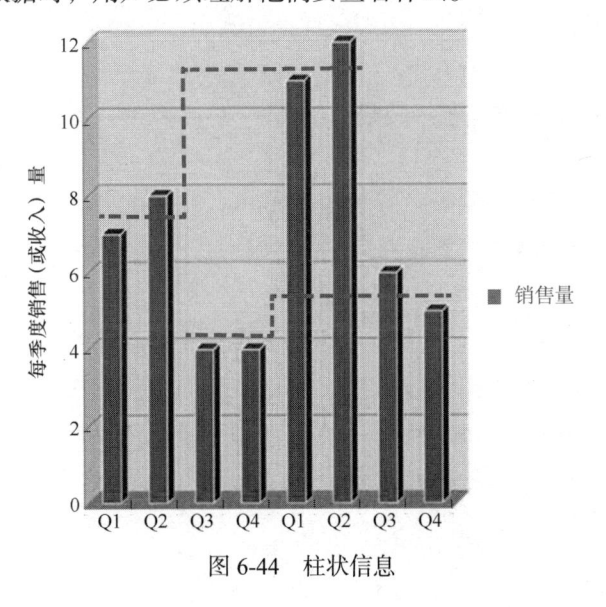

图 6-44　柱状信息

热力图是数据的图形化展示，其中每个单独的数据用颜色来体现。气象学家在讨论天气时经常使用热力图。可以用不同的配色方案来展现热力图，但在感知上，不同的配色有其各自优势和劣势。

因为人类对彩色色度的感知比对灰色的灰度更强，所以作图时经常采用彩色图。据说这将增加用户从图像中获得的信息量。图 6-45 显示了对特定约束重要性分析的热力图。颜色越深，该约束就越重要。

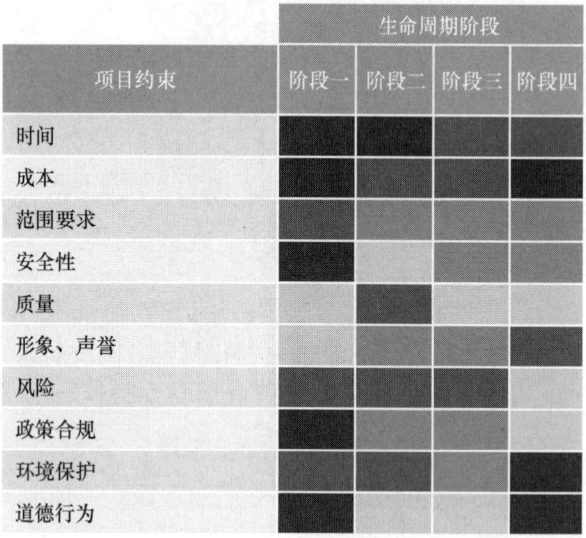

项目约束	生命周期阶段			
	阶段一	阶段二	阶段三	阶段四
时间				
成本				
范围要求				
安全性				
质量				
形象、声誉				
风险				
政策合规				
环境保护				
道德行为				

图 6-45　热力图

6.15　使用表情符号

有时使用符号可以使仪表盘看起来很优雅。表情符号可以用在仪表盘上，但它们的意思可能被误解。例如，在图 6-46 中：

- 笑脸所代表的信息是好的还是非常好的？
- 悲伤的表情所代表的信息是不好的，还是非常不好的？
- 红色通常用来反映不好的事物，那么红色的微笑意味着什么？
- 绿色通常表示有利的情况，那么绿色皱眉表示什么？

在这种情况下，信息标志按钮可用于进一步提取信息，以澄清表情符号的确切含义。

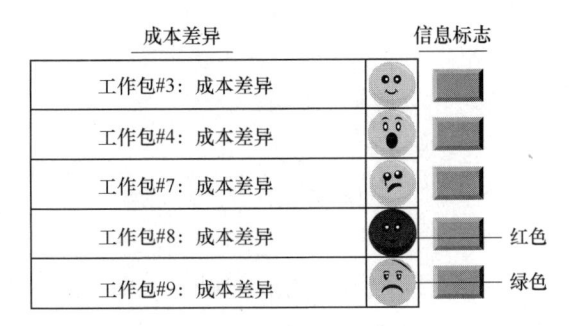

成本差异		信息标志
工作包#3：成本差异	☺	
工作包#4：成本差异	😮	
工作包#7：成本差异	☹	
工作包#8：成本差异	●	——红色
工作包#9：成本差异	☹	——绿色

图 6-46　表情符号的使用

图 6-47 提供了其他可以使用的表情符号示例。同样，它们也可能被误解。例如，警官表情符号是否意味着项目已经停止，或者只有小的延迟？魔鬼表情符号是指项目遇到了严重的问题，还是说项目经理正试图解决问题？

图 6-47　其他可能被误解的表情符号

6.16　具有误导性的信息

误导信息是指由于展现方式而可能产生信息混淆的内容展示。误导信息通常包含无效图表，包括不必要的线、标签、图像、颜色和数据，这些内容会降低图像的完整性和价值。有时无效图表是出于审美需要。大多数情况下，无效信息可能导致出现不符合项目最佳利益的决策。

出现误导信息最常见的原因是没有考虑所使用的度量系统的灵敏度。使用误导信息的结果可能是：

- 无法验证数据。

Project Management Metrics, KPIs, and Dashboards

- 显示的图像能被随意调整。
- 显示的图像容易被解读成各种意思。
- 显示的图像可能被误解。
- 显示的图像无法评估绩效风险。

仪表盘设计中与准确性和美观相关的规则与用户可视化图像的方式有关。糟糕的可视化会破坏仪表盘的可信度。数据的可视化效果通常由其尺寸和在页面上的位置决定。有些形状的尺寸很容易正确地设置，而另一些不太容易且会传递出错误的信息，如图 6-48 中的柱状图。

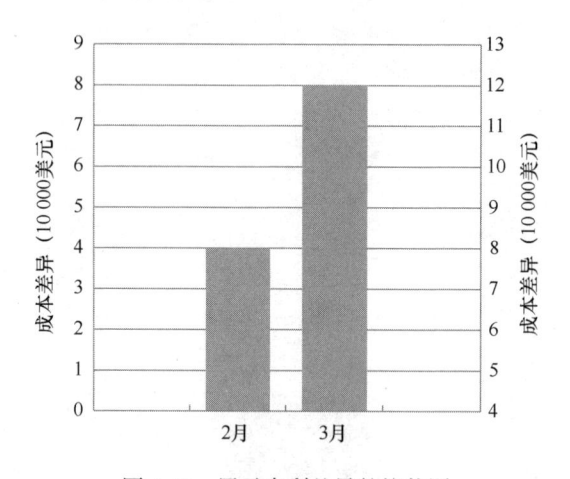

图 6-48　展示有利差异的柱状图

当你第一次看到这个图时，你的注意力会集中在两列数据上：很明显，3 月所在列的尺寸是 2 月的两倍。因此，用户可能错误地得出这样的结论：3 月的有利差异是 2 月有利差异的两倍。如果是基于图形左侧的 y 轴，这个结论是正确的。但如果我们是基于右侧的 y 轴，那么 3 月的有利差异增长只是 2 月的 50% 而不是 100%。

如图 6-49 所示，当我们使用圆的面积来展现数据时也可能出现潜在问题。为简单起见，我们假设圆的半径是 1 英寸，我们试图通过展示圆 B 是圆 A 面积的两倍来体现圆 B 代表的情况相对于圆 A 有 100% 的显著提升。如果我们试着把半径从 1 英寸扩大一倍用 2 英寸来画圆 B，那么圆 B 的面积就是圆 A 面积的 4 倍而不是目标面积的两倍。这可能误导用户。如圆 C 所示，如果要展现的一个新圆其面积是圆 A 的两倍，那么这个圆的半径应为 1.414 英寸。

r = 半径
面积 = πr^2

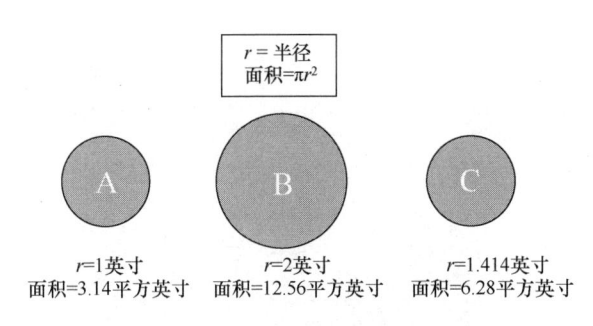

A: r=1英寸，面积=3.14平方英寸
B: r=2英寸，面积=12.56平方英寸
C: r=1.414英寸，面积=6.28平方英寸

图 6-49　选择合适面积的圆

6.17　敏捷和 Scrum 的度量指标

介绍：敏捷概览

让我们从敏捷的定义开始。它不是一个项目管理方法或框架。敏捷是一种灵活和响应的哲学。它涉及持续的学习和改进，是一种需要文化转变的方法，在这种方法中，竖井被移除，小团队成立，并被赋予权力。

敏捷是一组原则的集合，专注于使团队能够以小的、可操作的增量交付工作，从而轻松地向客户交付价值。需求、计划和结果的评估持续进行，这有助于团队对变更做出响应。

2001 年，一群软件开发人员在美国犹他州聚集在一起，分享了与软件开发项目相关的问题，比如无法按时交付、预算超支、没有满足需求以及很多缺陷。因此，他们发表了敏捷宣言，声明：

我们一直在实践中探寻更好的软件开发方法，身体力行的同时也帮助他人。由此我们建立了如下**价值观**：

- 个体和互动高于流程和工具。
- 工作的软件高于详尽的文档。
- 客户合作高于合同谈判。
- 响应变化高于遵循计划。

也就是说，尽管右项有一定的价值，但我们更重视左项的价值。

我已经用解决方案代替了软件，因为在过去的 20 年里，敏捷已经从软件和信息技术扩展到致力于实现业务敏捷性的组织，如图 6-50 所示。尽管 Scrum 是敏捷的主要形式，但它并不是唯一的方法和实践，如第 14 届敏捷年度报告所示。

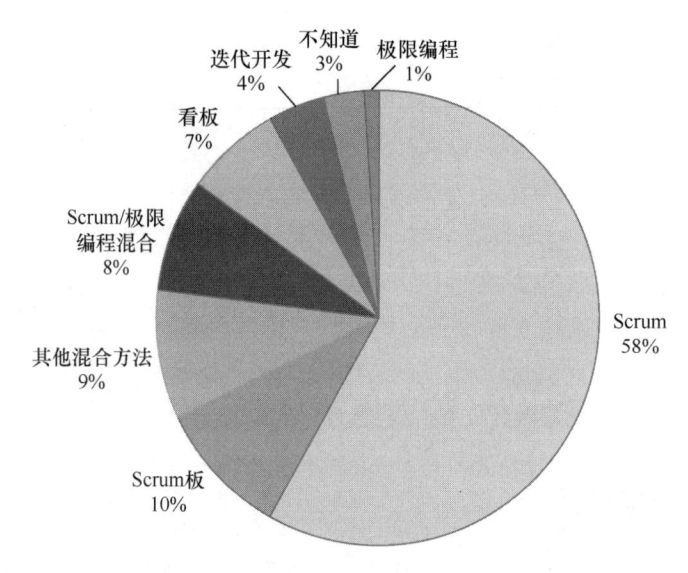

图 6-50 敏捷方法和实践①

市面上不乏强调采用敏捷的好处的研究，如图 6-51 所示。因此，自 2013 年以来，我们已经看到了曲棍球棒效应，涉及许多组织转向敏捷及其在 IT 领域的扩展。

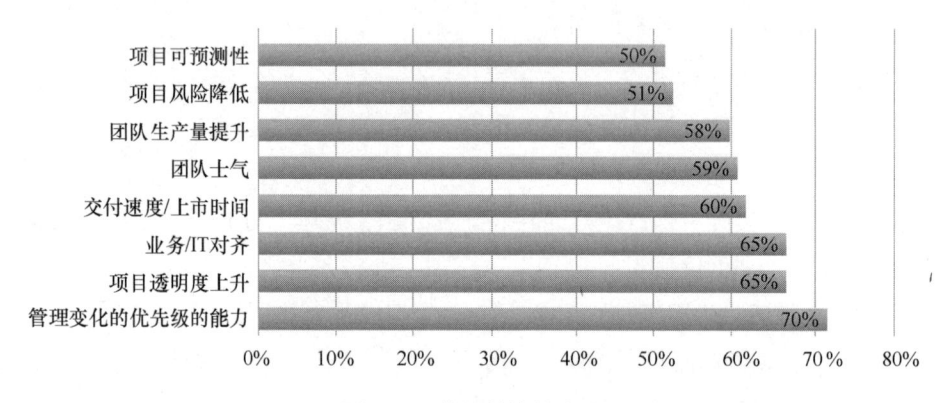

图 6-51 使用敏捷的收益

在采用敏捷时，组织的灵活性是重要的，这意味着对变化的开放和对新信息的灵活响应，同时与敏捷宣言的原则 1 保持一致。

---

① 改编自："第 14 届敏捷年度报告/敏捷方法和实践"。

#1 我们的首要任务是通过早期和持续交付有价值的产品来满足客户。

敏捷度量

敏捷度量是关于工作质量、生产力、进度、项目成功程度以及敏捷团队的绩效和福利的可量化度量。度量标准帮助关键干系人确定优势和劣势领域，并解决可能的瓶颈。在强调产品开发质量的同时，度量标准还可以在时间线方面带来更高的预测能力。

敏捷宣言有十个原则

简单——使未完成的工作量最大化的艺术——是必不可少的。

因此，敏捷团队需要选择跟踪和利用的关键指标。

度量标准主要是针对敏捷团队的。他们应该是收集、使用和共享度量标准的人。此外，度量标准应该在团队成员之间的对话中使用。它需要成为讨论冲刺计划的起点。

通用敏捷度量指标

交付的价值

实现高价值的特性应该是所有敏捷团队的首要任务，如图 6-52 所示。该指标的上升趋势表明事情正在步入正轨，而下降趋势则意味着低价值功能的实现正在发生。

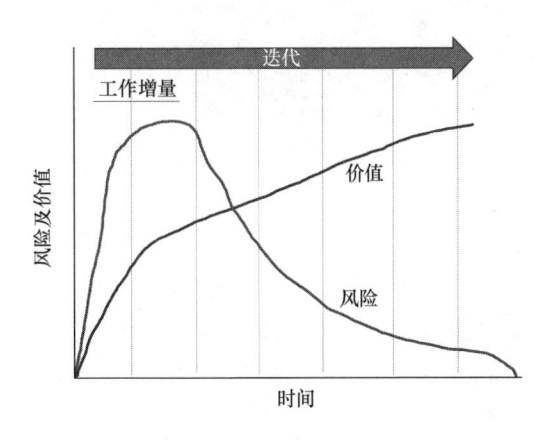

图 6-52　敏捷价值交付

净推荐值

顾客忠诚度是决定组织是否成功的一个重要因素,而净推荐值是衡量顾客忠诚度的一个很好的指标。图 6-53 所示的净推荐值衡量的是顾客愿意向他人推荐产品或服务的程度。取值范围为–100～100。

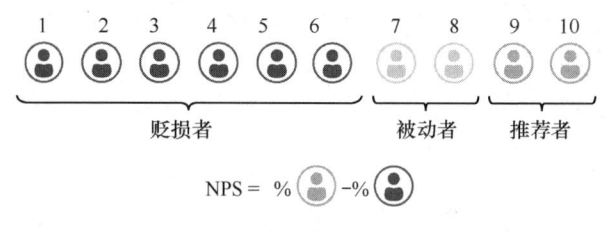

图 6-53 净推荐值

史诗故事进度图

敏捷团队可以与产品愿景保持一致,反过来,愿景可以被分解为史诗故事——特性、用户故事和任务,如图 6-54 所示。

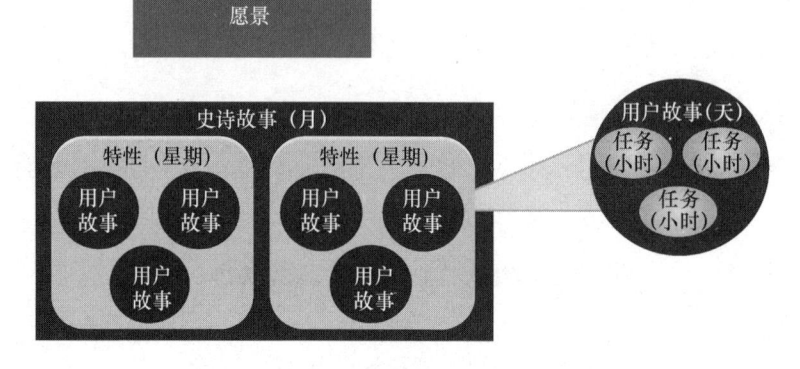

图 6-54 史诗故事进度图

史诗故事是一个容器,管理在投资组合中的最大提案。

丹尼尔·平克在他的书《动力:关于激励我们的惊人真相》中指出,有意义的工作是三大激励因素之一。通过确保团队意识到他们的工作如何与产品愿景及其史诗故事相关联,再加上史诗故事的可见性和发布燃尽,使之成为可能。

史诗故事进度跟踪报告

史诗故事进度有点类似于传统的项目指标。在图 6-55 中，我们看到了初始工作规模估算的基准（红线）与当前估算的比较，同时，我们也看到了与原始估算相比，史诗故事已经完成了多少。

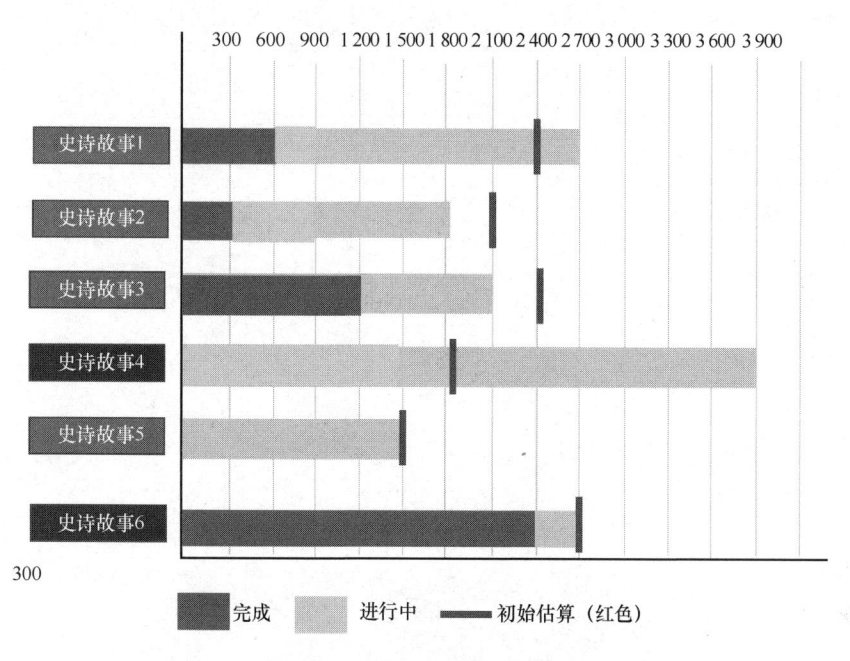

图 6-55　史诗故事进度跟踪报告

特性

如图 6-56 所示，特性是客户可以识别的可见的功能"单元"，客户可以在此进行需求的优先级排序。

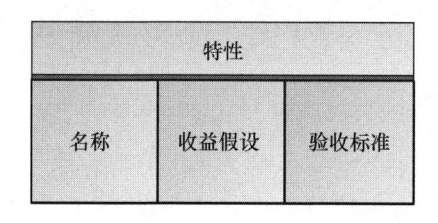

特性		
名称	收益假设	验收标准

图 6-56　特性描述

特性看板

如图 6-57 所示，特性看板将显示与特性开发相关的工作流，目标是优化流动。

图 6-57 特性看板

工作项老化图

工作项老化图的目的是检测未完成任务所需的时间。图 6-58 显示了正在进行的老化工作，并展示了当前任务从开始到完成之间需要的时间。

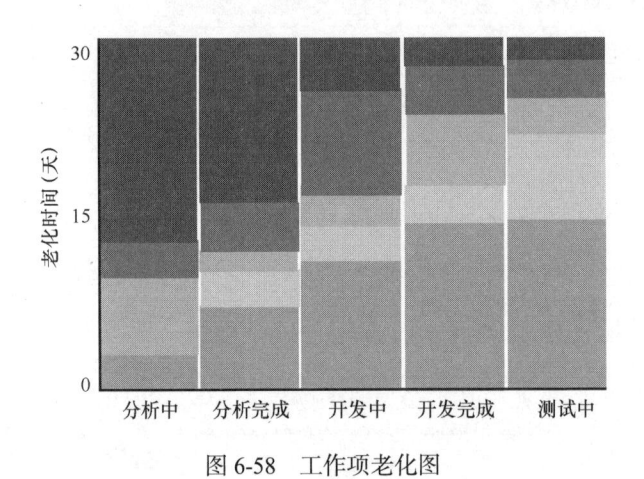

图 6-58 工作项老化图

阻碍老化图

如图 6-59 所示，阻碍老化图显示了在冲刺期间从阻碍出现到阻碍被移除的持续天数。

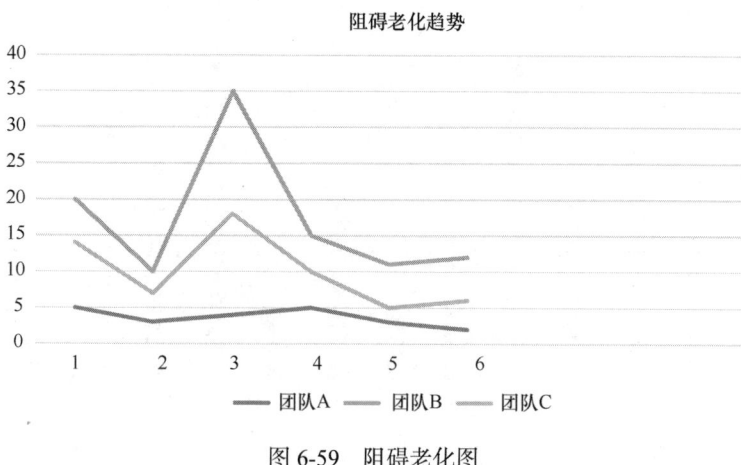

图 6-59　阻碍老化图

控制图

图 6-60 所示的控制图是一个客观的度量工具，用于确定被检查的过程是否能够可靠地产生未来的期望结果。通过检查控制图上的数据模式，我们可以了解过程是"在控制中"还是"失控"。该图显示了团队在一段时间内的速率。

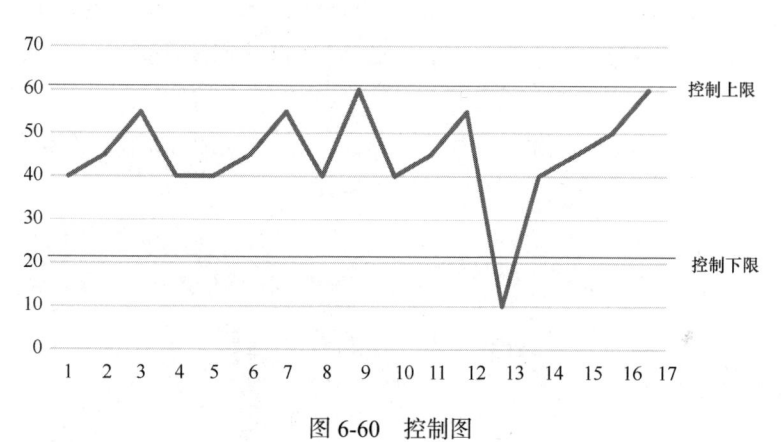

图 6-60　控制图

逃逸的缺陷

图 6-61 所示的已逃逸缺陷度量显示了用户在生产环境上遇到了多少缺陷。在理想情况下，Scrum 团队应该完整地对用户故事进行测试，并完全避免缺陷的逃逸。

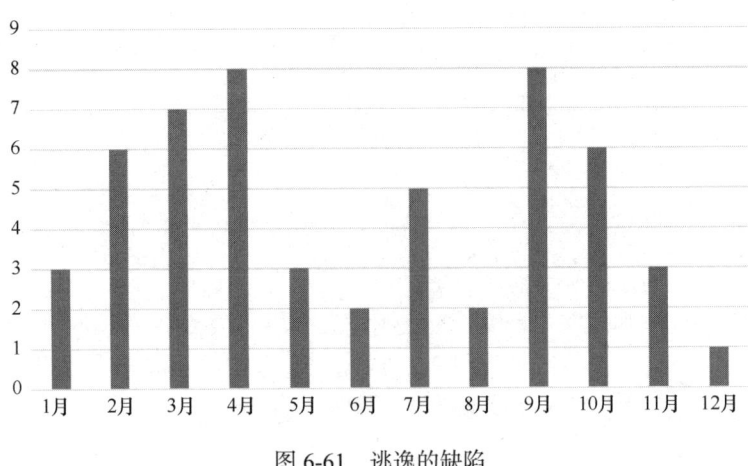

图 6-61 逃逸的缺陷

Scrum 度量

Scrum 是一个轻量级的框架，帮助团队和组织通过对复杂问题创建自适应解决方案来产生价值。

简而言之，Scrum 培养了这样一个环境：

（1）产品负责人将解决复杂问题的工作安排到产品待办事项列表中。

（2）自组织的、跨职能的 Scrum 团队在冲刺期间将工作选择转化为价值增量。

（3）Scrum 团队及干系人检查结果，并在下一个冲刺进行调整。

如图 6-62 所示，Scrum 相对简单，因为它只有 3 个角色、3 个工件和 5 个活动。

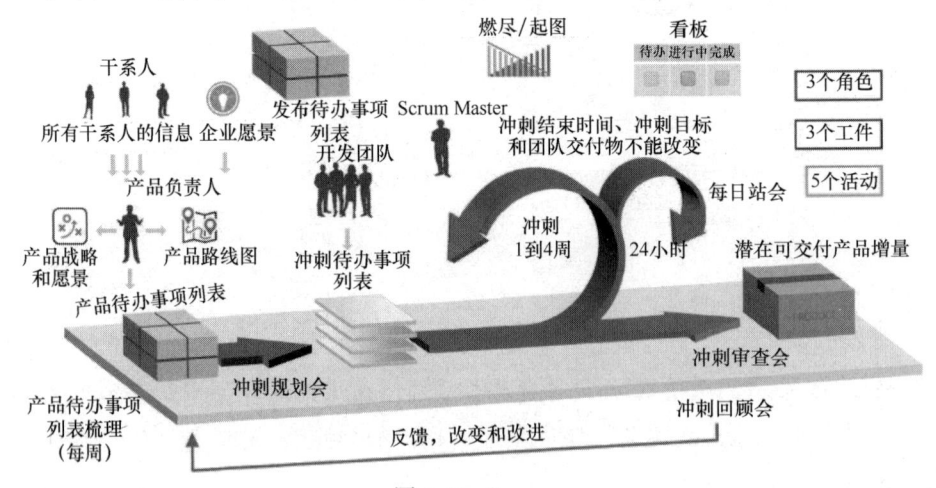

图 6-62 Scrum

冲刺燃尽图

图 6-63 中的冲刺燃尽图是估算的 Scrum 故事点或任务与实际完成的故事点或任务的比较。在开始冲刺之前，Scrum Master 将确定团队的产能，这可以用来度量团队在下一个冲刺的产量。如果需要，团队的历史速度可被调整。团队的历史速度来自团队在一段时间内每个冲刺完成的平均故事点的测量结果。

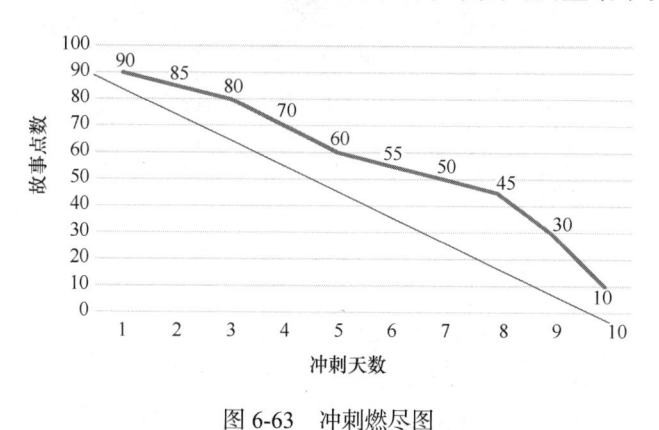

图 6-63 冲刺燃尽图

冲刺燃起图

图 6-64 中的冲刺燃起图提供了一个与整个范围相比较的冲刺完成工作的可视化表示。它提供了团队在整个冲刺过程中的进展情况。

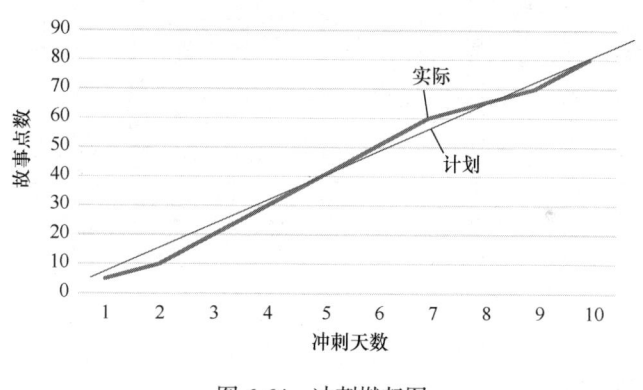

图 6-64 冲刺燃起图

团队产能

如图 6-65 所示，团队产能可能会随着时间的推移而波动，因为假期或病假、法定假日、其他团队的工作或非团队工作。这个团队产能图显示了可用的开发时间，并考虑了用于技术债务（清理）、维护和支持、培训、假期和法定假日的时间。

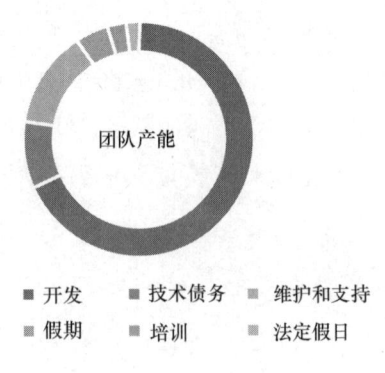

■ 开发　■ 技术债务　■ 维护和支持
■ 假期　■ 培训　■ 法定假日

图 6-65　团队产能

团队 Velocity

如图 6-66 所示，团队 Velocity 是对团队进度的度量，计算方法是将团队在冲刺期间可以完成的用户故事的规模相加。或者简单地说，团队的 Velocity=在迭代期间完成的故事点的数量。速度图比较了计划速度和完成速度。

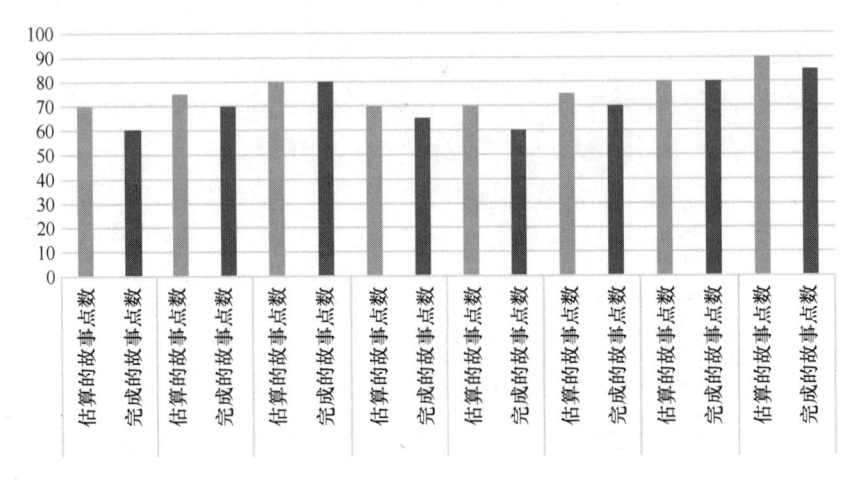

图 6-66　团队速度

阻碍跟踪图

阻碍类型包括：

- 阻塞（针对用户故事）。
- 人员问题。
- 技术问题。
- 组织问题。
- 流程问题。
- 外部事物。

- 运营问题。
- 管理问题。
- 业务或客户问题。
- 文化和瀑布态度。

图 6-67 中的阻碍跟踪图说明了每次冲刺阻塞项的数量。

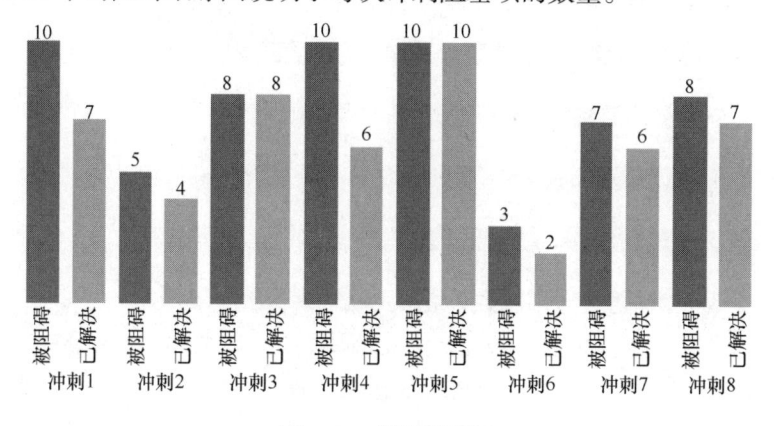

图 6-67 阻碍跟踪图

其他冲刺图表

任务状态图

如图 6-68 所示，任务状态图展现了团队在冲刺中处理的与用户故事相关的任务状态。

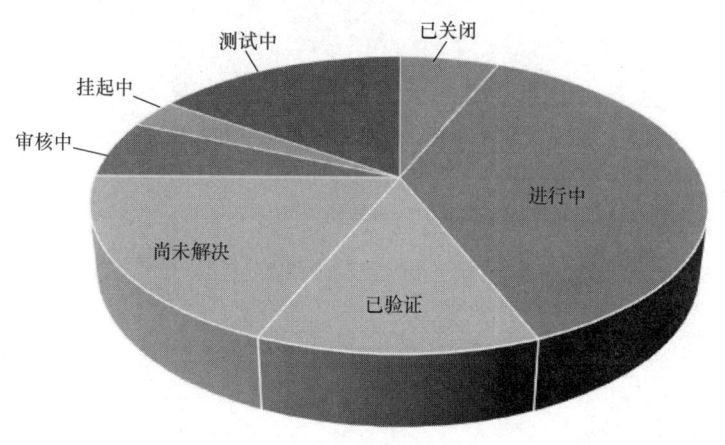

图 6-68 任务状态图

按照优先级排列的冲刺缺陷

如图 6-69 所示，冲刺缺陷图展现了不同开发阶段的缺陷以及缺陷的严重程度。

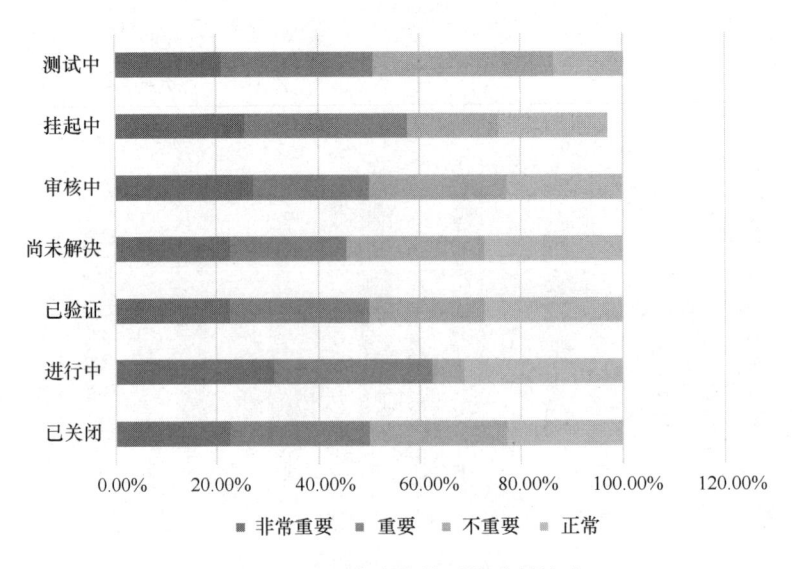

图 6-69　按照优先级排列的冲刺缺陷

冲刺跟踪图

如图 6-70 所示，冲刺跟踪图展现了冲刺中所有产品待办事项列表的状态。

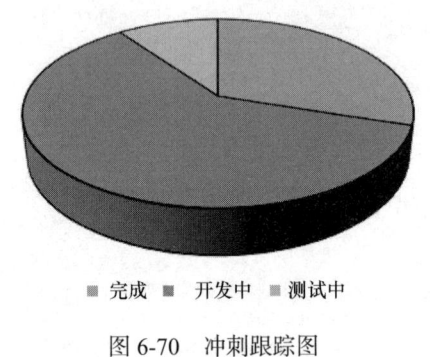

图 6-70　冲刺跟踪图

承诺效率

图 6-71 所示的承诺效率比较了在冲刺结束时完成的用户故事数和在冲刺开始时承诺的用户故事数。

吞吐量

图 6-72 所示的吞吐量图计算了在指定时期内处理的工作项，以帮助评估一段时期内的工作量。

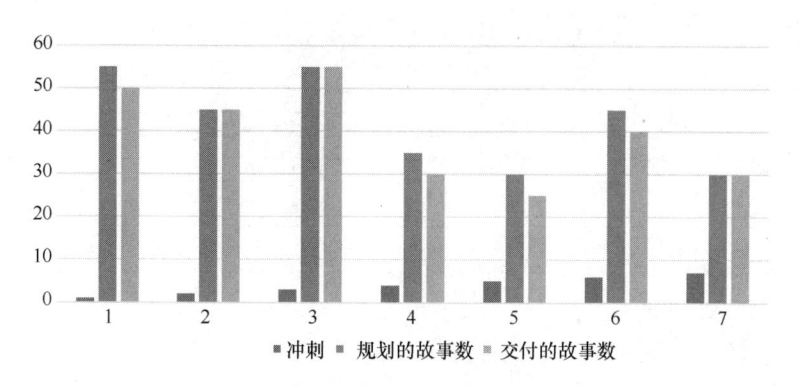

图 6-71　承诺效率

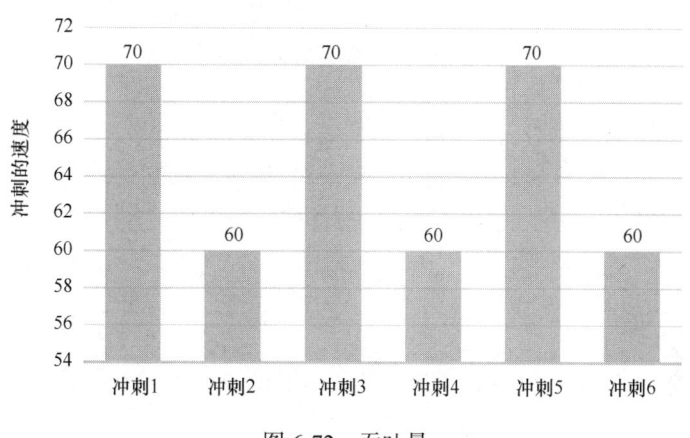

图 6-72　吞吐量

迭代指标

SAFe®for Lean Enterprises 建议以下额外的敏捷指标，如图 6-73 所示。

大规模敏捷的度量指标

SAFe®for Lean Enterprises 是一个经过验证的和集成了原则、实践和能力的，专为精益、敏捷及 DevOps 所设的知识库。SAFe®包含一套原则、流程和最佳实践，帮助大型组织采用敏捷方法，如精益和 Scrum，以更快地开发和交付高质量的产品和服务。

SAFe®为大量团队同步了对齐、协作和交付活动。它特别适合在项目、项目集和项目组合级别上涉及多个大型团队的复杂项目。

功能相关		冲刺1	冲刺2	质量和测试自动化	冲刺1	冲刺2
用户故事数（迭代开始时）				自动化比例（可用测试/自动化测试）		
已验收的用户故事数（已定义、已构建、已测试和已验收）				迭代开始的缺陷数		
验收占比				新增测试用例数		
未通过验收的用户故事数（在迭代中未实现的）				新增自动化测试用例数		
推迟的用户故事数（重新规划到下个迭代的）				新增手动测试用例数		
未通过验收的用户故事数：推迟的用户故事数				自动化用例总数		
未通过验收的用户故事数：从待办事项列表中删除的用户故事数				手动测试用例总数		
增加的用户故事数（在迭代中额外新增的用户故事数：通常应该是0）				自动化测试百分比		
				单元测试覆盖率		

图 6-73　迭代指标

价值流关键绩效指标

价值流是组织为向客户交付特定产品或服务所采取的一系列步骤。关键绩效指标，如图 6-74 所示，是用于评估价值流如何根据其预测的业务成果执行的可量化度量。

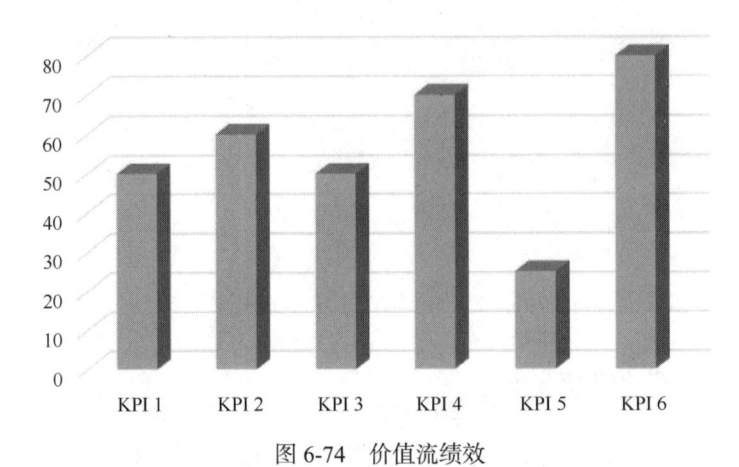

图 6-74　价值流绩效

项目集（价值）预测度量

项目集（价值）预测是业务价值目标的预测值和实际值的比较，如图 6-75 所示。它要求发起人在规划会议中为每个团队的 PI（Program Increment）目标分配一个"业务价值分数"。在 PI 结束时，业务负责人与每个敏捷团队合作，为每个团队的目标所实现的实际业务价值打分。

第 6 章　仪表盘

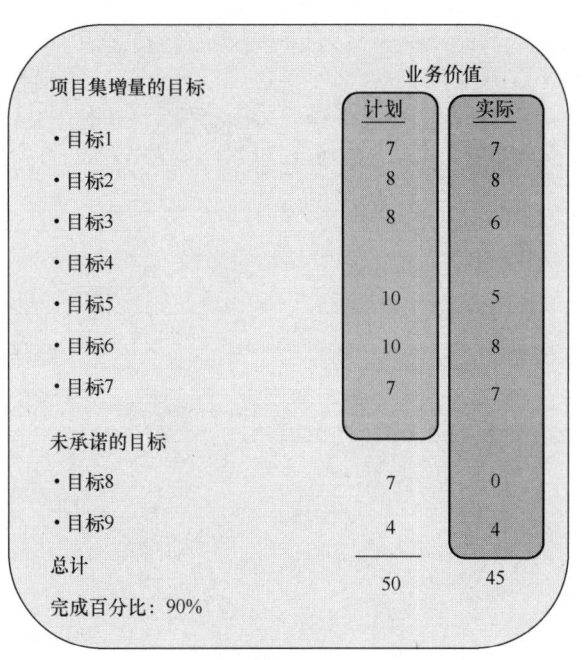

项目集增量的目标	业务价值	
	计划	实际
• 目标1	7	7
• 目标2	8	8
• 目标3	8	6
• 目标4		
• 目标5	10	5
• 目标6	10	8
• 目标7	7	7
未承诺的目标		
• 目标8	7	0
• 目标9	4	4
总计	50	45
完成百分比：90%		

图 6-75　项目集（价值）预测度量

项目集看板：特性交付、依赖关系和里程碑

图 6-76 中的项目集看板显示了团队正在处理的特性和相关的依赖关系。

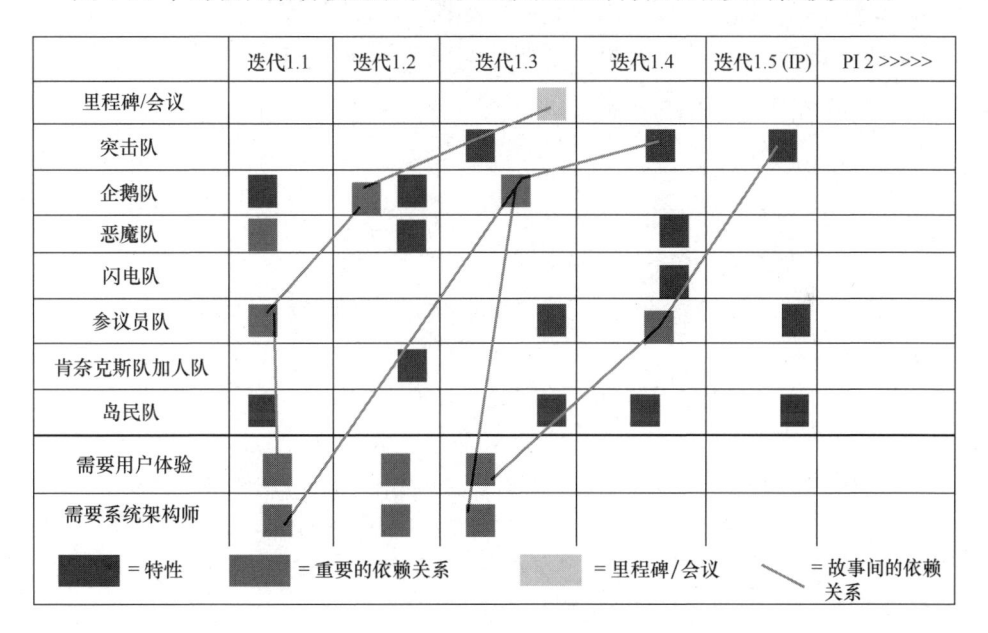

	迭代1.1	迭代1.2	迭代1.3	迭代1.4	迭代1.5 (IP)	PI 2 >>>>>
里程碑/会议			■			
突击队				■	■	
企鹅队	■	■	■			
恶魔队	■				■	
闪电队						
参议员	■			■		■
肯奈克斯队加入队						
岛民队	■		■		■	
需要用户体验	■	■	■			
需要系统架构师	■	■	■			

■ = 特性　　■ = 重要的依赖关系　　■ = 里程碑/会议　　／ = 故事间的依赖关系

图 6-76　项目集看板

SAFe®项目集预测

图 6-77 中的 SAFe®项目集预测图是一个控制图，它显示了每个团队在每个 PI 中完成的目标，以及团队的结果是否在可接受的范围内。

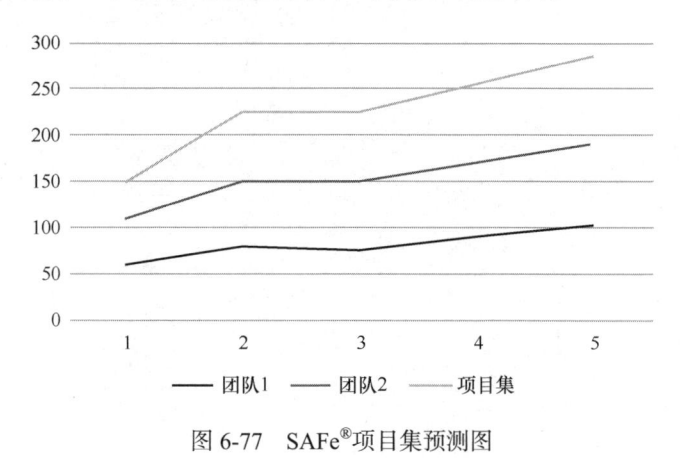

图 6-77　SAFe®项目集预测图

精益看板度量指标

看板的定义

看板是一种可视化系统，用于管理在过程中进行的工作。看板将过程和经过该过程的实际工作可视化。看板的目标是识别潜在的瓶颈并修复它们，以便工作能够以最优的速度经济有效地完成。

看板的原则

- 从你现在手上的工作开始！
- 同意追求渐进式变革。
- 最初，要尊重当前的流程、角色、职责和工作职位。
- 鼓励各级领导的行动。

看板实践

看板实践如图 6-78 所示。

看板

看板如图 6-79 所示。

第 6 章 仪表盘

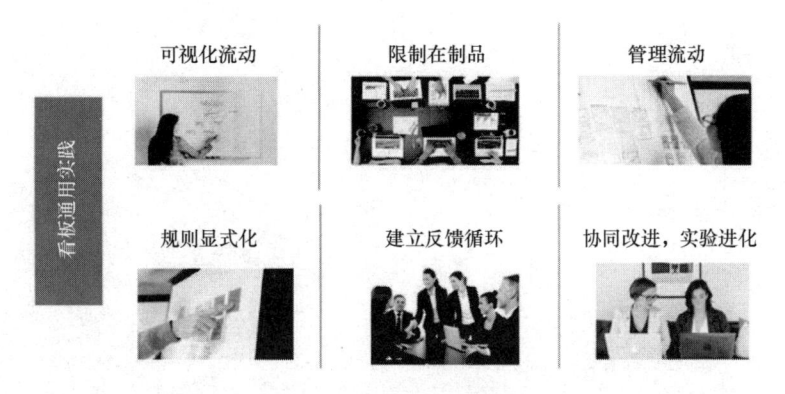

图 6-78 看板实践

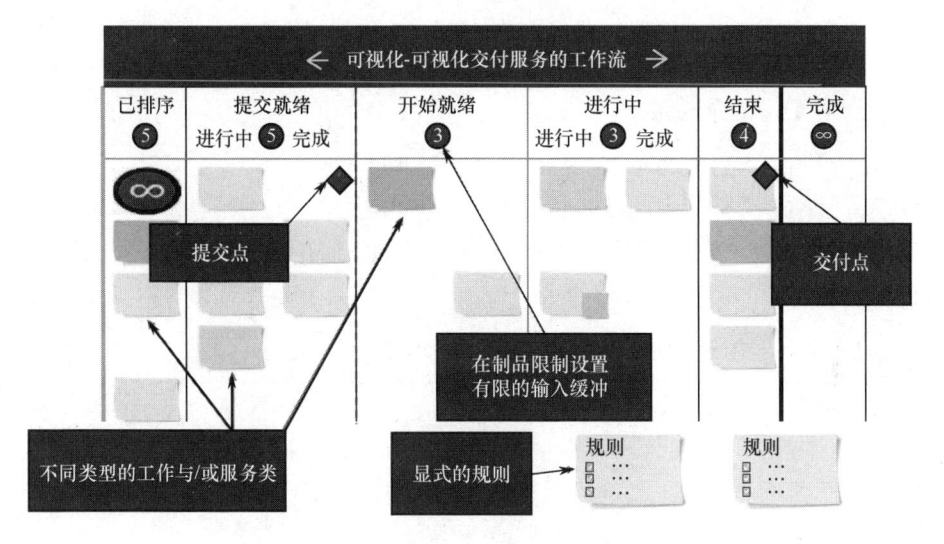

图 6-79 看板

队列

与其限制主动工作的时间，不如通过识别任务卡在哪里来减少队列中的等待时间，并采取措施减少队列中的工作。

累积流图

如图 6-80 所示的"累积流图"（Cumulative Flow Diagram，CFD）显示了工作项在各个状态之间的移动，它展现了周期时间、在制品及估算完成所需的时间。累积流图提供了很好的流动的反馈，缺乏流动是由阻塞造成的。

理想的 CFD 代表着已完成工作的稳定增长，以及价值和持续交付的跟踪。

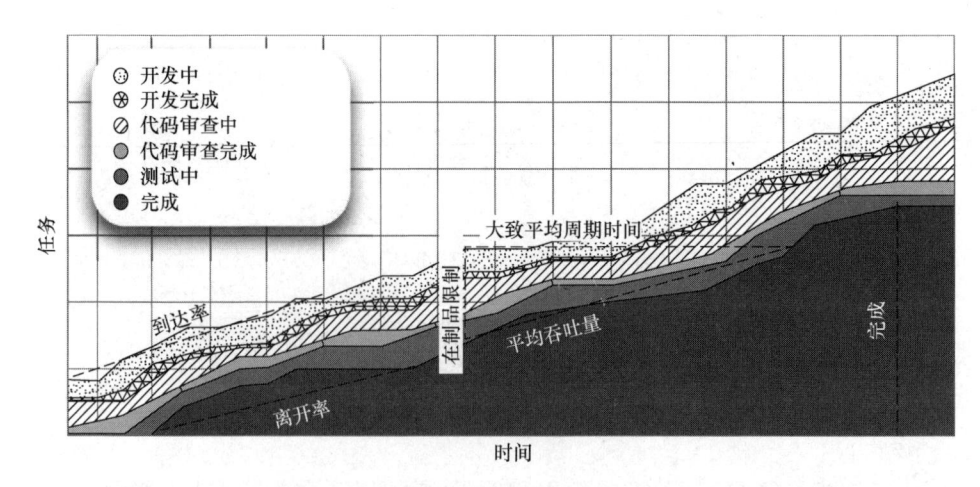

图 6-80 累积流图

已交付工作的累积值

周期时间——从开始生产到结束生产的平均时间

前置时间——整个生产开始和结束之间的延迟

缩短前置时间是精益的标志，快速识别偏差将帮助团队跟踪和优化流动过程，并解决瓶颈。

在 CFD 中如何中断模式的建议如图 6-81 所示。

模式	含义	改进的建议
梯度差	到达和离开率不匹配	强化在制品限制
水平线	活动的周期	跟踪流程瓶颈
S 弯	两点之间几乎没有进展	确定工作流（队列）状态的原因
膨胀的颜色区域	在制品在增长	分解流程步骤
阶梯状	工作是批量交付的	考虑实施持续交付模型
颜色区域不存在	该流程状态被略过	重新思考该状态的目的

图 6-81 累积流图分析

利特尔法则

$$前置时间 = \frac{进行中的事项个数}{平均完成率}$$

利特尔法则是由约翰·利特尔提出的，他指出，前置时间可以用正在进行的工作项数量除以平均完成率来计算，如图 6-82 所示。

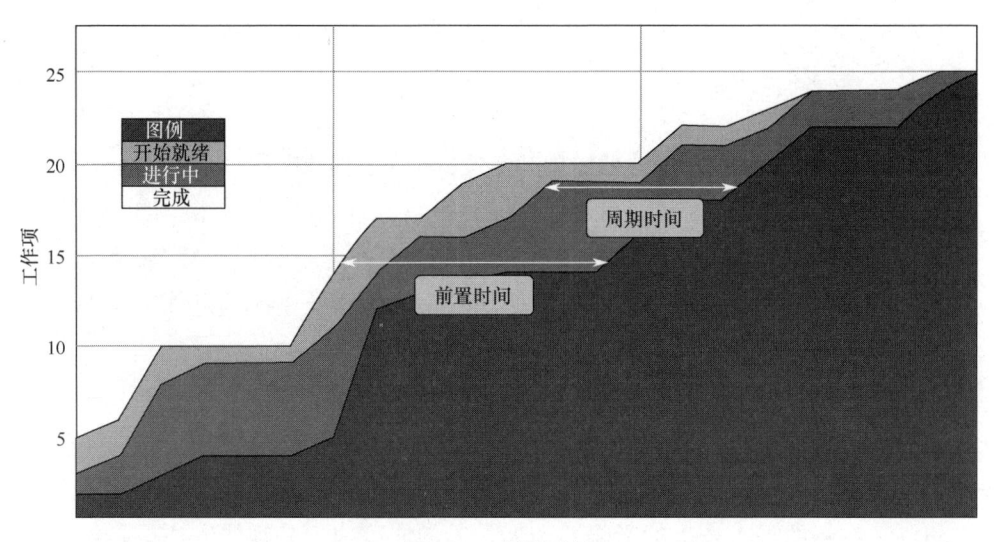

图 6-82　周期时间

理解利特尔法则：

- 更快的处理时间，减少等待时间。
- 通过控制队列长度来控制等待时间。

总结

尽管敏捷很容易理解，但成功实现敏捷仍然面临挑战，如图 6-83 所示。

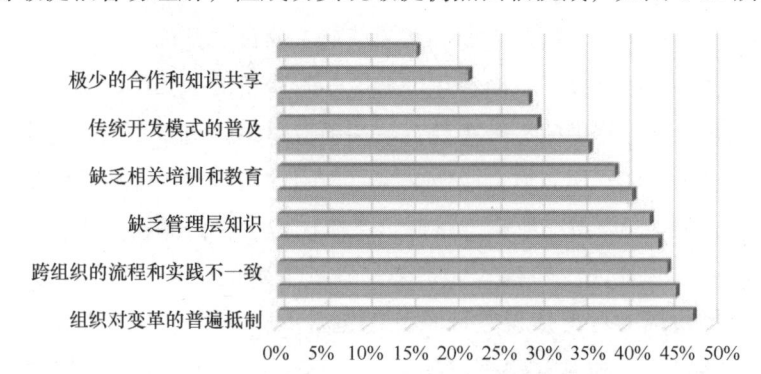

图 6-83　采纳敏捷及规模化敏捷所经历的挑战

选择正确的指标将有助于检查适应和改进。利用敏捷宣言中的原则 10 "简单性——最大化未完成工作量的艺术——是必不可少的"，并为你的团队选择最适合目标的度量标准。

6.18 数据仓库

项目管理在越来越多的商业应用和非传统项目（如战略项目）中扩展和使用。项目经理需要学习新的技能，并获得更多的信息，以便在这些未知的水域中航行。现在，项目经理需要同时做出项目和业务决策，这给项目经理在解决问题和决策方面带来了新的挑战。所有这些除政治管理系统中的信息外，还需要更多的信息。

项目管理系统的重点，最初是创建一个项目管理信息系统，该系统几乎完全基于挣值管理系统，使用时间、成本和范围度量来计算挣值。如有必要，其他信息来自私人联络。大多数决策都是基于三角约束，以及可能对工作说明书中列出的定义良好的需求产生的影响。今天，人们期望项目经理能够获得必要的信息、工具和过程，以支持复杂问题的分析和决策。技术的进步、竞争约束的需要、将项目管理扩展到战略项目以及信息仓库的增长正在推动公司转向商业智能系统。

在项目的整个生命周期中，特别是战略项目，必须收集大量的数据，包括与项目业务案例、项目收益实现计划、项目章程、项目总体规划、客户接口和市场分析相关的信息。信息仓库中包含的知识，以及信息的数量和访问的速度，为公司提供了竞争优势的来源。

如果一个战略项目（例如需要创新的项目）的目的是创造一种商业上成功的产品，那么团队成员必须了解商业化生命周期阶段所需的知识，即使许多团队成员可能不是商业化过程中的积极参与者。在项目早期阶段做出错误的决定可能会严重破坏商业化进程。团队成员应该回顾以前引入的产品的商业化数据记录，以便了解他们的决策对下游的影响。这些信息应该包含在信息仓库中。

要让人们正确地使用知识管理系统是极其困难的，除非他们认识到使用知识管理系统的价值。对于知识管理系统中包含的大量信息，必须注意提取多少信息，以及作为度量和 KPI 出现的格式。公司投资数百万美元开发信息仓库和知识管理系统，关于顾客、他们的好恶和购买习惯，有大量丰富但往往复杂的数据。这些知识被视为有形和无形资产。但困难的部分是如何将这些信息转化为有用的知识。简单地说，我们必须证明对知识管理系统的投资有助于未来的竞争优势。

商业智能系统的发展

仅仅拥有知识库或信息仓库可能不足以以有效的方式支持未来的项目。BI 系统通常被认为是知识存储库或信息仓库之后的下一步，它将业务信息与技术结合起来，使项目经理能够及时做出与其项目相关的战略和/或运营业务决策。

BI 系统的组成部分包括数据采集、数据存储和知识管理。度量信息是商业智能系统的重要组成部分。BI 系统中包含的信息可以是历史的、当前的和预测的。这些信息可以来自多个来源，包括项目管理办公室进行的战略和业务项目管理基准研究。

BI 技术旨在处理大量的"大数据"，无论是结构化的、半结构化的还是非结构化的，并将数据呈现在有意义的仪表盘上，以便项目团队能够做出更好的业务决策并利用商业机会，特别是在管理战略项目时。BI 系统中使用的技术允许公司一起查看外部数据（即来自公司运营的市场信息）和内部数据（即财务和运营数据），并创建商业智能信息来支持战略、战术和运营项目。BI 系统通过将原始数据转换为有意义和有竞争力的商业智能来促进企业决策支持系统。然而，仍有一些公司认为 BI 系统仅仅是商务报表系统。

项目经理将需要学习新的决策工具，包括数字经济学、人工智能和物联网。对于大量的数据，团队可能不得不依赖分析统计数据，其中包括：

- 描述性数据分析：分析历史数据，包括过去的成功和失败。
- 预测数据分析：通过分析数据来预测可能发生的事情。
- 规定性数据分析：研究事情可能发生的原因，降低未来工作风险的选项，以及利用机会的选项。

大数据

大数据的增长很可能会影响世界范围内的大多数公司。为了有效地分析数据，项目团队将需要具备数据科学能力的工作人员。技能将包括统计方法、计算智能和优化技术。

目前存在大量的数学模型来支持使用大数据的项目决策工作。其中包括：

- 财务模型（ROI、IRR、NPV、回收期、效益成本比、盈亏平衡分析）。
- 时间（调度模型）。

- 资金（现金流模型）。
- 资源（胜任力模型）。
- 材料（采购型号）。
- 工作时间（估算模型）。
- 环境变化模型。
- 消费者品位和需求模型。
- 通货膨胀效应模型。
- 失业影响模型。
- 技术模型的变化。
- 模拟和游戏模型。
- 心智模型。

有效使用大数据的预期收益包括：

- 检测与时间、成本和范围相关的模式和趋势。
- 与其他项目的比较。
- 找出问题的根本原因。
- 更好地使用"如果"场景。
- 更好地权衡竞争约束。
- 更好地跟踪假设和约束条件。
- 更好地跟踪 VUCA 和事业环境因素。
- 更好地应对超容情况。
- 涉及资源利用的更好的容量规划决策。
- 具备战略决策能力，而不仅仅是运营决策。
- 具备变更管理决策的能力。
- 决策权可以交给组织下层，但会发布"决策规则"。
- 强调长期视角，而非短期视角。
- 降低因缺乏信息而做出错误决定的风险。

项目团队似乎关注 BI 系统的知识管理部分，这包括：

- 如何创建和报告绩效指标。
- 如何提取基准测试信息。
- 统计和预测分析。

- 数据可视化技术和仪表盘设计。
- 为高管和干系人提供业务和项目报告。

项目管理办公室和项目团队现在参与设计和管理 BI 系统项目。对于一些公司来说，这将带来与理解 BI 系统和数据可视化实践相关的额外挑战，包括设计 BI 仪表盘和与干系人交互的新方法。

创建实时仪表盘，可以反映项目的生命周期中的数据变化，并且信息将从各种信息仓库中提取出来，这就带来了数据质量和信息可信度的问题：

当自动集成来自自主数据源的数据时，数据质量是一个普遍的挑战。在开放环境中，数据聚合器对数据发布者几乎没有影响。数据往往是错误的，合并数据往往会加剧问题。特别是在执行推理（从现有数据自动推断新数据）时，错误的数据对结果数据集的整体质量有潜在的破坏性影响。因此，数据发布者如何协调以解决数据或黑名单网站中无法提供可靠数据的问题是一个挑战。需要方法和技术；检查证据的完整性、准确性、突出性、识别性和完整性，确证证据；评估给定陈述为真的概率，等同市场部门或公司之间的权重差异；充当产生和解决相互竞争（或可能相互冲突）的数据提供者之间纠纷的交换所，并与可能来源和质量可疑的混乱错误的网络数据进行交互。总而言之，在标识、数量、标签和分类方面的错误会严重妨碍系统在这些数据上操作的效用。

另一个问题是，并非所有公司都需要数据仓库。并不是所有的干系人都有数据仓库，即使他们有，项目经理也绝不能假设仪表盘所需的所有信息都可以在信息数据仓库中找到。

6.19 仪表盘设计技巧

以下是设计仪表盘布局时要遵循的一些经验规则。

◼ 颜色

一般而言有大量的颜色可供选择，尽管通过使用各种不同的颜色在仪表盘中突出显示不同的重要区域的做法很有吸引力，但是

> 提示：有些人是色盲，所以使用颜色的时候要尽量使用不同的色调。一个有效的测试是在黑白打印机上打印出仪表盘的页面截图，这样本是彩色的内容会变成不同灰度的黑白内容，在这种情况下看看能否依旧区分不同的内容。

大多数专家都认为使用过多的颜色和"错误的"颜色比使用的颜色数量不足更糟糕。

字体及字号

对字体和字号的选择与之前提到的选择颜色一样：选择的结果会影响用户从仪表盘获得的整体观感。以下是一些建议：

- 不要混合多种字体类型，试着只使用一种字体；可以选择使用一种当下流行的商务字体，如英文环境下的 Arial 字体。
- 不要混合多种字号，也不要使用太小或太大的字号。因为很多情况下仪表盘的用户是那些不能轻松阅读非常小字体的中年或老年员工。在理想情况下，你应该使用 12 号或 14 号字，并将标题加粗（当然主标题可以使用更大的字号）。文本或数字的字号应该在 8～12 号，其中 10 号是最常用的。当谈到字号时，对设计师而言的挑战是页面上可用区域的大小（也称为页面空间）。如果字体过大，与其相关部分的标题、图例、描述等可能被切掉或被挤到其他区域；反之，如果字体太小会使所显示的内容难以阅读。

使用页面区域

根据定义，大多数仪表盘被设计成适用于单个可视区域（例如，用户的计算机页面），因此用户可以通过快速浏览页面轻松地获得度量指标的所有相关信息。换句话说，当一个"仪表盘"的尺寸需要大量滚动才能找到用户想要的东西时，它就不再是一个真正的仪表盘，而只是一个带有图形的页面。在很多情况下，用户总是希望在仪表盘上放入更多的图表和表格，而不是简单地将适宜数量的内容放在页面上。当这种情况发生时，有多种方法可供选择：

- 使用可以展开、折叠或堆叠的组件，这样登录后的默认视图仍然可以显示在一个页面上，但用户可以单击一个按钮来展开某些需要更多信息的内容。
- 使用多个仪表盘。如果一个仪表盘上有太多的信息可以采用这种方式（例如，可以将与销售相关的信息移动到"销售仪表盘"，将更高级别的收入和费用信息移动到"财务仪表盘"）。许多仪表盘的功能中都有按钮或超链接，这些按钮或超链接可以让我们将相关的仪表盘链接在一起，从而使用户能够轻松直观地寻找想要的信息。

- 可以使用各种参数来过滤用户想要查看的数据。例如，时间参数可以在仪表盘中显示特定的季度，而不是显示一年中的所有四个季度的相关信息。

组件的位置

如果仪表盘上有两个表格、一些网格数据或者一些与计分卡相关的数据，还有四个图表需要展示，它们应该如何在页面上排列？以下是一些建议：

- 与关键用户沟通以找出哪些信息是最重要的，以便确定这些信息出现在仪表盘上的优先级。在此基础上，按重要性排列这些内容。大多数用户的阅读顺序是从左到右，从上到下，因此你可以基于此来决定仪表盘上内容的排列次序。这背后的逻辑是，如果用户只有几秒钟的时间浏览仪表盘，他们的眼睛首先会捕捉到对他们来说最重要的东西。
- 仪表盘内容排列的第二个考虑因素是用户习惯。换句话说，一般情况下如果用户从分析计分卡组件中的指标开始，然后通过一个图表看到其中某个指标在计分卡中变化的趋势，则应将该图表组件放置在计分卡旁边，以便用户在单击计分卡时将其视线转移到图表。

6.20 TeamQuest 公司最佳实践

一些公司为他们的客户提供度量指标和仪表盘软件解决方案。在本节中包含了两份来自这些公司的白皮书，它们为仪表盘设计工作提供了出色的信息摘要。

白皮书#1：度量指标仪表盘设计

度量指标仪表盘的设计者在构建仪表盘时需要结合三个领域的知识和专业能力。他们必须了解仪表盘用户对度量指标和展示这些指标时的需求和期望，必须了解从哪里及如何获取有关这些度量指标的数据，过程中必须将统一的标准应用到仪表盘和仪表盘套件的设计中，以便使最终用户获得更直接的观感。

本文概述了仪表盘设计的最佳实践和设计技巧，并将帮助仪表盘设计人员以确保他们的项目通过最终用户的验收。最后给出了仪表盘可用性设计需考虑的事项清单。

提升度量指标仪表盘的用户采纳度

用户使用度量指标解决方案来了解业务的运行状况，以便做出明智的、合理的决策。

设计良好的度量指标仪表盘显示带有背景信息的 KPI，对用户有实际意义，并且用户能够立即理解所读信息的重要性。这种展示方式让用户能够快速评估各种选择，并满怀信心地做出决策，因为他们相信这些决策是基于事实的。

仪表盘既不是充斥大量细节信息的报表，也不是包含所有数据的详尽视图。设计良好的度量指标解决方案可以为用户提供方式，让他们可以"钻取"到需要的尽可能多的细节，甚至链接到报表系统，但是这些只是辅助功能。度量指标仪表盘的主要功能是支持，甚至诱导主动决策的行为。

了解最终用户

用户希望仪表盘能够响应他们的业务需求。

理解最终用户的需求并参与仪表盘开发是必需的。比了解产品功能更重要的是，了解将使用仪表盘的人员，他们需要了解什么来改进业务，以及哪种仪表盘组织形式和显示方式最适合他们。

使用背景信息使度量指标有意义

用户在做出决定之前需要了解度量指标的含义。数据只有在背景信息的支持下才有意义。

为了便于理解度量指标，用户必须透过相关背景信息来查看这些指标。事实上，相关背景信息和恰当的展现方式对任何度量指标都是不可或缺的；没有它们，度量指标就只是无意义的数字。

仪表盘设计人员应该花时间了解用户需要什么相关背景信息，以使这些度量指标对他们来说是有意义的，并能帮助他们进行决策和采取行动。

相关背景信息将根据所管理的特定区域而有所不同。例如，财务仪表盘用户可能需要根据预算目标跟踪实际支出，而支持前台可能需要跟踪超出解决时间15%以上的故障工单的数量。在一个使用度量指标解决方案来帮助改进流程的环境中，相较于任何一个给定时期的绩效绝对值，用户更需要的可能是监控变化的趋势（见图6-84）。

在图6-84的左侧，实际情况中经常使用的饼形图可以有效地显示相关业务的比例，但没有说明任何关于绩效或目标进展的信息。在图 6-84 的右侧，一个简单的柱状图有效地显示了各业务所分配预算及其实际支出的比例，并且展示了其实际绩效：沿着目标值的进展（虚线）。

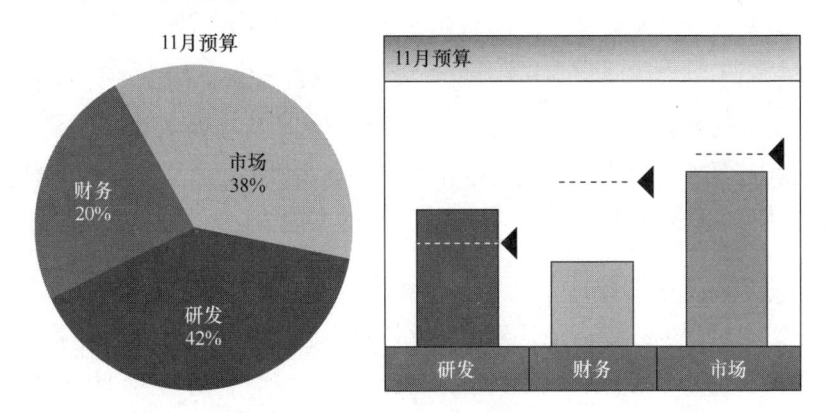

图 6-84　用户侧展示以显示相关指标的背景信息和进展情况

无论在哪种情况下，仪表盘设计人员不仅应该花时间理解指标背后的数据，还应该理解为指标创建相关背景信息的数据（如收入目标、所覆盖时间段、最大容量等）。这个规则应该指导仪表盘设计人员完成设计的每个步骤：从数据收集到详细内容的组合展示。

数据检索

用户需要对用于管理业务的度量指标完整性有信心。他们需要知道他们是在根据事实行事，而不是基于猜测。

没有一个简单的公式可以保证仪表盘上数据的价值。尽管如此，在开始仪表盘设计之前，确定所使用数据的来源、所有权和质量是非常重要的。

以下指南将帮助仪表盘设计人员交付仪表盘用户需要和将会使用的度量指标。

确定关键结果区域和 KPI

用户需要了解他们使用的度量指标，这样就可以在他们的职责范围内做出明智的决策。

理解用户所需内容的一种常见而有效的方法是与最终用户合作，确定他们负责的关键结果区域（Key Results Areas，KRA），以及他们需要监控和管理以改进他们负责区域绩效的 KPI。

获取任何格式或任意位置的数据

无论数据存储在哪里,用户都希望从完整的数据中派生出度量指标,这样他们的决定就不是基于猜测,而是基于事实。一旦确定了用户所需的度量指标,就应该检索这些数据,无论数据位于何处。

一个设计良好的度量指标仪表盘提供了关键度量指标的当前综合信息和相关细节信息。通常,提供这种综合信息和细节信息所需的数据分布在各种不同的数据库中,甚至分布在不同位置的电子表单中。然而,检索所有必需的数据是非常重要的。当需要全局信息时,基于部分信息的度量指标的仪表盘没有什么价值。

根据用户需要更新数据

用户需要最新的度量指标,以便能够针对当前和可能的未来情况采取行动。度量数据的及时性与度量指标数据本身一样重要。了解当前数据对用户有多大价值,并相应地为检索数据的查询设置轮询频率。

如果每个星期天早上 6 点收集数据,那么用于监控服务台每小时呼叫级别的度量指标将没有任何价值。同样,如果销售人员每星期四报告一次销售情况,那么每小时轮询数据库以获取此数据的更新就没有什么意义了。

可用性设计的最佳实践

用户不喜欢设计突兀的仪表盘,他们需要专注于仪表盘上的度量指标并依此决策。

度量指标仪表盘相对于用户的功能应该与汽车仪表盘或交通标志相对于司机一样。

正如司机知道在红灯前停车一样,度量仪表盘的用户应该清楚地理解仪表盘上一个红色温度计意味其需要对业务采取纠正措施。这一要求意味着仪表盘设计必须与其他仪表盘甚至其他领域的通用用法和实践保持一致。

为用户提供视图选择

用户需要能够以不同的方式查看度量指标,这样他们就可以看到影响关注点的度量指标之间的关系。例如,显示实际成本和预算之间关系的财务度量指标仪表盘可以按部门、按项目或按利润中心来提供不同的视图。

无论视图上显示的是什么,仪表盘里的内容都应该是一致的,并且当前视图所显示的内容应该由标题和标签清楚地标识出来。

第 6 章 仪表盘

使用普遍接受的符号、颜色和内容组织形式

用户需要在没有接受过专门培训的情况下立即理解仪表盘上的内容，这样他们就可以专注于自己的工作，而不是专门花精力去解读仪表盘上的信息。

用一种普遍接受的方式去使用符号、颜色和组织形式才能使用户更容易理解（见图 6-85）。

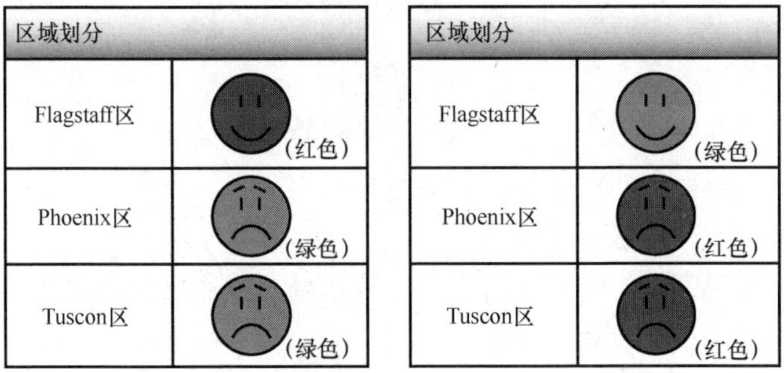

区域划分	
Flagstaff区	（红色）
Phoenix区	（绿色）
Tuscon区	（绿色）

区域划分	
Flagstaff区	（绿色）
Phoenix区	（红色）
Tuscon区	（红色）

图 6-85　使用颜色改善关键信息的交流

例如，在图 6-85 的左侧，用户可能对颜色与表情符号的结合使用感到困惑。红色通常意味着有什么不对劲，但这里红色的脸上带着微笑。在这种情况下，用户可能不知道是否需要采取更正行动。在图 6-85 的右侧，绿色表示一切顺利。笑脸表情符号则更加强化了这一信息。红色通常表示需要采取行动，皱眉的表情符号则强化了这一信息。

红色是用于提醒的最常用的颜色。因此当出现如销售额低于预期时，除非有令人信服的理由去使用另一种颜色来标识，否则请使用红色来传达警示性信息。同样，在适当的情况下，使用常用的符号，如停止标志或警示标志，这样用户就不必花时间去学习新符号的含义。

使用公认的法则来组织所需展示的信息。通常，这意味着最重要的信息放在仪表盘的顶部，次要信息和详细信息放在其下方。

然而，需要注意的是不同国家和不同文化之间的符号含义可能有所不同。如果仪表盘将在世界不同地区使用，请考虑这些差异。

建立清晰的仪表盘导航和层次结构

用户需要能够在仪表盘上立即找到他们想要的更多或更少的细节，以及不同的视图选择。

很少有仪表盘是单独部署的。通常，用户需要一整套仪表盘。他们需要清楚地为仪表盘套件建立信息组织层面。使用易于识别的仪表盘层次结构和一致的链接以便在仪表盘之间进行查看。

一个比较好的方式是使用包含用户职责区域最重要信息的仪表盘作为该用户的入口点，然后提供与其相关的从单个指标到仪表盘的链接，这些链接中包含关于该业务区域的更多详细信息。这就是所谓的仪表盘信息"钻取"能力。

保持设计的一致性

用户不希望花时间学习如何读取每个仪表盘上的内容。

应该使用一致的颜色、符号和导航来建立与实现一组有限的信息模板，并在整个仪表盘套件中使用它们。

在仪表盘上显示的信息应该具有一致性。例如，如果仪表盘显示的信息是趋势、百分比和绝对值，则将每种类型的信息放在每个仪表盘上相同的位置，并在类似的仪表盘上对这些类型的信息使用相同的显示形式。

如果用温度计图形标识来显示公司财务报表滚动仪表盘中与目标相对的营收进展，则不要换用指针刻度表在区域财务详细仪表盘中显示与目标相对的营收情况，请统一使用温度计图形标识。在图 6-86 的左侧，由于总览（温度计图形标识）和月度数值（指针刻度表图形标识）采用的表现形式不同，这可能让那些想要了解更多细节的用户感到困惑。在图 6-86 的右侧，始终如一地使用温度计图形标识（大的用于总览，小的用于细节）确保用户将立即和直观地关联两个显示内容。

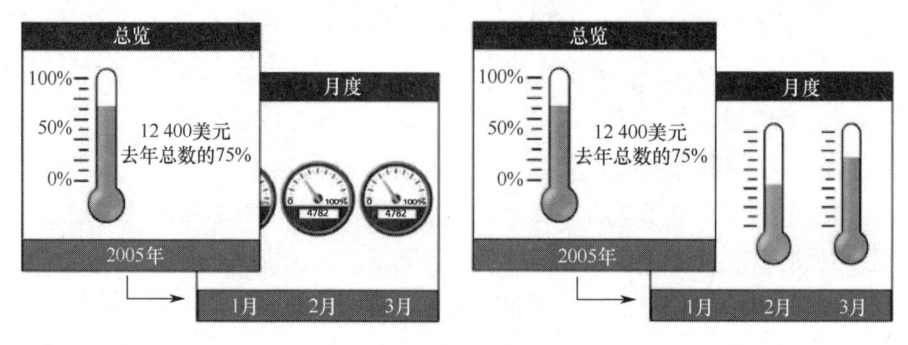

图 6-86　保持多个仪表盘间的一致性

类似地，如果将公司信息汇总仪表盘的显示阈值设置为红、黄、绿分别为 40%、60% 和 80%，则对详细信息继续使用相同的阈值，除非有令人信服的理由不这样做。

第 6 章　仪表盘

审慎地使用颜色

用户希望颜色的使用能提供他们需要的重要信息,而不是分散他们的注意力。通常,颜色在仪表盘上可以创建四个效果。它可以:

- 确定需要关注的关键度量指标和关键领域的状态。例如,使用红色来识别超出去年同期 15% 的支出。
- 识别信息类型。颜色可以用来帮助用户立即识别他们正在查看的信息的类型。例如,深绿色表示货币价值,深蓝色表示物品数量。
- 淡化相关区域或事项。边框区域、背景和其他支持仪表盘组件(仪表盘外观)应该使用简单、不显眼的颜色,以帮助定义仪表盘区域,而不分散所需展示的信息。
- 确定仪表盘类型或其级别。不同的背景颜色或仪表盘标题的颜色可以帮助用户识别他们正在查看的内容。例如,金融仪表盘可以使用绿色外观;求助台仪表盘可以使用米黄色,因为这种颜色让人有放心的感觉。

使用仪表盘组来改进组织

用户需要查看度量指标组及其层次结构以便理解不同业务领域之间的关系。

按显示的度量指标类型或功能区域来集中展示。在图 6-87 中,TeamQuest 的利润加速器仪表盘将相关信息分组在一起,以提高仪表盘的"可读性"。

例如,在显示财务汇总信息的仪表盘上,将最高层级信息放在一个组中,该组以 3 种方式显示针对目标的进展情况:进展针对目标的绝对数字,与上一年同期或者近 5 年平均业绩比较,以及基于过去 60 天财务绩效的变化趋势。根据每个区域或部门的目标显示财务绩效的绝对值。

无论仪表盘上的信息分组基于什么原理,都要将其保持一致。在不同仪表盘上建立分组时也要使用相同的原理。

根据信息层次结构将仪表盘组设置为"打开"或"收起"。收起的组可用于在同一仪表盘上提供更详细的度量指标或补充度量指标而不会分散用户对主要信息的注意力。

内容展示的选择与设计

用户必须能够轻易理解所显示的内容,而不必停下来通过分析其显示的方式来理解这些内容。

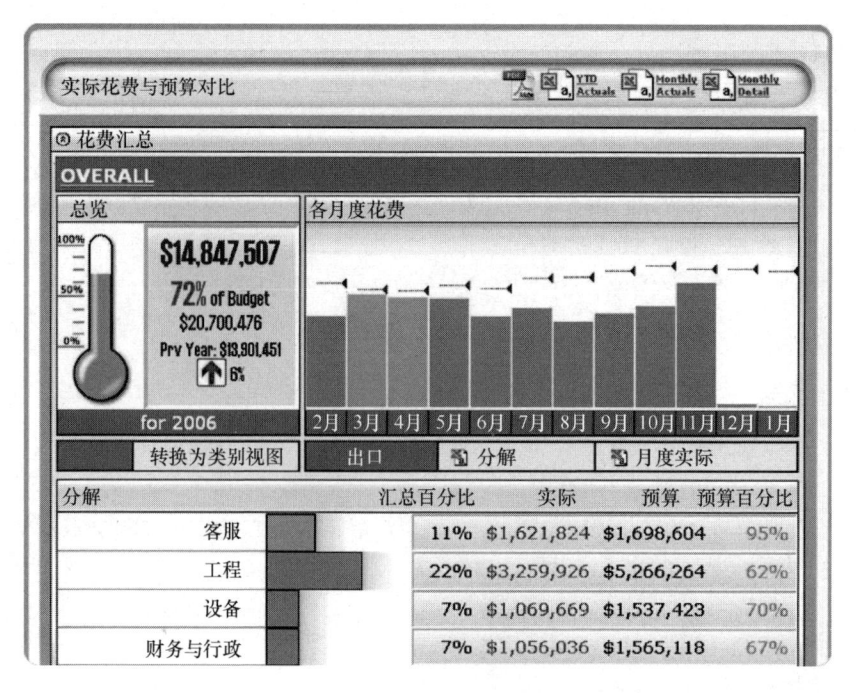

图 6-87 将度量指标分组的仪表盘示例

选择最恰当的显示符号来展示仪表盘上的内容。

识别一组数量有限的符号，并在所有仪表盘上使用这些符号。与符号相关的补充性信息，如位置、尺寸和颜色等要保持一致。考虑为不同级别的信息使用不同尺寸的符号。

避免采用过于复杂、炫目或动态的显示方式。只有使用得当时这些风格才会非常有效。然而，显示信息的方式越复杂，用户理解起来就越困难。过于复杂的仪表盘显示风格分散了用户对他们需要和想要的信息的注意力。可以考虑将信息分到不同的组别或不同的仪表盘中进行显示。

积极地与仪表盘供应商合作，设计新的显示符号以改进信息的展示。

实际值、百分比和趋势

不同的用户需要不同的信息，以便做出明智的决定并采取适当的行动。与仪表板用户一起决定他们需要监控和管理哪些度量指标。不同的用户可能需要从相同的数据中得到不同的信息。例如，首席执行官可能希望知道预算支出的变化趋势，而首席财务官和部门经理可能对实际数字（实际与预算相比）更感兴趣。使用数据来表示用户需要的信息，并确保信息的类型得到清晰的标识。一个显示收入趋势的温度计图形标识上的数值如果被误解为真实数值，可能导致代价高昂的问题。

时间戳

用户需要知道度量指标是什么时候更新的，这样他们就知道要采取的行动基于什么时间段的数据。

时间是度量指标背景信息的重要组成部分。要确保用户能够知道度量指标的数据是何时被检索的。在许多情况下，这些信息是理解度量指标的关键。确保这些信息的存在，这些信息本身不应影响仪表盘上的其他信息。考虑使用悬停功能来显示日期和时间（当鼠标停放在所在信息上方时出现时间信息）。

标题和标签

用户需要立即知道他们在看什么，这样他们就可以专注于思考这些信息相对于业务的含义。给所有仪表盘添加有意义的描述性标题。描述性标题通常比隐晦的或象征性的标题更直观。为仪表盘组分配标签并展示象征性符号，以便用户能够清楚地识别信息。将标签放在相同的位置，并在整个仪表盘套件中使用相同的颜色标准。不要滥用标签。在仪表盘上过度使用标签会挤掉必要的信息。

鼠标悬停功能

用户通常需要更多的信息来帮助他们理解度量指标的含义。鼠标悬停是一种有效的方法，其能在不占用仪表盘空间的情况下提供详细的度量指标信息。在鼠标悬停中可以包含诸如其他相应时间段附近的度量指标信息，以帮助用户了解仪表盘上主要信息的重要性。

基于参数的观点

用户只想看到那些能帮助他们完成工作的度量指标。如图 6-88 所示，不同的用户对不同的信息给予不同的权重。在图 6-88 中，可以使用参数来过滤数据，以便用户只看到他们需要的信息。在本例中，数据按区域过滤。所有用户都看到相同的仪表盘，但是东部地区的用户看到的是东部地区的信息，而西部地区的用户看到的是西部地区的信息。过滤参数是用户设置的变量，其可用于过滤传递给不同用户仪表盘的对应度量指标数据。考虑使用过滤参数来设计仪表盘，以便用户根据自己的需要和权限获得仪表盘的相应视图。

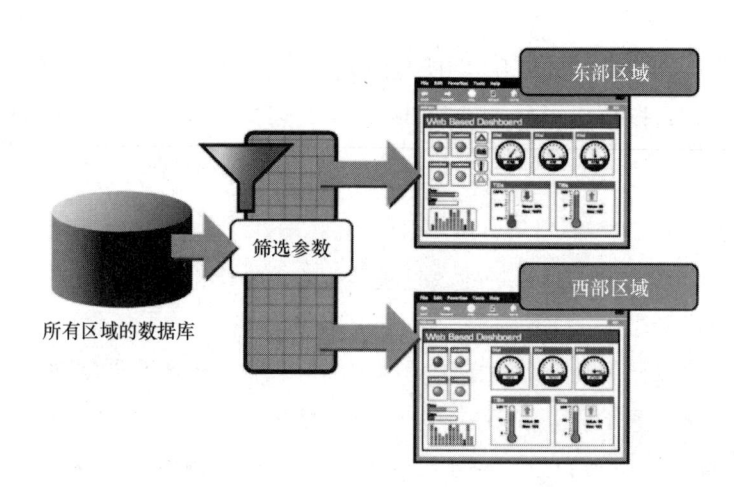

图 6-88　过滤参数可以简化仪表盘设计与使用并提高可用性（度量指标仪表盘设计）

例如，相同的仪表盘套件可能由求助台经理和部门中的个别员工使用。经理可能需要按类型合并所有调用的视图，而员工可能需要查看其各自负责的根据用户 ID 信息过滤出的视图。

如果仪表盘使用参数，则突出显示这些参数，以便用户知道所显示的度量指标表示什么。

使用阈值并采取阈值触发的行动

使用户获益最多的仪表盘是那些帮助他们在问题发生之前采取纠正措施的仪表盘。

阈值和由阈值触发的行动能够将被动监控度量指标转换为主动管理。可以使用阈值触发行动来提醒用户注意潜在的问题区域，甚至通过运行脚本启动纠正行为。在图 6-89 中，阈值可以与警示一起使用，从而将仪表盘从被动监控设备转换为主动管理设备，从而诱导触发纠正性行动，特别是预防性决策和行为。

例如，设置一个阈值：如果在月中之前支出达到预算的 70%以上，就向负责管理预算的人发送电子邮件。在求助台环境中，如果等待时间超过服务级别协议要求，则启动脚本来更改电话消息并重新安排非必要的活动。

全局信息和"向下钻取"

用户不但要了解全局信息也要了解细节信息。当仪表盘作为一组互补仪表盘的一部分使用时，其作用最为显著。将用户需要查看的度量指标组合在仪表盘上，然后使用"向下钻取"和上滚来提供细节性的详细信息和全局性的概述信息。这种技术在不占用太多仪表盘页面空间的前提下，为用户提供了他们需要的度量指标信息。

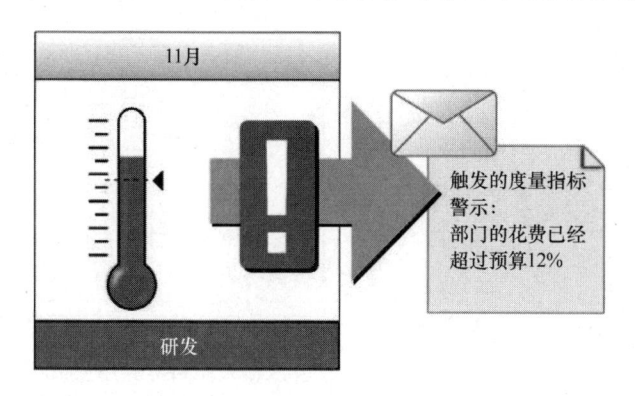

图 6-89　由阈值触发的简单提醒（度量指标仪表盘设计）

动态展示

用户喜欢适度的乐趣，但如果噱头太多他们便会感到厌烦。动态展示，如闪烁的灯光、移动的图形和其他类似的显示，可以增加仪表盘的趣味性。但是，使用这些特性时要谨慎，并且需要考虑提供仪表盘的非动态展示版本或"动态展示关闭"功能按钮。动态展示在最初的使用中可能比较有意思，但如果使用不当会给用户带来困扰。应考虑只在特殊的项目中使用动态展示，例如通过月末冲刺比赛来激励销售项目团队，或者在限定期内用这种方式将大家的注意力吸引到仪表盘的新功能上。

视觉干扰

用户需要的是仪表盘上的有用信息，而不是其眼花缭乱的显示效果。避免使用不必要的工具（如华丽的框架、有图案的背景或对显示的信息没有任何价值的 3D 效果）将仪表盘弄得乱七八糟。极简主义是最好的解决方式。

可用性核对单

对仪表盘设计的关注可以带来巨大的收益，这不仅体现在用户对仪表盘的满意度上，而且体现在其对主动式度量指标管理和明智决策过程中的业务绩效改进上。仪表盘用户希望仪表盘上度量指标的相关问题能够在他们提出这些问题之前就得到回答。事实上，在人们提出有关业务绩效的问题时再去解决这些问题已经来不及了。典型问题如表 6-5 所示。有价值的仪表盘可以提供最新的信息，以便相关问题得到及时解决。确保所设计的仪表盘及其组件考虑到表 6-6 中的问题，这有助于仪表盘设计人员创建更有效的仪表盘。

表 6-5　用户问题及设计解决方案

用户问题	设计解决方案
我看到的是什么？	使用清晰的、描述性的标题和标签
这种情况意味着"好"还是"不好"？	使用标准的、文化上接受的颜色和符号
相应情况正变得更好还是更差？	采用阈值，并展示有意义的比较结果和发展趋势
被度量的事项是什么？度量单位是什么？	清晰定义度量单位并提供实际值
目标值或度量指标是什么？	清晰显示目标和度量指标并展示沿这些要求进展的趋势
所用数据是什么时间采集的？	对每个度量指标添加时间标签

表 6-6　常见用户问题及设计解决方案

常见用户问题	设计解决方案
怎样才能得到更多的细节？	向不同信息组提供"向下钻取"链接以获得细节信息
如何看到全局信息？	提供指向仪表盘全局信息的链接
根据这些信息我该采取什么行动？	总是提供相关数据的背景信息并提供建议性方案
何时查看更新？	提供更新的日期和时间。当业务需要时，允许特别的更新
如何获取仪表盘上没有的度量指标？	随时准备开发新的仪表盘，用户需要它们

▗ 白皮书#2：主动式度量指标管理

选择度量指标解决方案

商业决策的质量取决于为其提供信息的度量指标的质量。这些度量指标的质量取决于三个因素：准确性、及时性和展现方式的有效性。想要理解度量指标的重要性就要关注业务中是如何定义和监控 KPI 的。这些度量指标不仅必须准确地反映业务状况和当前趋势，还必须以一种能促使用户做出有效和积极决策的方式向用户展示出来。

本文回顾了度量指标软件的能力，并概述了在评价软件解决方案时涉及的最重要的特性和功能。

度量指标的收集和交付

当今商业运作的一个关键目标是收集和交付度量指标，这些指标能帮助决策人员做出及时、知情和合理的商业决策。即使有的企业定义了 KPI 并且驱动数据是可用的，但度量指标的收集和交付也有可能失败。及时、准确、在相关背景信息中且易于理解的度量指标很难立即提供给最需要它们的人：董事会、高管、经理及组织中所有其他级别的人员。这不能怪任何人。直到最近，还没有有效交付这些度量指标所需的工具。报表只能提供过去某一特定时刻的详细情况。商业智能系统提供全面的数据并能交付度量指标，但是这些系统的成本高得令人望而却步，而且它们提供的度量指标仅限于那些来自 BI 系统内部数据的度量指标。在当今的商业现实中，必须从跨组织的多个不同系统和数据源中收集度量指标信息。

度量指标投资

自从上一代仪表盘在20世纪90年代末出现在市场上以来，"仪表盘解决方案"经常被宣传为决策者需要知道的商业解决方案。遗憾的是，仅使用仪表盘并不能解决问题。它们是解决方案的重要组成部分；它们可以有效地交付度量指标，展示度量指标并使之可访问。但是仪表盘的有效性取决于度量指标的质量；它们作为决策工具的价值取决于它们如何展示度量指标，以及这些度量指标背后的数据质量。因此，要将基于部分信息和惯性猜测转变为基于及时、准确度量的过程，所需要的不仅仅是仪表盘本身。这种转换需要一个主动式度量指标管理工具，它可以收集来自多个系统的数据，在相关背景信息中将度量指标放入仪表盘，并且可依决策者需要提供或多或少的细节信息。

选择解决方案

由于度量指标软件的出现和市场上仪表盘类型产品的多样性，寻找合适的解决方案可能不太容易。度量指标仪表盘（见图 6-90）应该为用户提供做出明智的、合理的决策所需要的信息。在其之后是一组用于评估度量指标解决方案的高级标准。

主动式度量指标管理

要去寻找触发有效预防和纠正措施的能力。各种度量指标解决方案的关键区别在于它们所支持的主动式度量指标管理的级别。主动式度量指标管理是解决方案中的一个功能，它能够在与之交互的系统中触发适当的动作，并促进组织中负

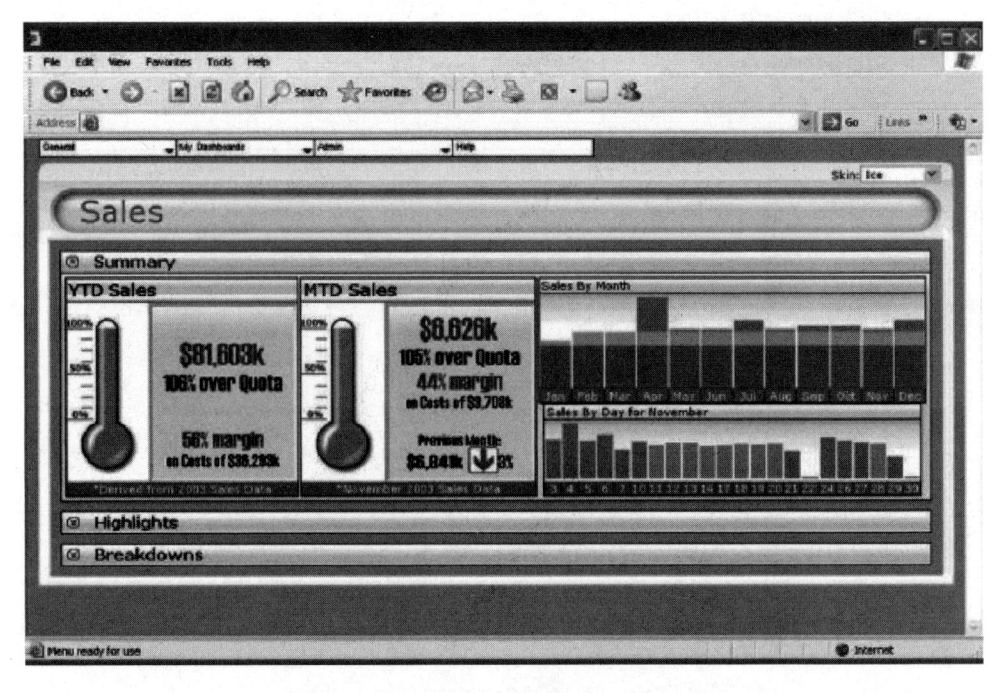

图 6-90　TeamQuest 度量指标仪表盘示例

责关键结果区域的人员采取及时决策。这里需要理解的是不止一个功能定义了产品对主动式度量指标管理的支持级别。其中两个重要的功能分述如下。

（1）阈值、警示和通知：主动解决方案使用绝对值或趋势（或这些的组合）中的阈值和警示合集来通知用户。

（2）触发和纠正/预防行动：主动解决方案能够在相关数据达到阈值时采取行动。例如，它可以发送电子邮件警示或启动预设脚本功能。

与技术无关的

不要在度量指标数据源上进行任何限制。TeamQuest 动态度量指标（Active Metrics）几乎可以从任何数据源检索数据，如图 6-91 所示。很少有组织使用单一的技术来满足他们对所有数据和绩效的需求。通常情况下不同的技术已经有效应用于其相关的领域：财务报表、故障单管理等。主动式度量指标管理解决方案必须能够无缝地查询大量不同的数据库（甚至电子表单）中的数据以查找关键指标，并在需要时使用来自同一仪表盘中不同来源的指标。

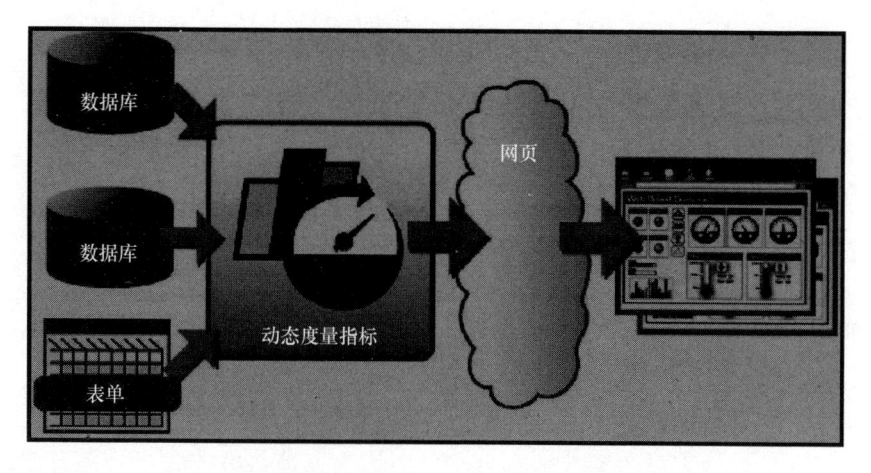

图 6-91　与数据无关的度量指标仪表盘解决方案

可获得性

使用基于网络的、易于定制的用户界面，并且能支持多种语言。今天的组织很少局限于一个地理位置，而且常常昼夜不停地工作。度量指标解决方案的仪表盘必须在世界上的任何时候和任何地方都可用，而且由于关键度量指标必须对许多人可用，所以解决方案不应依赖专门的查看工具。用户只需要一个网页浏览器就可以通过外网或内部网查看度量指标仪表盘。

安全性

使用可配置的、安全的用户和数据源访问方式。因为度量指标展现的是关于业务的关键信息，所以这些信息通常比较敏感。因此，仪表盘及其包含的信息应该在不牺牲可用性的情况下轻松地得到保护。此外，度量指标解决方案应该能够访问受到各种安全屏障和防火墙保护的数据，与此同时不会损害这些安全措施的完整性。

可用性

要考虑最终用户和仪表盘开发人员的易用性。与其他任何东西一样，如果度量指标解决方案没有被用户广泛采用，那么它就没有什么价值。用户可以分为两类：最终用户和仪表盘设计人员。任何解决方案都必须易于这两方使用。假设在任何时间、任何地点有需要的人都可以很容易地访问这些度量指标仪表盘，则应该对仪表盘本身的设计及其提供的度量指标进行如下评价：

- 仪表盘是否清晰易懂，以便用户立即掌握显示的内容并理解这些内容对他们的职责范围意味着什么？
- 最终用户能否清晰地识别阈值、趋势和警示？
- 能否将解释数据的图例轻松地集成到仪表盘中？
- 最终用户是否容易建立度量指标之间的关系？
- 仪表盘是否允许"向下钻取"以查看更详细的信息或者包含用户要求的其他视图更改功能？
- 解决方案是否能在没有视觉干扰的前提下提供清晰、一致的度量指标显示方式？

针对仪表盘设计人员的可用性考虑可能越来越得不到关注，但是它非常重要，因为这些设计人员负责快速开发和部署用来监控 KPI 与关键业务信息的仪表盘。

在评估解决方案时，要考虑：
- 仪表盘设计人员需要哪些技能？
- 是否需要培训？如果需要，需要多少培训？
- 该解决方案的设计接口是否允许最初开发简单的仪表盘，并随着设计师专业技能的提高和决策者使用度量指标来运营业务的增多而增加仪表盘的复杂性？
- 该解决方案是否允许用户和设计师选择仪表盘的外观和使用感觉，包括将仪表盘打上公司的标识和颜色？

部署

寻找能够促进快速部署而不限制未来开发的模板。部署的过程中集合了许多其他需要检查的标准，且通常是以下内容的试金石：技术需求、可获得性、安全性和可用性。

TeamQuest 加速器提供了针对特定目的的仪表盘的快速部署方案。通常，设计的仪表盘越有效、度量指标解决方案部署得越快，解决方案就越好，因为它的效果是可以立即显现的。通常，一个主动式度量指标管理解决方案会被引入一个新的业务领域并从一开始就促进改进决策的制定，或者其会进入一个正在努力实现深刻变化的领域。不论哪种情况，让解决方案启动、运行并将度量指标仪表盘快速提供给决策者都是最重要的需求。然而，快速部署本身并不是选择解决方案的充分理由。要小心那些限制了度量指标在未来增长和改进监控与管理方式能力的短期解决方案。

能力和灵活性

所选的解决方案要能交付满足业务环境需求的度量指标功能。度量指标解决方案的强大能力和灵活性包含了广泛的功能。评估解决方案时要考虑的问题包括：

- 仪表盘能否从不同的数据库和技术手段中提取数据？如果提议的解决方案不能做到这一点，如果它仅限于一种或两种专有的数据库技术，那么就不该继续选择该方案。
- 仪表盘设计人员是否可以为查询功能定义轮询周期？如果需要，是否可以动态更新这些轮询周期？
- 度量指标是否基于聚合查询。也就是说，度量指标解决方案能否将来自不同来源的不同类型的数据集合在一起并使之有意义？例如，它是否可以使用第一种类型的数据作为目标，第二种类型的数据用于进度，第三种类型的数据用于显示趋势？
- 仪表盘能否基于用户定义的参数维护历史记录？
- 解决方案是否为不同的用户提供不同的仪表盘视图？

仪表盘上显示的度量指标可以过滤吗？仪表盘设计人员可以配置这种过滤器吗？

- 仪表盘是否可以管理阈值，这些阈值可以触发哪些后续措施：电子邮件、脚本、问询等？
- 度量指标是否在相关背景信息中被提出？解决方案是单纯提供数字，还是提供有意义的信息？如相对于目标度量指标的数量或百分比，不同时期数量、趋势的比较等？

相关背景信息包括更新度量指标的日期和时间。在许多情况下，只有用户知道数据是何时被检索出来的，相关度量指标对其才有价值。

参数可用于过滤数据，以便用户只看到他们需要看到的信息。在图 6-88 中，数据按区域过滤。所有用户都看到相同的仪表盘，但是东部地区的用户看到的是东部地区的数据，而西部地区的用户看到的是西部地区的信息。无论是哪种情况，仪表盘设计人员不仅要花时间理解指标背后的数据，还要花时间理解为指标创建相关背景信息的数据（如收入目标、所覆盖时间段、最大容量等）。这个规则应该指导仪表盘设计人员完成设计的每个步骤，从数据收集到显示详细的内容组合。

未来

寻找启动和维持业务积极转换的能力，明智的做法是要确定解决方案提供的功能是否会限制将来的功能应用；要思考包括在为度量收集数据的方式上，以及在用户看到的仪表盘上，该解决方案是否易于添加和改进功能。部署真正主动式的度量指标解决方案将立即提供关于如何做出商业决策的洞见，并发现改进决策过程的机会，管理此过程中所使用的度量指标的机会，以及最终将用于商业转型的机会。如图6-89所示，阈值可以与警示一起使用，将仪表盘从被动监控设备转换为主动反应设备，从而诱导纠正性措施，特别是预防性决策和行动。

结论

寻找度量指标解决方案的经理和技术专家面临越来越多的选择。

在评估度量指标的解决方案时，潜在的购买者应该了解这些类型的解决方案可以做什么，不能做什么，并准备一份评估这些标准的列表。最后，在购买之前，他们应该问两个问题：

（1）这个解决方案是简单地记录过去发生的事情，还是揭示现在正在发生的事情，以及基于当前趋势，未来可能发生什么？

（2）该解决方案真的是积极主动的吗？它包含的各种展示、阈值和触发器，是否不仅用于监控正在发生的事情，而且更重要的是用于自动采取适当的措施，并支持明智的决策？

6.21 一个简单模板

表6-7显示了一个非常简单的模板，其可用于创建度量指标/KPI库。与其将其称为KPI库，不如将其称为度量指标/KPI库，因为并非所有度量指标都是KPI，一个项目上的KPI也可以作为另一个项目上的简单（而非关键）度量指标。此外，在模板中还可以参考《PMBOK®指南》的其他部分。

模板的真正目的是记录哪些度量指标已经成功使用。我们知道，人类以各种各样的方式吸收信息，而度量指标必须持续不断地进行改进工作。对一家公司有效的度量指标对另一家公司可能并不同样有效。不同公司用于仪表盘展示的图像、颜色和阴影技术也可能需要更改。

第 6 章　仪表盘

表 6-7　KPI 模板

描述：_____
_____
_____

KPI 优势：_____
_____

KPI 限制：_____
_____

KPI 发起人：_____
KPI 负责人：_____

《PMBOK®指南》过程组　　　　　《PMBOK®指南》知识领域

☐ 启动　　　　　　　　　　　☐ 整合管理

☐ 规划　　　　　　　　　　　☐ 范围管理

☐ 执行　　　　　　　　　　　☐ 进度管理

☐ 监控　　　　　　　　　　　☐ 成本管理

☐ 收尾　　　　　　　　　　　☐ 资源管理

☐ 职业责任　　　　　　　　　☐ 沟通管理

　　　　　　　　　　　　　　☐ 风险管理

　　　　　　　　　　　　　　☐ 质量管理

　　　　　　　　　　　　　　☐ 采购管理

　　　　　　　　　　　　　　☐ 干系人管理

与关键成功要素的关系：_____
目的、目标的限制因素：_____
KPI 起始日期：_____
KPI 结束时间：_____
KPI 生命周期：_____
汇报周期：_____

图形化展示：

☐ 面积图集　　　　　　　　　☐ 指针表

☐ 面积堆叠图　　　　　　　　☐ 网格图

☐ 百分百面积堆叠图　　　　　☐ 图标

☐ 条形图集　　　　　　　　　☐ 折线图集

☐ 堆叠条形图　　　　　　　　☐ 堆叠折线图

续表

- ☐ 百分比堆叠条形图
- ☐ 气泡图
- ☐ 柱状图集
- ☐ 堆叠柱状图
- ☐ 百分比堆叠柱状图
- ☐ 百分比堆叠折线图
- ☐ 饼形图
- ☐ 雷达图
- ☐ 表格
- ☐ 其他_____

测量方式：

- ☐ 校正
- ☐ 置信区间
- ☐ 决策模型
- ☐ 分解法
- ☐ 人为判断
- ☐ 序数、名义表格
- ☐ 价值范围、价值集
- ☐ 抽样技术
- ☐ 仿真_____
- ☐ 统计_____
- ☐ 其他_____

组织需要注意不要在库中出现过多的度量指标。太多的度量指标可能让用户无法承受。Rad 和 Levin 提供了一个有效的核对清单，其可用于评估作为给定项目或项目流的度量指标中哪些是重要的，哪些是不重要的。对于给定的项目或项目流来说，至关重要的事项可能要求清晰定义那些用来评测的度量指标。

6.22 仪表盘设计需求的总结

现在，我们可以使用设计规则来总结仪表盘的设计需求。

▪ 设计对信息仪表盘的重要性

项目管理仪表盘（或任何相关的信息仪表盘）的成功在于最终用户将仪表盘作为一个真正有用的工具来采纳和使用。成功的仪表盘是那些每天用于通知、管理和优化业务和项目流程的仪表盘。失败的仪表盘是那些未被使用和遗忘的仪表盘，或者那些没有提供任何有意义信息的仪表盘。

第 6 章　仪表盘

所以最大的问题是：在你的仪表盘上，成功和失败的区别是什么？你将如何确保你的仪表盘为最终用户所采纳？

我们都知道电子表单（由于过时）总被嘲笑和抛弃。它们可能包含你需要监控的所有数据元素（不仅仅是一些），但是这些电子表单并没有得到应有的使用。这是为什么呢？为什么当你从相同的电子表单中提取关键度量指标，并将它们放在一个设计合理的仪表盘上时，整个用户社群都开始关注这些信息？我们将研究几个对仪表盘设计至关重要的因素。

仪表盘上的颜色使用规则

一个真正有效的仪表盘能够很好地利用颜色并能以一种容易理解的方式来显示这些信息。色彩理论和色彩的认知效果是视觉艺术家最关注的主题，但这些理论很少被仪表盘开发人员和其他用户界面的设计者所遵照。我们必须始终保持谨慎，因为糟糕或粗心地使用颜色会破坏数据的真实信息。

在开始阐述任何关于颜色的讨论之前，我们需要了解一些有关其的基本信息。据估计，8%～12%的男性患有某种形式的色盲。看一看图 6-92 中的这一系列图表，它们展示了在患有各种色盲的人面前彩虹是什么样的。

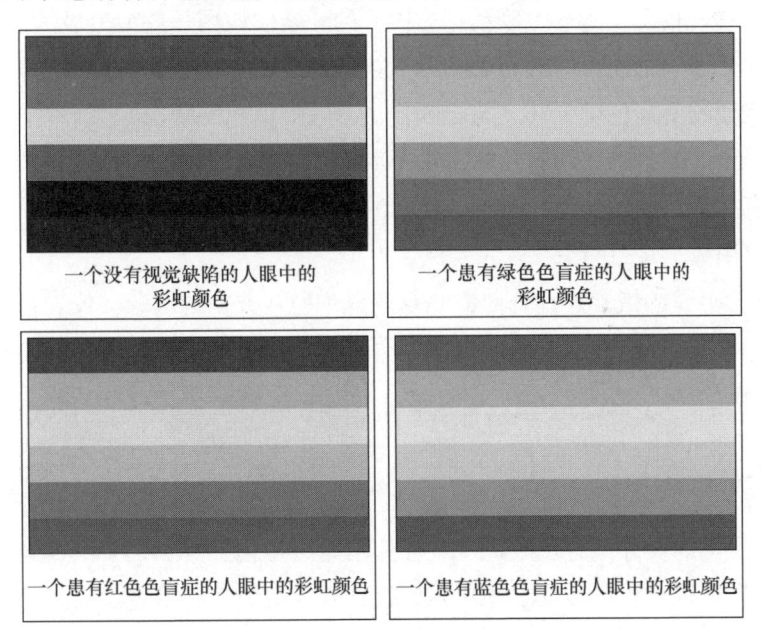

一个没有视觉缺陷的人眼中的彩虹颜色	一个患有绿色色盲症的人眼中的彩虹颜色
一个患有红色色盲症的人眼中的彩虹颜色	一个患有蓝色色盲症的人眼中的彩虹颜色

图 6-92　彩虹颜色及其感知

注意黄色和绿色对一些色盲的人有多相似，红色和绿色对其他色盲的人看着也都差不多。这种信息难道没有让你大开眼界吗？

另一个关于颜色的警示与黑白打印机和彩色打印机有关。由于数字格式取代了实体复印，打印质量不再像以前那样受到关注，但一些用户可能仍然会打印一份待日后研究的纸质副本。考虑到印刷在工作场所的重要性普遍下降（目前使用的彩色打印机费用更加昂贵），任何印刷副本都可能由黑白打印机打印出来。因此，至少目前我们仍然要考虑灰度变换对用户视觉的影响。

那么，我们该如何应对这些基本的颜色挑战呢？这些限制是否意味着我们不应该在仪表盘上使用各种颜色？当然不是。这意味着我们必须始终将颜色与文本标签结合使用。我的意思是，要在图形的右边或旁边明确地附上相关的信息标签。例如，如果要显示红/绿/黄状态指示符图形，请将其值以文本的形式放在图形旁边。

有了以上的基本信息，接下来让我们看看仪表盘上那些有关颜色使用的法则：

- 要注意表格和图表的背景颜色。使用与页面顶层对象充分对比的背景颜色。此外，也可以使用背景颜色来分组和统一不同的对象。
- 属于"非数据"的图表组件，即展示性结构元素本身不应吸引太多用户的注意。相反，图表中以数据为中心的元素应该用颜色突出显示。
- 在显示一组连续的或相关的度量指标时，使用一小组相关的色调，并尽可能地改变其色度，使之与不断增加的数据值相关联。
- 尽量让颜色的使用有意义，用不同的颜色表示不同的含义。
- 有意识地使用颜色（而不是随意的）——自己检查每种颜色（或颜色的特定用法）是否有意义。

注意，上面的指导方针针对的是仪表盘中包含数据的部分。仪表盘的其余部分（页面背景、导航元素、品牌区域、页眉和页脚）可以根据通常的图形外观来做适应性设计。

仪表盘的图形设计规则

什么层次的设计适合仪表盘（或任何信息可视化工具）是一个古老的论题。良好的信息可视化实践和 BI 用户界面设计要求有效地利用页面空间，使用清晰易懂的图表和直观简单的图表，如波形图和要点信息图。这些图表易于阅读和解

第 6 章 仪表盘

释，再加上单一的配色方案（以便在需要时使用红/绿/黄的警示指示器来集中注意力），这都已经成为大数据量下 BI 仪表盘设计的"最佳实践"。

使用少量颜色和避免繁复的设计风格，这种方法允许用户聚焦于信息本身（而不是展现形式）。这样一个"稀疏"的界面经常会遇到"颜控"的反对意见——通常（但不总是！）包括项目发起人在内，他们希望通过视觉冲击给用户和同行留下深刻印象。许多人希望仪表盘上有色彩鲜艳的指针刻度表，希望其带有 3D 效果，拥有渐变效果及夸张且炫目的显示方式。对他们来说，只有你的设计让用户看到后很兴奋，这种设计才"感觉"更像一种惊艳的用户体验！

从开发的角度来看，可视化组件库使得将各种图表、仪表、刻度盘和小部件放到仪表盘上的想法能够轻易实现。这种易得性使设计者容易被视觉上的兴奋冲昏头脑。仪表盘设计人员的职责是在视觉刺激和信息可视化最佳实践之间取得适当的平衡。

一个有效的做法是将平面设计师的努力限制在明确定义的范围之内。以下列表显示了仪表盘平面设计师的权限范围。

网站或软件应用程序的总体布局

- 标题横幅。
- 公司标识。
- 窗体小工具。
- 标题栏。
- 表。
- 侧边栏。
- 导航元素。
- 页脚。

把图表等数据可视化元素的设计留给信息可视化专家来做。有关仪表盘图形设计的其他提示：

- 避免使用老套的方向盘设计——不要把仪表盘比喻当真！汽车的方向盘不该出现在你的信息仪表盘上。
- 在你的项目团队中引入专业的设计人员。在你的员工中一般没有这种专业的设计人员。聘请一位经验丰富、有仪表盘设计经验的咨询顾问。找一个在软件应用程序布局和设计方面有专长的视觉设计师，并让他与一个专业的信息可视化专家配合工作。仪表盘的外观和使用感觉是你投资成果的直接展现。
- 了解当前软件应用程序可视化设计的趋势。理解为什么有些外观被认为是"现代的"和"前沿的"，采用这些做法以让你的设计更与时俱进。

在用户面前呈现仪表盘的规则——用户采纳的关键

最成功的仪表盘是无价的工具，用户依靠它来促进他们的工作流，这些仪表盘能够提醒用户将精力集中在哪，并通过相关的度量指标和 KPI 来指导他们更好地工作。

想要将仪表盘成功做到这种程度，需要设计者一开始就仔细考虑用户将如何使用仪表盘系统。用户从何处及如何开始使用你设计出的仪表盘？通常，仪表盘是通过在浏览器的地址栏中输入应用程序的 URL 启动的。虽然这是一种常见的方法，但是可以采取更积极主动的步骤，从而提高用户社群的采纳程度。以下是一些改进方式：

- 在公司现有门户网站范围内确定仪表盘接入启动点。在其他应用程序或网页站点的侧栏中放置品牌元素（横幅/徽标）并提供一个"登录"按钮。
- 与其他应用程序所有者沟通，将仪表盘的启动点插入其他应用程序中。其目的是将仪表盘的接入启动点放置在用户工作流的适当环节中。
- 考虑使用"桌面小插件"方法。你是否见过运营系统在桌面上显示的那些小型应用程序？一些小程序停靠在页面的一边，当你把鼠标移到它们上面时，它们就会弹出来。另一些则位于全景视图中，允许你通过翻转它们以获取更多信息。为你的仪表盘创建一个小插件，并将其放在你的 PC 桌面上。现在，只要你的用户登录到他们的 PC 上就能立即访问他们的仪表盘。不需要登录到单独的应用程序或网站来实现这步操作。这种方法特别适合向用户传递消息和警示。
- 让你的仪表盘具备电子邮件功能。通过电子邮件向用户发送警示和更新，用户可以点击这些链接直接进入仪表盘。

我们的目标是让用户能够轻松接入仪表盘并收到其传递的信息。不要担心仪表盘是否离用户的视线太近。毕竟，汽车仪表盘和飞机驾驶舱就是这么做的。其上的信息和控件实实在在地摆在了用户面前。

仪表盘上信息准确性的规则

这条规则很容易理解，而且绝对不该被违背：仪表盘上的数据绝不能引发任何问题。仪表盘上数据的准确性可能受到质疑（遗憾的是，有时这是任何数据都具有的性质），但仪表盘本身必须被视为可信的报表机制。如果数据有问题，用户应该责怪负责生成数据的项目团队，而不是仪表盘本身。

如果存在已知的问题（可能是技术问题或陈旧的数据问题），仪表盘应该显示警示消息。如果仪表盘没有显示实时的数据，而是从特定时间点捕获的快照，则应该在表格和图表上标明这一点。

设计者必须努力向仪表盘用户灌输信心和信任。为了实现这一点，仪表盘的设计必须考虑保证过程中的透明性，以及清晰的内容标记和信息引导方向。

6.23 仪表盘的局限性

仪表盘的设计首先要考虑到用户。项目管理仪表盘的目的是将项目绩效数据以一种有意义的形式展现出来。但是用户打算如何使用呈现的信息呢？

支持项目工作的用户和干系人希望获得足够的数据，以便他们能够及时做出"明智的"决策，而不仅仅基于猜测来做出决策。拥有正确的信息是至关重要的。在这种情况下，仪表盘可能必须包含详细的信息，而用户需要仔细检查这些信息。由于仪表盘空间和可读性的限制，能够在仪表盘上精确显示的信息量是有限的。

然而，一些被动参与到项目中且不需要做出决策的干系人和用户通常中意那些不需要花太多时间（一分钟）来查看的仪表盘。这种类型的仪表盘上显示的信息及其预期用途都比较有限。"一分钟"仪表盘可以通过使用图 6-93 中所示的三方向图标来展示。在图中，绿色箭头总是指向上方，表示有利条件。例如，如果使用"一分钟"仪表盘来显示我们根据项目的约束管理项目的情况，那么绿色箭头表示项目的进展完全在约束的范围内。红色箭头总是指向下方，表示我们遇到了不利的条件，并且已经超出了约束限制的极限。黄色箭头可能表示，我们虽然在阈值以内但已经很接近阈值了。当然也有些人喜欢使用"交通灯"或圆形图标，而不是这里使用的箭头形状。

在图 6-94 中，我们假设一个项目只有五个约束条件。对于这五个约束中的每个，我们都使用了一个图标来显示在预先确定的约束条件下项目绩效如何。这种"一分钟"仪表盘只能粗略地显示项目的健康状况，对决策的价值有限。如果用户想要更多的信息，他们可能需要使用"向下钻取"按钮来获得更多的细节。仪表盘无法显示大多数情况下所需的所有信息。

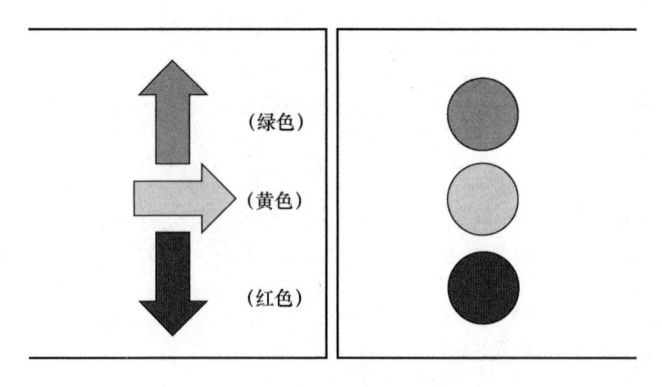

图 6-93 简单的仪表盘图标

有时善意会误入歧途。一家公司为其用户同时创建了"一分钟"仪表盘和具有详细内容的仪表盘。如图 6-95 所示，在"一分钟"仪表盘中，开发人员决定使用 9 种颜色而不是以前使用的 3 种标准颜色。显然这使得仪表盘变得更加复杂，因为与每个活动关联的颜色可能不止一种。例如，一个活动可以同时是红色和紫色的，这表明该活动有一些尚未解决的关键问题，并且其仍然处于活动状态。用户将不得不花更长的时间来读取仪表盘，因为他们必须不断地检查所显示颜色的含义。

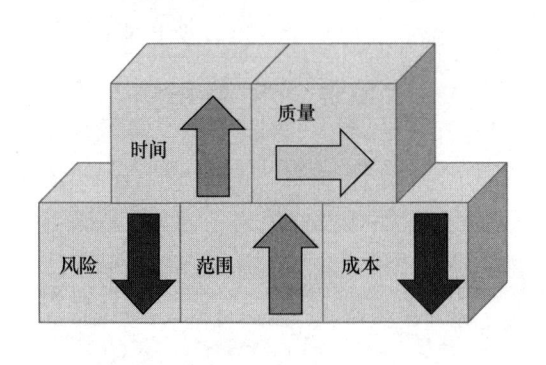

图 6-94 用来展示限制条件的速效仪表盘

图 6-95 多颜色状态报表

公司可以将图 6-96 所示的配色方案添加到仪表盘中来展示实际值与目标值差异的情况，特别是时间和成本的差异情况。虽然使用图中所示的样式有其自身的优势，但是其不适用于"一分钟"仪表盘。最终，"一分钟"仪表盘被移除，取而代之的是显示彩虹颜色和渐变效果的详细仪表盘。

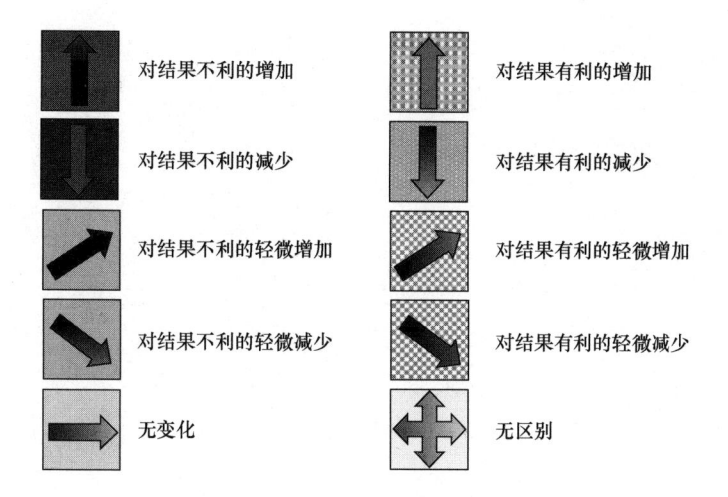

↑	对结果不利的增加	↑	对结果有利的增加
↓	对结果不利的减少	↓	对结果有利的减少
↗	对结果不利的轻微增加	↗	对结果有利的轻微增加
↙	对结果不利的轻微减少	↘	对结果有利的轻微减少
→	无变化	✛	无区别

图 6-96　基于颜色的绩效差异报告

6.24　仪表盘的试运行

尽管项目经理、项目团队和仪表盘设计人员对仪表盘中展现的信息有相当理解，但是对于仪表盘的用户来说，情况并非如此。如果可能，在考虑项目进度和规模的前提下，对仪表盘进行试运行可能带来有益的结果。试运行可以验证客户和干系人：

- 了解他们在看什么。
- 得出正确的结论。
- 信任其所使用的仪表盘。
- 愿意将其从仪表盘获得的信息用于决策。

在项目的前几周，开发仪表盘的项目经理和仪表盘的用户可能需要紧密合作，以确保所有仪表盘信息都能被清楚地理解。如果用户对仪表盘的使用失去信心，那么大量的时间和金钱就会被白白浪费。之后再想恢复失去的信心是不可能的。

6.25　评估仪表盘供应商

由于市场上有许多公司提供仪表盘服务，因此知道如何评估仪表盘特性及其附带的软件非常重要。Shadan Malik 列出了在评估仪表盘供应商时必须考虑的 10 个类别：

- 最终用户体验。
- 用户管理。
- 信息"向下钻取"功能。
- 报表。
- 数据连接。
- 警示。
- 可视化。
- 协作。
- 系统需求。
- 图像采集和打印输出。

Malik 还为好的仪表盘软件确定了评价规则。值得注意的是，仪表盘软件也必须符合任何作为软件所具有的通用优秀标准，其中包括：

- 响应速度快：用户在检索仪表盘和相关报表时，不应经历过度的延迟。
- 直观：最终用户不需要经历学习曲线或经过大量的强制性培训才能使用这些软件。
- 基于网页：如果用户拥有适当的访问权限，应该能够通过网页访问仪表盘。
- 安全：系统管理员可以轻松管理软件安全，减少和跟踪有问题的访问。该软件还必须（在必要时）提供数据加密，以保护敏感数据在跨网页时的传输。
- 可扩展性：在大量用户访问该软件时不会导致系统崩溃，或导致系统运行速度低于可接受的基准。这种性能要求基于假定有合理的硬件和网络带宽支持。
- 符合行业标准：软件应与不同厂商的标准数据库集成，与不同的服务器标准（如 Net、J2EE）和各种操作系统（如 Unix、Windows、Linux）兼容。
- 开放技术：软件不应具有专有标准，否则将难以或不可能在复杂的 IT 环境中扩展其覆盖范围。
- 可支持性：在现有 IT 人员中，通过有限的仪表盘软件培训，应该可以轻松管理大规模部署应用的情况。换句话说，假设组织有一个相当合格的 IT 人员，那么该软件不应该复杂到需要长期合同或雇用另一个专家来支持它的部署。
- 成本收益：总拥有成本应远低于其提供的货币收益，以证明其优异的投资回报率。因此，许可成本、实现成本和支持成本应该在一个可接受范围内以体现其优异的 ROI，并能在部署之后使组织受益。

一个成功的仪表盘解决方案应该考虑的主要成本因素有：

- 软件成本。
- 年度支持成本。
- 额外硬件成本。

- 初始部署成本。
- 用户培训成本。
- 持续支持人员成本。

购买软件时需要了解的成本节约和商业机会，如表 6-8 所示。

表 6-8　潜在成本节约和商业机会

成本节约	商业机会
减少或消除整合不同报表时所付出的投入	更好地利用当前或实时信息来做出决策
减少浪费在审阅大量数据和报表上的时间	更好的业务洞察力，因为通过增强可视化提高了数据可视性
减少协调和监控复杂流程的时间	通过例外管理和警示，积极、及时地做出决策
减少执行合规性的努力	更大程度的信息民主化，增强组织前台业务的能力
消除组织内用于处理类似数据的冗余	更好的客户服务且提高了交付给客户和/或供应商的价值

6.26　新的仪表盘应用程序

由于仪表盘可以实时更新，因此也出现了很多新的仪表盘应用程序。公司正在使用仪表盘作为能力规划优化分析的一部分。这类似于项目规划中使用的假设场景。

使用优化的仪表盘，公司可以查看为单个项目或多个项目分配资源的各种方法。对于资源分配方式的每个更改，仪表盘都将显示对每个项目的进度及其可能的盈利能力的影响。现在，在项目组合中的项目选择和排序过程中，这些应用程序被用作能力规划分析的一部分。可惜的是，优化仪表盘关注的是更高级别的工作分解结构。随着科技的进步，这些工具可能成为职能高管执行功能资源优化的常用技术。

第 7 章

仪表盘的应用

本章概述

并非所有的仪表盘都具有相同的用途。一些仪表盘仅供内部使用,其他仪表盘则用作与客户沟通的工具。一个仪表盘的作用不是通过外观来判断的。本章包含了几个公司仪表盘的介绍,这些公司已经认识到了使用仪表盘所带来的好处。

本章目标

- 理解仪表盘的不同用法。
- 识别每个仪表盘使用的资料类型。
- 理解仪表盘的应用。

关键词

- 仪表盘设计。
- 仪表盘使用。
- 仪表盘内容。

7.0 介绍

近年来,仪表盘设计和商业智能可视化的专业公司数量迅速增长。这些公司通常拥有知识和能力,能够通过低成本的方法为客户构建有效的仪表盘,不需要客户自己动手开发。这些公司了解定制仪表盘必然可以满足客户需求,但他们还努力防止"重新发明轮子"。他们会首先查看其他客户使用的仪表盘,并查看这些仪表盘中是否存在任何信息或设计可以应用于新客户。仪表盘中使用的度量指标也可以参照这个方式。

有时,相同的度量指标可以在两个不同的仪表盘上以不同的方式表示,特别是当信息针对不同的客户或同一公司内不同的受众时。

第 7 章 仪表盘的应用

本章包括了各公司慷慨提供的仪表盘示例。

7.1 使用中的仪表盘：Dundas 数据可视化公司

Dundas 数据可视化公司（以下简称 Dundas）是一家领先的商业智能和数据可视化解决方案全球业务提供商。Dundas 提供易用的自助服务，其统一的 BI 体验允许用户对功能强大的仪表盘进行连接、交互及可视化，并能在任何设备上对任何信息进行报告和高级分析。它们灵活的 BI 平台由咨询性的最佳实践解决方案支持。20 多年来，Dundas 一直在帮助企业更快地发现更深层的洞察力，做出更好的决定并取得更大的成功。Dundas 的仪表盘示例如图 7-1 至图 7-11 所示。

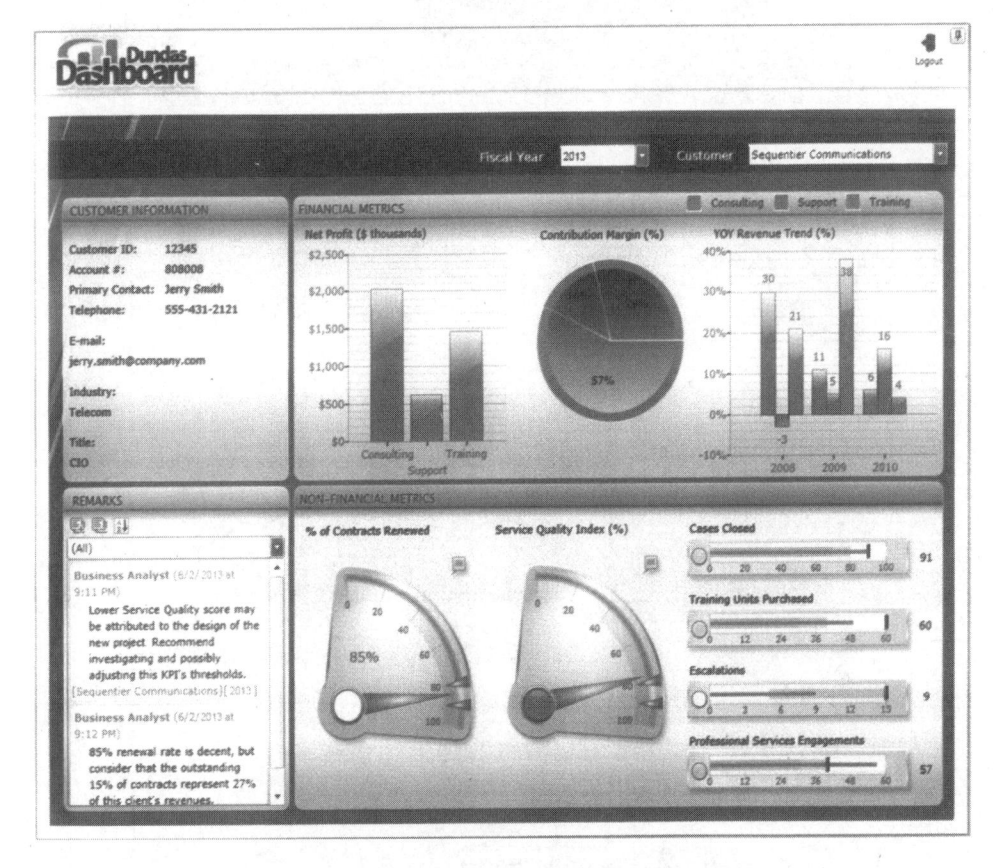

图 7-1　财务和非财务仪表盘度量指标

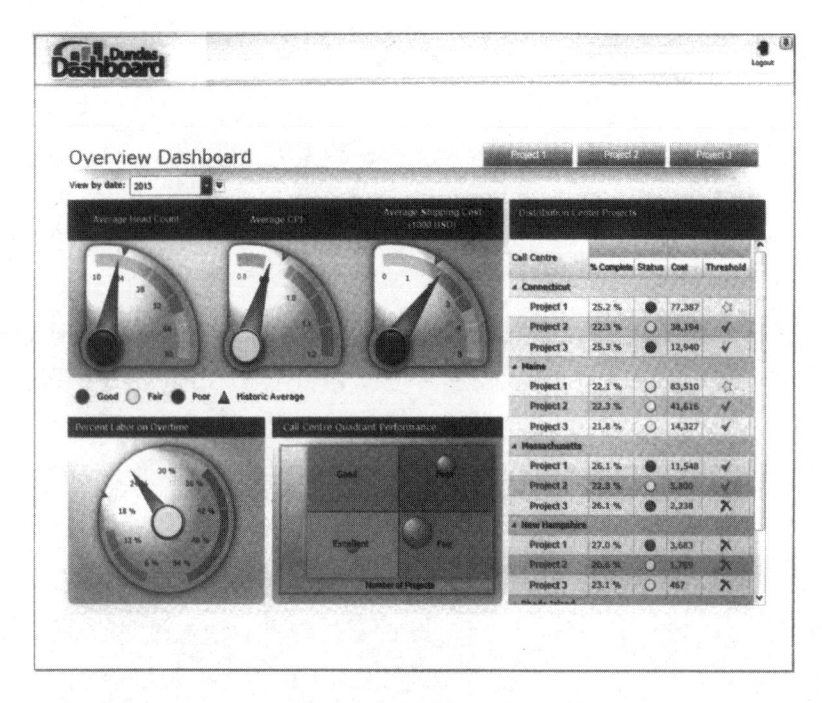

Project Management Metrics, KPIs, and Dashboards

图 7-2　整体总览仪表盘

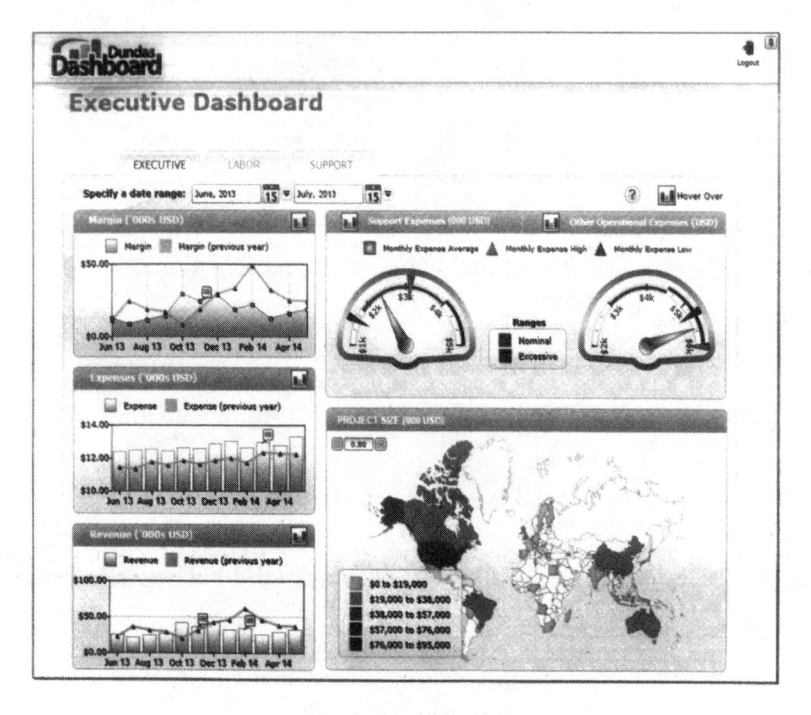

图 7-3　管理层仪表盘

第 7 章　仪表盘的应用

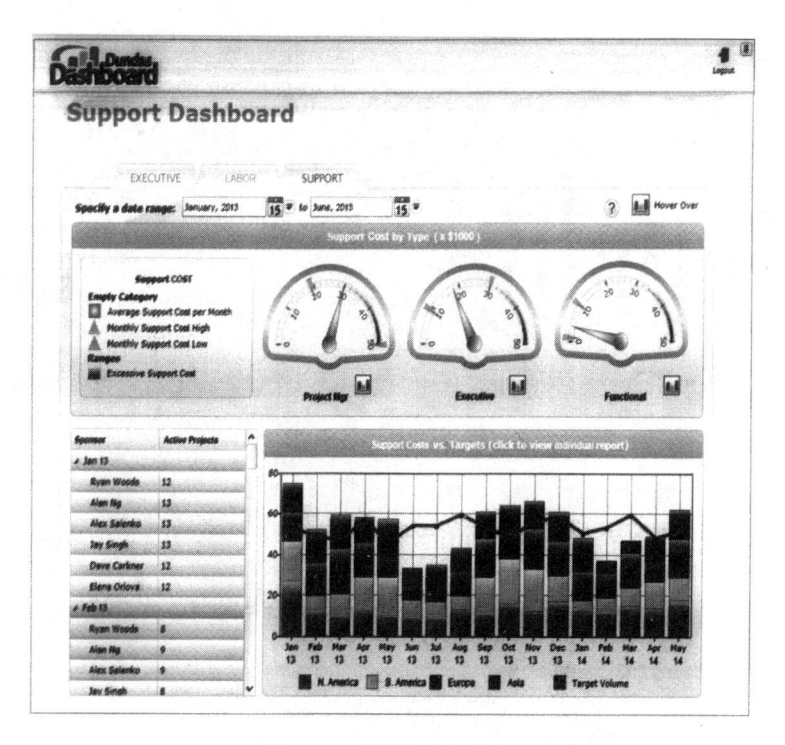

图 7-4　项目辅助仪表盘

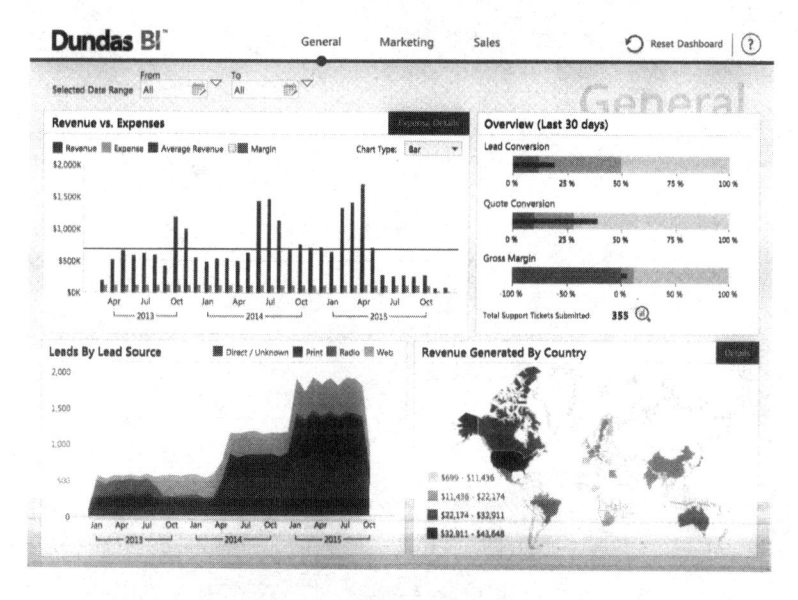

图 7-5　商业智能仪表盘（1）

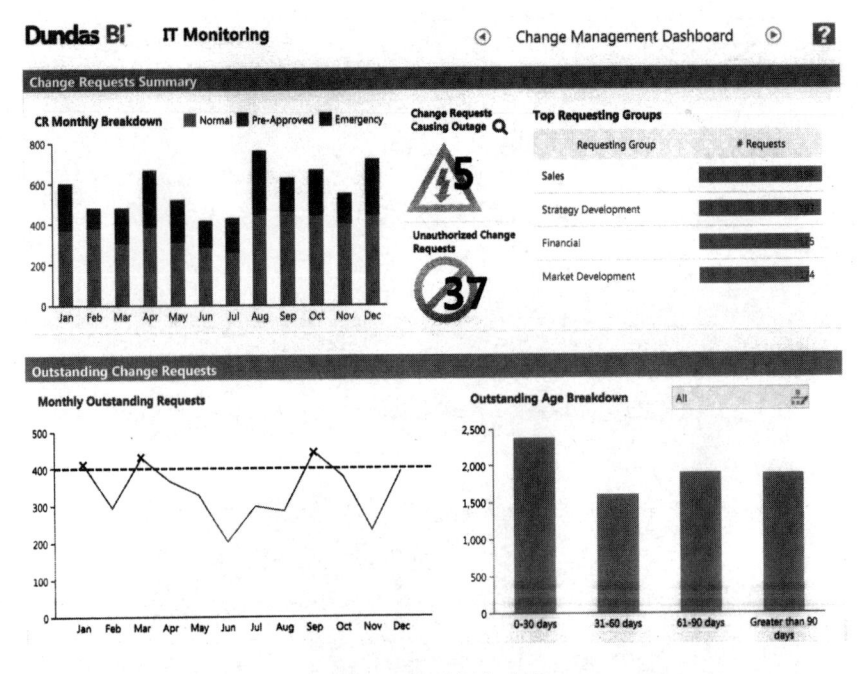

图 7-6　IT 监视仪表盘

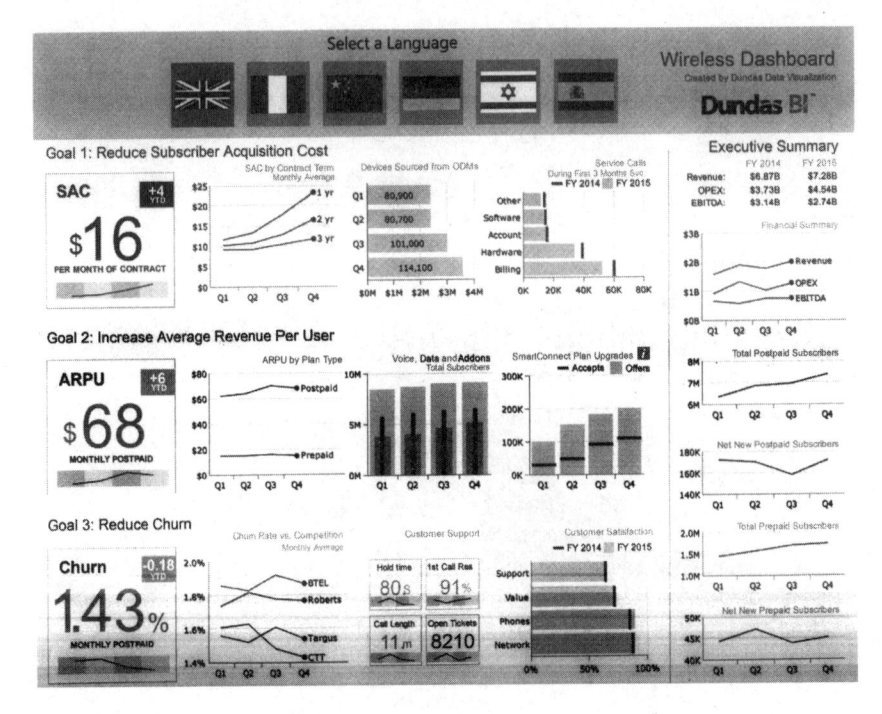

图 7-7　无线仪表盘

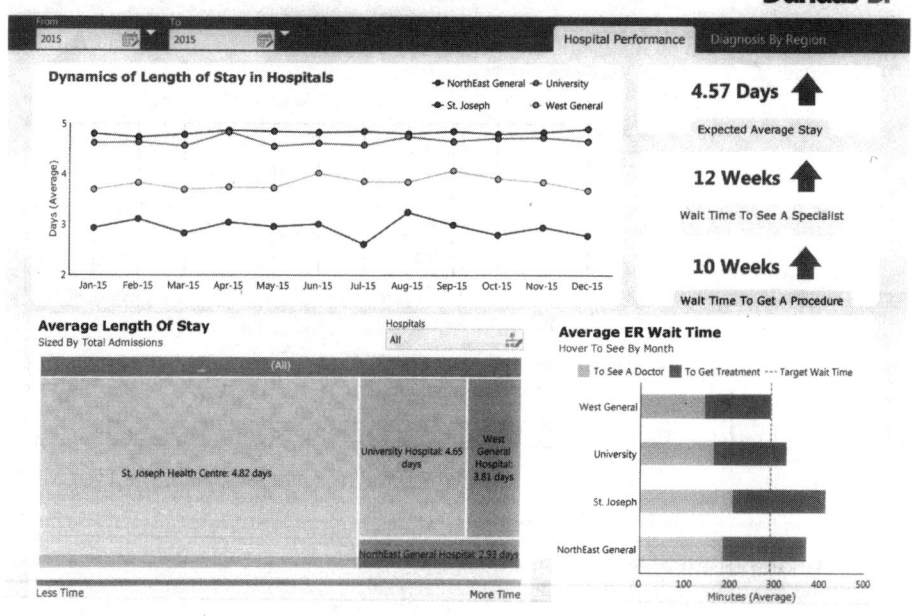

图 7-8　医院绩效仪表盘

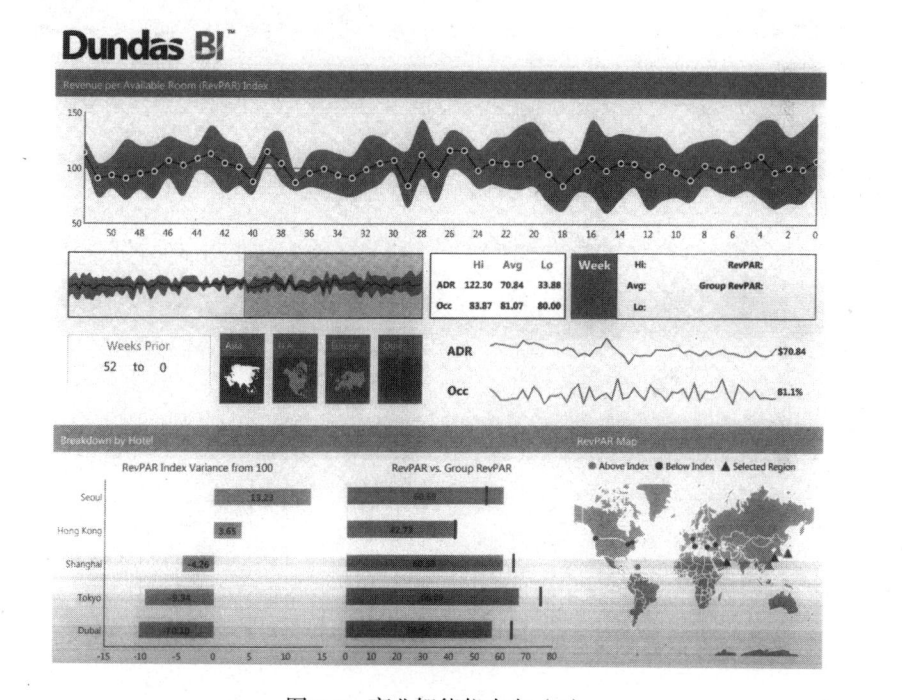

图 7-9　商业智能仪表盘（2）

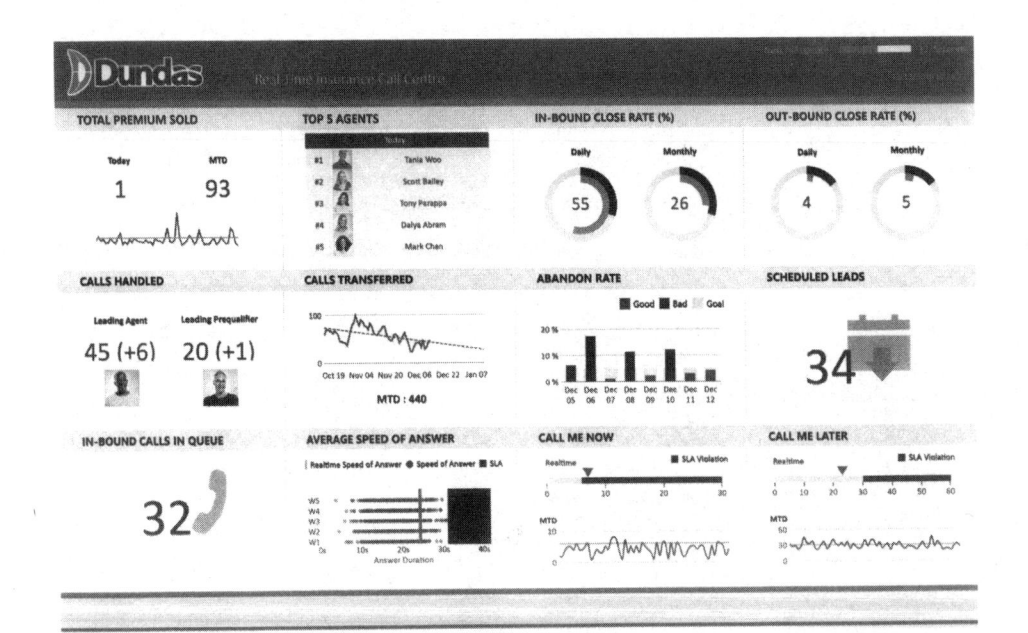

Project Management Metrics, KPIs, and Dashboards

图 7-10 保险呼叫中心仪表盘

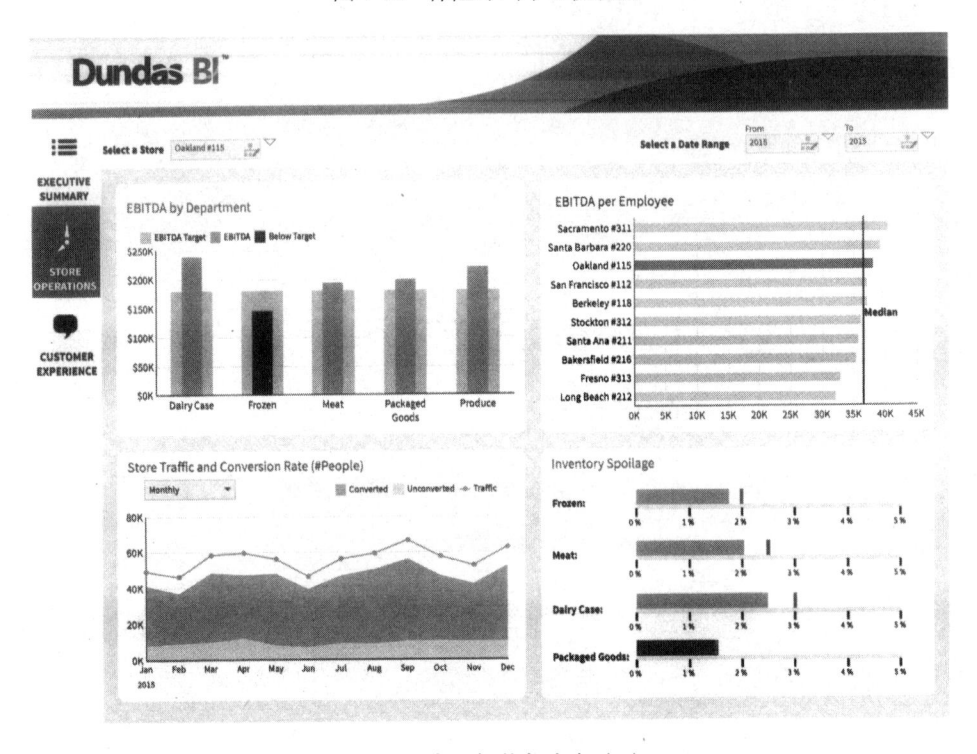

图 7-11 商业智能仪表盘（3）

7.2 使用中的仪表盘：Pie

考虑以下场景，在许多公司都会发生。高管们积极参与项目组合中项目的选择。然而，一旦选择结束，高管们得到的只是一个摘要仪表盘，他们无法轻松地找到任何可能影响他们当前决策的相关详细信息。尽管摘要信息有其益处，但能更容易地访问关键信息的"向下钻取"的功能，可以产生更大的影响。

有许多项目组合管理系统，但没有多少系统能够像 PieMatrix 公司的 Pie 解决方案那样，将管理仪表盘与一线项目团队成员的执行情况联系起来。Pie 解决方案不仅提供了这种"向下钻取"的功能，而且其用户界面友好，在几分钟内就能学会。客户可以将复杂的项目转换为更易于管理的视图，从而使高管和一线人员更容易及时做出明智的决策。

与许多具有复杂报告或缺乏投资组合报告的项目系统不同，Pie 解决方案提供了简单的平衡，在合适的层级提供足够的数据，并可以钻取到细节，以帮助高管了解正在发生的事情以及如何做出决策。此外，Pie 解决方案将流程重点放在了项目管理上。Pie 解决方案的主要关注点是可重复类型的项目，这些项目可以利用客户灵活的框架和方法（配方）的混合，包括敏捷方法。这意味着显示的数据不仅是关于事情如何进行的，还包括了事情如何持续正确地进行。成功的可预测性变得更加可控，项目经理可能会更有信心，因为他们知道他们使用的是为取得好的项目成果而设计的最佳框架。

7.3 Pie 解决方案概述

PieMatrix 开发了名为"Pie"的可视化项目和流程的应用程序。Pie 有三个关键特点。一是用户可以快速上手的可视化设计。二是它专注于实现灵活的流程框架，带有操作知识，以帮助降低风险并推动持续改进。三是可以在同一项目中混合敏捷方法和瀑布方法。

Pie 适用于行业中的任何商业提案。Pie 的客户涵盖了从政府部门到咨询、医疗保健和新产品开发等私营行业。客户群包括中小型组织。

Pie 是为流程负责人、项目经理、团队成员、干系人和高管而开发的。尽管它包含很多不同的功能来设计和执行项目，但以下页面将主要关注报表的视觉效果。

以下部分介绍了不同的报表功能。所有仪表盘和报表数据都会不断地实时更新。除了这些报表，你还可以将项目数据导出到 CSV 文件中，然后这些文件可以导入到业务分析和业务智能工具中。

◢ Pie 仪表盘

Pie 应用程序使用起来非常简单。该程序优雅的图形设计非常适合 Pie 的仪表盘和报告。易于使用的价值在于，它可以被高管、干系人、项目经理和团队成员使用。Pie 在市场上以其简洁而著称，有人称其为仪表盘高管的养眼药。

Pie 的仪表盘包含三个视图。

- 图表（见图 7-12）。
- 表（见图 7-13）。
- 问题日志（见图 7-14）。

图 7-12　仪表盘图表

图表视图显示了关键的指示器面板。组合进度面板显示定义的前五个项目。此面板显示项目的状态，包括已完成、延迟、未完成的任务数以及已完成的百分比。"组合风险和问题"面板显示未结问题和风险的计数。组合里程碑面板将前五个项目的里程碑显示为可交互的菱形图标。将鼠标悬停在一个里程碑上，你会看到里程碑的名称、截止日期和链接，该链接将跳转到项目视图中的任务。其他面板包括了每个团队成员的视图，以跟踪他们自己的工作以及他们悬而未

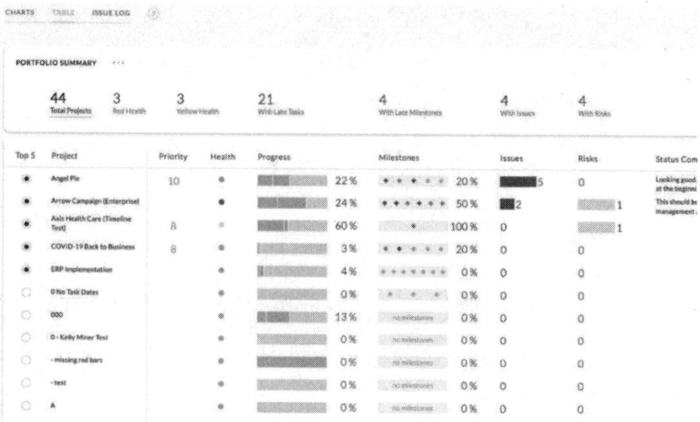

第 7 章 仪表盘的应用

图 7-13 仪表盘表

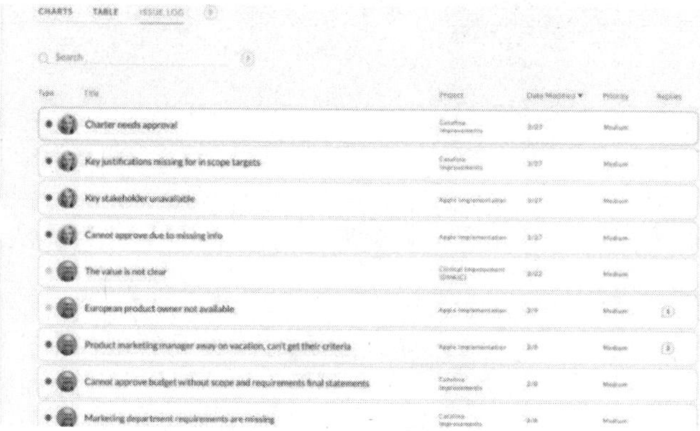

图 7-14 仪表盘问题日志

决的问题和风险。项目经理可以从这些面板中选择不同的团队成员，看看他们做得怎么样。

表选项卡视图显示了用户有权查看的所有项目的列表。此表可以按列标题排序，也可以按汇总计数标题筛选。"运行状况"列显示项目的总体运行状况，"评论"列使高管可以轻松发表评论以提出问题或提供支持。你可以将表格列表导出为 PDF 文件，以便在 Pie 之外共享。

问题日志选项卡视图显示了用户有权查看的所有项目中打开的问题和风险。单击问题（红点）或风险（黄点）栏展开项目以显示其详细信息。高管可以很容易地在酒吧里查看仪表盘，发表自己的评论，以帮助做出解决问题或风险的决定。

列表可以通过多种方式进行排序和筛选。

Pie 的仪表盘栩栩如生。它还通过互动协作功能和钻取功能将高管与项目经理和团队联系起来。其他报表选项卡也显示了类似的交互式好处，有助于管理层和团队协作以获得更好的项目结果。

■ Pie 项目组合时间线

仪表盘提供了简单的视觉效果，组合时间线报告（见图 7-15）也是为了简洁而设计的。此报表显示用户有权查看的所有项目的列表。视觉化类似于高级甘特图，但具有更友好的外观和感觉。

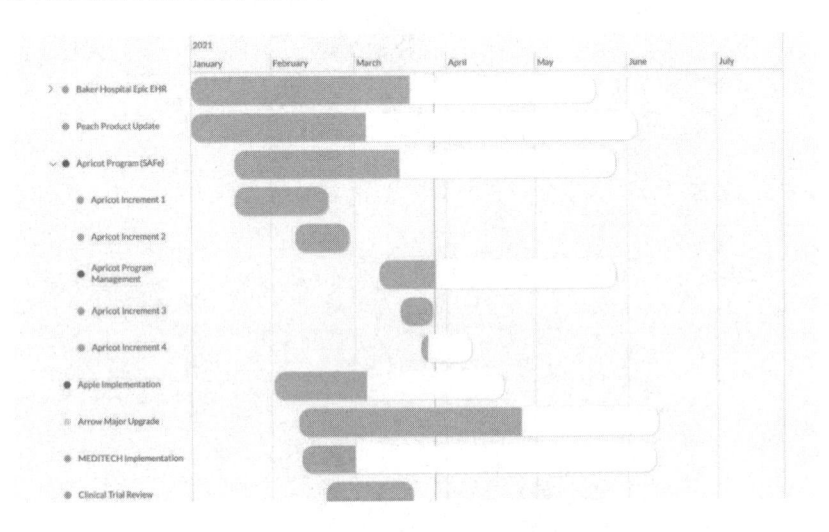

图 7-15　组合时间线报告

每个项目的右侧都有一个气泡条，显示项目相对于时间线日期的长度。绿色填充表示已完成任务的数量。页面顶部有一个缩放条，使观众可以轻松选择时间线或将缩放条拖动到首选时间线。

将鼠标悬停在项目名称或栏上会显示一个弹出窗口，其中包含有关该项目的更多信息，包括打开该项目到其项目时间线页面的链接。

■ Pie 项目时间线

当用户从组合时间线钻取某个项目时，Pie 会自动打开一个项目，显示项目时间线（见图 7-16）。如图 7-16 现实的项目实例选择了项目阶段的定义阶段。这将

第 7 章　仪表盘的应用

显示项目的内容，即三个过程框。选中第一个框"标识范围"，以显示所有任务的时间线，用甘特图的形式。用户可以在该视图中直接编辑任务，只需单击一两次或拖放即可重新排序。

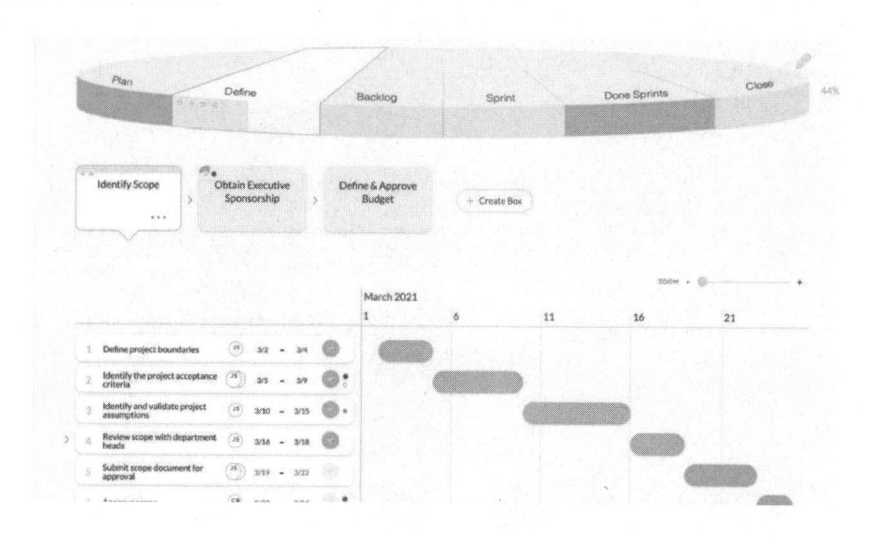

图 7-16　项目时间线

当项目经理管理项目时，他们可以快速切换到此"项目时间线"页面，以获得类似甘特图的友好视觉效果。他们可以查看日期、进度、推迟和分配情况。管理员可以很容易地在此页面进行筛选，以显示任何项目团队成员的时间线。

项目时间线和相关的项目流程视图是团队成员日常工作使用的页面。在本例中，项目是根据"配方"创建的。"配方"就像一个高级项目模板，所有流程和相关内容都准备好，能用于下一个项目。配方项目框架可以在一个灵活的框架库中创建。项目经理可以在其中选择可供执行的配方。有关更多信息，请参阅下面的 Pie 配方部分。

▪ Pie 人员时间线（资源规划）

你可以在报表区域找到人员时间线视图（见图 7-17），用于显示团队成员在时间线上的工作量。这是一个人力资源规划和预测的报表，有助于根据每个项目的任务分配和持续时间来确定每个人的工作量。这是一个功能强大的报表，具有实时数据和可视化功能。与其他报表一样，你可以根据工作区和项目标记筛选列表。

如图 7-17 所示的人员时间线显示了带有颜色的时间条。条形图的长度显示项目的开始日期到结束日期的跨度。绿色代表个人完成的工作，红色代表延迟，蓝色代表尚未开始的工作。项目经理或规划主管可以审查未来的工作量，以帮助预测人力资源需求。可以单击每个团队成员栏进行展开，以查看他们分配的项目。然后，你可以单击并展开项目栏，查看他们在该项目中担任的角色，以及角色分配如何与时间线对齐。

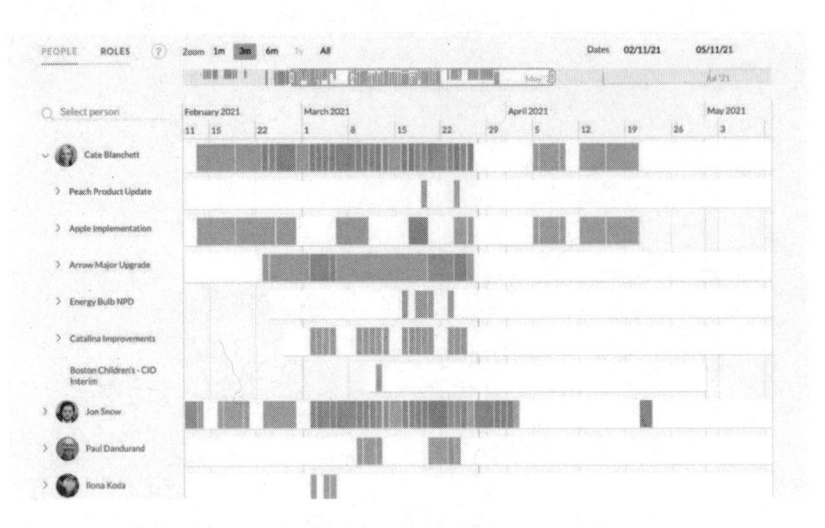

图 7-17　人员时间线

此报表包括一个单独的"角色"选项卡，用于显示分配给项目的角色及其时间线关联。角色类似于人员头衔，如"项目经理"、"架构师"和"业务分析师"。"角色"选项卡类似于"人员"选项卡，可以在其中查看角色的过去、当前和未来工作量预测。颜色代码在"角色"视图中的作用与在"人员"视图中相同。你可以展开每个角色栏，并查看分配给该角色的人员。展开人员栏，你可以看到他们分配的项目。

Pie 项目列表

项目列表页面（见图 7-18）是用户有权查看的活动项目的组合视图。该页面的独特功能是将项目及其阶段可视化为饼状"切片"。管理人员或高管可以快速了解每个项目阶段的项目进度。该页面也是所有列出项目的主页面，你可以在其中创建一个新项目或打开一个现有项目来完成工作。

此视图的报表功能包括视觉的颜色，绿色表示已完成，红色表示已延迟。在

图 7-18 的示例中，你可以看到指示里程碑的菱形图标。你可以简单地切换图标以显示问题和风险。这些图标提供鼠标悬停弹出窗口以获取更多信息和快速钻取功能。

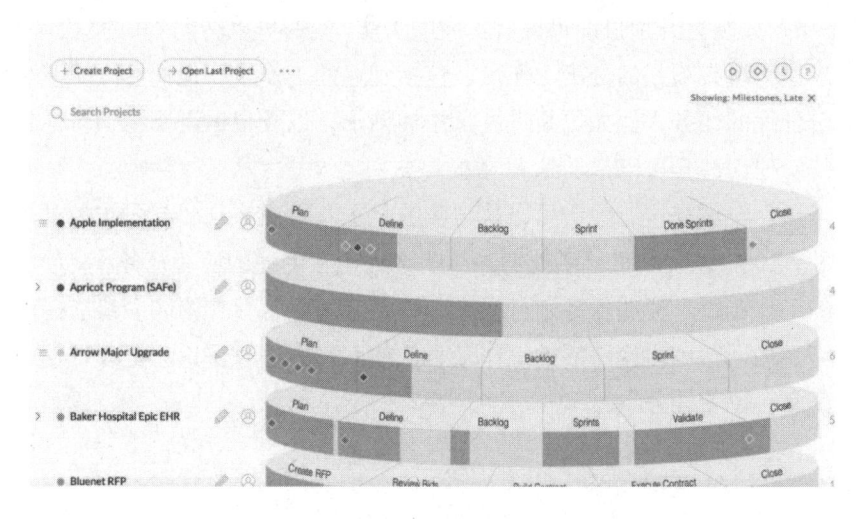

图 7-18　项目列表

"项目列表"页面还可以显示包含子项目的复杂项目集。这个功能被称为"堆栈"项目（见图 7-18）。堆栈项目的一个值是查看项目程序下所有子项目的可视化进度。堆栈功能也可在"项目组合时间线报告"视图中使用。示例图 7-19 显示了一个展开的堆栈，显示了它的子项目及其进度。

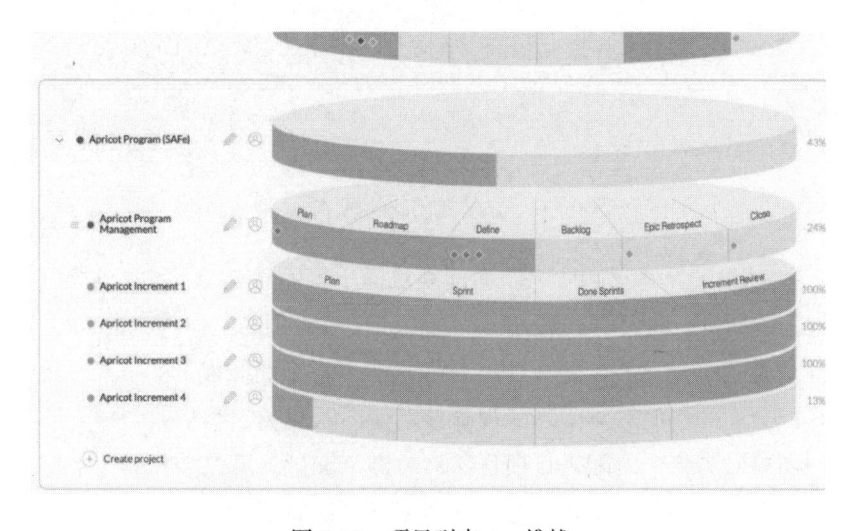

图 7-19　项目列表——堆栈

Pie 我的盘子

Pie 用户无须打开项目即可查看本周的工作。他们可以转到"我的盘子"页面。看到未来七天所有项目的分配工作量，包括延迟的工作量。他们可以从该页面管理和编辑分配的任务，例如更新进度、添加帖子，以及根据需要将工作拖到另一天或暂停。他们甚至可以添加私人待办事项。

对于项目经理来说，他们可以从"我的盘子"页面转到"我团队的盘子"页面（见图 7-20）。该视图将显示他们的团队本周正在处理的所有任务。其价值是了解一周的工作量以及哪些任务运行较晚。项目经理经常会在团队会议上提出这份报表。当他们回顾和讨论一周的工作量时，他们可以通过评论、更改日期或任何其他更新实时更新任务。

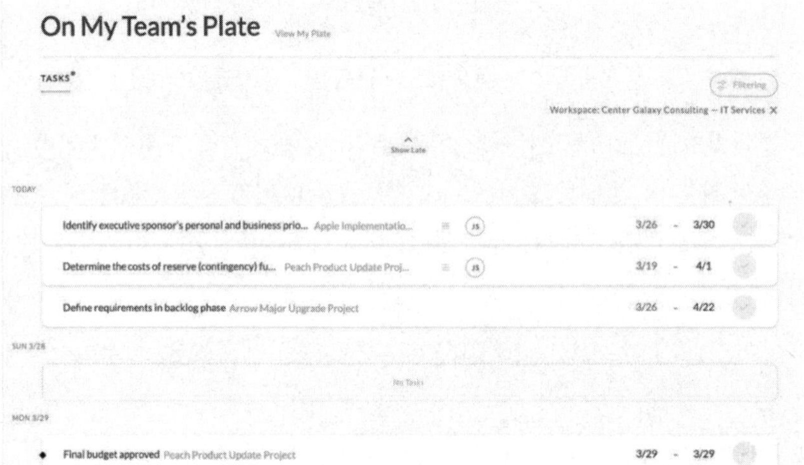

图 7-20 我团队的盘子

Pie "我的盘子"中还包含一个时间表页面（见图 7-21），团队成员可以在其中报告他们的时间。他们可以报告项目级别或任务级别的工作小时数。Pie 旨在使时间跟踪变得简单直观。图 7-21 中的示例显示了一个团队成员的页面，其中包含在不同日期分配的小时数。清晰的视觉显示使团队成员很容易看到每天的工作水平。他们还可以为每个时间表行项目添加关键字标记。可以添加标签来显示可计费或不可计费工作的时间条目。他们甚至可以追踪假期。项目经理可以将数据导出到 CSV 或 Excel 文件中进行报告或导出到其他时间跟踪工具中。

第 7 章 仪表盘的应用

图 7-21 时间表

▰ Pie 配方：灵活的框架

由于 Pie 是以流程为中心的，因此它有一个完整的功能用于创建和管理可重复的最佳实践、流程、过程或灵活的框架。这些被称为"配方"，类似于项目模板。配方列表页面（见图 7-22）显示了一个可供使用的项目配方列表。流程所有者或项目经理可以从头开始或从现有项目中创建新的配方。图 7-22 中的示例显示了使用 CDC 网站页面内容制作的新冠疫情项目配方列表。这些配方可以从 Pie 在线商店免费导入。

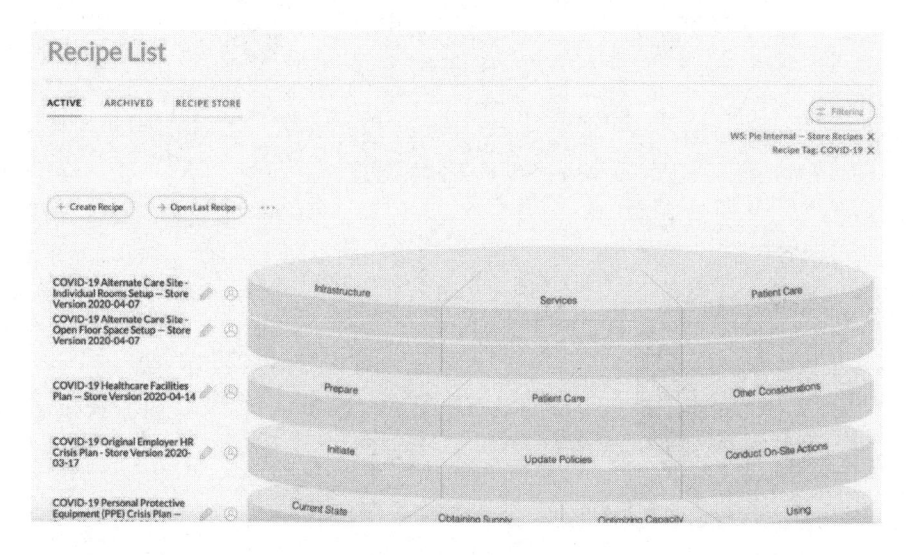

图 7-22 配方列表

你可以为项目团队提供这些标准，也可以通过实时更新来保持这些标准的更新。价值在于不断改进，从而带来更好的项目结果。

7.4 使用中的仪表盘：国际学习集团

国际学习集团（International Institute for Learning，Inc.，IIL）是世界上最大的项目管理教育和咨询服务提供商之一。由于其客户分布在世界各地，而且每个客户在项目管理中可能处于不同的成熟度级别，因此 IIL 经常需要为客户创建不同的仪表盘。

仪表盘不需要非常复杂，即使最简单的仪表盘形式也可以为决策者提供有效的信息。图 7-23 到图 7-28 展示了简单的仪表盘常常也很有效，有时甚至更有效。在仪表盘上加载不必要的附加功能并不能提高其信息的质量。

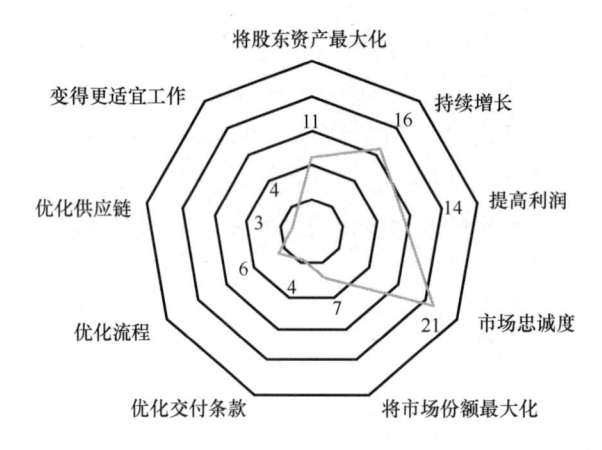

图 7-23 对战略目标的影响

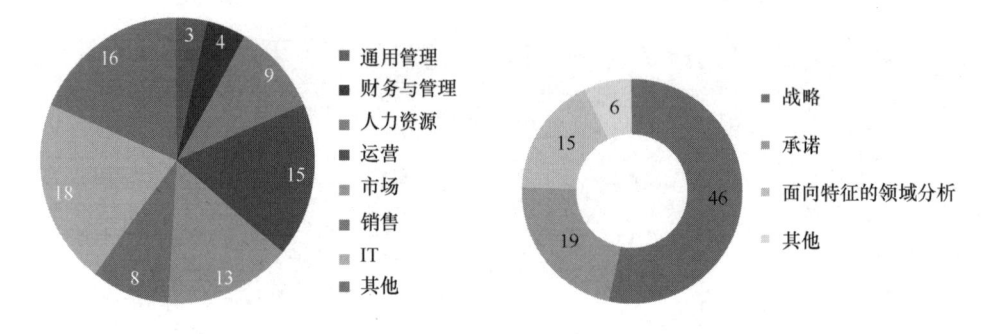

图 7-24 各业务领域内的项目

图 7-25 项目来源

第 7 章 仪表盘的应用

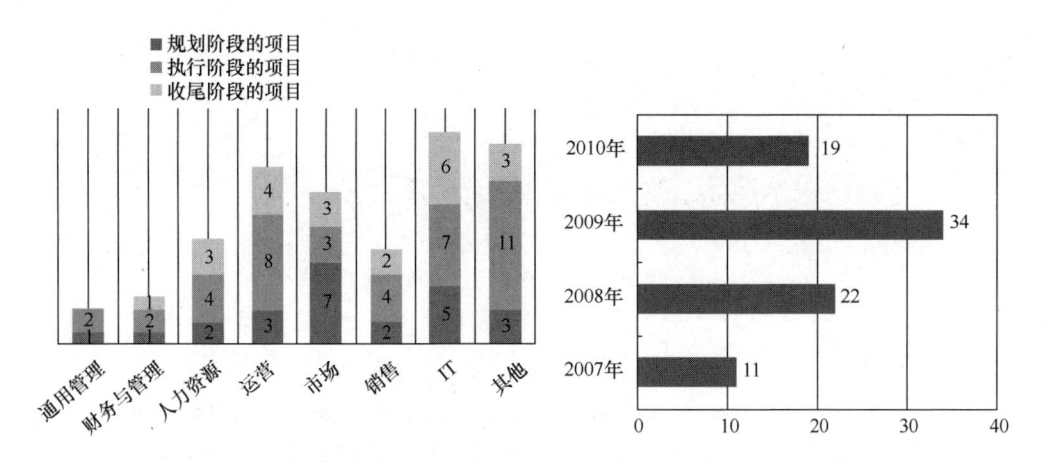

图 7-26 不同业务领域的项目状态

图 7-27 不同立项时间的项目

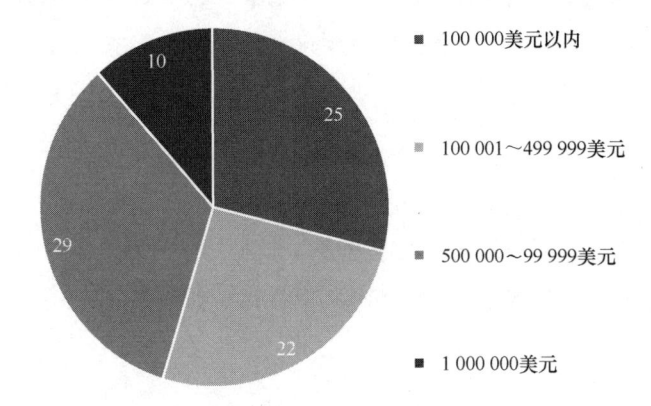

图 7-28 不同的项目预算

第 8 章

项目组合管理 PMO 及度量指标

本章概述

为了避免对度量指标的过度追捧，节省时间和避免麻烦，很多公司已经将度量指标的管理职责交给了项目管理办公室。然而，由于公司认识到需要类似项目组合管理 PMO 等专门的 PMO，它们也可能需要相应专门的度量指标。项目管理办公室通常要建立验证项目组合整体绩效所需的度量指标，以及执行决策所需的战略度量指标。

本章目标

- 了解项目组合管理 PMO 的职责。
- 了解传统度量指标和基于价值的度量指标之间的差异。
- 了解项目组合管理 PMO 所需的度量指标类型。
- 了解危机仪表盘的必要性。

关键词

- 危机仪表盘。
- 项目组合管理 PMO。
- 基于价值的度量指标。
- 基于无形价值的度量指标。
- 基于战略价值的度量指标。

8.0 介绍

人们运用项目度量指标的发展趋势是快速的，但是，运用项目组合度量指标的发展趋势相对缓慢，出现这种情况是因为不是所有的公司都有一个专门用于项目组合管理活动的项目管理办公室。一些公司只有一个功能单一（不具备项目组合管理能力）的 PMO。尽管创建 PMO 通常是为了提供项目绩效的独立判断，但同时也应该建立度量指标来判断 PMO 本身及其项目组合工作的绩效。

今天，越来越多的公司拥有专门用来做项目组合工作的 PMO。这种情况可能导致以下内容的改变：项目经理角色、组织使用的度量指标和仪表盘显示的内容。

8.1 关键问题

项目组合管理 PMO 必须解决的三个重要问题：

（1）公司正在做正确的项目吗？（这些项目是否支持战略性措施，以及是否符合公司战略性目标？）

（2）公司在正确项目上的投入是否充足？（有没有合适的项目组合来将投资价值最大化，或干系人价值最大化？）

（3）公司执行项目的方法是否正确？（这个项目什么时候完成？成本是多少？）

这三个问题都提到了"正确"这个词。今天，这个词有价值的意思，或者至少暗含价值的意思。简单地说，如果最终目的不是创建商业价值，那为什么还选择这个项目作为项目组合的一部分呢？如果项目在规定时间和成本内完成但没有创造商业价值，那这个项目是否成功？在未来，"价值"将变得越来越重要，对项目是否成功的定义可能变成"在竞争性制约条件下实现所需的商业价值"。

价值的重要性现在应该很清楚了。项目成功应该以是否交付了预期价值为准。今天的商业论证定义了项目要实现的收益及如何对它们进行测量。价值是指在项目完成时其对业务的实际收益，必须设计度量指标以反映这些价值。

8.2 价值类别

如图 8-1 所示，可以根据项目预期交付的价值类型作为项目组合的依据。图中的象限图是通用的，每个公司都可以根据公司执行战略规划的方式来设计自己的项目价值类别。定义项目的成功从来都不是一件容易的事情。一直以来人们关注的焦点都是项目的三重约束。今天，人们认识到，成功有四个基石，项目是否成功需要根据其预期价值来定义。选择项目时要看其是否能将有限资源产生的价值最大化。要做到这一点，项目经理必须能够量化价值。可能的价值类别包括：

- 内部价值：这些项目旨在提高公司的效率和收益。另一个收益可能是在整个公司内建立更加紧密的联系。从这些项目中获得的价值可以降低成本，控制项目范围的变化，减少浪费，缩短新产品上市的时间。这些项目也可以用来改进企业的项目管理方法，在这种情况下，项目组需要熟悉流程的人员。
- 财务价值：公司需要现金流才能生存。符合这个分类的项目可以更好地营销和销售公司的产品与服务，在这种情况下，项目组将需要具有营销和销售知识的人。财务价值还可以通过公司遵守职业安全与健康管理局（Occupational Safety and Health Administration）、环境保护局（Environmental Protection Agency）的规定及符合道德行为的标准来体现。
- 与客户相关的价值：这些项目的短期价值是改善客户关系。短期项目消耗现金而不是产生现金的情况并不少见。这些项目的长期价值则是为了获得能够支持现金流的未来合同。这些项目所需的资源通常是那些熟悉客户的人，或者以前参与过客户项目的人。
- 未来价值：这些项目旨在通过新产品和服务创造未来价值。在大多数公司，最优秀的技术人员是根据项目的次级分类分配到这些项目中的。这类项目非常看重研究和开发。典型的项目次级分类包括颠覆性技术、下一代技术、某一类技术下的新技术及改进类技术。未来价值项目需要的是具备技术技能、商业技能及对业务风险管理有深刻理解的项目经理。

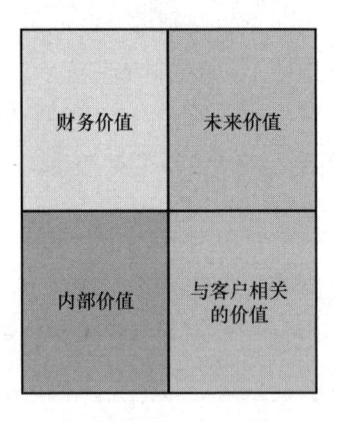

财务价值	未来价值
内部价值	与客户相关的价值

图 8-1　项目的组合价值分类

表 8-1 列出了图 8-1 中的四大分类及其相应的跟踪度量指标。每个类别都有其相关收益及对应的度量指标。这里列举的只是其中的很小一部分。

表 8-1　价值和跟踪度量指标的典型分类

分　类	收益/价值	价值跟踪度量指标
内部价值	符合约束条件 可重复的交付 项目范围变更控制 操作事项控制 减少浪费效率	时间 成本 范围 质量 项目范围变更数量 未关闭行动事项的周期 资源数量 浪费量 效率
财务价值	投资回报率、净现值、内部收益率和回收期的改善 现金流 运营利润率的提升	财务度量指标 投资回报率计算 运营利润率
与客户相关的价值	客户忠诚度 允许其品牌被引用的客户数 提升客户交付 客户满意度评价	忠诚度/客户满意度调查 上市时间 质量
未来价值	缩短上市时间 形象/声誉 技术优势 新技术和新产品的创新	时间 形象和声誉调查 新产品数量 专利数量 留存用户数量 新增用户数量

8.3　项目组合度量指标

表 8-1 中的价值跟踪度量指标用于跟踪每个类别中的单个项目。这些度量指标被称为微观度量指标。其他一些特定的度量指标则可以用来评价项目组合管理 PMO 的总体有效性。

表 8-2 显示了可用于评价项目管理、传统 PMO 和项目组合 PMO 整体价值

的度量指标。项目管理及传统 PMO 分类下列出的度量指标和许多其他的度量指标都可以被归类为关注战术目标的微观度量指标。项目组合 PMO 下列出的度量指标则是宏观度量指标。如果无法通过度量指标来体现它们在公司中存在的价值，传统 PMO 和项目组合 PMO 会被认为是组织的成本负担且会被缩减人员规模。

表 8-2 不同 PMO 类型下的度量指标

项目管理 （微观度量指标）	传统 PMO 度量指标 （微观度量指标）	项目组合 PMO 度量指标 （宏观度量指标）
遵守进度基准	客户满意度提升	业务组合盈利能力或 ROI
遵守成本基准	处于风险中的项目数量	项目组合健康度
遵守范围基准	方法论的符合性	项目组合中成功项目的百分比
遵守质量要求	减少范围变更次数的方式	实现项目组合收益
资源的有效利用	全年工作吞吐量的增长	实现项目组合价值
客户满意度级别	时间和资金的确认	项目组合中针对单个项目的选择和组合
项目绩效	降低项目关闭率的能力	资源可用性
产生的交付物总数	捕获和维护最佳实践经验库	可用于项目组合的能力
		组合项目的人员利用率
		组合中每个项目的工时
		员工短缺
		战略一致性
		业务绩效提升
		项目组合预算与实际情况的对比
		项目组合的计划周期与实际周期的对比

　　项目组合 PMO 可能深度参与包含所有四个象限的项目组合的建立过程中。此外，PMO 会跟踪项目组合中每个项目的生命周期阶段及其在组合中的优先级。这种情况可以在如图 8-2 所示的仪表盘页面中看到。市场上也存在一些专门的项目组合软件，它们可以完成比图中展示的内容更重要的任务。

　　有时，可以将几个度量指标组合到仪表盘屏幕上的一个表中，以向项目组合治理委员会显示所选项目的状态。这样的表如图 8-3 所示。

第 8 章 项目组合管理 PMO 及度量指标

项目编号					
待注资	待最终确认	已确认但未实际开始	已正常开始	已开始但有轻微问题	已开始但有严重问题
Proj.#31 Proj.#30 Proj.#22	Proj.#17 Proj.#24 Proj.#15	Proj.#9 Proj.#7 Proj.#8 Proj.#4	Proj.#2 Proj.#5 Proj.#13 Proj.#12	Prcj.#1	Proj.#6 Proj.#11

优先级：(A)是最高优先级

#31(A) #30(B) #22(B)	#17(A) #24(B) #15(C)	#9(A) #7(B) #8(A) #4(C)	#2(A) #5(B) #13(B) #12(C)	#1(A)	#6(A) #11(C)

图 8-2　高层级项目组合状态

项目	业务所有者	项目经理	优先级	状态	成本	时间	风险	商业价值	资源
1	Raiph	Bob	高	●	有风险	正常	高	高	充足
2	Carol	Anne	中等	●	正常	正常	中等	高	充足
3	Ruth	Frank	高	●	正常	有风险	高	中等	临界
4	Paul	Joan	中等	●	正常	正常	中等	低	充足
5	Rich	Gary	低	●	正常	正常	低	低	临界
6	Retty	Louis	中等	●	正常	正常	低	中等	充足
7	Fran	Chris	高	●	有风险	有风险	中等	高	不足
8	Joe	Jean	低	●	正常	正常	低	中等	不足

图 8-3　项目分组

8.4　度量技术与度量指标

随着度量技术的发展，公司现在有了许多度量指标来支持它们必须做出的决策及评价项目组合的收益和价值。虽然其中一些度量技术仍处于起步阶段，但预计发展速度将很快。项目组合度量指标的目的是解决对于下列项目所占比例的关注：

- 按时完成并在预算范围内的项目。
- 有未按时完成的里程碑的项目。
- 暂停、取消（确认立项前和/或确认立项后），或失败的项目。
- 符合战略目标的项目。
- 已进行范围缩减的项目。
- 需要返工的项目。
- 用于经营业务、增长业务和进行创新的项目。

项目组合度量指标还强调：
- 整个项目组合的资源是如何被利用的。
- 批准一个项目花费了多少时间。
- 批准一个项目的特性（功能）、可交付物所花费的时间。
- 制订收益实现计划和商业论证花费了多少时间。

针对这些问题采取的行动可能需要重新确定项目组合的基准，其可能包括：
- 终止或消除不良投资。
- 对一些现有项目建议进行范围变更。
- 削减成本预算。
- 加快部分进度。
- 整合部分项目。
- 替换项目组成员。

如果等待开展的项目太多而没有足够的资源，并且关键资源被消耗在非增值项目上，那么就需要重新设定项目基准。

8.5 项目度量指标的增长

如前几章中的描述，项目经理意识到他们不再只是管理传统项目来创造结果或可交付物。相反，项目经理正在管理业务的一部分，并承担业务经理的职责。我们使用的传统度量指标，例如时间、成本和范围，可能不足以提供做出某些项目决策的依据，并且可能无法提供获取项目可交付物的真正商业价值的有效信息。

今天，在我们生活的世界里，数字化的应用变得越来越重要。此外，我们应用于项目的度量技术方面也取得了重大进展。因此，如图 8-4 所示，度量指标类型显著增加。

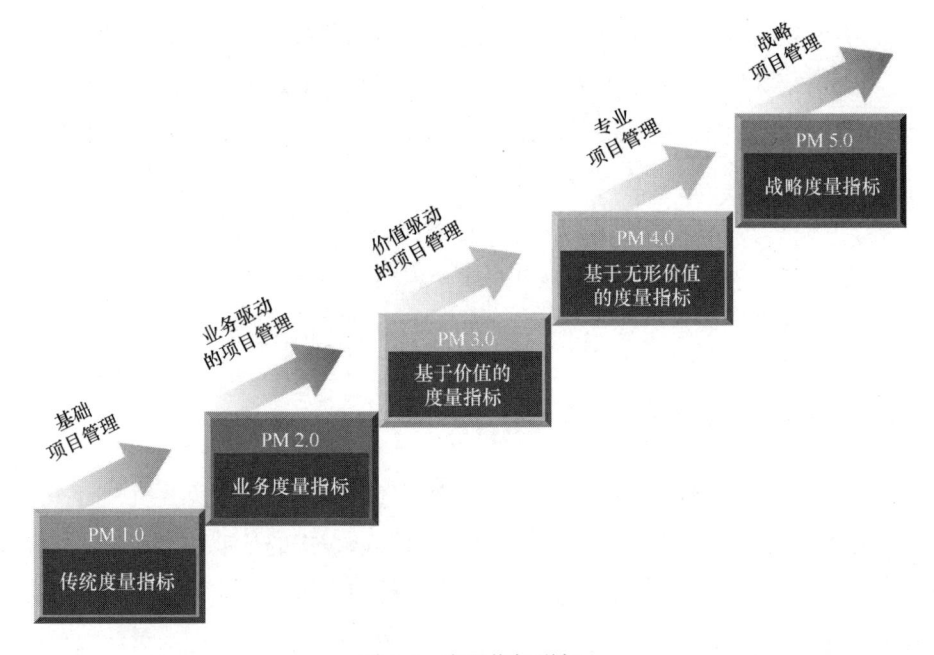

第 8 章 项目组合管理 PMO 及度量指标

图 8-4 度量指标增加

图 8-4 中对度量指标类型的五个级别描述如下：

- 基础项目管理（PM 1.0）：这是一种传统的或可操作的项目管理，只关注定义明确的需求，主要包含时间、成本和范围的度量指标。一旦创建了可交付物，项目经理就会将项目移交给其他人，然后再继续执行另一项任务。
- 业务驱动的项目管理（PM 2.0）：项目经理承担业务经理的职责，参与影响项目的相关业务决策。项目经理必须获取并报告一些业务度量指标，帮助管理层做出及时有效的决策，做出这些决策的依据是事实和证据，而不是猜测。

这些业务度量指标通常是基于与客户的项目交付物有关的度量指标，可能包括新增用户数量、留存用户数量，以及有关目标用户群的维护和支持信息。业务度量指标不一定是战略度量指标，但用于为项目发起人和项目组合经理提供项目治理必要的决策信息。

- 价值驱动的项目管理（PM 3.0）：现在项目目标与业务战略目标保持一致，项目的成功是由可交付物创造的业务收益和价值来衡量的。项目经理必须识别、获取和报告收益与价值度量指标，并将这些度量指标信息提供给战略业务项目组合的高管和经理。

- 专业项目管理（PM 4.0）：我们对一些项目结果的衡量需要通过无形资产价值来度量，而不仅仅是那些有形结果。我们通过无形价值的度量指标衡量项目，可能侧重于持续改进工作，从而更好地管理或治理项目和项目集。
- 战略项目管理（PM 5.0）：项目经理作为业务经理，他们可能需要管理战略项目，例如涉及创新和新商业模型的项目。因此，项目经理除关注前四级度量指标外，还必须监控和报告业务战略度量指标。项目组合 PMO 报告中的信息需要这些度量指标来的支持，如表 8-2 第 3 栏中的信息

8.6 衡量无形资产的度量指标

在高管层应用有效的项目管理教育，这一举措不仅是在解决来自项目产出结果的长期利益和价值，而且是在解决来自项目管理方式的长期利益和价值。我们依托无形资产创造的结果，为项目带来许多收益和价值，而这些依托的无形资产以前难以衡量。幸运的是，随着度量技术的发展，我们相信可以衡量任何东西。现在的项目度量指标既有财务指标，也有非财务指标，而且许多非财务指标被视为无形价值的度量指标。无形价值的度量指标的一个例子可能是治理的有效性，如图 8-5 所示。

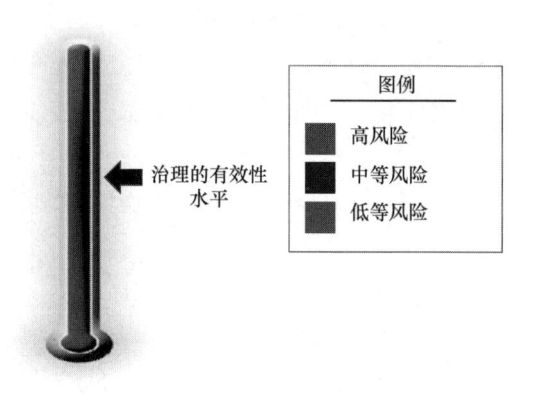

图 8-5 治理的有效性

无形资产的价值可能对长期因素而非短期因素产生更大的影响。通过对无形资产度量的管理层支持，我们还可以防止仅以短期财务考量为主给项目决策带来的问题。我们可以衡量无形资产取决于对使用度量技术的管理承诺。如果我们有

不受操纵的有效测量，度量无形资产的价值确实可以提高整体性能，前提是我们可以有效地操控度量。

以下资产通常被视为无形资产项目管理资产，并可以进行度量：

- 项目管理治理（我们是否有适当的治理，治理过程是否有效，治理人员是否了解他们的角色和责任？）。
- 项目管理领导力（项目经理是否提供了有效的领导力？）。
- 承诺（最高管理层是否致力于持续改进项目管理？）。
- 经验教训和最佳实践（我们是否掌握了经验教训和最佳实践？）。
- 知识管理（最佳实践和经验教训是我们知识管理系统的一部分吗？）。
- 知识产权（项目管理是否创造专利和其他形式的知识产权？）。
- 工作条件（项目组的人对工作条件满意吗？）。
- 团队合作和信任（项目团队中的人是否作为一个团队一起工作，他们是否信任彼此的决定？）。

企业需要了解并创建新的度量指标集和关键绩效指标，以衡量无形资产及其对未来决策和绩效的影响。

尽管大多数高管似乎都知道衡量无形资产的好处，但仍然存在阻力，例如：

- 无形资产是长期衡量标准，大多数公司关注的是短期结果。
- 公司争辩说无形资产不会影响底线。
- 公司担心结果是怎样的。
- 公司争辩说他们缺乏衡量无形资产的能力。

如果项目提供的结果是无形资产，我们使用的传统度量指标（例如时间、成本和范围）可能无法获取项目可交付物的真正商业价值。今天，在我们生活的世界里，数字化的应用变得越来越重要。此外，我们应用于项目的度量技术方面也取得了重大进展。因此，对于企业获得成功和发展可持续竞争优势而言，无形资产产生的结果比有形资产更为重要。

有许多类型的无形资产可以使企业受益，并将被用作企业未来的计划。例如：

- 商誉。
- 客户满意度。
- 我们与客户的关系。
- 我们与供应商和经销商的关系。
- 品牌形象和声誉。

- 专利、商标和其他知识产权。
- 我们的业务流程。
- 高管治理。
- 公司的文化和理念。
- 人力资本，包括留存的知识和协作能力。
- 战略决策。
- 战略执行。

企业需要了解并创建新的度量指标集和关键绩效指标，以衡量无形资产及其对未来决策和绩效的影响。

多年来，我们一直有难以回答的关于无形资产的问题：
- 所有公司资产都是有形资产、无形资产，或是在两者兼而有之？
- 我们能否定义无形资产？
- 我们能否以财务方式表达无形资产，以及无形资产对企业资产负债表的影响？
- 我们能否度量无形资产？
- 无形资产是否可以增值？我们能否建立针对无形资产的项目管理度量指标？
- 无形资产是否会影响组织未来的绩效？

今天的无形资产不仅仅是商誉或知识产权。无形资产还包括最大限度地提高人效。无形资产包括企业文化、知识资本，以及知识资本随之而来的知识管理系统、高管、项目领导、治理、员工才能、员工满意度、信任、信誉，以及员工创新能力等。理解和度量无形资产的价值可以改进绩效。虽然其中许多无形资产可能难以度量，但它们并非不可度量的。

8.7 战略指标的必要性

由于度量指标的度量技术的进步，我们已经开发了模型，通过这些模型我们可以显示项目目标与业务战略目标的一致性。其中一个模型如图 8-6 所示。多年前，我们唯一会使用的度量指标是时间、成本和范围。今天，我们可以包括与战略价值和商业价值相关的度量指标。这使我们能够评估整个项目组合以及单个项目的健康状况。

由于所有度量指标都有既定目标，我们可以根据与目标的接近程度为每个度量指标打分。所选择的度量指标有助于支持可能需要的战略决策。如图 8-7 所示，

第 8 章　项目组合管理 PMO 及度量指标

图 8-6 中标识的项目目前已获得 80 分（满分 100 分）。图 8-8 所示为项目组合中的项目目标与战略目标的一致性。如果图 8-7 中的项目总分在 0～50 分，我们将假设该项目此时没有为战略目标做出贡献，这将在图 8-8 中显示为"0"或空白单元格。项目总分在 51～75 分的分数表示对战略目标的"部分"贡献，在图 8-8 中显示为"1"。项目总分在 76～100 分的分数表示实现了战略目标，在图 8-8 中显示为"2"。我们可以定期总结图 8-8 中的结果，显示管理视图如图 8-9 所示，说明了我们创造预期收益和最终价值的能力。

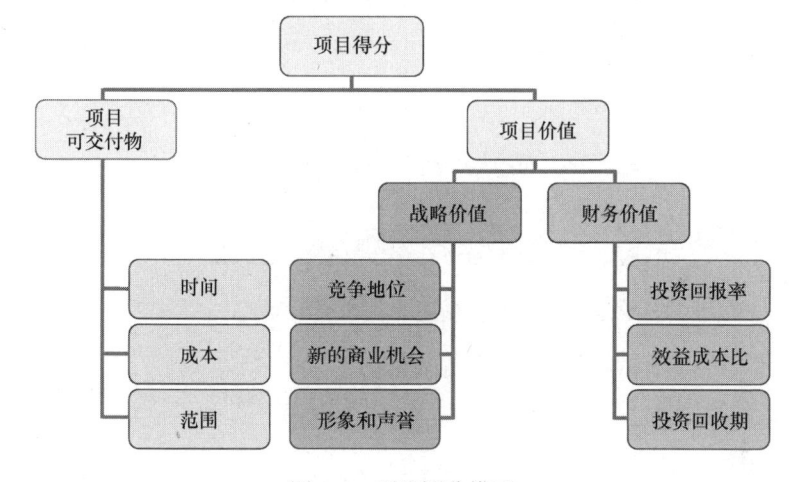

图 8-6　项目评分模型

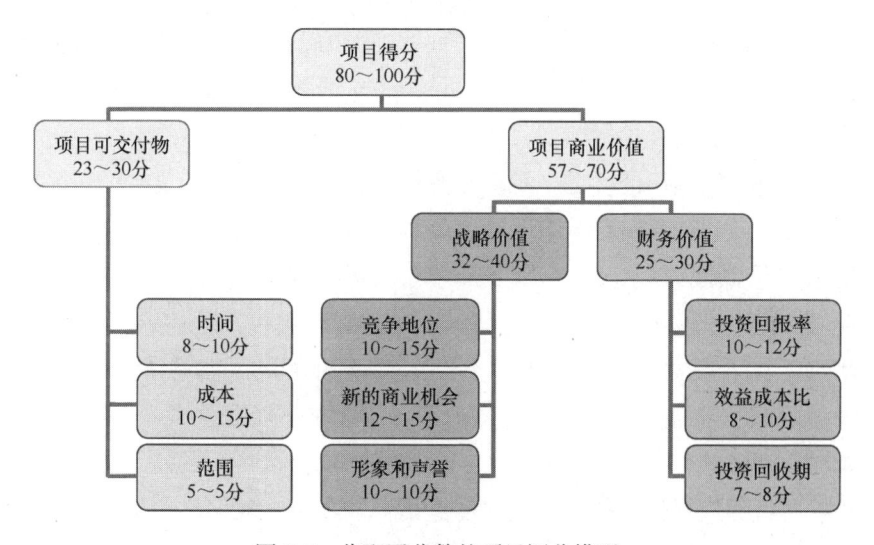

图 8-7　分配了分数的项目评分模型

| | 项目 | | | | | | | | |
战略目标：	项目1	项目2	项目3	项目4	项目5	项目6	项目7	项目8	评分
技术优势	2		1			2		1	6
运营成本降低				2	2				4
缩短上市时间	1		1	2	1	1		2	8
营业利润增加			2	1	1	1		2	7
生产能力增强	1		2	2		1		1	7
小计	4	0	6	7	4	5	0	6	

	没有贡献
1	支持目标
2	实现目标

图 8-8 将项目目标与业务战略目标相匹配

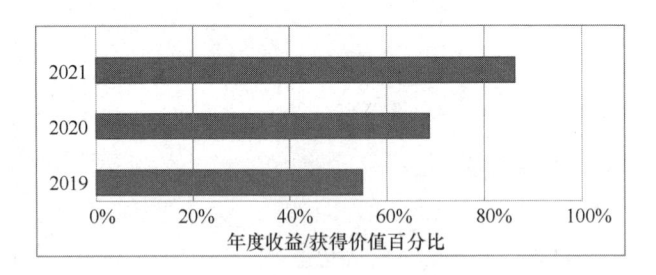

图 8-9 定期收益和价值实现

之前，我们指出项目管理已成为一种战略能力，并且大多数项目目标都与业务战略目标保持一致。要选择和评估项目，除价值驱动和无形资产的度量指标之外，还必须存在战略度量指标。

对于高管可能提出的问题，我们必须能够结合业务战略度量指标来回答。高管做出有关业务和项目组合健康度的决策所需的度量指标，在以下列表中。

- 业务盈利能力。
- 项目组合健康度。
- 项目组合收益实现。
- 实现的投资组合价值。
- 项目组合。
- 资源可用性。
- 产能利用率。
- 项目的战略调整。
- 整体经营业绩。

要求项目经理提供支持使用这些度量指标的项目绩效信息。基于项目的业务战略度量指标必须能够结合在一起，以创建高管进行业务决策和战略规划所需的度量指标列表。在需要使用这些指标时，高级管理层必须解决的典型问题包括：
- 我们是否有任何需要取消或替换的薄弱投资？
- 我们是否必须合并任何项目集和/或项目？
- 我们是否必须加速或减速任何项目？
- 项目目标与战略目标的一致性如何？
- 我们是否必须重新平衡项目组合？
- 我们是否正在创造价值？
- 我们是否了解风险以及如何降低风险？
- 我们能预测未来的公司业绩吗？
- 我们是否需要执行投资组合资源重新优化？

8.8 危机仪表盘

现在项目所处的环境比过去管理的项目要复杂得多。项目治理由治理委员会执行而不再是一个项目发起人。每个干系人或者治理委员会的成员很可能需要不同的度量指标和 KPI 来管理项目。如果每个干系人都希望查看 20~30 个度量指标，那么用来对其进行评测和报告的成本可能就会非常高，并且也有碍实现无纸化项目管理。

要想与干系人和项目治理团队有效沟通，提供给他们的项目度量指标或 KPI 应该在 6~10 个，这样这些信息就可以同时在一个电脑屏幕上显示。情况并非总是如此，有时可能需要链接到另外的页面来获取更多信息。一般来说，一个电脑屏幕大小的页面就足够了。

如果仪表盘上的度量指标和 KPI 出现任何超出可控范围的情况或危机，干系人应该能立刻看到。但是，如果出现危机的度量指标不在仪表盘上呢？在这种情况下，用户应该立即被转到危机仪表盘，该仪表盘显示所有超出容忍范围的度量指标。这些度量指标将一直在危机仪表盘上显示，直到导致其出现的问题被解决。这样，正常情况下每个干系人都将看到常规仪表盘页面，当需要的时候他们会转向查看危机仪表盘页面。

◢ 定义危机

危机可以定义为任何事件，不管其是否在预期之内都可能导致不稳定或危险的情况并影响项目的结果。危机意味着负面的后果，这些后果可能损害组织、干系人及公众，并可能导致企业的业务战略、企业与其事业环境因素的交互、企业社会意识及其保持客户满意度的方式发生变化。危机并不一定意味着项目失败，也不意味着项目应该终止。危机很可能只意味着该项目的结果无法达到预期。

有些危机可能是逐渐出现的，并可能在其出现之前就有早期预警信号。这类危机可以被称为阴燃危机[①]。度量指标和仪表盘的目的是识别阴燃危机，呈现危机即将来临的趋势，并为项目经理提供足够的时间来制订应急计划。项目经理越早了解即将到来的危机，其能够准备的作为补救措施的选项就越多。

另一种类型的危机是突然发生的或毫无征兆的危机。这些被称为突发危机。可能影响项目的突发危机包括项目所在国的选举或政治因素不确定性、自然灾害及具有关键技能的雇员辞职。度量指标和仪表盘无法覆盖项目中可能存在的所有危机。突发危机是无法避免的。

并非项目中所有无法接受的情况都叫危机。例如，软件开发过程中明显落后的进度可能被视为一个问题，但不一定是危机。但是如果制造工厂的建设落后于预定计划且已经聘用工人在指定时间开工，或工厂延期将触发延迟惩罚条款来向客户缴纳延迟交付的赔偿，在这种情况下可以认为其是一个危机。有时，超额完成目标也会引发危机。例如，一家制造公司需要每个月向客户交付且只交付 10 台产品。该公司每月生产 15 台，但每月只能向客户发货 10 台。遗憾的是，该公司没有为额外生产的产品设备提供存储场地，这时就会出现危机。

项目经理如何确定超出容忍条件的情况到底是一个问题还是一个需要出现在危机仪表盘上的危机？答案在于其可能造成的潜在损害。如果发生了以下列表中的任何一项，那么其很可能被视为一个危机且需要将其显示在危机仪表盘上。

- 如果其严重影响到了：
  — 项目的产出结果。
  — 作为一个整体的组织、其干系人，或普通公众。
  — 公司的商业模式和战略。

---

① 阴燃危机：smoldering crises，这里指"潜在的危机"。阴燃是固体燃烧的一种形式，是无可见光的缓慢燃烧，通常产生烟和温度上升等现象，它与有焰燃烧的区别是无火焰，它与无焰燃烧的区别是能热分解出可燃气，因此在一定条件下阴燃可以转换成有焰燃烧。

第 8 章 项目组合管理 PMO 及度量指标

— 员工健康与安全。
- 有丧失生命的可能。
- 有必要重新设计现有系统。
- 有必要进行组织变革。
- 公司的形象或声誉将受到损害。
- 客户满意度下降可能导致当前和未来的重大收入损失。

了解风险管理和危机管理的区别是很重要的。

风险管理涉及评估潜在威胁并找到避免这些威胁的最佳方法，危机管理则关注在威胁发生之前、期间和之后如何应对。（也就是说，危机管理是主动的而非被动的。）危机管理是广义管理范围内的一门学科，包括识别、评估、理解和应对严重情况所需的技能和技术，特别是从危机第一次发生到修复程序开始的这段时间。

危机往往需要立即做出决定。有效的决策需要信息。如果一个度量指标出现危机并显示在危机仪表盘上，用户可能有必要查看其他几个度量指标，它们可能未处在危机中、没有出现在危机仪表盘上，但它们可能是导致危机的原因。查看仪表盘上的度量指标比阅读报告容易得多。

问题和危机的区别由关注它的人来决定。换句话说，可能一个干系人认为是一个问题的情况，而另一个干系人可能认为是一个危机的情况。表 8-3 显示了区分这两个概念的难度。

表 8-3 区分问题和危机

度量指标/KPI	问 题	危 机
时间	项目会延期但是在客户可接受范围之内	项目会延期，且会导致客户取消项目
成本	项目会超预算，但是客户愿意提供额外资金	项目会超预算，同时没有额外资金能提供给项目，客户很可能取消项目
质量	客户对质量不满，但是依然可以接受产品或服务	项目的可交付物的质量很糟糕，其可能造成人身安全事故，客户可能取消合同而且后续不再继续合作。

续表

度量指标/KPI	问题	危机
资源	该项目要么人手不足，要么分配的资源不具备完成这项工作的边缘技能。很可能会延迟进度	资源质量或资源不足将导致进度严重延误，工艺质量可能无法接受，从而导致项目被取消
范围	出现了几个导致基准变化的范围变更。发生了延期和超预算的情况，但是依然处在客户可接受范围	出现的几次范围变更让客户以为项目规划有问题，并且还会出现其他的范围变更。项目收益不再大于成本，很有可能取消项目
行动项	客户对解决一些行动项所花费的时间不满，但其造成的影响比较小	客户对解决一些行动项所花费的时间不满，并且对项目造成的影响很大。由于未关闭事项的存在，项目治理决策被延迟执行，其对项目造成的影响是严重的
风险	存在一些严重风险，但是项目组有能力化解其中一些风险	风险的严重性可能对项目造成的损害对客户来说是不可接受的
假设和限制	出现了新的假设和限制，其可能对项目造成不利影响	出现了新的假设和限制，并且有必要重新规划项目。项目的价值将很难实现
事业环境因素	事业环境因素的改变可能对项目产生不利影响	新的事业环境因素的改变将很大程度上损害项目的价值和预期收益

关于危机仪表盘，我们可以得出以下结论：

- 对于什么是危机，什么不是危机，用户并不是很清楚。
- 并非所有的问题都是危机。
- 有时不利趋势被视为危机，并出现在危机仪表盘上。
- 危机仪表盘可能包含危机度量指标和仅作为问题来处理的度量指标的混合。
- 出现在传统仪表盘报告系统上的度量指标可能需要在危机仪表盘上重新绘制，以确保这些度量指标易于理解。

危机度量指标通常意味着必须密切监视这种情况，或者必须针对其做出一些决策。但是项目经理必须注意不要反应过度。